空间与社会

近代天津城市的演变

刘海岩 著

天津社会科学院建院四十周年精品文库

天津社会科学院出版社

图书在版编目（CIP）数据

空间与社会 ：近代天津城市的演变 / 刘海岩著. -- 天津 ：天津社会科学院出版社，2019.6
（天津社会科学院建院四十周年精品文库 / 靳方华主编）
ISBN 978-7-5563-0560-5

Ⅰ. ①空… Ⅱ. ①刘… Ⅲ. ①城市史—天津 Ⅳ. ①K292.1

中国版本图书馆CIP数据核字(2019)第102182号

空间与社会 ：近代天津城市的演变
KONGJIAN YU SHEHUI: JINDAI TIANJIN CHENGSHI DE YANBIAN

出版发行：天津社会科学院出版社
出 版 人：张博
地　　址：天津市南开区迎水道7号
邮　　编：300191
电话/传真：（022）23360165（总编室）
　　　　　（022）23075303（发行科）
网　　址：www.tass-tj.org.cn
印　　刷：天津午阳印刷股份有限公司

开　　本：880×1230　毫米　1/32
印　　张：13
字　　数：298千字
版　　次：2019年6月第1版　2019年6月第1次印刷
定　　价：78.00元

总 序

《天津社会科学院建院四十周年精品文库》收录了天津社会科学院建院以来的部分精品学术著作和研究成果，即将陆续付梓。该文库的出版是天津社会科学院建院40年来优秀科研成果的集中展示，是对40年来不懈奋斗的领导和学者们的诚挚敬意，也是对当今接续奋斗的社科院人的热忱激励。作为天津市规模最大、门类最全的哲学社会科学专业研究机构，40年来，天津社会科学院在众多学科涌现了杨柳桥、吕万和、卞慧新、黎干、孙振、王昌定、王辉、温克勤、罗澍伟、潘允康、周路、包永江、荣长海、张景荣等一大批国内外知名的专家学者，在哲学伦理学、法学理论、历史文化、经济社会等诸多领域贡献了一大批思想深邃、引领学界的研究成果，为繁荣发展中国哲学社会科学做出了突出贡献。借撰写文库序言的机会，谈几点感受。

我们正处在繁荣发展哲学社会科学的新时代。习近平总书记指出，当代中国正经历着我国历史上最为广泛而深刻的社会变革，也正在进行着人类历史上最为宏大而独特的实践创新。这种前无古人的伟大实践，必将给理论创造、学术繁荣提供强大动力和广阔空间。这是一个需要理论而且一定能够产生理论的时代，这是一个需要思想而且一定能够产生思想的时代。改革开放以来，中国共产党团结带领全国各族人民开辟了中国特色社会主义道路,在理论、制度和文化上,形成一系列创新的思想理论、发展理念和实践方略,为人类文明做出了突出贡献。天津社会科学院的发展伴随着改革开放的历史进程,从建院以来的初创奠基、探索前进、改革发展到如今的创新竞进,从站上新起点到迈入新时代,40 年风雨同舟,40 年披荆斩棘,40 年砥砺奋进,全体社会科学工作者用忠诚、担当绘就了一幅气势恢宏的历史画卷,谱写了一曲不问浮华的奋斗赞歌。新时代,新召唤,哲学社会科学正面临着空前丰富的素材与题材、空前复杂的命题与试题、空前广阔的机遇与空间,时代是出卷人,人民是阅卷人,我们是答卷人,在这个繁荣发展哲学社会科学的新时代,只有坚持以习近平新时代中国特色社会主义思想为指导,聆听新时代的声音,立足新时代的特点,回应新时代的呼唤,认真研究解决重大而紧迫的问题,才能真正把握住历史脉络、找到发展规律,推动理论创新,推进咨政建言,提升服务社会的品质。

新时代的哲学社会科学必须毫不动摇地坚持以马克思主义为指导。当今世界,各种思想观念、思维方式、意识形态的交流和碰撞越来越频繁、越来越激烈,给意识形态带来许多新问题、新挑战。以什么样的世界观、方法论来审视世界、引领未来,是哲学社会科学的根源问题。马克思主义是科学的思想体系,是人类思想史上最重要的成果,它揭示了人类社会发展的本质和规律,是科学的世界观和方法论,是我们认识世界、改造世界的强大思想武器。我国革命、建设和改革实践反复证明:中国特色社会主义需要马克思主义,坚持以发展着的马克思主义为指导,是我们事业沿着正确方向胜利前进的根本保证。当今中国,坚持马克思主义就是要不断深入学习贯彻习近平新时代中国特色社会主义思想。建设具有中国特色、中国风格、中国气派的哲学社会科学,必须坚持马克思主义指导地位，运用马克思主义观察时代、解读时代、引领时代，真正搞懂面临的时代课题。坚持马克思主义指导地位，需要不断推进实践基础上的理论创新，及时回答时代之问、人民之问，不断开辟马克思主义发展新境界；需要我们用马克思主义的思想武器，提升文化“软实力”和社会主义核心价值观体系建设，用强大的思想武器构筑意识形态领域的钢铁长城；需要我们加强主流意识形态的吸引力、凝聚力，提高主流意识形态的控制力和引导力，同新自由主义、历史虚无主义等各类不良社会思潮和意识形态领域的敌对势力做斗争。

哲学社会科学研究应该“以人民为中心”。与时代同步伐，与人民共命运，关注和回答人民需要的问题，是社会科学工作的生机与活力所在。“大学之道，在明明德，在亲民，在止于至善。”中国特色社会主义的成功经验蕴含着人民群众丰富实践创造的宝贵经验，为理论工作者的学术创新提供了丰厚土壤和研究样本。以人民为中心，需要我们“引时代明德、为人民立言”，牢固树立为人民做学问的思想，切实承担起以文化人、以文育人、以文培元的重要使命；需要我们认真汲取优秀历史文化中的合理元素，挖掘阐释其中符合时代精神、具有普遍意义的思想精华，为振兴中国学术尽心尽力；需要我们坚持理论与实践相结合，坚持问题导向，善于从实践中提炼经验做法，善于运用哲学观点和社会理论，回答和解决当前面临的矛盾和问题；需要我们唱响主旋律，凝聚正能量，不断巩固人民群众团结奋斗的共同思想基础；需要我们坚持从国家和区域发展的实际出发，聚焦高质量发展要求，努力在中华民族伟大复兴和“五个现代化天津”建设中，服务大局，展现作为；需要我们坚持平实务实，聚焦人民群众所思所想所盼，用通俗易懂的语言，有针对性地解疑释惑，积极回应群众关切，推进马克思主义思想大众化，始终贯彻理论创新“来自人民、为了人民、贴近人民”的鲜明品格。

哲学社会科学研究要强调精品意识。对社会科学研究成果而言,质量就是生命。大学之大,不在大楼,而在大师;大家之大,不在派头,而在作品。如何锻造学术精品,需要我们以扎根本土、深植时代为基础,在观念和手段结合上、内容和形式融合上进行深度创新,提高作品的思想高度、文化内涵、学术价值。当前,哲学社会科学研究的重要任务是立足中国特色社会主义伟大实践,提出具有自主性、独创性的理论观点,构建中国特色学科体系、学术体系、话语体系,这是产生学术精品的源泉和保障。社科工作者应该围绕“三个体系”建设,深入生活、扎根人民,树立正确的历史观与文化观,拿出真正经得起考验的精品佳作,凭本事说话,靠品质取胜。社会科学研究是一项苦差事,需要勤于思考、甘于清贫、淡泊名利,不畏浮云遮望眼,专心致志地锻造精品。如果不把心思和精力放在创作精品上,只想着追名逐利、走捷径、搞速成,成不了大师、成不了大家。以精品奉献人民,需要耐得住寂寞,经得起诱惑,守得住底线,立志做大学问,做真学问,同浮躁之风、弄虚作假、学术不端划清界限,在学术积累上下功夫,在守正创新上下功夫,不断增强学术积累和创新能力,拿出更多高质量、高水平的科研成果。

藉此为序。向被收入文库的作者和作品致敬!向接续奋斗 40 年的天津社会科学院人致敬!向为文库的出版付出辛勤努力的同志们致谢!也衷心希望更多的专家学者立时代潮头、通古今变化、发思想先声、引时代明德、为人民立言,不断涌现出更多的精品佳作、名家大师,不断推进全国一流社科院建设迈上新台阶。

靳方华

2019 年 3 月 17 日

序　一

近年来,城市史、社会史一直是史学研究的热点。这两个研究领域极大地促进了史学研究的发展,无论是对城市和农村社会的研究,还是对社会结构、社会现象的研究,都出现了不少新的研究成果。但是,有关城市空间与社会结构的研究,至今还很少有成果发表,《空间与社会:近代天津城市的演变》一书正是选择了这个交叉性的领域做出了一项颇有新意的研究。

空间的理念被引入历史研究领域后,扩大了历史研究的视野。尤其是在有关城市、乡村社区或区域性的研究中,关注空间与社会演变之间的关系,会使我们对社会史的研究有一个新的认识。本书把生态、空间与社会结合在一起,从新的视角重新审视近代的天津,使我们对19—20世纪之交天津社会的近代化历程有了一个立体的感受。

关于中国社会结构的研究是目前中国史学界关注的焦点,许多社会史的著述中多有论述。但是目前,我们更需要"中观"的、"微观"的,小中见大的实证性研究。而且,对19—20世纪转型时期中国城市社会结构的构架,也缺乏建筑在实证基础上的、具有说服力的研究。《空间与社会》一书以天津为个案,对近代城市的社会阶层和群体结构提出了独到的见解。这种研究基于对天津这样一个颇具典型性的城市的直接感知,结论不是干巴巴的,而是丰满的、有血有肉的。我们需要更多像这样的、涉及不同城市的个案研究,才能对近代社会结构及其转型有一个更清晰地认识。

本书另外一个突出的特色是对城市"近代化"进程复杂性独到的见解。作者认为:城市社会的演变并非旧与新、传统与现代的非此即彼的简单过程。传统与现代不是互相排斥、不相容的,城市社会的近代化也不是一个直线性的进化过程,而是一个多向度的复杂过程,体现为新与旧、传统与现代之间复杂的互动。在作者对每个专题的论述中,到处可以看到近代的因素与传统的因素不是泾渭分明地划分为两个阵营,而是复杂地交织在一起。这种互动过程推动着城市社会的不断发展。作者通过"全景式"的阐述,使得我们对这种互动的复杂历史过程有了非常直观的了解。在理论上,这必然会促使我们重新审视中国"近代化"的进程及其特征。

通观全书,我们还会发现作者对许多问题都提出了独到的见解和颇有价值的观点。比如,历史上河道水系对城市空间和城市发展的制约、近代传入的新技术与城市空间演变的关系、在城市社会结构演变的过程中国家权力与社会的关系、北方城市买办与商人的特征、边缘阶层与边缘区对城市的影响、城市生活方式的复杂构成等等。尽管这些是基于对一个城市研究的结论,但是无疑会促进我们进一步思考近代城市社会的许多个性与共性问题。

显然,这样一个交叉性的研究主题,无论从理论的把握、史料的搜集以及研究方法的运用上,都有较大的难度。由于对城市史和天津历史多年研究的积累和经验,使作者能够深入发掘、熟练把握和运用丰富的史料。对国内外研究理论和相关研究成果的熟悉,使得研究者能够在已有的研究基础上有所创新。量化与叙述的结合、深入浅出的论述以及精辟的结论,显示了作者较深厚的理论功底和较强的研究能力。

陈振江

2002年12月23日

序　二

《空间与社会:近代天津城市的演变》一书作为天津市"九五"社会科学规划重点项目的最终研究成果,是近年来天津近代城市和城市社会研究中一项高质量的成果。

作者能够有机地把城市史中关于城市生态、城市社会和城居人口的理论,应用于天津城市成长过程的研究,如:河道水系对于天津城市形成关系的双重效应的探讨(即城市对水资源的利用和水患对天津城市发展的影响)、近代运载工具传入后对天津城市空间发展影响的探讨、城市人口结构与社会阶层演进的探讨、天津城市居住分布、生活方式和公共事务关系的探讨、城市社会生活与居住环境之间关系的探讨等等。由于作者充分发挥了自己的理论优势和资料优势,这就为天津城市史和城市社会研究开拓了新的领域,使该书不但有较高的学术和理论价值,也具有较强的现实意义。

《空间与社会》的另外一个特色是特别注重从理论上和资料上论证城市与生态环境的互动关系、城市环境与城居人口的互动关系、城市环境与城市生活的互动关系等等。作者长时间从事城市史和天津史的研究,熟悉国内外相关的研究理论和研究成果,因此能够恰当把握和运用相关的理论和丰富的资料,其中特别注意了陈述式研究、量化研究与实证研究之间关系的处理，不少章节既有深入浅出的论述，又有令人信服的结论，因此在当前的城市史和城市社会史研究领域中，可以说是一部成功的力作。

《空间与社会》观点清晰，行文流畅，内容新颖，资料丰富，同时注意吸收当前有关的研究成果，这样就使这项成果在学科领域达到了一个新的高度，在学术领域保持了科学性和前沿性。同时，由于该项研究所涉及的多为城市史和城市社会史研究的新领域，因此该书的问世对于相关学科的建设与拓展，也将会起到一定的推动作用。

罗澍伟

2002年12月23日

目　录

前　　言

本书内容涉及19世纪后半期到20世纪30年代的天津，主要包括三个方面：城市空间、社会结构与城市生活。

在以往的研究中，我一直有一个自己无法解答的问题。当我们论述城市化、城市人口增长的时候，常常运用欧美学者惯常使用的所谓“推力”和“拉力”的理论来解释农村人口进入城市的主要动因。但是，我发现清末民初尤其是民国时期，天津城市人口迅速地增长，原因却并非如此。一方面，并不是城市有如此大量的就业机会；另一方面，主要来自华北乡村地区的大量移民也并非是因为小农经济破产导致农民离乡进城。近代农民离乡原因的调查表明，因为天灾和战乱被迫逃离家乡的农民占有相当大的比例。这不由得需要我们思考，城市人口大量增长的主要动因是什么，经济的还是生态的？我在华北各地考察的时候，曾专门考察了永定河、漳河和卫河。尽管今天这些河道多数已经如同溪流，有的地方甚至断流了，但是从漳河那宽阔的河床、河底巨大的鹅卵石，从永定河两岸那经过千百年冲刷，如同峭壁般的岩石，可以想见当年河水咆哮着奔流而下的景象。还有那数不清的数百条大小河道，最后都要汇入河道并不很宽的海河入海。这对于地处“九河下梢”

的天津来说,真是如同高悬的“德谟克里斯剑”。当我进一步翻检有关海河水系的资料时,发现与国内其他主要大河不同的是,海河并非自然形成的水系,政府行为在水系形成的历史过程中起了很大作用。这些都促使我开始探讨海河水系的历史与天津城市化之间的关系。

尽管近年来环境史成为研究的一个热点,但是本书并非有意做天津环境史的研究。我只是试图探讨生态环境对天津城市空间、人口、社区等的构成及其演变的制约。城市与河流的亲和性,使得水道成为制约城市的最重要的生态系统,这种制约作用不仅表现在城市与水系流域地区的关系、水资源的利用、交通网络的形态,同时也表现在城市的选址、空间结构、人口分布以及城市人的生活方式等方面。因此,尽管城市生态系统还包括其他许多方面,他们对城市发展的决定性作用也不容置疑,但是本书还是将研究的重点放在了城市的水道——海河,以及与之相关的水资源上。内容主要包括:海河的历史及其与天津形成之间的关系、城市对水道的控制与利用、洼淀的历史命运、水灾对城市的影响以及城市生活用水的历史等。

城市空间是城市史研究中的一个热点。这里的“空间”即包括地理空间,同时也包括社会空间,或者说是地理空间和社会空间的统一。在近代中国的城市中,天津可说是城市空间变化一个典型。多国租界的存在、八国联军对天津的占领、各种新技术的传入以及清末的政治变革等,都促成了20世纪天津城市空间的重构。本书主要围绕天津传统到近代城区的演进、交通与20世纪城市空间的重构以及公共空间的演变这三个方面加以论述。城市空间的变化会影响到人们社会行为的改变[①]，本书将试图在不同的章节论述这种改变所涉及的一些方面。

社会结构是本书研究的另一个重点。关于社会结构的内涵，学术界有种种不同的见解。本研究不是想对近代城市社会结构做概括式的阐释，而是希望借助对天津近代社会阶层和社会群体的形成、重构等历史过程的剖析，一方面使我们对近代城市结构有一个具体的、实证的认识；另外一方面是希望能说明不同城市在社会构成、国家权力与社会之间的关系、上层社会与下层社会之间的互动等方面所具有的不同特征，如天津买办与官场之间更密切的联系、社会下层的摊贩与上层商人以及警察之间的复杂关系、社会边缘阶层的构成等，都表现出独有的特征。在研究中，不仅阐述这些关联的构成方式，也注意他们之间的互动关系。例如，20 世纪初，天津的一个显著变化就是民间社会对城市事务影响力和干预的增强，这不仅表现在商会及其他自治团体职能的扩大化及其对城市市政管理等诸多方面的参与，也表现在社会下层通过种种方式表达自己的意愿和要求，尽管许多要求往往是与“近代化”相悖的。

关于城市生活的研究，本书没有采取罗列衣食住行的方法，而是选择了最能表现近代天津城市生活演变的若干主题，如居住空间分布的变化与社区构成、居住、饮水方式、娱乐方式的演变以及新旧生活的冲突等，还有清末民初天津城市的奢侈风气，来阐释近代中国城市生活方式的一般特征。最后，还阐述了城市生活的另一个重要方面：公共事

① ［美］周锡瑞：《华北城市的近代化——对近年来国外研究的思考》，《城市史研究》第 21 辑，天津社会科学院出版社 2002 年版，第 2～7 页。

务、公益以及慈善事业。

芝加哥学派的代表人物路易斯·沃思(Louis Wirth)有一个著名的论点:"城市是一种生活方式"①。的确,城市化不仅是人口向城市的聚集,更表现在有别于乡村的城市生活方式的构成。一边有来自各地的移民,包括南方的移民和华北的农民,另一边是来自世界各地的外国人,他们把形形色色的生活方式带到了天津,他们自身又融入了这个城市。本书没有把近代天津的生活方式作为一种模式,全面地加以阐述,而是从不同的社会群体,不同社区的生活场景来探讨近代天津城市生活方式的特征,并进而提出,外来移民带来的原住地文化在被融入城市生活方式的同时,也从多个角度影响着城市的生活方式。布罗代尔在谈到城乡关系的时候曾经说:"沙漏可以翻个儿:城市使乡村城市化,乡村也使城市乡村化。"②乡村并不能把城市变成乡村,但是却通过生活方式影响甚至改变城市,这在有大量来自华北乡村移民的天津,表现得非常明显。你很难将租界内住洋楼、穿西装、吃西餐的上层市民与住在城市边缘的窝铺里,过着与乡村农民相差无几生活的新移民相提并论,但这恰恰都是构成近代城市生活方式的一部分。

本项研究没有专门论及近代天津的分期,这并非认为城市的发展没有阶段性。近代天津有两个重要的转折点,一是1860年的开埠,另一个就是1900年的庚子事变,前者使天津开始打破闭塞的传统时代步入开放的近代社会,后者则使天津社会发生了重大的转折,近代教育、

---

① [美]路易斯·沃思(Louis Wirth):《作为一种生活方式的都市生活》(Urbanism as a Way of Life),1938年。

② [法]费尔南·布罗代尔(Fernand Braudel):《15至18世纪的物质文明、经济和资本主义》第1卷,生活·读书·新知三联书店1992年版,第577页。

新技术的出现,以及城市资源和人口在空间上的重新配置,促使城市结构发生重组。然而,在另一方面,城市社会的演变又并非旧与新、传统与现代的非此即彼的简单过程。传统与现代并非是完全互相排斥、不相容的,城市社会的近代化也不是一个直线性的进化过程,最终形成的是一个由新的、时髦的"近代"因素与旧的、落后的"传统"因素混合构成的近代城市。从天津的近代演化历史来看,城市社会的演变,是一种多向度的复杂过程,体现为新与旧、传统与现代之间的复杂的互动过程。正是这种互动过程,推动着中国城市社会从传统到现代的演进。

第一编　空间

本研究之所以从生态环境入手，是因为当我们从区域的角度去研究城市历史的时候，就会发现许多问题，为什么同样的历史时段，同样的社会形态，在不同区域的城市会产生不同的历史过程，形成不同的社会结构？施坚雅[①]使用“地文区域”(Physiographic Region)来解释这个问题。他提出，地文大区是研究城市化的恰当单位，因为地文结构左右着人口的定居及其生产和交换的方式。施坚雅的研究发现，除了云贵高原外，其他地文大区的核心区都处在河谷低地，这里往往能提供有效的水路交通和比较方便的陆路交通。夏威夷大学的章生道[②]教授则提出，河川水系由于自然生态的侵蚀及冲积移动，在流域的重要之处集中了资源，提供定居的地理环境条件。由于水路交通比陆路交通成本低廉，这样资源便会在河运枢纽聚集[③]。因此，我们说环境是造就城市的

① 施坚雅(G. WilliamSkinner，1925—2008)，美国斯坦福大学人类学教授，美国科学院院士，美国亚洲学会会长。其提出的中国区域社会结构与变迁的分析模式，被称之为施坚雅模式。主要学术著作有《中国农村的市场和社会结构》(中国社会科学出版社 1998 年版)、《中华帝国晚期的城市》(中华书局 2000 年版)等。

② 章生道(Sen—dou Chang)，美国夏威夷大学地理系教授。

③ [美]施坚雅主编:《中华帝国晚期的城市》(中译本)，中华书局 2000 年版，第 249 页。[日]斯波义信:《宋代江南经济史研究》，江苏人民出版社 2001 年版，第 35 页。

前提和基础,同时也对城市的发展起着制约作用。自然环境、人口和科技在城市空间相互作用,构成了城市的生态系统。

一般认为,环境是指围绕人群的空间,及其可以直接或间接影响人类生活和发展的各种因素的总体[①]。所谓因素,既包括自然的也包括人文的、社会的因素。生态(Ecology)一词源于希腊文 Oikos,意为供居住的房子或地方。近年来,当人们越来越意识到人类的生存环境日益遭到人类自己无情的破坏时,环境与生态这两个词便成了通俗用语[②]。其实,这里的生态是指人类生态。在社会科学领域,对人类生态的研究早已形成专门的学科,即所谓人类生态学(Human Ecology)。其主旨是研究人类与环境之间的关系。其中有的研究注重人类生理因素与自然环境的关系,有的研究则更关注自然环境、人口、科技和社会之间的复杂关系,所以也称之为社会生态学。例如,当一项资源被广泛地依赖,则人类的整个发展路线就会深受其影响,这其中就包括了复杂的因素和关系。就城市而言,水资源就是一个典型实例。水既是城市的生命之源,又往往成为城市灾难的根源。生态学原则又被用来标示现代城市的人口与文化特质的分布,"物竞天择"被用于人类社会或经济团体。自然生态学的原理与法国社会学家的"社会形态学"相结合,形成探讨城市空间结构即人口数量、密度和空间分布的重要理论方法。

在以往对天津历史的研究中,一般只注重对人文现象的研究,有关城市环境的因素大都为地理学家所关注。然而,当我们把研究视角转向环境与人文社会的综合研究时,就会发现从历史到现实,环境对天津

① 《中国大百科全书·环境科学》,中国大百科全书出版社 2002 年版。

② 《大美百科全书》,外文出版社 1994 年版。

城市的发展与制约是如此之大，以致使我们不得不把研究的目光更多地转向环境因素。

第一章　海河:水道与城市的形成

1. 区域环境与早期开发

天津地处华北平原的东北边缘。由于是距今大约4000～5000年全新世海退后海平面下降成陆,又经过河流尤其是多泥沙河流的沉积而形成,所以天津所处的平原地区地势尤其平坦。如果按照现代天津的行政区划范围来看,天津地区的地势特征是北高南低,西北高东南低。除北部少量山地外,天津可以说是一马平川,绝大部分地区都在海拔5米以下,坡降仅为1/5000～10000。由于这个高度与渤海湾涨潮的水位相差无几,地势又过于平缓,垂直高度仅差1米左右,因此潮汐现象特别明显。海河建闸前,海潮沿着河道可以一直上溯到杨村、韩柳墅,西南可达杨柳青。

谈到气候,天津虽然地处渤海之滨,可是由于渤海是深入大陆的内海,所以对天津的气候影响很小,反而受大陆季风环流控制,属于暖温带半湿润季风型大陆性气候。如果我们按季节分析,便会发现天津的春秋短而冬夏长,春天干燥而多风,夏日高温而多雨。对于天津的气候特征,《津门杂记》中有一段形象的评述:

天津气候非冬即夏,所求春秋佳日绝少,二三月间犹寒气不减,一如隆冬。每至首夏清和，今日体着重棉，明日手则挥扇，其立见炎凉如此。且有干风吹扬尘土，其势甚狂，几几乎无日无之，人目尽眯，禾苗枯萎，所以常苦旱灾。夏秋之交，雨势稍大，又防冲决，湿蒸炎热异常。中秋节后，人犹袒背以行，无几日又行冬令，朔风骤起，木叶尽脱，便觉寒威彻骨，溪水结冰矣。居人非卧暖炕拥火炉，不足以过冬。①

天津的年降雨量平均在400～600毫米左右，仅及同纬度的朝鲜元山(1339.6毫米)和日本宫古(1352毫米)的一半以下。而且，整个海河流域的降水也是如此。每年的降水75%都在6—8月之间，7、8两月又占了65%以上。雨量集中且多暴雨，雨季降水量往往集中在几次暴雨之中，有时几天的降水量可占全年降水量的一半以上。然而，1—3月的降水量却仅占全年的2%。不仅每年内降水如此悬殊，降水年际分配也极不均匀，丰水年与枯水年相差可达三四倍。

与此同时，华北地区的地貌构成更使这种过度集中的降水对下游地区造成威胁。华北北部有东西走向的燕山山脉，西部有东北——西南走向的军都山和太行山脉。这两道山脉在华北平原西部环绕，形成了一道“厂”字形的天然屏障。夏秋之际，当太平洋的暖湿气流进入这一地区时，山地迎风坡的阻挡和抬升作用，使山前地带常常形成暴雨区。据历史记载，历代暴雨中心大多在海拔500～600米的半山腰地带。一旦暴雨骤降，山区河道坡度陡峭，很容易在短时间内汇集成山洪。洪水进入平原地区，河道坡度迅速减缓，上下游的泄洪能力又相差极大，使地处海河下游的天津倍受洪涝威胁②。

① (清)张焘:《津门杂记》卷中，1884年刻本，第26页。

② 参见徐华鑫《天津自然地理》，天津地方志总编室1988年版，第136～137页。

看一下水灾之年天津的降雨量又会发现,二者并非等量关系。也就是说,水灾的发生往往并非是因为天津地区降雨量过大而造成的。1912、1917 和 1939 这三年发生的水灾都是 20 世纪前半期最大的,但是这三年天津及附近地区的降雨量都不是最大的①,这就从一个侧面说明了天津的水灾与海河洪涝之间的关系。

2. 海河与天津城市的形成

章生道教授从历史地理学的角度研究中国定居史和城市化的过程时,提出了中国人自古善于逐水而居,具有“低地趋向性情结”②。地处河流下游的天津平原一旦成陆,形成居住的环境,尽管地理条件并不利于发展农业,也会形成人口的聚居趋向。

我们再从另外一个方面探讨天津的出现与河流的关系。无论世界哪个地区的城市,多数总是与河流、湖泊有不解之缘。河流、湖泊既为人们提供生活和生产用水,又成为主要交通载体的水资源,决定着城市的产生和规模,也制约着城市的发展方向和城市化进程。天津与海河的关系就是如此。

稍微注意一下华北区域的历史就会发现,影响这一地区历史环境的形成有两大要素:西部黄土高原的不断沙化和黄河的频繁改道、泛滥。在宋代以前,汹涌的黄河将来自黄土高原的大量黄沙输送到华北平原的东部,使成陆较晚的天津地区得以“沧海变桑田”。到了宋代,天

① 1912 年 732 毫米、1917 年 782 毫米、1939 年 681 毫米。

② [美]章生道:《中国城市化的历史趋向》(The Historical Trend of Chinese Urbanization),《美国地理学家协会年鉴》(Annals of the Association of American Geographers),第 53 卷第 2 期,1963 年。

津现代的海岸线开始形成。在此期间，黄河三次北上从天津地区入海[①]。此后，黄河改道山东入海，海河成为这一地区的主要水系，成为影响这一区域发展的主要生态要素。

在中国的各大水系中，海河与黄河、淮河不同，它的干流很短，河床比较窄。就水系而言，海河水系没有一条贯穿整个流域地区的干流。狭义上的海河实际上只有从天津老城外的三岔河口到渤海岸边大沽口这一短短的距离。尽管作为水系，海河早在公元 2 世纪就已经形成，但是却一直没有固定的名称。“海河”这一称呼最初出现于明代，固定下来且为人们广泛认同实际上是清朝后期的事[②]。海河干流的直线距离仅有大约 40 公里，“裁弯取直”前的海河河道蜿蜒曲折也只有一百多公里。海河水系实际上主要是由几大支流构成的，所以便有了“九河下梢”、诸河“尾闾”的说法。

现在的海河水系有五大支流水系构成，即北运河、永定河、大清河、子牙河、南运河。北运河上游为温榆河，源出军都山南麓，过通州区内

① 翟乾祥：《历史时期海河下游环境的演变》，《天津市历史博物馆建馆四十周年纪念论文集》，天津古籍出版社 1992 年版，第 11 页。

② 海河名称长期不确定，其原因显然是海河一直是诸河尾闾，也就是华北平原多条河流的入海口，没有自身的长距离干流。最初海河曾为沽水尾闾河段，所以称“沽河”。海河水系形成时期，泒河带动大清河水系经天津与沽河合流入海，由于泒河盛于沽水，合流后的海河河段便被称作“泒河尾”。而当海河水系形成后，平虏渠开通，清河也就是南运河水系连接着滏阳河和滹沱河水系在天津与泒、沽汇合，清河又盛于泒河，合流后的海河便被《水经》的作者改称“清河”。此后，唐代海河又被称为“漳河”；宋辽时期，海河为宋辽分界线，便又有了“界河”之称。这种称呼一直保持到元代，当时海河口还被称为“界河口”，入海河还称“入界河”。(《元史 · 食货志》卷 93，海运)明代天津设卫，海河又改称“卫河”。明万历四十一年，徐光启的《粪壅规则》有：“天津海河上人云：灰上田若碱”，这是海河一名最早出现。清康熙年间《直隶河渠志》记载：“海河、南北运河、淀河(大清河)之汇流，自天津东北迄大沽口一百二十里”。然而，清代也常常称海河为白河、北河等。直至 20 世纪初，海河这一名称才为人们普遍认同。

河桥为北运河,至天津入海河,长度只有 215 公里,是海河水系中最小的支流。发源于张北高原的潮白河,以前也注入北运河,历史上属北运河上游河段。自牛牧屯修浚潮白新河之后,潮白河沿新河至宁车沽与永定新河汇合,不再归入北运河水系。

五大支流水系形成辐聚状,在天津注入海河。海河流域宽度是全国最宽的,约为 370 公里(流域平均宽度=流域面积/河长)[①]。这种水系的特点是极易造成洪水集中,一遇暴雨,支流洪峰一块涌来,相互顶托,造成洪涝灾害。

从地理的观点来看,任何河流或水系都有其发育的历史过程。然而,海河水系与其他河流的最大不同之处在于,在水系形成和发展的过程中,人为因素——主要是政府行为,起了很大的作用。

与中国其他水系相比,海河水系形成的历史并不很长。一般认为,海河水系形成于东汉时期,也就是公元 3 世纪[②]。在海河水系形成之前,华北平原是黄河泛流之区。黄河下游频繁改道,据统计历史上较大的改道有八次之多,从公元前 602 年直至公元 1946 年[③]。黄河几度改道经由天津附近地区流入渤海,对天津平原的最后形成,对海河水系的形成都起了很大的作用。直至西汉时,分布在华北北部的几条主要河流,也就是后来构成海河水系北系主要支流的河流,还都是分别流入渤海的[④],海河水系还没有形成。

---

① 徐华鑫:《天津自然地理》,天津地方志总编室 1988 年版,第 135~136 页。

② 谭其骧:《海河水系的形成与发展》,《长水集》(续集),人民出版社 1994 年 2 月版,第 440 页。

③ 徐华鑫:《天津自然地理》,天津地方志总编室 1988 年版,第 55~56 页。

④ 孙寿荫:《海河水系形成谈》,《天津文史丛刊》第 8 期,第 115 页。

从环境条件上看，海河水系的形成决定于白洋淀至文安洼一线东西带状延伸的现代构造沉降洼地的存在，它使海河北半部水系得以南流而南半部水系北流，也使天津成为诸条支流的汇流地和入海尾闾。另一方面，从海河水系的形成过程看，南运河的出现起了决定性的作用，它标志着海河水系的最终形成。

南运河的形成与历代政府行为有直接关系。东汉末建安年间，即公元3世纪初，曹操进攻占据河北邺（今河北临漳）的袁绍，为了运输粮秣军马，于建安九年（204年）在淇水入黄河的地方筑枋堰遏淇水改道东流入白沟①。从此，淇水脱离了黄河水系而归入海河水系，白沟及其下游清河成为河北平原的一条主要水运通道②。两年以后，也就是建安十一年（206年），曹操为北征乌桓，又从参户亭（今青县西南的木门店）③开渠至文安县东，引滹沱河水入泒水，称“平虏渠”④，也就是今天的青县附近到静海独流之间的南运河段。

为了运输兵卒、粮草而开白沟、平虏、泉州和新河等人工运渠⑤，为了增加人工运渠的水量，沟通了多条河流，如白沟源自淇水，经内黄县北连洹水，过南皮县北会衡漳。这些运渠连通了沽、泒、清三河，汇合了河北平原上大部分水道，其中包括海河水系的主要河流：北运（沽水）、

① 建安九年正月，“遏淇水入白沟，以通粮道”（《魏志·武帝纪》）。

② 枋堰东侧还出现了在两晋和南北朝时期颇为著名的城镇——枋头。

③ 《水经注·浊漳水》中有：“平舒县西南五十里有参户亭，故县也，世谓之平虏城”。这里也正是两汉时期滹沱河流经之地。由此推断，这里应当是平虏渠的起点。（参见谭其骧：《海河水系的形成与发展》，《长水集》（续集），人民出版社1994年2月版，第434～435页。）

④ 建安十一年，“凿渠自呼沲入泒水，名平虏渠”（《魏志·武帝纪》）。

⑤ “从泃口凿入潞河”（《三国志·武帝纪》），即为泉州渠。新河则是沟通泉州渠和濡水（今滦河）的人工渠。

永定(漯水)、大清(派水)、子牙(滹沱)、南运(清水)五大河,汇合于今天的天津市区,然后东流入海,形成了最初的海河水系①。

平虏渠的开凿,不仅使南运河水系初步形成,而且还连接了大清(派水)、子牙(滹沱)两水系。由此形成了海河五大水系汇流天津,经由海河入海的水系结构。《水经》中出现了"派河尾"这一称呼,当为今天天津市区的海河干流。天津城市形成的区域环境已经开始出现。

海河水系形成初期,各条河流之间靠人工渠连接极不稳定。大约在公元470年左右,南北水道之间联系已经中断,所以《水经·沽河》说:"沽水又东南与清河合,今无水"。《水经注·鲍丘水》又称:"鲍丘水自雍奴县故城西北,旧分笥沟东,今笥沟水断,众川东注,混成一渎,东经其县北,又东与洵河合"。沽河已随鲍邱河东流至今蓟运河下游一带入海。大约又过了一个多世纪(隋、唐之际),由于永定河和黄卫冲积扇的升高,又促使大部分南北水道汇聚天津同流入海。

隋朝统一全国,炀帝杨广于大业元年(605年)开凿大运河,把南、北都会联系起来,运输粮食和物资,满足京都长安军民生活之需,沟通南北通商和文化交流。隋代开通的大运河以洛阳为中心,呈"人"字形,南达杭州,北通涿郡(今北京),总长两千五百多公里,首尾相接,经河北、河南、安徽、江苏和浙江五省,沟通长江、淮河、黄河、钱塘江和海河五大水系。隋大业四年(608年),又开凿永济渠,自河南武陟,连接白

---

① 谭其骧:《海河水系的形成与发展》,《长水集》(续集),人民出版社1994年2月版,第440页。

沟和清河，直通涿郡[①]，全长一千多公里，从而沟通了海河与黄河两大水系的航运，完善了海河水系的航运功能。此后，尽管北宋黄河曾三次北流，由海河入海，海河水系一度再被纳入黄河水系，但仅六十年后，海河又恢复了以前的状态。直至今天，海河水系基本上是隋炀帝时代的水系格局。金代疏挖永济渠，元明以降，运河更成为王朝的生命线。到了清代，运河成为中国最发达的水上运输系统。

从明代定都北京，这时的运河运输，不再只是供给驻防北方的军队，而是主要供给人口迅速增加的北京城。明朝中央政府决定全部由运河运输漕粮，天津城的城址只能选择在运河水上交通枢纽——南北运河交汇的地方。

从海河水系的形态和漕运的方式考察，来讨论早期天津城市的选址，就会发现区域水环境与城市的形成有着如此密不可分的关系。当城市形成以后，对水道的控制又成为城市的一项重要的职能。

3. 历代海河工程：城市对水道的控制

城市对水的控制主要包括防涝、疏浚水上交通通道、城区的排水与供水等等。天津河道众多、地势低洼、土质松软，因此对水的控制便成为历代城市政府和社会关注的首要问题。

直至清末，由于天津城市的首要功能是漕运，要保证对北京漕粮的供给，首先必须保证运河的通畅。另外也由于技术方面的原因，所以尽管天津城几乎年年遭受洪水的威胁，防洪排涝却一直是被动应对。历

① 《隋书·炀帝纪》大业四年（608年）正月，“诏发河北诸郡男女百余万，开永济渠，引沁水南达于河，北通涿郡”。《大业杂记》作“三年六月，敕开永济渠，引汾（按：“汾”系“沁”之误）水入河，又自汾水东北开渠，合渠水至于涿郡二千余里，通龙舟”。

代政府为此所做的工程几乎就是“筑叠道,开引河,建桥立闸并多设涵洞,使洼地积水分流入海,居民藉免水患”①。

同时,直至20世纪50年代海河防潮闸修建以前,海河水位每天随海潮涨落。涨潮时,潮水可一直上溯到城西的杨柳青和城北的韩柳墅。所以,在平时如何控制海河水便成为重要的问题。明清时期,天津城区建造了许多道水闸,首要目的就是控制海河水的涨落,以保证漕粮运输水道的畅通。

清代康熙年间,天津镇总兵蓝理利用海河水在城南乡开田植稻,移江浙之民垦田,开挖引河引水淤灌稻田,这条引河即后来的墙子河。为了控制河水,在距城八里的贺家口修建了一座水闸。“外护潮水,内消沥水,伺长落以为启闭”②。其他河闸如何家圈闸、双港闸、白塘口闸、冯家口引河闸、大沽引河闸等。

对于天津城而言,最重要的水闸当属城东南的“大闸”了。明永乐二年(1404年)修筑天津卫城时,在城的四周挖掘了护城河,又称“城壕”③。最初人们对城壕并不注意维护。城墙外也有居民倚靠城墙盖房居住,护城河甚至成了垃圾坑。康熙十三年(1674年),天津镇总兵赵良栋下令拆毁了靠近城墙的所有民居,明令“离城三丈不许民间起盖房屋”。同时,疏浚四周的城壕,“使之宽深如式,不许民间填塞,永著为令”④。按照传统的营城制式,城壕的功能与城墙一样,在军事上起着

① (道光)《津门保甲图说》,1846年刻本。

② (道光)《津门保甲图说》,1846年刻本。

③ 也有记载说,城的东北两面由于靠近河道,最初没有挖城壕:“临河无池”([乾隆]《天津县志》卷7)。

④ (清)薛柱斗:(康熙)《天津卫志》卷1,1675年刻本。

防护的作用。然而，到了明清时期，作为一般行政中心城市，城壕也与城墙一样成为城的象征了。同时，对于城市日常生活而言，城壕似乎比城墙有更大的实用性，许多城壕成了城市的重要市政设施。

天津卫城初建之时，在城墙东南隅开一水门，将城内水坑与城壕沟通。城壕在东南与海河相通，并建造了一座石制水闸，“引海河潮水周城四面，由南城水门入城，水门上有‘引汲受福’四字”[①]。由于海河洪水泛滥和平时失于维护，城壕及其水闸曾数度被淤塞，又重新被开浚[②]。水门也增加到四个，南城墙二个，东西城墙各一个，当地称“葫芦罐”[③]。通过四个水门，城壕与城内四个城角的水坑相连通。这四个水坑是城内的污水坑，被人们戏称为：“一坑银、一坑水、一坑纱帽、一坑鬼”[④]。无论雨水还是生活污水，都排入这四个坑内，再通过水门排入城壕，最后排入海河中。海河涨潮时，开启水闸引潮水入城内水坑。落潮时，坑内的污秽便随潮水流入海河。但实际上，一直只有东南面的水门，海河潮水可以经常出入，冲刷污秽，其他几个水坑完全成了长年无法清除的污水坑。尤其是随着城内人口的增长，污水排放不断增加，越来越多的排污明沟连通到这些水坑。“城向有沟出秽水，以洼为尾闾，

---

① (清)薛柱斗：(康熙)《天津卫志》卷1，1675年刻本。

② 顺治十年(1653年)、康熙十三年(1674年)、雍正十三年(1735年)、乾隆元年(1736年)，城壕和水闸都曾经被地方政府疏浚和重修，当地士绅也曾出资捐助。

③ 有一种说法，葫芦罐有两个，一在南门东，一在东门北。南城根水坑最大，称水月池。污水由此出，海河水也由此引入护城河进水门换水。东城根三义庙附近有黄家洼、刘家洼积水，也经葫芦罐水门入护城河。被称作葫芦罐的原因是，流水经城墙水门形成瓶颈，而两头都有大面积的水坑，呈葫芦状。(参见冯骥才：《旧城遗韵：天津老房子》，杨柳青画社1995年版，第62页。)

④ 东北城角银号、富绅聚集，故位于该处的水坑便有了“银坑”之称；西南角地势低洼，城内雨水多汇集于此，水坑最大，故名“水坑”；东南角的水坑靠近贡院，据说清代常有落榜考生投坑自尽，故名“纱帽坑”；西北角的水坑以鬼名之，是因其邻近城隍庙的缘故。

秽气所钟，行者掩鼻”[①]。曾经有人提出，疏浚这些污水无法排泄的水坑，使其通过水门与城壕连通，经常引潮水入坑冲刷，污水另筑暗沟排入城壕。反对者则以夏季泛滥的洪水会由水门入城反对之，此议最终不了了之。

当时，不论是城市政府还是地方精英，关心的只是城墙以内的事情。灾害来临，考虑的首先是如何保住城池以内免遭灾祸，然后就是等着洪水自然下泻。当地人认为，夏天洪水无法宣泄，是因为“海不收水”，要等到秋天“白露”过后，滞留的洪水自然会被大海“收去”，灾难就会过去了。地方官员常常也用这种理由来分析洪水的消长，甚至写在上奏朝廷的报告中。至于城墙以外的居民，他们只能自保身家。天津地名出现的“圈”，显然是城外村庄聚落为抵御洪水，围堤自保形成的。当他们无法抵御洪水的时候，才逃入城里避难。城里政府官员们的救灾措施，也只是在灾害发生时在城内安置少数到城里避难一时的灾民，灾后到“四乡”发放粮款赈济而已。至于河道、洼淀的治理，他们是连想都不敢想的。

地方官员首要的一项职责是保证运河漕粮运输的畅通。明清王朝政府把运河看作朝廷生存的命脉。明代漕运量每年一般为200～300万石左右，最高达到670万石。到了清代，每年的漕粮平均达400万石，加耗三至四成，大约每年500万石，都要经由运河运往北京。由于北运河河道浅窄，漕粮运至天津后需要倒载到北运河的驳船上运往京通各仓。这样一来，天津更成为漕运枢纽和漕粮的贮存、转运之地。明代初年，天津城以北建露囤1400所，公元1406年在尹儿湾（北仓）建

① （清）沈家本：（光绪）《重修天津府志》卷20，1899年刻本。

"百万仓"。天津城内建仓廒，大盈仓九廒45间，广备仓9廒35间，大运仓6廒30间。

水上运输的发达使运河成为最繁忙的河道，尤其是城北的北大关一带运河河道，成为各类船只的聚集地。在许多史料中，都可以找到描写这里的船只数量多，河道拥挤不堪的记载。而上游的"西大湾子"，由于河道弯曲，更成了运河航运的"脖颈"。繁忙时，来往船只甚至一两天才能通过①。

当然，更大的问题是频繁发生的水灾。历代天津发生的水灾，因南运河泛滥占多数。南运河河水的出路只有海河，以及捷地、兴集(济)两条减河。减河与运河交接处建有水闸，枯水期关住水闸以保证运河内的水位高度能使漕船通过，到了汛期开闸宣泄洪水。南运河有多条河流汇入，却只靠两条减河和海河汇流入海，没有其他更多的途径。而且，"天津以南之杨柳青一带有八十里向不设堤，原使淀、运两河彼此相互宣泄"②。一边是河道没有足够的排泄出口，一边是距离天津最近的河段不修河堤，这是天津城水灾频发的一个重要原因。在城北，北运河与子牙河交汇于西沽，"积水之区三面皆堤无由宣泄"③，天津城处于南北夹击的位置。

1823年(道光三年)12月，署工部左侍郎张文浩奉命巡视海河水情。他乘船由永定河下游至大清河，直抵天津。当年夏季，海河流域发

---

① 吴趼人：《恨海》，豫章书社1981年版。

② 水利水电科学研究院：《清代海河滦河洪涝档案史料》，中华书局1981年版，第140页。

③ 水利水电科学研究院：《清代海河滦河洪涝档案史料》，中华书局1981年版，第88页。

生了特大洪水。尽管张文浩巡视时已是冬季,沿途水势比夏秋间也已消落了一二米,但是仍然是一片汪洋,茫无边际。大清、子牙、永定三条河连成一片而不可分,所有河堤都淹没在洪水之中,根本起不到任何作用了,直至天津才看到南北运河的堤岸。

尽管如此,在19世纪以前,历代政府在天津都没有修筑过什么大的防洪工程,更不必说改造河道了。据记载,天津最早的防洪工程是明朝万历三十二年(1604年)。这一年天津发生了建城以后最大的一次洪水,大水冲决了运河校场口堤岸,"湮城砖24层,人民饿死无算"。当时任河防同知的陆敏捷指挥驻军围绕城西南修筑了一道护城堤,后被人们称作"陆公堤"。

18世纪以后,天津修筑的主要防洪工程是平日作为道路,洪水发生时可以作为防洪堤的"叠道"。主要的叠道有北门外通往北京的西沽叠道和东门外通往大沽的海河叠道。西沽叠道既是通往京城的大道,又是北运、永定两河的堤防。海河叠道是天津城与大沽之间的陆上交通要道,同时又是海河的防洪堤。

真正实施大规模的改造河道和修筑防洪工程是从19世纪下半期开始的。同治十三年(1874年),直隶总督李鸿章为宣泄北运河洪水,就原有的河汊,在三岔河口北运河的河湾处,向北开挖了一条减河。这条减河从天津入宁河县(今宁河区)境,过芦台从北塘入海,取名"金钟河",也称"东河"或"芦台河"。1918年,三岔河口处"裁弯取直",北运河的末梢以及金钟河的南段都成为废河。光绪七年(1881年),又沿着旧有的堤头引河旧迹重新开挖了一条减河,即"新开河"。

在遭遇了1890年的大水后,天津又于1893年修筑了西堤头到塌河淀的滚水坝。由于当时首先要保证漕运的正常进行,保证北京的安全，天津不会修筑大的防洪工程。直至20世纪初漕运废止后，尤其是民国以后，才有人提出多开减河以疏减运河水量，北运、永定等河下游另辟入海新河，海河水系五大河应分由北中南三口达海等建议。

与此同时，控制、改造河道的另外一个起点是从租界地区启动的。19世纪60年代天津开埠后，租界在海河沿岸修筑了停泊轮船的码头。海运的兴起，运河运输的逐渐衰落，使天津的经济中心从老城北的运河码头，转移到下游租界海河岸边的轮船码头。轮船的到来使海河通海河道繁忙了起来。然而，河道的弯曲和不断淤塞成为航运的最大障碍。19世纪80年代开始，河道的淤塞日益严重。每年枯水季节，河道水浅，使轮船无法驶入租界海河码头。只能等到雨季，河水变深，轮船才能在码头停靠，否则就要用驳船从停泊在大沽口锚地的轮船上卸载货物驳运到租界码头，或卸载部分货物，使轮船的吃水变浅，以便能驶入海河航道至租界码头停靠。到19世纪90年代，这种情况更加严重。1896年，差不多有七个月的时间轮船不能驶抵租界码头。1898年，租界码头全年没有见到一艘轮船停泊。这种状况对越来越依赖海运的天津城市的发展，自然造成极大的障碍。当时在天津的西方人把海河的淤塞看作“长期的地方慢性病”，埋怨“海河几乎成为一条无用的航道了”[①]。有人甚至抱怨当初不该将天津开为商埠，而应改在秦皇岛。

1897年，经北洋大臣王文韶提议，海河工程委员会成立。委员会由天津海关道、海关税务司、各国驻津领事、洋商总会代表以及作为顾问的丹麦人林德组成。由清政府拨款10万两，再以英租界土地作担

① 许逸凡译：《天津海关1892—1901年十年报告书》，《天津历史资料》第4期，天津市历史研究所编。

保,发行公债 15 万两,作为基金,开始了第一期海河治理工程。这期工程主要是在海河小支流河口建造节制闸,以加大海河的纳潮量,使主航道河水加深。1900 年爆发的义和团事件使工程中断,水闸被毁。

八国联军占领天津期间,"都统衙门"拨款 25 万两支持海河工程委员会的工作。1901 年签订的《辛丑条约》规定,组成国际性的"海河委员会"(也称"海河工程局"),主持海河治理工程。

20 世纪前半期,海河治理工程主要包括三个方面:裁弯取直、上游截沙放淤和大沽沙浅滩疏浚,其中对海河以及天津城市影响最大的是裁弯取直工程。海河干流由于流域地势平缓等原因,河道多处弯弯曲曲,很容易淤塞。每年枯水季节,航道变浅,成为水运交通的"瓶颈"。在清末,轮船往来于租界码头和大沽口之间,尽管只有数十公里,却常常要花费几天的时间。由于河道弯曲狭窄,轮船经常发生相撞,或触淤搁浅①。

最早的一次裁弯取直工程是 1902 年完成的挂甲寺到杨庄一段。其后,直至 1920 年代,一共完成了六段裁弯取直工程。海河河道因此缩短了 26.3 公里,河床普遍刷深、拓宽,增加了河道的纳潮量,使航道的深度大大增加。这不仅改善了海河的航行条件,也提高了海河的泄洪能力。

对天津城市而言,海河裁弯取直工程也改变了城市的空间结构,尤其是三岔河口和老城北一带,河湾的减少大大改变了这些地区的景观,

---

① 同治十年(1871 年),京官李慈铭从浙江乘轮船来天津,从大沽口入海河 30 里,与另一艘轮船相撞,"半陷于田泥"。夜里涨潮,外国人"极力鼓轮",还是无法摆脱。第二天,"以巨索系树,复鼓火振轮,久之始动"。到了傍晚才抵达紫竹林。(李慈铭:《越缦堂日记》。)当时,海河常常发生船只相撞事件,还引起了许多中外纠纷。

有利于城市的规划和发展。裁弯取直工程的附加效应就是挖出的大量淤泥用于填垫低洼土地。地势低洼是阻碍天津城区扩展的一个主要障碍。海河工程挖掘出的大量泥土需要处理,"吹泥填地"把裁弯取直与城市建设工程结合在一起,变废为利,堪称城市发展的绝妙计划。从20世纪初到1920年代,这项计划取得了很大的成效。英、法、德、日租界以及南市一带的建设都得益于来自海河的大量泥土。1912年至1921年,至少有170万方泥土填筑到这些地区①。到1920年代,由于技术的进步,每年有20～40万方泥土被填筑到英租界的"五大道"地区,为这一地区建设为现代化的住宅区奠定了基础。

4. 洼淀的历史命运

历史上的天津,水资源丰富,除了多条河流汇集外,还遍布着大小不同的洼淀。汉代以后,地处华北平原北部的近海地带,由于海拔低使多条河流汇流于此,在低洼地区分割出许多大小不一的淀、泊,这就是所谓的"雍奴薮"。其范围相当于现在的蓟运河以西到北运河及海河以北地区,中间为一沼泽带(薮)和海退留下的泻湖。

与此同时,由于泥沙淤积,海河及其上游的河床越来越高,形成"地上河"。平原上又形成了排水不良,甚至无法排水的凹地,即所谓"河间洼地"。河道处于高水位行洪时,洼地沥水却排不进河内②,这就形成了河流与洼淀交互分布,愈到海拔低的下游洼淀愈多的状况。所以,天津平原形成后,虽然地势平坦且多河流,但由于水道纵横,洼淀遍布,沿

① 吴弘明译:《天津海关十年报告书(1912—1921)》,《天津历史资料》第13辑,第57页。

② 徐华鑫:《天津自然地理》,天津地方志总编室1988年版,第138～139页。

海多泻湖,设若没有以供给京城为目的的政府行为,天津地区很难会有大规模的人口聚居。

北宋时期,这些“深不可舟行,浅不可徒涉,虽有劲兵不能渡”①的低洼沼泽地,形成了一条防御辽兵南犯的天然屏障,因此海河当时被称为“界河”。宋朝军队开始在河的西岸驻守。其中的两座营寨——小南河和泥沽寨,被认为是天津最早的定居点。

明清以还天津建城后,天津城周围河流纵横,坑、洼、塘、淀星罗棋布,于是便有了“七十二沽”的雅号,沽上、沽水、津沽也就成了天津的别称。关于“沽”,也出现了历代许多文人雅士的考证或吟咏诗作。最为典型的就是明人李东阳对“沽”的解释:“沽云者,小水入海之名也”②。

其实,天津最初的人口聚落之所以沿河分布,还有一个原因就是一般沿河地势较高,便于居住。此外,洼淀之间地势较高的地方,也常有聚落分布。天津的地名中出现了很多称台、圈者,原因就在于此。

在喜爱山水的文人们看来,河流纵横、洼淀遍地显现出一幅湖光水色,在他们的笔下,天津便有了“小江南”之称。沽、淀也频繁出现在有关天津的著述中,被罩上了浓郁的文学色彩,还出现了许多以洼淀为题材的诗作。

樊彬的《津门小令》中有这样美妙的诗句:

津门好,规划有良模。

十字围田抽早稻,

---

① 《武经志要》前集,卷16上,影印本。转引自罗澍伟主编:《近代天津城市史》,中国社会科学出版社1993年版,第37页。

② (清)李东阳:《修造卫城旧记》,(康熙)《天津卫志》卷4,1675年刻本。

四门潴木灌葫芦，
遗迹未模糊。

津门好，到处水为乡。
东淀花开莲采白，
北河水下麦翻黄，
潮不过三杨。

津门好，烟水渺无涯，
柳口芦飘三尺雪，
葛沽桃放一林霞，
孤棹老渔家。[①]

蒋诗的《沽河杂咏》有一首诗咏诵津门"八景"，诗中提到的都是以水和城外洼淀、郊野为对象的景观：

三水中分环七台，
溟波浴日海门开，
南原西淀渔樵侣，
画出沽河八景来。[②]

可是，在现实生活中，洼淀却扮演着非常复杂的角色。《津门保甲

① (清)华鼎元:《梓里联珠集》，天津古籍出版社 1986 年版，第 106 页。

② 这首诗描述的是清代的"津门八景"，当然这些景观的评判、吟咏只是当时的文人自娱自乐的产物。这"八景"是：三水中分、七台环向、溟波浴日、洋艘骈津、浮梁驰渡、广厦舟屯、南原樵侣、西淀渔歌。（参见华鼎元:《梓里联珠集》，天津古籍出版社 1986 年版，第 74 页。）

图说》中对洼淀对天津的灾难性影响有如下评说:

津邑本泽国也。城西南一带尤洼下。……每遇大雨时,行汛水涨发。运河东溢,海潮西漫,沥水互相灌注,苦难宣泄,往往经年不涸,种植难施。从前筑叠道,开引河,建桥立闸并多设涵洞,使洼地积水分流入海,居民藉免水患。[①]

另一方面,洼淀并非仅是给人们制造灾难的沼泽,它也充当洪水的调节系统。每当夏秋季洪水泛滥时,天津城周围的洼淀便成了吸纳洪水的"水库",使其不四处漫流,一定程度上降低了洪灾的破坏力。在清代,从天津城到大沽,一共修了八条引河连接海河。引河连接海河的出口处都建水闸以控制水的进出,引河的另一头大都连接着常年积水的洼淀。夏季洪涝发生时,泛滥的洪水汇入洼淀,经过引河排入海河。在平常,引河与水闸,也成为排泄洼淀积水的渠道。

夏秋的沥涝历来是对天津的最大威胁,于是挖引河、修水闸,便成为城市政府的主要任务。例如,明代天津城建成后不久,在城东南建造了马家口水闸[②],其主要功能就是宣泄城南洼的积水。而到了乾隆五十六年(1791 年),水闸因缺乏维修,被淤泥埋在地下,已经不起任何作用了。当时任天津道的乔人杰又在原处重新修建了两座水闸。

19 世纪以后,城市人口增长很快,需要扩大居住区,但可供直接建设用土地越来越少,最为可行的办法就是填垫洼地。可是,技术等方面条件的不足,却制约着中国政府的能力,大面积的填垫土地是由租界和中外合作的"海河治理委员会"完成的。

---

① (道光)《津门保甲图说》,1846 年刻本。
② (清)薛柱斗:(康熙)《天津卫志》卷 1,1675 年刻本。

第一个依靠大面积填垫土地建设城区的是意大利租界。意租界地处海河河湾北岸，原来的地面平均比其他租界都低，容易受到洪水威胁。意租界面积780亩，也是天津各国租界中除比利时租界外面积最小的。划界前，该地界内除了几个村庄外，到处是一些浅水坑。1902年租界划定后，主要靠出售土地的收入开始了早期的基础建设。首先靠人力从海河岸边运土填垫界内土地，同时修筑下水道，铺设道路。租界垫地投入的资金占了初期基础建设投资总数的一半以上(51.7%)[①]。填垫后的地面比原来高了许多，有的地方甚至高了6米多。建成后的意租界反而成为各租界中地势较高的地区。1917年大洪水泛滥时，意租界得以免遭淹泡，还成为灾民的避难区。

民国以后，大规模的海河疏浚工程为大面积填垫土地，加快城市建设提供了有利的条件和机遇。海河河道的淤积非常严重，原因是河水含沙量高。发源于黄土高原的河流，如永定河、滹沱河、漳河等，把高原的大量泥沙带入海河，使其含沙量之高不亚于黄河。海河河床的平缓、河道的弯曲，使河道的淤塞更加严重。从天津到大沽口，陆路距离大约只有40千米，然而弯弯曲曲的海河竟使水路路程增加了两三倍，达到100千米以上。河湾过多的航道，不仅使船行速度缓慢，增加了船只之间的碰撞，而且水流的迟缓更加重了河道的淤塞。尤其到了19世纪后期，河道的淤塞已经严重威胁到城市的对外贸易和发展。

1897年，由天津海关道、海关税务司和各国租界的代表，以及各人公司代表组成的"海河工程委员会"成立。海河河道开始实施一系列疏

---

① 参见尚克强、刘海岩《天津租界社会研究》，天津人民出版社1996年版，第98页表3—3。

浚工程,其中规模最大的就是“裁弯取直”工程。

尤其是1917年天津发生特大洪水后,不论市民百姓还是城市上层,都真切认识到治理海河的至关重要。1918年6月,位于人口稠密区,施工难度最大的三岔河口裁弯取直工程动工,并于当年11月竣工。时任“京东河道督办”的熊希龄在三岔河口裁弯取直工程落成庆典上的演说词中谈道:“三岔口河工问题数年前发端,于海河工程局意在将河北及海河下游疏通,以便宣泄盛涨。唯因人烟稠密,居民安土重迁,以致发生阻力,历久无成。上年大水奇灾,津埠濒危,海河工程局复申前议,中央政府与各国公使协商之结果,遂决定先由三岔口直裁着手。”当地居民“始允让购屋地”,而绅商则“联名呈请自愿筹集经费,担任工程”①。

到1924年为止,海河一共进行了六次规模较大的“裁弯取直”工程。最初疏浚河道时,挖出的泥沙全部抛入深河道中,任其冲入渤海。1906年以后,开始利用疏浚、裁弯取出的淤泥、河沙填垫低洼土地。先是用平底载泥船装运淤泥填垫英租界,结果耗资大而效益低,1907年开始用埋设管道吹泥填垫法租界扩展界的水坑。

民国以后,尤其是20年代,疏浚海河与城市建设同步发展,相得益彰,显示了现代城市如何通过技术改造环境。1920年后,填垫城南洼,随后便是南市的兴起。最为典型的则是英租界墙外推广界,也就是今天所称的“五大道”地区的建设工程。1918年,英租界工部局董事会通过了工部局代理工程师、建筑师安德森的报告,对墙外推广界地区的整

---

① 《益世报》1918年11月24日。(本书所引《益世报》均转自天津地方志编修办公室和天津市图书馆合编《〈益世报〉天津资料点校汇编》,天津社会科学院出版社1999年版。)

体设计与规划提出了全面的构想。1919 年成立的工部局“租界改进计划委员会”提出在该界实行分区制，建设一个高级住宅区。然而，在这个时候，该地区还是水坑遍地的低洼地。英租界工部局与海河工程委员会达成了大规模的“吹泥填地”的计划。

按照提前作出的街区规划，该地区被划分成不同的地块，按计划逐年开发。在每年计划填垫的低洼地四周筑堤围成一池状，海河挖泥船挖出的淤泥，通过功率强大的气泵和埋在地下的大口径送泥管道，源源不断地输送到几千米外的“推广界”，填入池中。大功率挖泥船的使用，大大提高了疏浚的效率，也加快了洼地填垫的进度。从 1916 年工程开始，直至 1930 年代完成，每年填入的泥土量都在 20～40 万立方米。每一个地块填垫到规划高度后，晾晒数月使淤泥干燥，随后便按照规划铺筑道路，投资商开始建造住宅。同时，下一个地块开始填垫。填垫好的第一个地块从 1919 年开始建设。直到 1934 年，“吹泥填地”工程结束时，一个现代住宅区出现在昔日的洼地上。

几乎新土还未来得及沉淀压实，跟着就出现了道路、公用设施，接着是房屋和花园。这些填垫的泥土高低不一，将洼地垫高有 3 到 6 米不等，宽度大约 1.6 千米。这道泥土的浪潮持续而不可抗拒地向前推进，把沼泽地永远埋葬在下面，而在上面将建立起一个更新、更大的社区①。

英租界推广界的建设，是改造城市环境的成功范例。现代工程技术的应用，将海河治理与城市建设结合在一起，在低洼的土地上建起了新城区。现代花园城市规划理念的引入，分区制的实行，使这一新建城

① [英]雷穆森：《天津租界史（插图本）》，天津人民出版社 2009 年版，第 289 页。

区成为最适宜居住的住宅区。

海河疏浚工程年年持续进行,“吹泥填地”工程也没有中断。1935年以后主要填垫特一区(原德租界)崇德堂洼地和法租界一带,1939年以后又填垫特三区(原俄租界)和大直沽,其中大片垫起的土地供日本侵略军建造军用仓库。1945年以后,则主要填垫铁路车站用地。

大面积的填垫土地主要是沿海河两岸进行,天津在某种程度上讲正是建筑在洼淀之上城市。随着城区的扩大,洼淀逐渐缩小。1920年代,天津洼淀的总面积达5300平方公里,水面占全市总面积的45%。随着城市的发展,水域面积迅速减少。1949年以后,治理、改造洼地更成为天津及其附近农村地区的主要任务①。到1958年,水域面积减至27%。1958年以后,海河上游兴修大型水库,“根治海河”的实施,导致天津地区大洼淀陆续干涸。当1969年最后一个洼淀——东淀枯竭后,“洼淀”终于成为历史,天津水域面积也减少到仅占总面积的8.9%,而且大都是人工改造的水库、坑塘等。

近年来,随着人们对环境问题的再认识,洼淀、沼泽不再被视为灾害的所在和发展农业的障碍,它被赋予了一个颇具学术性的名称——湿地。人们认识到,湿地在陆上生态系统中发挥着非常重要、不可或缺的作用。然而,由于耕地的过度开垦、大规模的填垫以及近代工业的发展等等,湿地大量减少,对生态环境的负面影响是显而易见的。在天津,消失的洼淀也在向我们讲述着这一历史经验的利与弊。

---

① 参见天津地委洼地改造办公室《天津专区洼地改造经验》,科学普及出版社1958年版。

5. 多灾的城市

我国历史上是一个多灾之国，被称为“饥荒的国度”[①]。天津所在的华北地区更是灾害的频发区，尤其是水灾和旱灾，其中水灾的发生率最为频繁。统计表明，1470—1909 年间，主要包括华北地区的黄淮海平原发生的较大水灾是旱灾的 1.5 倍[②]。而且，随着环境的恶化，越到晚近，水灾越多。根据竺可桢的统计（见表 1），从 17 世纪到 19 世纪，全国的水灾发生次数增加了大约 2.4 倍，19 世纪平均每年发生灾害超过了 4 起。而且，有 1/3 以上的水灾发生在华北四省（河北、河南、山东、山西）。灾害的发生区主要在大河流域，地处海河流域下游的天津自然成为重灾区。

表 1　17—19 世纪水灾统计

	华北四省	全国	华北/全国(%)
17 世纪	58	171	33.9
18 世纪	72	203	35.5
19 世纪	142	414	34.3

资料来源：邓拓著《中国救荒史》第 57～58 页所引竺可桢 1926 年的统计。

据统计，海河流域水灾的发生，唐代平均 31.5 年一次，宋代平均 30 年一次，元代猛增加到每隔 4.8 年一次，清代则为 5.3 年一次[③]。谈

① 邓拓：《中国救荒史》，北京出版社 1998 年版，第 7 页。

② 邹逸麟：《黄淮海平原历史地理》，安徽教育出版社 1997 年版，第 71 页。

③ 乔虹：《明清以来天津水患的发生及其原因》，《北国春秋》第 3 期，第 91 页。

到水灾频发的原因，以往大都从海河流域的地形、气候中去寻找，却忽视了海河长期历史形成的社会原因。

海河的历史实际上就是运河的历史。历代统治王朝为了控制北方的边疆和供应北方的京城而发展漕运，不惜投入巨大的人力、财力改造原有的河流，把原本分流入海的几条大河连接在一起，汇流至天津入海，因而形成了海河水系。同时，为了延长运道，增大运河的流量，又把原来与运河水系不相干的一些水道人工截流改道，迫使其导入运河，从而使运河不断扩展。到明清时期，已经有三百余条大小河流汇入运河。

人为地不断扩展水道的容量，使众多河流汇集天津，都流入河道并不十分宽的海河入海，从而超越了自然条件许可的范围，使海河承受了本来担负不了的宣泄量。这是海河经常溃决泛滥的一个主要生态原因。

经过多次改造的运河，很难长期保持畅通。为了维护这条关乎王朝命运的运输线，历代政府可谓殚精竭虑。尤其明朝定都北京以后，京城及北方地区对运河漕运的依赖越来越大，保证运河畅通无阻便成为历代王朝的一项主要政务，为此可以不惜牺牲运河沿途地方和百姓的任何利益。基于漕运对中央王朝的利害攸关，运河沿途地方官的首要任务就是要保证运河的运输，从而常常会与地方百姓利益发生冲突。春季北方多干旱，百姓需要开闸放水灌溉，官员则要关闸维持运河的水量以保证漕粮准时运到通州。夏秋季洪水期运河有漫溢之险，官员却要开闸放水以保河堤不被冲毁，置民田被淹于不顾[①]。沈葆桢在他的

---

① 谭其骧：《海河水系的形成与发展》，《长水集》(续集)，人民出版社 1994 年版，第 461 页。

奏折中言简意赅地指出了漕运与水利灌溉、防洪之间不可调和的矛盾："舍运道而言水利易，兼运道而筹水利难。民田与运道势不两立。"[①]

漕运与民间百姓利益乃至命运攸关的冲突，在城市也是同样。朝廷对漕粮的依赖，对于天津这个漕运枢纽而言，运河的畅通更是至关重要。天津地区地势本来就十分低洼，经常处在洪水的威胁之中。而每到洪涝之年，往往只要运河河道保证畅通，天津一片汪洋也在所不惜。

在清代，天津境内只有捷地、兴济两条减河与运河相通，目的就是保证枯水期运河中的漕船可以照常往来。与此同时，杨柳青一带又有40千米运河不筑堤，为的是一旦运河水涨，可任由洪水向附近洼淀中宣泄。所以，每当发生洪水时，天津常常是运河首先溃决。天津城周围的低洼地区，不论是已经开垦的农田还是荒地，都成为泄洪的塘淀。洪水最后只能经由海河以及两条减河宣泄入海，没有其他更多途径。

对天津威胁较大的还有永定河。永定河原名"无定河"，是一条历代都难以控制的多沙河流。从1736年至1911年，永定河决口、改道达794次。永定河流经北京，从天津入海河。清政府为了防止洪水淹北京，在北京附近的永定河岸修筑大堤，却使北京以南直到天津地区成为永定河的泄洪区。

17—19世纪，天津有记载的水灾共计38次。其中比较典型的记载，如1761年(清乾隆二十六年)，"南北运河即凤河、淀河、子牙河上游诸水同时陡长。海河值伏秋大汛，早晚两潮逆流顶阻，沥水、河水均无归路，随处出槽漫溢，沿河滨淀村庄均被水淹。津城北岸望海楼一带草工俱经上水。……(南运河)离城数里南岸之侯家园临河坦坡四十余

① (清)赵尔巽:《清史稿》卷127，中华书局1976年版，第3791页。

丈,本属高阜向无堤埝,现在漫流溢岸,直趋南洼,致津城西南两岸临濠低处浸水。”①

1823年(道光三年),“今岁六月(7月8日)间伏雨过多,又兼永定河漫溢,南北运河、大清、子牙、淀河同时并涨,正值海潮顶阻之时,河水无路宣泄,以致各河泛滥……七月初四、五日(8月9—10日),又复大雨如注;初九日夜间风雨交作,水势盛涨……西门外芥园大堤早经地方官加筑子埝,尚防守无虞……西沽叠道间有浸漫”②。

1890年(光绪十六年),天津发生了20世纪以前最大的一次洪涝。据记载,“当春令时,天极亢燥,百谷皆望膏雨,迄未渥沛甘霖,旋虽偶降雨泽,少而且迟。仍不足以补救。其时,海河、运河均皆干涸,在租界下50里之北河,满积淤沙,船只吃水五六尺以上者,均不能过往,甚至历年装运漕粮之华船到口时,亦须将载卸轻,方得驶进租界上平时停泊之所。”③然而,到了7月,形势陡变。据六月初九日(7月25日)李鸿章的奏报:“五月二十一日(7月7日)以后,阴雨淋漓,水势逐渐增长,洼区被淹……自二十九日起至六月初六日(7月15—22日)大雨狂风通宵达旦。山水奔腾而下,势若建瓴。各河盛涨,惊涛骇浪,高过堤巅……(天津)城外练军营垒并机器制造各局,皆在洪波巨浸之中,官署民房多有坍塌。驿道均被阻断,各路电线亦多摧折,文报消息不通……民间庐舍本多用土砌筑,雨林日久,酥裂不堪。一经浸入洪涛,无不墙倾屋圮。

① 水利水电科学研究院:《清代海河滦河洪涝档案史料》,中华书局1981年版,第257页。

② 水利水电科学研究院:《清代海河滦河洪涝档案史料》,中华书局1981年版,第382页。

③ 吴弘明编译:《津海关贸易年报(1865—1946)》,天津社会科学院出版社2006年版,第157页。

小民或倚树营巢，呼船渡救，或挈家登陆，迁避无方。颠沛流离，凄惨万状，几于目不忍睹，耳不忍闻”。“难民陆续来津已不下数万人，扶老携幼，鹄面鸠形，目不忍睹”①。

又据天津本地人的记载：“六月初三、四日大雨倾盆……津门内外倒塌房间多于恒河沙数，津之四属尽成泽国……河北大街至钞关水深三四尺不等，闸口以上直至虹桥子并洋货街，水深一二尺不等；马家口、海大道至南围子一望无际，雨淋水淹，倒塌民房百余间，城内倒塌民房七十余间。小稍直口、姜家井开决数十丈，一片汪洋，冲没田庐不少。总督行台衙前水深三尺，海运公所门前并高丽、浙江馆前皆水深二尺余。大街小巷一片汪洋，各居家铺户皆由院内戽水。初四日……紫竹林北先农坛决口，该处水深过胸……凡近水居民之区几尽为行舟之路。”②

1950年代以前，天津共发生过6次洪水，其中尤以1917年和1939年两次洪水最大，对天津城市环境产生了很大的影响。

1917年春季，华北仍然是干旱无雨。7月，各地普降大雨，各河水势猛涨，子牙河、大清河、北运河先后溃决。9月，南运河又告急，良王庄至杨柳青之间连续13处决口，洪水直逼天津市区。当时的新闻报道记下了洪水来临之际，城市的危急境况：“23日晚9时，西南之水突然浸入墙子根，人民惊恐异常，各处梆锣齐鸣，呼救之声不绝于途。至11时，西面水至僧王祠，西南面水至南开，南面水至第一台后。人民纷纷逃难，途为之塞，男女呼号声震动耳鼓。至一钟余，南市大街已见水，而

① 水利水电科学研究院：《清代海河滦河洪涝档案史料》，中华书局1981年版，第543～545页。

② （清）储仁逊：《闻见录》卷2下，稿本，第76页。

各巷口经人打埝防守,教养院理事员督率工人在僧王祠门左右打埝二道,郡安水会同将西南隅之地沟堵塞并打大埝二道。当夜陈塘庄铁道扒开泄水,然水均至埝边。今早大舞台至南市南面尽成汪洋,各马路之灾民不下数万户”①。

此次水灾市区全部被淹,市中心区水深多达 1 米以上。而河北省有 103 个县遭灾,1.9 万余个村庄被淹,受灾人口 625 万。1939 年水灾的规模更是前所未有,天津城区有 78%被淹,受灾人口达 65 万人。市内外交通完全断绝,水灾造成的损失达 6 亿元②。

水灾给城市造成的灾难是巨大的,它在许多方面改变了城市发展的进程和方向。但是,如果从华北区域而言,在波及华北的灾害中,天津又扮演了另一种角色——救灾中心和难民收容中心,尽管它自身也遭受了严重的灾难。随着交通的改善使得天津与内地的联系愈加紧密时,这种作用就愈加明显。结果,灾难反而促进了天津人口的增长,改变了城市的空间结构。这一点在以下的章节中会进一步加以阐述。

---

① 《益世报》,1917 年 9 月 25 日。

② 乔虹:《明清以来天津水患的发生及其原因》,《北国春秋》第 3 辑,第 88 页。

第二章　城市空间结构

在本书中，城市空间被赋予两种含义：地理空间和社会空间。前者取决于城市的地文环境与城市功能的变化，后者取决于城市社会的演变与城市空间分割之间的关系。

一般认为，传统时期的中国城市大都与农村有着密不可分的联系。尽管是行政中心城市，它的主要功能也是为农村服务和实施对农村地区的控制。因此城市大都会分布在可通航水道沿岸，以方便与乡村及其他城市的交通联系。这种功能纳入观念之中，形成了城市选址的一种传统。

天津最初设卫建城，显然并不是作为通常的区域行政中心，而是作为漕运的重要枢纽。其功能也不是为了服务和控制周围的乡村地区，而是为京城服务。然而，城市的选址和城的设计，却只有一个标准和模式。因此，早期天津城市的地理空间，最重要的就是城市与海河水道之间的关系。

1. 天津城

一般认为，天津城始筑于明永乐二年十一月，也就是公元 1404 年 12 月。“文皇命工部尚书黄福、平江伯陈瑄、都指挥佥事凌云、指挥同知黄纲筑城浚池"[①]。然而,根据对史料的分析,在此之前,明朝已经派军队在三岔河口一带驻防,并设置卫所了。卫城筑成后,天津卫和天津左卫于 1405 年,天津右卫于 1406 年先后入驻城中[②]。

最初建成的天津卫城呈矩形,城垣周长 9 里 13 步,高 3 丈 5 尺,开设四个城门,城门上均有城门楼。城的位置选定在既靠近海河三岔河口又靠近运河的地方,东边距离海河 220 步,北边距离南运河也就是卫河 200 步。

传统城市的规划,一方面受传统营城制式的制约,另一方面又要受到每个城市的环境、社会等诸方面的影响,是环境与人文多重因素交互作用的结果。天津城初建之时,设计成东西长、南北短的矩形,即人们常说的"算盘城"。这是明清传统城市最常见的形态,并非天津城独具的特色。从初建的环境条件分析,天津城北面距卫河只有 200 步,南面临近城南洼地,设计成矩形可说是最佳的形状了。

世界大部分地区城市的平面设计采用规则的方形或说棋盘形,除了中国以外,还有亚洲的朝鲜、日本、印度半岛,美洲殖民地时期的城市,以及古罗马城市和一些古希腊的城邦。中世纪的欧洲,曾出现过不规则形状的城市[③]。

传统中国城市的形状,呈正方形或长方形的占多数,尤其是华北和西北地区的城市。少数呈其他形状,如圆形、椭圆形或不规则形状的城

---

① (清)薛柱斗:(康熙)《天津卫志》卷 1,1675 年刻本。

② "天津卫、天津左卫、天津右卫,俱在静海县小直沽。永乐二年筑城,三年调天津卫并天津左卫,四年复调天津右卫以守备。则设卫在前,筑城、守备则在永乐二年后。"[(清)吴廷华:(乾隆)《天津县志》卷 3,1739 年刻本。]

③ [法]费尔南·布罗代尔(Fernand Braudel):《15 至 18 世纪的物质文明、经济和资本主义》第 1 卷,三联书店 1992 年版,第 590 页。

市，多数是因为地理环境条件使然，而且大都分布在南方[①]。规则的方形是传统中国城市理想的形状，这反映了“天圆地方”的城市宇宙观[②]。在华北，城墙的方正性与城市行政等级之间有着明显的联系，就是说行政等级越高的城市，其城墙的形状越呈现规则的方形。在方形城市中，尤以东西向长于南北向的矩形城市，也就是算盘形城市最为常见。有的学者甚至认为，典型的算盘形城市，其长宽比例近似于 $1:\sqrt{2}$，这个比例是近代心理学家普遍认为是，无论从美学还是视觉稳定性上都属于最佳的比例[③]。天津城便属于这种算盘形状。

天津地处淤积平原，地势非常平坦，城市设计不受山体等地理条件的影响，唯一要考虑的就是城与水道之间的相对位置。按照中国传统的营城制式，城的选址应在山南水北，也就是背靠山面对河，即所谓“阳地”。在以农为本的中国，城市建设的要点是注重阳光射入的方向，故以南北为基本轴向，以南向为正。所以一般府县城均以南门为正，北城墙大都少设城门甚至不设北门。按照这种理念，天津城本应建在卫河以北。然而，看一下当时天津的地图就会发现，卫河以北两河相夹，呈三角状，空间十分有限。即使按照风水理论，城池也不能建在那里[④]。所以，要使城与海河和运河保持相对的最佳位置，建在卫河以南是唯一的选择。出北门就是卫运河，出东门三岔河口近在咫尺。明代天津城

---

① [美]章生道：《城治的形态与结构研究》，施坚雅主编《中华帝国晚期的城市》，中华书局2000年版，第96页。

② [美]芮沃寿：《中国城市的宇宙观》，施坚雅主编《中华帝国晚期的城市》，中华书局2000年版，第51～53页。

③ [美]章生道：《城治的形态与结构研究》，施坚雅主编：《中华帝国晚期的城市》，中华书局，2000年，第96页。

④ 陈雍：《明清天津城市结构的初步考察》，《城市史研究》第10辑。

初建之时,被称为“卫阳”,就是因为“卫治在(卫河)南岸,故名”[①]。为了符合城池面对河流的传统观念,天津城改北门为正门。“四门以北为正门,最尊。凡举行丧仪者,虽将相之尊,灵柩不得入”[②]。

另一方面,地势显然也是选址的主要依据。天津城东西长 504 丈、南北宽 324 丈,城内面积大约 1.8 平方公里。当时在三岔河口附近地区,也很难找到一片面积足够大、地势高、地表无积水的地方建筑城池。即便是在建成后的卫城内,地势也是北高南低,南半部一直留有两个面积较大的水坑,被城内居民用作倾倒生活污水然后排到城外护城壕中的污水坑。

低洼潮湿的环境,必然会对城墙的建筑和维护十分不利。天津卫城的城墙自建成后,几乎每过几十年就因“颓圮”而重修。城垣初建时为夯土所筑,大约 20 年后,也就是明永乐二十年(1422 年)都指挥使陈逵在任时,开始用砖砌城墙,即在土墙外包砌一层砖。过了大约六十多年,到弘治初年,城垣已经严重坍塌,出入城甚至可以“越堞而行,若履平地”。时任天津按察副使刘福,于弘治四年(1491 年)筹资重修城垣,用砖包砌,历时两年。四门城楼也重新修筑并建了瓮城。其中,作为正门的北城门楼,重建后规模较其他城门尤为壮观,“北楼尤绝特相倍”,“登临之际,神竦心畅”[③]。万历十四年(1586 年),天津城又一次重修。

中国传统行政中心城市均筑有城垣。城墙的形态看似城市的防御工事,实际上,到了明清时期,城墙已经主要是一种政治中心或权力中

① (清)薛柱斗:(康熙)《天津卫志》卷 1,1675 年刻本。

② 戴愚庵:《沽水旧闻》,天津古籍出版社 1986 年版,第 1 页。

③ 李东阳:《修造卫城旧记》,(清)薛柱斗:(康熙)《天津卫志》卷 4,艺文上,1675 年刻本。

心的象征，兼有的一种功能就是抵御洪水。明代天津设卫驻兵，是为了保证运河漕运的安全。可是，明代长年无战事，驻防天津卫的兵士要轮流到北京服劳役，或派往沧州、南皮一带屯田，天津城常常仅留有七百多名士兵①。天津城实际上越来越成为卫所的一个象征，只是频发的洪水反而使城池成为抵御灾害的一道屏障。同时，地势的低洼，洪水的经常淹浸，又使城垣频频遭到毁坏，使管理天津的官员不得不将很大的精力和财力用于维修城池。万历十四年(1586 年)，天津道副使王来贤重修了被洪水冲毁的城墙。万历三十二年(1604 年)暴发洪水，卫河校场口岸溃决，洪水淹至城砖 24 层，估计水深大约 3.6 米②。尽管记载当时"人民饿死无算"，但是可以想见，天津城垣当时起了很大的抗灾作用。天启二年(1622 年)的又一次大水，使天津城垣"南北城口坍塌七十余丈"，"城门、城垣、高堂巨室，倒者不可胜计"。同年来天津任巡抚的毕自严，所见到的天津城"仅如斗大，且多洼下"，城墙"低薄且多倾圮，其壕湮没仅存形迹"③。

到了清代，顺治十、十一两年(1653、1654 年)连续发生大洪水，天津城频频被淹，城墙坍塌二面。驻防的清军总兵甘应祥、副使梁应元只得再加以重修。20 年后，也就是康熙十三年(1674 年)，天津镇总兵赵良栋为了加强对城垣的管理，强行拆除了靠近城墙的民居，疏浚了城壕，并制定了严格的法令。然而，城墙仍不能维持多少年。50 年后，也就是雍正三年(1725 年)，洪水的泛滥再次使城墙和城壕遭到严重的毁

① 郜相：《河间府志》卷 11，上海古籍出版社 1965 年版。转引自：关文斌《文明初曙——近代天津盐商与社会》，天津人民出版社 1999 年版，第 14 页。

② 乔虹：《天津城市建设志略》，中国科技出版社 1994 年版，第 14 页。

③ (明)毕自严：《抚津疏草》卷 1，明天启年刻本。

坏。此时的天津已非明朝时驻兵的卫城,不仅成了繁荣的商业城市,而且于这一年改卫为州,城市行政等级不断提高。

然而此时,修筑城墙已不再是像明朝那样由中央政府直接出资或由地方官员筹资,而是将本应由政府承担的城市事务,转移到由地方社会承担。

1725 年洪水发生时,长芦盐商的经济实力已然大增,成为天津商人的上层。清政府便要当时天津最为富有的盐商安尚义、安岐父子捐资重修城墙。重修后的天津城,大小规模与以前差不多,城周长 1626 丈 6 尺(9 里 2 分),东西长 504 丈(2 里 8 分),南北长 315 丈(1 里 8 分)。只是,城墙高度由原来的 3 丈 5 尺降为 2 丈 4 尺,城墙基宽度由 2 丈 5 尺加宽为 3 丈 2 尺,城墙上宽度为 1 丈 9 尺。这显然是总结了自明代筑城墙以来洪水泛滥的经验教训,降低城高,加宽城基,以增强城墙的抵御洪水的能力。

18 世纪,天津频繁地修葺城墙,大都是由盐商出资,地方官员督办。此后,直至 18 世纪末,天津城墙又先后修了 8 次①。刚刚进入 19 世纪,1801 年的大水就使城墙"城东、西、北三面坍塌长数丈、十余丈至数十丈不等,西南、西北两角楼亦倾圮坼裂"②。直隶总督再次奏报朝廷要求修葺城墙。作为政治中心象征的城垣,在地势低洼、水灾频仍的天津,显然成了明清政府一项不小的财政负担。尤其 18 世纪,有记载的重建或修葺活动将近 10 次,平均十年一次。对一个规模不大的城市而言,不啻是一项沉重的负担。

---

① 关文斌:《文明初曙:近代天津盐商与社会》,天津人民出版社 1999 年版,附录三(B)。

② (清)沈家本:(光绪)《重修天津府志》卷 23,1899 年刻本。

“大难避于城，小难避于乡”，在战争、灾害频发地区，城市是躲避战乱或自然灾害的地方。天津城墙存在 500 年，真正用于战争防卫只有一次，就是 1900 年八国联军战争。那年 7 月，八国联军在南门与清军以及天津地方武装之间发生的攻城战役，可以说是天津城墙发挥其军事防卫功能的唯一记录。除此之外，天津城墙历年所发挥的防御功能主要就是防天灾了。

每当海河洪水泛滥之时，城墙都是天津抵御洪水的一道防线。洪水大时，作为城内外最高的建筑，城墙又成了灾民的避难之地。1871 年，天津大水，“四乡被水淹没，乡民逃至津门城内，（天津道台丁寿昌）差人在城上东北一带高搭席棚，令难民存身。”① 1890 年的洪水来势凶猛，津城内外“大街小巷一片汪洋”，地方官员“登城划地，结席为棚，共计数十间，分处灾黎，以免暴露之苦。北土围子上有众黎自结席棚，暂行栖止者，共计数十间。”②这次到城垣上住“临建棚”的不只是四乡的乡民，也有城里的灾民。

另外一个方面，随着城市的发展，城墙的防卫功能与城市交通和商业之间的矛盾显得越来越尖锐。许多行政中心城市的商业区都分布在城门附近甚至城外，商人也居住在城外，以致到明清时期成了一种普遍的城市空间模式。其形成的原因固然很多，但城池对交通的制约显然是一个主要的原因。19 世纪开埠后的天津，商业贸易的迅速发展，城墙对城市发展的制约愈加明显了。城门成了交通的“瓶颈”。城门有限的宽度，使运输工具无法因运输量的大量增加而做任何变革。进出城

① （清）储仁逊：《闻见录》卷 1，稿本，第 25～26 页。

② （清）储仁逊：《闻见录》卷 2 下，稿本，第 76 页。

门只能鱼贯而行,更使交通流量受到极大地限制。租界建立后,海运港口设在租界海河沿岸,运河码头仍在城的北面,两者之间有城池相隔。大量进出口货物在租界港口与运河码头之间往来运送,还必须穿城而过。尽管19世纪80年代在租界与城东门之间修了一条较宽的道路,但是城墙的制约仍使货物运输效率大受限制。以人力拉拽的狭长地排子车为主要运输工具的市内运输业在天津长兴不衰,当是适应这一道路结构的结果。

然而,人们已经习惯了这种生活环境,长期的王朝体制和传统使得人们不会对城垣的存在产生疑问,更不可能提出什么改革。1860年英法联军占领天津时,欧洲人在连接城外最繁华的东北角地区城墙上扒开一段豁口,以利通行。这是最早拆城墙的举动。据当时留在天津的知府石赞清向清廷的秘密奏报说,驻守在天津城的英国人"拟将津城便于行走之地,另拆一门,既用所拆城土砖块填河垫路,或另开一沟以消积水。"石赞清等清廷官员竭力阻止,称"城池开门均有定向,妄行拆改,与风水地理大有攸关"。英法联军从天津撤离后,清政府赶忙把被拆毁的城墙和填垫的护城河恢复原状。

1900年八国联军占领天津城后,以城墙可以成为进攻租界的工事为由,将天津的城墙彻底拆除,从而使天津成为中国第一个拆城墙的城市。天津人对城墙的被拆除,心情是非常复杂的:"津郡筑马路,旧制(指城墙)无存,使后人不免临歧吊古之悲,令人读之声泪俱下。然肩挑负载可免阻隔绕越之艰者,城拆之故也。迨行人往来无拥塞泥泞之患,马路告竣无偏无陂,孰不蹈平履坦,是遵是循,鲜不戴德歌功。惟思城门既去,城里四街只由鼓楼而分。闻此鼓楼为津沽古迹。俗传云:天津卫三宗宝,鼓楼、炮台、铃铛阁。七星炮台久已废弛,铃铛阁昨年自焚,只有鼓楼尚在。”①一方面痛心于传统被破坏，另一方面又赞赏城墙拆除给交通带来的便利，天津人用这种矛盾的心理接受了被迫的现实。翌年，四面城墙墙基修筑马路，南面、西面各2丈5尺宽，北面、东面各3丈宽。几年后，这四条马路通行了天津第一路有轨电车。

2. 衙署与庙宇：城内空间

天津卫城的设计规模相当于府州一级②。最初建城时，筑城者关注的显然主要是城的规制，即城的大小、形状以及城墙的高矮、开设城门的多少和位置等。至于城内道路、建筑等的规划，是在以后长期建设中逐渐形成的，很难说建城之初就有统一的规划。城市的建设随着城市行政等级的确定，便有一整套成文或不成文的定制和风水理论，成为城市建设的规范。其中，官署和庙宇是确定城市空间结构的主要建筑。

天津最初筑城时，在城墙的四面正中各开了一个城门，这便确定了城内干道为十字街。几十年后，也就是明弘治年间，十字街的中心也就是城的中心建起了鼓楼，成为城市中心的象征。鼓楼下十字街穿心交叉而过，通向四个城门，城内被十字街划分成四个街区。

城内最早的建筑是官署和庙宇。卫城刚一筑成，在城外暂时设衙的天津三卫，即天津卫、天津左卫和天津右卫便迁入城内，分别在城南、城东和城西建起了各自的衙门，这当是天津城最早的建筑了。

以后，城内衙署不断增多。按照传统城市一般的规制，城以南门为

① （清）储仁逊：《闻见录》卷6上，稿本，第65页。

② 地理学家陈正祥根据现存旧城城周长度的统计，按城的大小分成5级，其中第四级城周5～10里，为府州城类。天津城初建之时，城周9里13步，当属此类。（陈正祥：《中国文化地理》，三联书店1983年版，第73页。）

正,官署多建在城的东西轴线北侧的中心区。天津城以北门为正,按照规制,衙署本应多建在东西轴线的南侧,但实际上天津的官署衙门自始即多建在鼓楼以北东西两个街区。决定这种布局的因素,一是营城定制,一是环境条件。城内地势北高南低,衙署自然要选择建在地势较高的北半部。同时,文武衙门各自聚集,形成了"文东武西"的布局,即文职衙署多分布在东北区,武职衙署多分布在西北区[①]。衙署应当是最早出现的建筑,又往往是先建衙门后铺设道路,所以这两个街区形成了许多以衙署为中心的道路并以其命名,如府署街、户部街、运署西街、府署西箭道、镇署西箭道等。

明代天津为卫所,城市职能是为漕运服务,城市的最高权力机构是卫署[②]。弘治三年设按察司副使(亦称整饬天津道),名义上隶属山东省,实际是管理天津城市事务的主要文职官员。到了清代,天津由卫改州再升为府,由军事驻防城市改为区域行政中心城市。随着城市行政等级的提高,城内的衙署不断增加,规格不断提高。而且,与运河漕运和盐务有关,负责管辖华北地区的一些专职官署也移驻天津,如明万历四十年(1612 年),户部钞关由河西务移驻天津,称青州分司,清乾隆四十六年(1781 年)改称天津分司;康熙十六年(1677 年),长芦盐运使司及相关的衙署也由沧州移驻天津[③]。这些衙署都集中设在天津城内,少数设在城外靠近河道的地区。

到了 19 世纪后期,对外开放提高了天津的城市地位。19 世纪 60 年代,设三口通商衙门大臣,驻天津。70 年代,李鸿章任直隶总督兼北

---

① 陈雍:《明清天津城市结构的初步考察》,《城市史研究》第 10 辑。

② "卫既武置,无州县"。[(康熙)《天津卫志》卷 4,艺文上。]

③ 陈雍:《明清天津城市结构的初步考察》,《城市史研究》第 10 辑。

洋大臣，署衙也设在天津，天津实际上成了直隶省会。相关的各类衙门不断增加，多数也建在天津城内。然而，天津城并没有扩大。衙署云集，便显得城内建筑很是拥挤。表2统计了19世纪90年代天津城主要衙署的状况。当时除了直隶总督衙门和海关道衙门在城外，其他衙署都设在城内，而且多数建在鼓楼以北的街区。此外，还有新设或临时设立的机构，如海防营务处、洋务局、支应局、水利局、筹赈局、厘捐局、官车局、官船局、保甲局、军械所、江苏、浙江粮台等等，有的也设在城内，甚至临时设在官房、庙宇之中。为了便于说明衙署的空间分布，表中以南北中轴线为界，将鼓楼以北分成东、西两个街区统计，结果衙署大都分属于这两个街区之内。

表2　清光绪年间天津城的衙门

衙署	地区	地点	房间数	沿革
总督行署	城外	三岔河口南运河岸	400余	原为督饷部院，1619年建，1663年改巡按盐政御史公署，1860年改三口通商大臣衙门，1870年改直隶总督行署
天津河间兵备道	东	古楼东街	159	明天津左卫公署，后为按察司副使署，1665年改整饬天津道署，1732年改总督河道都察院公署，1749年总河裁缺，仍为天津道署

续表

衙署	地区	地点	房间数	沿革
长芦盐运使司	东	鼓楼东街	212	1677 年该衙门由沧州移津,1688 年运司任玑与商人捐银买津民班铎房改建为官署
天津府	西	大仪门西府署街	112	原为天津右卫公署,1734 年天津知府李梅宾改建
天津府经历司	西	府署东	19	
天津府同知	西	西门内大街北	118	1733 年改道署,1738 年重建,1749 年仍为同知署
天津镇总兵	西	鼓楼西街	142	天津卫署改建
左营游击	西	神机库汛地后		屯田察院旧署
右营守备	西	神机库汛地迤西		
城守营都司	西	武庙迤东		
天津县	东	古楼东道署东箭道		原明建仓廒基址,1734 年改建
府学教授	东	文庙东		
府学训导	东	文庙后		
县教谕	东	文庙西		
县训导	东	文庙后		
天津典史	东	县署西		
海关道兼钞关	城外	东门外青州分司改建		

资料来源:(清)沈家本:(光绪)《重修天津府志》卷 24,1899 年刻本。

这一统计表明，清代天津城内衙署的分布仍是以文武划分。除了天津府衙因系原天津右卫公署改建而成，设在北西区，与其相关的衙署也建在附近外，其他的文职衙署都集中在东区。而以天津镇总兵署为首的武职衙署，则集中分布在西区。明代形成的"文东武西"分布构成并没有出现大的改变。

另一方面，随着城市的行政等级的提高，衙署建造的规模也越来越大。从上表的统计可以看出，府道以上的衙署，大小房间都有百余间，甚至超过200间。而且，还要建立高大的辕门、牌坊，以显示其威严，甚至还建有花园。各级官员大都携家眷莅任，衙门即是他们的住宅。加上为衙门服务的书吏、衙役等，使城内成了官僚及其附属阶层的天下，尤其北半部形成了官署区。

城内另一类主要建筑是庙宇，其分布也受到衙署分布的影响。明代，天津建造的庙宇大约有50座。到了19世纪中叶，天津城内外以及郊外的寺庙数量多达523座，其中34座建在城内①。庙宇的分布是城市社会化空间结构的一种反映，城内的庙宇大部分是供官员们举行奉祀活动使用的，是官署区的一部分。从天津城初建时，庙宇便随着衙署的建设而不断增加、重建。最早出现的庙宇大都是城内官员们常常光顾的，如城隍庙、文庙、武庙等。

明洪武初年，朝廷多次诏示天下，制定城隍崇祀制度，将城隍按照行政等级，分称都城隍和府、州、县城隍，城隍神成为与各级地方官相对应的冥官。各地每年要由地方官亲自主持对城隍的祀礼，城隍祭祀成

① 郭蕴静主编:《天津古代城市发展史》，天津古籍出版社1989年版，第131～132页。

为国家祭祀的组成部分。天津自建卫始,便于永乐四年在西北隅建城隍庙。清代,天津改县升府,城隍庙也扩大为府、县两座城隍庙。明代天津卫官员最高为武职,于是便建有武庙。最初,在武庙还没有建成时,曾设武庙圣位于西南城花楼上。万历四十年(1612 年),建武庙于武职衙署集中的城内西北隅,庙内供周昭烈武成王尊神及历代诸名将之位。文庙则于明正统元年(1436 年)建在文职衙署集中的城东门内,初时只建有祭祀孔子的大成殿,到了清代则逐渐扩大成府庙、县庙和明伦堂。每年春秋二季,城内的文武官员都要分别到文庙和武庙举行祭祀活动,这是城内官员们每年的例行公事。此外,官员们还要为地方事务组织或参与一些祀神仪式。这时,他们也许要到城外附近的庙中参加祀神活动

春旱秋涝是对天津及其附近地区最大的环境威胁,于是祀神求雨或免灾,便成了官员们每年必然参加的活动。他们常常要在城内或城外附近的庙宇设坛祭祀,如城西北的城隍庙、北门外的龙王庙、院署西的大王庙等。光绪四年(1878 年),天津地区“春夏亢旱,司道府县轮流求雨,在城隍庙、大王庙、龙王庙内设坛斋戒沐浴,禁止屠沽。凡求雨不见雨而见风,屡屡如此,官怒用封条将闸口下风神庙封之,令人可笑”[①]。官员设坛祀雨活动一般要进行三天,每天早晚两次,司道府县要轮流斋戒沐浴更衣,素服求祷。有时觉得没有起作用还要再到其他庙中设坛[②]。

为了祈求神灵保佑津城免遭水患,身居高位的地方大员还要参加

① (清)储仁逊:《闻见录》卷 1,稿本,第 38 页。
② (清)储仁逊:《闻见录》卷 10 上,稿本,第 14 页。

一些奇怪的祀神活动。光绪十六年(1890 年)五月,有人运河捉到了两条形体怪异的水蛇,便作为神的化身供奉在庙中。城中的官员闻讯后前往顶礼膜拜:

二十二日夕,津郡运河上游经舟字榜人等恭迎得大王一位、将军一位(大王、将军皆是蛇形、方首、赤冠)。随扈而来,即报知于地方,禀请乡甲局员,备绿呢显轿一乘及卤薄仪仗全副,敬舁至吕祖堂供奉,连日演剧以答神庥(大王与诸将军夙好观剧)。即日,禀详文武诸大僚皆至吕祖堂顶礼分(焚)香,请大王、将军入大王庙神龛……恭迎之神为栗大王,系前河督栗恭勤公化身,生前治水有功,殁后故上膺天爵……但同治年间,迭见水灾,诸大王屡降津门,为民保障。今当河流增涨,忽邀神驾赉临得毋,七十二沽又将成泽国乎。固望大王圣慈默佑,保我黎民矣。[①]

当然,这些活动无法保佑天津不受水淹。就在这一年的夏天,天津大雨倾盆,运河、海河决口,城内外"大街小巷一片汪洋"。这时的道府县只有"登城划地、结席为棚",安置灾民,大水退后放赈救济灾民。

城内的民居、商业建筑以及民用庙宇的分布则是一个长期的生态过程,少有政府规划影响的痕迹,即使有过规划也没有被认真执行。清代天津升为府城,官僚阶层人数大量增加,城市人口也增长很快,商业的发展使富商大贾数量和财力大增,他们许多人在城内建造住宅。这些社会上层的大宅院多分布在东北角、东南区以及西北区三个街区[②]。三个街区内都各自形成了一条东西向的道路,即户部街、二道街和府署

① (清)储仁逊:《闻见录》卷 2 下,稿本,第 73～74 页。

② 这种划分的界限显然是模糊的。因为人们常以城门为标志,划分不同阶层的居住分布,有民谚"北门贵、东门富、南门贫、西门贱"便是一说明。

街。就其宽度而言,这些街道只能称得上是宽一些的胡同,大户人家的深宅大院大都把朝南的大门开在这些街上。街道的走向与住宅的朝向是协调的,很难说是先开通了这些道路,还是由于大户人家住宅的存在才逐渐形成了这三条"街"。除了通向城门的四条大街和这三条街道外,城内几乎没有什么正规道路可言,大都是狭街曲巷,长短曲直各自不一。尤其是西南街区,由于水坑占据了几乎一半的面积,住户多为下层百姓,住宅简易破陋。通道都是窄小的胡同,布局凌乱无章。

3. 商业街与戏园:城外空间

天津早期的非农业居民聚落并不在城内,而是在城外沿河一带,最早出现于金元时期。被称为"三叉之地"的地方,秋天"未霜而草枯",滩地上有盐卤涌出。显然这种状况很难发展农业。于是便有了"三叉沽盐场"的出现。三叉沽的具体地点已不可考,从其名称来看,当在三岔河口附近。有学者估计,元代三叉沽盐场从事制盐者,可能已达万人[①]。另外一个早期的非农业居民聚落出现在天津城北的运河沿岸,即所谓"侯家后"。民国时期天津地方学者根据乾隆时期祖辈居住在侯家后一代的举人李湜的一副对联推断"侯家后一带开辟较早,当元设海津镇以前,已有沿卫河之滨结邻而居者矣"[②]。有人甚至推断,早期定居者属于七个家族的成员[③]。

明代漕运繁兴,天津设卫,大批军队常驻津城,军人及其眷属便成了另一类居民。明代城西北沿运河一带,有张官屯、姚官屯、陈官屯等,

① 罗澍伟主编:《近代天津城市史》,中国社会科学出版社 1993 年版,第 49 页。

② (民国)高凌雯:《志余随笔》卷 4,1936 年刻本。

③ "天津向只七姓"。[(乾隆)《天津县志》卷 12,官籍。]

当系驻屯的军队聚居之地。

尽管中央政府投入大量资金修筑城池，但是明代天津发展快的是城外而不是城内。天启二年(1622 年)，也就是设卫 200 年以后，李邦华来天津任巡抚之职。当时，他看到的是城外“商贾辐辏，骈阗逼侧”，而城内却是“屋瓦萧条，半为蒿莱”①。直至 17 世纪初，天津城内还主要是衙门和庙宇，民居还不多，“城中地势洼下，民居鲜少”，“津门商民，多居东北二关”②。

城内居住人口的增加，有待两种因素的出现，一是城市教育的发展和行政地位的提高，使文人阶层和士绅阶层大量增加，为他们服务的人口也大量增加；二是商人经济实力增强后，通过科举或捐纳的方法提高自己的政治和社会地位，使得他们可以与城内的官僚和文人比邻而居，甚至成为左右城市社会权力的权势阶层。

另外，环境也是制约城内人口增加的重要因素，比如城内面积过小，饮水资源缺乏等。“天津郡城规模狭小，城内民居无多，且井少水咸，难供汲饮。是以富商大贾多在城外，其东、北关厢一带，尤为精华萃聚。”③

18 世纪以后，天津城市人口骤增，人口分布沿河围城由北而东扩展。到了 19 世纪中叶，天津城内外人口已达 19 万多。城内人口占了将近 48%，城外以东、北两门外最为密集，人口总数占城市总人口的比

---

① (明)李邦华：《文水李忠肃先生集》卷 3，《抚津荼言》之“修造城垣疏”。转引自高艳林：《天津人口研究(1404—1949)》，天津人民出版社 2002 年版，第 41 页。

② (明)毕自严：《抚津疏草》卷 1，明天启年刻本。

③ “李鸿章奏折”，1881 年 7 月，《光绪朝东华录》第 1 册，中华书局 1958 年版，第 1138 页。

例超过了33%。西、南两门外则人口稀少。西门外“地稍荒僻,围城多积水”,南门外“地渐洼”。当时唯一值得记载的就是康熙朝任天津镇总兵的蓝理,曾在城南洼地引水种稻,使得那里一度有江南水乡的景象,“雨后新凉,水田漠漠,时有小江南之号,土人谓之蓝田,今荒废久矣”①。

表3 天津城内外街巷与庙宇统计(1846年)

	城内	东门外	西门外	南门外	北门外	东北城角	西北城角	总计
街巷	114	49	19	—	162	98	58	500
庙宇	31	37	20	6	33	18	13	158

资料来源:(道光)《津门保甲图说》卷1,1846年刻本。

了解城区开发程度的指标,除了人口之外,还可以从人文景观,也就是物化的空间中可以看出。从19世纪中期街巷和庙宇的统计(见表3)中可以看出另一种空间构成。南门外地区尽管已经有数百户人家,却连一条可以列入统计的街巷都没有。而北门外和东门外两个地区,街巷和庙宇数量都超过了人口数占了将近一半的城内,这很能说明城外的繁荣和人文活动超过了城内。到了清代后期,若按人口的密集程度和市面的繁华,天津的中心区当在北门外,“商旅辐辏,屋瓦鳞次,津门外第一繁华区也”②。

北门外之所以形成繁华区的主要原因之一,是因为那里有“北大关”。出了城的北门,北行300米左右就是南运河。在清代,那里设有户部常关,俗称“北大关”,所有从南运河北来的漕船、货船,都要在此验

① (道光)《津门保甲图说》卷1,1846年刻本。

② (道光)《津门保甲图说》卷1,1846年刻本。

关纳税。常关也称钞关，主要设在运河沿岸。明宣德四年，中央政府先后设钞关于漷县、临清、济宁、淮安等处。正统初年，移漷县关至河西务。清初康熙元年，又将河西务关移至天津，改称天津关①。天津关位于北城门外，故当地人俗称北大关。

在传统城市，一些著名的建筑、行业、机构等等，常常会形成所在区域的地名。从运河岸边的北大关到城北门这一数百米的道路，也被称为“北大关”。以此道路为中心，连接着两边东西走向并不很宽的三条街巷：针市街、竹竿巷和估衣街。到了清代，这一街区构成了天津最繁华的商业中心。

针市街、竹竿巷和估衣街，受河流走向的影响都不很直，针市街和竹竿巷由北大关向西，估衣街由北大关向东，三条街巷的另一头都延伸到河道岸边。竹竿巷仅有 300 米长，3～5 米宽，只能通过一辆地排车，可称得上是形如其名。今天的人们很难想象，在清代，就是这样一条狭窄弯曲的小巷，却聚集着实力最雄厚、足以左右天津市场的棉纱庄、票号、杂货贸易庄等共 39 家。这里是天津的金融中心，在天津的山西票号大都在这里设庄，天津本地帮银号也多设在这里。有人估计，清末民初这些商号的自有资金总额达 2000 万～3000 万两银子，被称为“银子窝”②。根据 1907—1908 年的资料，天津的银号和钱庄主要分布在针市街、竹竿巷、估衣街，以及城东北角的天后宫宫南、宫北一带。到 1910 年，天津的 21 家票号，设在针市街的就有 14 家，另外 7 家分别设在估衣街（3 家）和锅店街（4 家）；而此时出现的 5 家华资银行，3 家设

① （清）赵尔巽：《清史稿》卷 125，食货志六，中华书局 1976 年版。

② 谢鹤声、刘嘉琛：《记早年的天津竹竿巷》，《天津文史资料选辑》第 41 辑。

在北马路,2 家在天后宫宫北[①],没有一家设在针市街、竹竿巷或估衣街一带,表明新式金融机构已经逐渐脱离传统的金融中心。但是,直至1920 年代,天津华商交易中的货币汇兑,仍然要以竹竿巷旁的公记经纪人每天开盘、收盘的行市为依据。那里也是有实力的本地帮商人,以及山西帮、深冀帮商人聚集之地。他们的总庄大都设在那里,使其成了批发交易中心。

(每天)一些从事棉纱、杂货、药材、纸张、茶叶、麻袋的掮客仨一群俩一伙地在路旁交头接耳,时而在袖口里互掐手指,时而高声吵嚷争得面红耳赤,也有的附耳低语(俗称'打哑谜')讲价钱,穿梭似的来来往往。[②]

与竹竿巷紧邻的针市街则是潮、闽、广三帮商人的聚集地,其街名的来由显然与清代广东商人运进口缝衣针到天津出售有关。三帮商人运来的进口货和南方土产在这里设内局批发。这些南方商人大都聚集在专门开设的货栈和闽粤会馆中。

闽粤会馆建立于乾隆十四年(1749 年),重建于道光二十七年(1847 年)初。清初朝廷提倡海运,闽粤两省商人来天津贸易者大量增加。因他们的商船船头油成红色,绘有大眼鸡为记号,当时称红头船。闽粤商船每年春季结队北上,于农历惊蛰节后抵津,停泊在针市街后的运河码头,针市街也就成了南方商人的聚集地。建造会馆的目的除了供来往商人临时住宿、贮存货物外,还因为南方商人抵津后,先要举行隆重的酬神仪式,答谢"天后圣母"保护商船海上的安全,即所谓"虔祀

① 天津市档案馆等:《天津商会档案汇编(1903—1911)》(上),天津人民出版社 1989 年版,第 768～773 页。

② 谢鹤声、刘嘉琛:《记早年的天津竹竿巷》,《天津文史资料选辑》第 41 辑。

天后，报答神庥”[①]，因此闽粤会馆都要供奉“天后圣母”神位以备奉祀。天津的闽粤会馆最初是由福建泉州船帮购地，后因广东船帮潮州人原籍福建，语言习惯与福建帮相同，于是两省商人商定按照客货缴纳关税多寡的比例抽成集资共同建造会馆。

竹竿巷与针市街有多条胡同相通，构成了传统型商业区网络。狭窄弯曲的巷子中，大商号都建有高大、宽敞的四合院，磨砖对缝青石作碱，金字牌匾，房内装修阔绰讲究，高耸的青砖院墙把这一切隐藏了起来。货栈内环形的两层住房，宽敞的院落，这一切与狭窄的小巷很是不相协调，表现出传统商业的神秘性和传统商人对财富和市场交易的隐秘心理。

竹竿巷和针市街毗邻南运河，街口就是运河岸边。在清代，这里就是码头。陆上运输效率低下，靠近运河码头，显然可以降低运输成本。

估衣街是零售商业的中心，由街名可以想见这条商业街起源于供应平民百姓日常之需的露天市场，这种摆地摊的叫卖方式一直延续到民国时期。估衣街形成于什么年代，没有人能够说清，但起码到清代的中期，他已经随着北大关一带的繁荣而兴旺起来。1865 年，来自北京的清朝官员李慈铭在他的日记中提到了估衣街的繁华景象。据记载，19 世纪末天津的金融、纺织品、百货等 9 个行业 197 家商号，有 56 家在估衣街，占 28.4%。其中 12 家绸缎庄，有 10 家在估衣街[②]。

根据表 4 的统计，主要由北大关和这三条街巷组成的北门外街区，其人口构成中商号铺户占了将近一半，再加上负贩，证明本地住户

---

① 天津市档案馆等:《天津商会档案汇编(1912—1928)》(2)，天津人民出版社 1992 年版，第 2100 页。

② (诸)羊城旧客:《津门纪略》卷 10，天津古籍出版社 1988 年版。

60%是经商者。显然,这一地区就是施坚雅所说的城外商人活动中心。决定这一空间结构的首要因素是运输成本——濒临运河使这里的货物运输十分便利——而不是消费者购物是否方便[①]。至于对消费者的便利,大量挑担走街串巷的负贩的存在,是这一结构的重要补充。

表 4 北门外社会职业结构统计(1846 年)(%)

绅衿	盐商	铺户	烟户	土住	应役	佣作	负贩	船户	医卜	乞丐
1.5	0.7	48.3	21.5	0.4	6.4	6.3	12.0	1.9	0.1	0.1

资料来源:(道光)《津门保甲图说》卷 1,1846 年刻本。

另外,对于大商人,尽管他们的商号在城外,但他们中不少人居住在城里。这些大商人累代经商,家族子弟中大都有人考取功名或靠捐纳获得顶戴。他们成为双重身份的人,在城里他们是绅衿,在城外他们是商人。他们家族的商号总庄或在竹竿巷的深处,门市则设在北大关或估衣街,而住宅则建在城内衙门的附近。他们在城内与官场打交道,甚至通过结姻亲等方式密切与官僚们的关系。他们成为城市的精英。在城外,他们借助雄厚的资本和有力的"关系网"控制着某个行业。客籍商人只能借助同籍社团组织和他们竞争。

天津的会馆多数分布在北门外一带,如针市街上的闽粤会馆、估衣街上的山西会馆和江西会馆。只有广东会馆是一个例外。19 世纪末 20 世纪初,由于广东籍商人尤其是买办商人经济实力的强盛,以及在天津任职的广东籍官员势力的强大,新的广东会馆竟然建在老城的正

① [美]施坚雅:《清代中国的城市社会结构》,《中华帝国晚期的城市》,中华书局 2000 年版,第 636 页。

中间鼓楼的附近，这明显打破了传统城市空间结构的格局，表现出新移民对城市空间的影响。

在北大关以西，南运河流经那里拐了一个很大的弯，在清代的著述中，被称作“信安湾”[①]，民间称“姚家湾子”，当地人有另一俗称“西大湾子”，也称“西头”。河道的弯曲使运河行船到那里极为不畅，有时两三天无法通过，于是便出现了码头。大量粮船的到来使那一带成为粮食批发市场，称西集。清代，西集设有税局，历史悠久的斗店成为传统粮食批发商[②]，人们称其为“老老店”。因为地势高，西大湾子很早就出现了聚落。明代西大湾子是军队的驻屯地，清代是城外的主要人口聚居区，河湾北岸的梁家嘴因地势高更成为大户人家乐于居住的地方。沿河上游还出现了盐商建造的郊外别墅——水西庄。西大湾子的街区道路沿河湾而弯曲，形成蛛网状，显然没有做过什么规划，呈现出典型的环境制约下的生态空间结构。

在北大关东侧，是城市的娱乐中心——侯家后。从地理空间上讲，侯家后地区包括天津城北门外、北大关以东直至运河边，也包括估衣街在内。这里是天津最早出现居民聚落的地区，直到20世纪以前，也是最繁华的地区。

“庚子先，津中除三五名街外，朴野如乡村，绝非今人所能拟料者。独侯家后一区，繁荣景象，又非今日之所有。”[③]

到了19世纪，估衣街已经与竹竿巷、针市街一起构成商业中心。

---

① “信安湾在天津卫西北，即漕河曲折处也”（顾祖禹：《读史方舆纪要》卷13）。转引自张仲：《天津卫掌故》，天津人民出版社1999年版。

② 方显廷：《天津之粮食业及磨坊业》，天津南开大学经济学院1934年版。

③ 戴愚庵：《沽水旧闻》，天津古籍出版社1986年版，第13页。

当人们再说到侯家后的时候,一般只是指估衣街以北直至运河边一带。那里集中着天津最多的饭馆、茶馆、戏园、妓院以及“小班”等形形色色的娱乐场所。1898年出版的《津门纪略》记载当时天津的饭馆一共35家,位于侯家后一带的就有10家。北方菜系的京菜馆、山东菜馆都集中在侯家后[①]。对天津市民的饮食产生颇大影响的著名的小吃,最初也大都起源于侯家后。那一带的主要街道——侯家后中街——是茶馆集中区。天津的茶馆每天都有艺人演出评书、相声、时调、大鼓等,19世纪末期还上演过由国外传入的“外洋灯影”,“茶资不过数十青蚨,亦足以陶情遣兴已”[②],成为当时最受大众欢迎的娱乐场所。落子馆则是妓女以及早期的戏曲、曲艺女演员演出的场所。侯家后西头,靠近北大关一带有能容纳数百观众的戏园,每日轮流上演京戏和梆子。侯家后的卖淫业,早在乾隆年间就已经很兴旺了。19世纪后期,这里的妓院“每晚游人甚伙,东出西进,彼往此来”[③]。被称为“书寓”,专门接待富商、豪绅的头等妓院,以及接待一般往来商人、船夫的二三等妓院,在侯家后都能找到。在这一时期,嫖客中来自南方的清军官兵占了很大的比例。19世纪的开埠以及地区间人口的加快流动,也促进了娱乐业的演变。这一时期,天津出现了一种主要由女演员组成,演唱“档调”的艺班,称档子班或小班。这些小班可能是在北京、上海、山东、牛庄等大城市和商埠巡回演出,在天津则集中在侯家后。靠近北大关,流动人口最为密集,显然是侯家后娱乐中心形成的一个重要原因。20世纪以后,随着租界和南市的兴起和华界的衰落,娱乐业也向南市和租界地区转

---

① (清)羊城旧客:《津门纪略》卷11,天津古籍出版社1988年版,第90～91页。

② (清)羊城旧客:《津门纪略》卷12,天津古籍出版社1988年版,第97页。

③ (清)张焘:《津门杂记》卷中,1884年刻本,第47页。

移，侯家后随之萧条了。

在北大关以东，城东北角三岔河口一带，形成了以天后宫为中心的祀神和庙会商业区。这一地区的兴起不会晚于城北。当元代海上运输兴盛时，在南来的闽粤商人和水手大量聚集的三岔河口建起了奉祀妈祖的天妃庙。随着朝廷对妈祖崇拜的认同，天妃庙升格为天后宫。运河漕运兴起后，天后庇佑海上航行安全的职能逐渐削弱，而续子嗣、治病、消灾、辟邪等“俗务”成了天后的主要职能，天后宫成了城市百姓宗教活动的中心。以天后宫为中心，宫南大街、宫北大街两条道路成了又一个商业中心。和城北商业区不同的是，这里的商业更主要是为中下层百姓和香客服务的。不论城里人还是乡下人，到这里要么是烧香拜神、拴娃娃、还愿，要么是逛庙、讨签、购物，随处不仅可以买到香蜡纸锞，还可以买到锅碗瓢勺、鞭炮以及空竹、风筝等。每逢年节尤其是农历正月十五，这里非常热闹。无论男女长幼，家家穿红挂绿，逛逛天后宫。几年一度的皇会，更是城市的节日，万人空巷争看天后“出巡”，天后宫一时成为全城关注的中心。

无论是宫南、宫北大街还是估衣街、针市街，都构成传统中国城市中心商业区的空间模式——商业街。这种肇始于宋代的城市商业空间，到了清代越来越出现行业聚集的趋势。估衣街以各类纺织品行业最为集中，针市街以销售“广货”和洋货者最多，宫南、宫北大街则是销售祀神用品或民间手工艺产品的中心。此外，天津也出现了诸如肉市、鸟市、鸽子集等专门的市场。影响这种市场空间的分布有诸多因素。北大关商业区形成的主要原因，除了那里是天津最早的人口聚居区之外，还有就是北大关是传统时期水上交通的枢纽，商人运输成本的低廉使得那里成为城市商品流通的中心；而大后宫附近商业区的形成显然是祀神活动造成流动人口大量增加的结果。

4. 租界与城市空间的演变

租界的出现打破了天津传统的城市空间结构。当1860年英国首任驻津领事孟甘和参赞巴夏礼在距离天津城南大约2千米的海河岸边自行勘定英国租界的时候，他们可能想到的是如同香港模式那样，在清王朝的“天子脚下”划定一块供英国商人和官员们居住和从事商业活动的地区。他们最后划定的土地面积489.025亩。然后，他们在地界的四角“用石柱四根，在地边钉作界牌，上写‘大英勘定地基’汉书六字”。曾在大学学过土木工程，当时任英国皇家工兵上尉的戈登为英租界做了初步的规划，“戈登用铅笔在这一带未开化地区画出河堤大道、马路，以及建筑用地块等”[①]。法国租界划定的过程也是一样。

当时的清政府在无奈之下不得不同意天津开埠。此时，他们反而希望租界早日划定，以便使占据天津城的外国人尽快住到城外的租界中去。主持对外交涉的崇厚在租界刚刚划定后，就在法租界附近设立公所，仿照南方设水关的方法，在租界前的海河上架设浮桥，使外国商船行驶至租界便停船卸货，无法再上溯到天津城，企图用这种愚蠢的办法，达到“人船并聚，中外界清”的目的。天津地方士绅也由张锦文出面，与英、法两国代表订立了19款章程，出榜晓示，以维持地方秩序。其中规定，天津城内“闲杂人等”不得擅自进入租界，如果是受雇于租界的服役者，还要发给腰牌一面，“以便稽查”[②]。

---

① [英]雷穆森:《天津租界史(插图本)》，天津人民出版社2009年版，第35页。

② 《襄理军务纪略》(雪堂丛刻本)卷4，《第二次鸦片战争》(1)，上海人民出版社1978年版。

这就是最初中外双方政府对租界功能的认知。清政府以及天津的士绅最看重的是如何使洋人居住、活动完全在租界中,使天津城区的华人尽量不与洋人打交道,即所谓"华洋分居"。英国政府的目的显然是要为其国民来中国经商和传教等,提供一块可以自由活动的"居留地"。

天津租界的历史以1900年为转折,分为前后两个阶段。19世纪主要是英法租界的历史。这一时期,租界好像是天津城郊外的另外一个城市,也像是"楔入"天津城的移民区。最初十年是租界的基础建设时期,19世纪80～90年代则是租界快速发展的阶段。1870年天津教案发生后,在天津的外国人大都不敢再在老城区长久居住,纷纷迁移到租界居住,租界建设从此加快①。

租界是按照欧洲城市的模式规划设计,狭长的租界被垂直交叉的道路划分成一个个方形的街区。这种方形街区不仅有利于交通,而且由于便于测量而有利于地产的买卖和城市的管理,因此这种布局模式的形成显然首先是与西方城市的充分商业化有直接的关系。

英租界的中央大道——维多利亚路两旁是洋行、银行、仓库和住宅,租界居民公共活动的主要场所市政厅、教堂、公园、俱乐部、运动场等构成租界的中心。19世纪80年代,英租界开始铺设当时刚刚在欧美城市被广泛采用的碎石路。由于采用经过粉碎的砾石作为主要铺路原料,碎石路的铺设要求较高的技术②。同一时期,租界也有了经常性的道路照明。最初的道路照明使用煤油灯。1888年由六国股东共同投资组建的紫竹林油气灯公司与英租界工部局签订了合同,1889年开

---

① 参见尚克强、刘海岩《天津租界社会研究》第3章,天津人民出版社1996年版。

② 史明正:《走向近代化的北京城——城市建设与社会变革》,北京大学出版社1995年版,第78页。

始供应租界公共道路照明,从此煤气灯取代煤油灯成为安全方便的道路照明系统。

1900 年,当一名俄国记者来到天津英租界的时候,他看到的维多利亚路,笔直、宽阔、铺砌整齐,两旁有用于照明的煤气灯,种着杨树、洋槐。建筑多为漂亮的盎格鲁—撒克逊混合式。风景秀丽的维多利亚公园,专门供应欧洲商品的惠罗公司,专供欧洲人娱乐的俱乐部,供外国游客住宿的欧式旅馆,以及邮局、电报、电话、下水道等等,显示出此时的租界是一个以欧洲人为主要居民的社区①。

对于当时在中国城市中前所未见的新型街区,华人社会有着全然不同的感观。来往的官员、赴京科考的举子,在天津停留期间最感兴趣的就是到紫竹林租界"逛西洋景"。1870 年随曾国藩到天津查办教案的幕僚,刚一到津城就一边批判津城"华夷杂处,市侩充塞,故城市全无清雅之气",一边又相约游"紫竹林"、吃洋点心、打台球、登轮船②。

居住在老城的张焘在他那本有名的《津门杂记》中写道:"(租界)街道宽平,洋房齐整,路旁树木,葱郁成林。行人蚁集蜂屯,货物如山堆垒,车驴轿马,辄[彻]夜不休,电线联成蛛网,路灯列若繁星。制甚得法,清雅可观,亦俨如一小沪渎焉。"③在这位传统文人的眼中,租界给他最深的印象是街道、建筑、树木、路灯,以及熙攘的人群、堆积的货物、繁忙的交通。

这一时期,华界当局也开始在城市基础设施建设与管理方面模仿

① [俄]德米特里·扬契维茨基:《八国联军目击记》,福建人民出版社 1983 年版,第 28～29 页。

② (清)李兴锐:《李兴锐日记》,中华书局 1987 年版,第 28、31 页。

③ (清)张焘:《津门杂记》卷下,1884 年刻本,第 23 页。

租界。1882 年天津成立工程局后，第一项工程就是从老城区三岔河口附近到紫竹林租界，采用碎石路的技术，修筑了一条宽阔的马路。为此还专门设立码头捐，以其收入用于道路的维护。工程局作为专门的管理机构，发表公告，要求沿途的居民不要把垃圾倾倒在路旁。并专门制定了《官道条例》，规定每日派兵役分段管理和打扫①。

进入 20 世纪以后，成倍扩大的租界地区已经扩展到老城区的跟前。城墙的拆毁把租界与老城从空间上连接起来，城市实现了空间的整合。促进空间整合的一个重要因素就是以电车为主的公共交通系统的形成。

① (清)张焘:《津门杂记》卷下，1884 年刻本，第 21 页。

第三章　交通与城市空间

1.人力车与电车:公共交通的变迁

交通方式是决定城市空间形态和结构的一个最主要的技术要素。按照美国学者的看法,在工业化时代的公共交通出现以前,一个城市的自然边界仅仅能达到一个人从市中心步行约一个小时的距离美①。国著名的城市史学家桑姆·沃纳(Sam B. Warner)认为,19世纪中期以前世界各地的城市都是"步行城市"②。

19世纪中叶以前的天津也是一个"步行城市"。从19世纪60年代天津地图标示出的当时城区道路网可以看出,城内的居民完全可以在大约一个小时步行到达市区边缘。当时除了步行外,城市内的交通工具还有人抬的轿子和畜力车。官员出行一般乘坐轿子,官员的品阶的高低和轿夫的多少决定轿子的式样和规格。官员乘轿走在街上,师爷、衙役、随从前呼后拥,前边鸣锣开道,行人纷纷躲避。轿子与其说是

---

① [美]丹尼尔·布尔斯廷:《美国人——南北战争以来的经历》,上海译文出版社1988年版,第388页。

② 史明正:《走向近代化的北京城——城市建设与社会变革》,北京大学出版社1995年版,第253页。

交通工具,毋宁说是乘轿者权力和地位的象征。富有人家一般出行,除了轿子外还乘坐畜力拉拽的轿车。庚子以后,城区道路状况改善,天津上层追求洋化,流行比传统马拉轿车宽敞舒适的西洋式马车。地位相当的官员或追求时髦的富商,家中都备有一两辆西洋马车。街头上也出现了专门的营业马车。驾车的马匹也不用常见的蒙古马,而是要从天津的外国驻军那里买高大的西洋马,甚至花费巨资直接从国外进口西洋马。"马夫仆役率多愚贱无知识之人,以为坐马车者非显宦即富商,遂至凭权借势,往往于肩摩毂击多人聚集之区,扬鞭疾驰,甚至不分道路左右任意搀越,以至撞倒行人碰翻洋车,伤人之事层见叠出"[①]。与此同时,轿子的使用却在不断减少,人们不再通过乘坐的轿子来判断乘轿者的社会地位,甚至开始把轿子看成女人的专用品[②]。

一般百姓的交通方式,除了步行外,还可以骑乘"脚驴"。赶驴者牵一毛驴站道边揽客,有一人乘骑便可出发。价钱低廉,很受社会中下层的欢迎。显然这是乡村交通的城市化,也可以说是传统交通方式向机械化交通方式的过渡。

天津虽然多河道,平常季节除了渡河的摆渡之外,却少有其他水上客运交通。只是冬季河道上冻时,有一种称为冰床或冰排子的交通工具颇为流行。一块木板下嵌铁条,大小可乘坐三四人,木篙撑冰面前行,速度很快,一二十里的路程花费不过数十文。每到冬天,河道上载

① 天津市档案馆等:《天津商会档案汇编(1903—1911)》(下),天津人民出版社1989年版,第2283~2284页。

② [日]中国驻屯军司令部:《二十世纪初的天津概况》,天津地方史志编修委员会1986年版,第21页。

客往来的冰排子非常多[①]。直至20世纪以后,这种交通方式在北部郊区仍很流行。"凡住在距离市区几十里以外沿河村庄的居民,若想到天津来,多喜欢乘坐这种排子"。干这行的以北乡人居多,每到冬天,子牙河和北运河河岸边,常常看到三五个年轻壮汉,把排子放到河岸下边,一面东拉西扯的聊天,一面望着过往的行人。嘴里不时还要招呼着乘客。他们大都穿着一件没有挂布面的老羊皮袄,或蓝粗布大棉袄,头上戴着一顶纯粹国货的毡帽头。脚上穿着带毛牛皮制作的"靴子",被捆绑在脚上,称作"绑"[②]。

19世纪最早出现的机械交通工具是人力车。人力车最初称"东洋车",南方称"黄包车",20世纪出现胶轮后天津人便把人力车称为"胶皮"。

从人力车最初的称呼——东洋车——便可以得知,他是从日本传入的。关于人力车的起源,在日本也并不完全清楚。最为人们接受的一种看法是,人力车于1869年在日本发明[③]。同治十三年(1874年)法国商人米拉把人力车由日本引进上海[④]。1886年,北京街头出现了第一辆人力车[⑤],这辆车是直接从日本买来的,供私人使用。

---

① (清)张焘:《津门杂记》卷中,1884年刻本,第46页。

② 《大公报》1933年3月24日。

③ 爱德华·赛德斯特克:《低城市、高城市:从江户时代到地震时期的东京》,纽约克诺夫出版社1983年版,第42页。转引自史明正:《走向近代化的北京城——城市建设与社会变革》,北京大学出版社1995年版,第283页。

④ 爱德华·赛德斯特克:《低城市、高城市:从江户时代到地震时期的东京》,纽约克诺夫出版社1983年版,第42页。转引自史明正:《走向近代化的北京城——城市建设与社会变革》,北京大学出版社1995年版,第283页。

⑤ [美]史谦德(David Strand):《北京的人力车夫:20世纪20年代的城市、居民与政治》(Richshaw Beijing: City People and Politics in the 1920s),美国加州大学出版社1993年版,第24页。

人力车传入天津要早于北京，应当是19世纪70年代末80年代初从上海传入天津的[①]。由于这种交通工具非常适应当时城市的发展，所以人力车在天津的增加非常快。到1884年，天津街头最流行的大众交通工具就是人力车和脚驴，两者加在一起已经有数百。当时的人力车还大都是由日本进口，不仅拉客，还拉货物。

"夕有拉东洋车（又名人力车）待人雇，或拉人位，或拉货物，为脚行之类，在街市停放。此车系东洋日本所造，只坐一人；二轮极轻捷，轴以钢条为之，轴上有铁弓，为之有坎坷处，人坐无颠险之患，喜走硬道恶软道。中外国之官，每月收捐钱500文，给执照。东洋车自此始有，为拉车起名者曰东洋狗。"[②]

人力车的大量增加还得益于当时天津城市的道路状况。19世纪80年代，随着商业贸易的加快发展，天津的城市交通量迅速增长。但是，当时天津地势低洼，街道逼窄，道路交通极感不便；沿河堤岸倾圮，船只起卸也颇感艰难。尽管如此，传统的城市行政当局却不负责道路的日常维护，只有当道路损坏实在无法通行的时候，才会有士绅或盐商出面，以善行的方式出资修路。当然，这往往也是地方官员以半邀请、半强迫的方式让富有的社会上层不得不出面承担修路。这些富商以士绅的面目出现，又把修路作为赢得社会名声，获取更大社会权力的"善行"，因此他们捐钱修路往往会选择路段，尤其是进出城门的道路，或者是重要的官道，往往是他们的首选。如19世纪40年代到60年代，盐商张锦文曾先后四次捐资修葺西沽一带的道路和桥梁。因为西沽是通

① 有记载说，人力车于1882年传入天津，这一说法有些问题。因为很难想象一两年后人力车就成为天津的主要交通工具了，因此其传入时间应早于1882年。

② （清）储仁逊：《闻见录》卷1，稿本，第41页。

往北京的要道。他还曾捐资修葺东门和北门跨越护城壕上的石桥。盐商华氏和姚氏 19 世纪 30 年代和 60 年代也都曾捐资修筑南门和北门的石板路。

然而,当城市的发展需要通畅的道路系统时,传统体制成了发展的障碍。光绪九年(1883 年),津海关道周馥提出,仿照上海的办法,征收专门的捐税,统一修筑道路。在征得李鸿章的批准后,周成立了工程局,专门管理道路的修筑和维护。工程局设在城东门外三岔河口附近的玉皇阁,并由新关征收华商码头捐,由工程局征收人力车捐,每车每月征收津钱 1000 文,颁发牌照,以后每月缴纳 500 文。所有捐税收入都用于修路。

按照工程局的计划,要全面规划修筑城市道路,包括南自紫竹林租界,向北至天津城内外,再向北直到通往北京的道路。纳入计划者不论"直街横巷一律修治,或筑碎石,或砌条石"[①]。显然,"砌条石"还是传统的筑路技术,而筑碎石路是从租界学习的技术了。同时,还仿照租界的管理办法,分段设置"兵夫",全天巡逻维护道路及其交通。五年以后,城内外的道路状况发生了很大变化。往日道路弯弯曲曲,路面到处是深沟大坑,臭水坑随处可见,经过垫平、修直、加宽、铺筑,并安设了路灯,甚至把护城壕中积累了几个世纪的垃圾也清理了。显然,这是华界首次有计划地大规模修筑和管理城市道路。

当时铺筑的首条从老城区到租界地区的官道,为人力车的来往提供了便利。人力车夫在路上争抢揽客,拉起车来跑得飞快,常常与行人车辆冲撞。1884 年时,人力车与赶脚驴者加在一起有数百,到 1895 年

---

① (清)沈家本:(光绪)《重修天津府志》卷 24,1899 年刻本。

仅人力车就有四五千辆了。由于车多竞争激烈，车价下降，人力车夫的收入减少，“甚或终日街头不得一饱者”[①]。

建立在工业技术基础之上的近代公共交通系统的出现，是 19 世纪世界城市历史最具革命性的事件。1870 年，蒸汽机车在欧洲投入使用。1888 年，在美国弗吉尼亚州的里士满，弗兰克·斯普拉格靠新发明的技术建起了第一个以电为动力的城市有轨电车系统，由此这种快捷、高效又安全的公共交通方式在世界迅速普及。1890 年，电车引进日本。1895 年，电车在京都开始运营[②]。

十年后，电车传入中国，并首先在天津建起了中国第一个城市有轨电车系统。靠机械牵引的近代交通工具最早在天津的出现是在 19 世纪 80 年代。1886 年，作为法国德康维尔铁路公司(Decanville Railway Company)的在华代理商，怡和洋行在英租界海大道以西到旧城以南的海光寺，铺设了大约三四千米窄轨铁路(当时称“地可味而铁路”)[③]，蒸汽机车牵引数节车厢在轨道上往来行驶，“开车载客，俾众游玩”。每乘坐一个来回，上等座票价 3 角，最下等仅 5 分，并有一车专载女客。北洋大臣李鸿章曾前往视察乘坐。这种不用人畜牵拉，跑起来轰轰作响的庞大车辆吸引了天津市民，“往看者踵接肩摩，熙来攘往，直有万人空巷之概”。可是，人们大都只是围观看热闹，“每见妇孺拥塞道旁，或奔走追呼，或咨嗟艳羡”[④]，乘坐的人却不多。有的人感慨万分，“啧啧称

① 《直报》1895 年 2 月 4 日。

② [日]吉泽诚一郎：《天津の近代：清末都市にぢける政治文化と社会统合》，名古屋大学出版会 2002 年版，第 283 页。

③ 勒费窝：《怡和洋行——1842—1895 年在华活动概述》，上海社会科学院出版社 1986 年版，第 106 页。

④ 《时报》1886 年 11 月 27 日。

羡,多谓津郡驾车皆任以骡驴而行,路之艰涩,每逢阴雨泥泞,进尺退咫。何不循途改辙,其劳奚逸啻仙凡之别”①。这条窄轨铁路类似今天城市轻轨铁路,当时铺设是为了展示,目的是企图通过李鸿章向朝廷推荐引进,结果却不了了之。然而,这是近代交通工具第一次展示在天津的百姓面前。

刚刚进入 20 世纪,天津就出现了有轨电车。1900 年 7 月 14 日八国联军占领天津,当月底成立了由各国军官组成的临时政府——天津都统衙门。临时政府成立不久,就接连收到了欧洲人和日本人的申请,提出要在老城区和租界之间铺设电车。日本领事甚至代表日本政府出面,声称日本一家公司已经获得中国政府电车经营权的许可,要求都统衙门将免税权单独授予日本。但是,最终都统衙门还是将特许经营权授予了由多国股东投资的“天津电车电灯公司”②。这家公司由世昌洋行代理经营,最初的董事长是德璀琳,1902 年在香港注册。

本来,都统衙门要求电车公司 1902 年开始施工,1903 年 7 月前通车。然而,电车公司直到 1902 年 2 月才在香港注册,不到半年又因主要投资方改为比利时财团而改在比利时布鲁塞尔注册,公司名称也改为“天津国际电车电灯公司”,结果电车工程迟迟未能动工。1902 年都统衙门向袁世凯移交天津时,将已经批准的铺设电车项目作为清政府必须执行的条件。1904 年 4 月,中比双方签订了《天津电车电灯公司合同》。合同规定,在中国政府管辖区内,以鼓楼为中心,周围 9 千米范围内电车电灯事业,由比利时公司专权承办,50 年为期。1905 年,电车

---

① 《时报》1886 年 12 月 1 日。

② 刘海岩等:《八国联军占领实录——天津临时政府会议纪要》(上),天津社会科学院出版社 2004 年版,第 315 页。

轨道铺设工程开工。传统城市狭窄弯曲的道路是电车通行的最大障碍。北京电车的铺设就因为道路的狭窄以及牌楼的障碍而遭到反对，不得不改变计划①。而天津城墙被拆除，并沿城墙基铺筑了四条笔直的马路，为电车系统的建成提供了有利的空间环境。

1906 年，第一条沿围城四条马路行驶的电车通车。直至 1918 年，共有 5 条电车路线修成通车，通行城区覆盖了华界和奥、意、日、法四国租界以及部分俄租界和老龙头火车站。电车公司本来计划将电车轨道从老城区北门外继续向北铺筑，一直铺到西沽。后来由于地方社会的反对而未成②。河北新区建成后，将电车修至河北新车站的计划也因为沿途商人的极力反对而没有实现。“前以电车公司欲从官银号修电车路，经该处（大胡同）至河北新车站。以该处商人反对而止”③。

电车的铺设从一开始就受到来自社会的种种反对，尤其是商界和脚行、人力车夫，是最强烈的反对者。

1905 年 5 月，铺设电车轨道工程刚刚开始动工，人们便议论纷纷，“巷议街谈，遂有谓马路各处仍需退让五尺，沿河一带必须拆毁五丈以外，人心惶惶，夜不安枕”。于是，便有 31 行商董 69 人联名上陈袁世凯，指出电车有八害，请求禁止修筑④。呈文谈到电车的害处，如电车会导致数千东洋车夫和数万脚行车夫失业；商家门市因电车来往阻挡

---

① 史明正：《走向近代化的北京城——城市建设与社会变革》，北京大学出版社 1995 年版，第 279 页。

② 天津市档案馆等：《天津商会档案汇编（1903—1911）》（下），天津人民出版社 1989 年版，第 2274 页。

③ 孙学谦：《天津指南》卷 1，中华书局 1924 年版，第 7 页。

④ 天津市档案馆等：《天津商会档案汇编（1903—1911）》（下），天津人民出版社 1989 年版，第 2243～2244 页。

而使营业受影响;行人和临街学堂的学生,往来行走非常危险;通车道路拓宽拆迁,居民抛家失业;铺设电车轨道会使本来平坦的马路造成拥挤等等。

袁世凯的答复驳回了商会的请求。袁世凯使用了官僚们常用的遁词,把罪责归咎到洋人,说洋行承办天津电车电灯,八国联军都统衙门时期已经批准,他只是照案接受,无法推翻。尽管袁世凯同时也表白自己已经对电车公司加以限制,要交涉的官员用了两年的时间对合同逐条加以修改,“凡有碍地方利权,有损小民生计之处,业已屡经删改”[①],但是他的解释无法平息民间的抗议。商会的请求被驳回后,脚行的脚夫、人力车夫等纷纷到商会请愿,要他们恳求当道“饬将电车停止以保生计”[②]。“脚夫、洋车、地扒子各苦力人等,纷纷向商会禀求详禁,情势汹汹”[③]。商人们也在商量如何阻止电车的修筑,有的提议筹款将电车全部购回,有的相戒将来都不坐电车[④]。

在此情势下,天津府、县以及海关道联名发表告示,批驳商会借口维持苦力生计反对修电车,提出的主要理由就是电车是西方国家必有的,“电车一项,各国殷盛冲要之区,无不安设,辙迹愈密,商务愈兴,需用人力亦愈广。天津风气早开,绅商多身历外洋,当有真知灼见者”[⑤],

---

① 天津市档案馆等:《天津商会档案汇编(1903—1911)》(下),天津人民出版社 1989 年版,第 2245 页。

② 《大公报》1905 年 6 月 5 日。

③ 《大公报》1905 年 6 月 13 日。另参见天津市档案馆等《天津商会档案汇编(1903—1911)》(下),天津人民出版社 1989 年版,第 2253 页。

④ 《大公报》1905 年 6 月 8 日。

⑤ 天津市档案馆等:《天津商会档案汇编(1903—1911)》(下),天津人民出版社 1989 年版,第 2261 页。

直接批评商会的领导人。同时，他们又与电车公司妥议保护章程，制定安全措施，如在道路转角处、岔路处增加巡警执旗示警，电车前首安装防险兜网，架设电线的电杆横弓下加添一盏电灯，以使过往行人注意等等[①]。

对电车的反对反映出当时社会各阶层对待外来新技术、新事物的矛盾心理。城墙的拆除所引起的冲击刚刚过去，一种打破现有生活空间结构和秩序的"文明利器"，又要来到身边。尽管当时，起码在知识阶层中对电车已经有所了解，知道电车"省时间，使交通，开发文明莫此为盛"[②]，而当身边真的出现电车的时候，社会各阶层却都出现了激烈的反对者。脚行、人力车夫担心电车的到来会使他们失业，商人们则不知道电车行驶在大街上会带来什么样的后果，担心会造成现有秩序的崩溃和对商业的冲击。而《大公报》的记者在与国外朋友的往来信函讨论中，提出电车事关"内地电车事权又将握于外人之手"，修电车拆除民房，以百姓流离失所换取外国人获利。同时，这些知识分子又空谈只有中国自办，各乡各镇都通电车才是真正的文明。不同的社会阶层，对电车排斥与反对出自不同的心理。但是，他们的联合形成了很大的社会抵制力量。

1906年，环绕天津城的电车首先通车。尽管通车仪式引起了市民的兴趣，许多人前去围观。但是，市民对电的畏惧以及反对电车运动的影响，使得电车通车初期乘客很少。电车公司便采取免费试坐和低廉票价的方法吸引乘客。最初电车的座位还有头等、二等之分，头等座位

---

① (清)储仁逊:《闻见录》卷15上，稿本，第45页。

② 《大公报》1905年6月20日。

有绒垫,车厢铺有地毯,还有痰盂、电扇等,二等座位则是竹藤座椅。最初头等座位票价只是一个小铜子,二等座位半个铜子[①]。随着市民对电车的认同,乘客的大众化,电车不再有座席的等次,一律改为木座位。电车公司为了吸引乘客,每逢端午、中秋节日,在电车后挂一彩车,“编制水龙云月,内烛以五彩电灯”,雇人吹打奏乐,沿街游走,“引诱男妇老幼,游观如堵”[②]。到1908年,分别通往老龙头车站和日、法租界的三条电车线通车,电车交通网络初步形成。

然而,市民百姓对电车的认同,对行驶速度远远快于传统马车、人力车的新交通工具出现后道路交通秩序的改变,需要一个适应过程。电车刚刚行驶在街上,人们还不知道如何乘坐和怎样躲避它,更不知道机械化的车辆对人身安全会带来怎样的危险。而且华界还没有交通法规,街上站岗管理交通的巡警也刚刚出现,人们走在马路上还习惯于和马车、人力车混行。下面是电车通车不久巡警局发布的“白话”告示:

电汽车(最初对电车的称谓)已经开行了,车又重,走得又快,若不小心,要是碰着压着,大有性命之忧。所以电车公司行走章程上说,连坐车的客人都不可以随便上下,漫说看热闹的同那不懂事的小孩子们,岂可以随便围着观看,跟着车跑,那不是自寻苦恼吗!现在我们总局为电车公司有信来,说马路上电车行走时候,有许多无事地跟着那顽童们,在车后跟着看,还有拿手攀拉电车,一会上去一会下来的,这种情形实在危险得很,请总局传知我们分局,出张告示,严行查禁。我想北门

① 萧祝文:《天津比商电车电灯公司》,《天津的洋行与买办》,天津人民出版社1987年版,第347页。

② 天津市档案馆等:《天津商会档案汇编(1903—1911)》(下),天津人民出版社1989年版,第2259页。

外乐壶洞(现在的北大关一带)这条马路四通八达,人又多,车马又拥挤,电车又在这做了站头,你们到此千万要留神,不可乱步,以免弄出祸患来。小孩们虽说不懂事,家里头的父兄也可以管教管教,正格的就不怕损伤孩子们吗?我说的是很要紧的话,你们可别当耳旁风啦![1]

从这篇浅显的文字中,可以想见电车通车初期马路上的境况,也可以说是对交通法规的启蒙宣传。

1911年,发生了电车轧人致死事件,老城区市民再次号召抵制电车。他们提出组织禁坐电车联合会,呼吁市民不点电灯,不坐电车;还要组织人在车站阻挠外地人乘坐;有的则表示如果遇到电车碰伤或轧毙人命事,即将电车烧毁,铁轨毁坏[2]。

为此,该年10月,商界、学界和警方代表宋则久、张伯苓和杨以德针对电车轧人,导致人们激烈反对电车,提出保证电车安全的建议:车轨改在道路中间,险要路口设常岗,卖票人与司机技术要纯熟;车辆的下边设置救命网,或改设冷闸;另外还提出,围城电车要减速,车轨禁止泼水,两旁便道如果逼近马路的话,禁止摆摊[3]。

电灯电车公司的经理马洒,也亲自到商会与商界领袖直接谈判,表示要寻求改良措施。并提出请商界推举人出任电灯电车公司董事[4]。

1913年,工程局准备重修金刚桥和整治附近的河道,天津电车电灯公司趁机提出将电车通过金刚桥铺至河北新车站的计划,并表示可

① 《巡警局白话告示》,《大公报》1906年2月21日。

② 天津市档案馆等:《天津商会档案汇编(1903—1911)》(下),天津人民出版社1989年版,第2258页。

③ 天津市档案馆等:《天津商会档案汇编(1903—1911)》(下),天津人民出版社1989年版,第2260页。

④ 《大公报》1911年9月19日。

以承担修筑金刚桥的部分经费[①],结果未成。1915 年,他们再度提出,遭到天津海关道尹等的拒绝。1917 年,电车电灯公司第三次提出他们的计划,遭到大胡同全体商人、人力车商以及商会的极力反对。他们反对的理由主要是:上等社会有汽车马车,中下等社会有人力车,交通已经非常方便;不要再扩大外国人的权利;电车轧毙人命;数万人力车夫的营生受到威胁;泄了大胡同的气脉等[②]。当年,顺直省议会也投票否决了扩展电车路线的计划。1918 年 5 月,新河北拓宽马路,商会马上提出反对借此修电车,直隶省长曹锐立即出面否认。由此,向海河以北通车的计划一直没有实现,直至 20 世纪 40 年代后期。

电车公司最初的通车路线规划是以围城马路为中心,向北穿过人口密集区到达北部城市边缘,向东通向火车站,向南通往租界地区,后来又有河北新区的通车计划。结果,北向的拓展计划均未能实现,在老城区只铺设了一条围城路线,倒是在租界地区的发展比较顺利。民国以后,电车已经成为城市主要的公共交通方式,其路线构成连接华界中心区与租界区的交通干线。

电车的出现是 19 世纪后期世界城市历史的一个里程碑,电车以其快捷、方便和票价低廉成为最受大众欢迎的交通工具。电车使得人们的居住地点和工作地点之间地理距离的增加成为可能,从而大大加快了城市的空间扩展和功能分区。在美国,电车是城市郊区化最重要的推动力。到 19 世纪末,电车已经成为欧美城市日常生活必需的交通工

---

① 天津市档案馆等:《天津商会档案汇编(1912—1928)》(3),天津人民出版社 1992 年版,第 3304 页。

② 天津市档案馆等:《天津商会档案汇编(1912—1928)》(3),天津人民出版社 1992 年版,第 3305 页。

具。

尽管电车对中国城市的影响并没有对欧美城市那么直接和巨大，然而在 20 世纪初期中国城市的近代化过程中，电车仍然扮演了重要的角色，尤其是在天津。作为最平民化的交通方式，电车最终能否被市民接受，关键的是票价。在北京，由于票价高使得电车始终处在奢侈品和必需品之间①，无法平民化。天津电车却一直保持低廉的票价，20 世纪 20 年代，电车的票价最低者铜元 2 枚，最高 6 枚②。电车公司多次企图提高票价，都因受到广泛的反对而作罢。低廉的票价使天津的电车成为最大众化的交通方式，这一点从乘坐率的比较中就可以看得出来。乘坐率是指人均每年乘坐某一交通工具的次数，用以表明这种交通方式被市民接纳的程度。根据 20 世纪 30 年代的统计，天津和上海、北京的电车乘坐率分别如下表：

表 5　大城市电车乘坐率比较

城 市	乘坐率
天 津	52
上 海	38
北 京	17

资料来源：H. O. 昆：《上海、天津和北平的电车》，《远东评论》1937 年 2 月号，第 58 页。

① 史明正：《走向近代化的北京城——城市建设与社会变革》，北京大学出版社 1995 年版，第 275 页。

② 孙学谦：《天津指南》，中华书局 1924 年版，卷 4，第 57 页。

尽管还远比不上欧美城市在20世纪初的水平[①],但是我们也没有看出电车在不同城市被接纳程度的差异。在二三十年代的天津,电车已经成为社会中下层日常生活不可或缺的交通工具。无论是每天要到租界或城市边缘工业区上班的工人,还是夜晚到租界去享受夜生活的青年男女,他们往往都要乘坐电车往来。

(夜晚)电车载着疲惫的工人从东方(指租界)驶来,东去的电车挤满了"洋气"的城市男女,向灯光之塔下的夜中的白日里(也指租界)去寻乐。[②]

电车也对促进城市市民社会行为的文明起了一定的影响,如《电车公司行车章程》中,除了有关乘客上下车安全、购票方法的规定外,还对乘客乘车携带物品的大小和重量做了规定。《章程》明确规定,乘客的穿着形象和气味不得有碍同车之客;非抽烟处乘客不准抽烟;车上不准吐痰;有传染病者不准登车;车上不得用污言秽语,不得侮弄同车之客;衣服不洁以至可能污染其他乘客的衣着或有碍同车乘客者不准登车;车上不准带犬和各种动物等等,并规定了违反规定要缴纳相应的罚款。这可以说是天津早期的城市公共文明章程。

在城市发展方面,电车促使城市的发展重心由旧城周围及河流沿岸向电车道沿线转移,改变了传统城市的空间模式。"盖天津市发展之趋势,其初围绕旧城,继则沿河流,复次则沿铁道线,自有电气事业则沿

① 参见史明正《走向近代化的北京城——城市建设与社会变革》,北京大学出版社1995年版,第275页。

② 莎蒂:《天津交响乐》,《大公报》1933年4月22日。

电车道而发展”[1]。

民国以后，随着连接租界与老城区的电车系统的形成，城市商业投资大量向电车经过的路线转移。电车从华界主要沿两个方向通向租界地区，一条是红牌电车通过的奥、意租界大马路（今建国道），另一条是黄、蓝牌电车通过的日租界旭街和法租界杜总领事路（今统称和平路）。到民国时期，电车通过的奥租界大马路一度很繁华，只是由于意租界不准该界内主要街道开设商店，繁华地段至奥意租界交界处便中止了。日、法租界由于地理位置居于城市中心，加上租界当局吸引商业投资的种种措施，遂使黄、蓝牌电车通过的道路成为商业繁华区，形成了至今繁华不衰的商业街——和平路。法租界的梨栈一带（今劝业场附近），由于地处电车枢纽，黄、蓝、绿三条路线在那里交汇，更成为商家必争之地。劝业场、天祥等大商场先后建成，使其成为近代天津城市的中心商业区。坐电车逛劝业场，成为 20 世纪 30 年代天津都市流行的生活时尚。

2. 从摆渡到铁桥：河上交通的发展

在江南河道纵横的城市，水道交错带来了水上交通的便利。19 世纪的上海地区，水上交通成为占据主导地位的交通方式。城内几乎没有什么车辆，人们的交通往来除了步行外，普遍的运输方式就是小船[2]。尽管天津也有多条水道，可是城市地区的交通运输往来，主要依

① 吴霭宸：《天津电车电灯公司问题》，《华北国际五大问题》，商务印书馆 1929 年版，第 33 页。

② ［英］马克·埃尔文：《市镇与水道：1480—1910 年的上海县》，［美］施坚雅主编《中华帝国晚期的城市》，中华书局 2000 年 12 月版，第 530 页。

靠的仍然是陆路运输方式,河上则以渡河交通为主。

天津市区多河道,渡口、浮桥之多在中国城市中是独特的[①]。从明清到近代,天津的渡河交通经历了由摆渡、浮桥到铁桥的历史过程。19世纪80年代以前,天津跨越河流的交通方式主要是靠摆渡和浮桥。天津的摆渡估计早在建城之初就已经出现了。最早见于记载的渡口有七处:位于城东北隅的真武庙渡、城北河下的北马头渡、河北的晏公庙渡、城东南的寇家口渡、城东南的宝船口渡、城东南的大直沽渡和城北的西沽渡口(康熙五十四年改浮桥)。这些渡口均为政府设置,即所谓"官渡"。

由于关系到驿路交通,明代政府非常重视渡口的设立,"桥梁津渡皆王政攸关"。明万历十六年(1588年),当时任天津整饬副使的查志隆曾规定,渡口的船只由官银出资,天津三卫经历司负责制造。每船雇水手一名,政府支给工食银每月三钱。然而,到了康熙年间,即17世纪,这些渡船已经"淹废无存,行人苦之"[②],渡口形同虚设了。显然,政府已经无力承担这些公共设施的建造和管理。

到了乾隆年间,随着城市的繁荣,人口的增长,人员与车辆的交通量大大增加,需要设置更多的渡口以利交通。这时,渡口的承办由政府为主演变为民间为主。渡口的空间分布也取决于人口的分布。到了19世纪末,设在主要河道上的渡口已经有73处(见表6),多数都设在人口密集的南北运河以及海河两岸。其中,有私人捐款设立的义渡(捐者有官员、士人以及僧人等),但多数是私人投资从事经营的渡口。

---

① 傅崇兰:《中国运河城市发展史》,四川人民出版1985年版,第152页。

② (清)薛柱斗:(康熙)《天津卫志》卷1,建置,1675年刻本。

表6　19世纪末天津主要河道渡口统计

河道	渡口
北运河	22
南运河	17
淀河	2
子牙河	3
海河	27
不祥	2
合计	73

资料来源:(清)沈家本:(光绪)《重修天津府志》卷21,舆地(三)堤闸津梁,1899年刻本。

渡口设置地点大都交通流量大,具有垄断性,于是便出现了行业竞争。渡口也成为混混儿们争夺的"地盘",他们甚至不惜用自戕的方式,争夺渡口的垄断经营权[①]。许多渡口都有很长的历史,经营摆渡者多是社会下层指身为业者,一些经营者甚至是世袭的。如河北刷纸庙摆渡口从明代就已存在,经营渡口的渡夫也是祖辈相传,全家以此为生。历代政府要发帖牌给他们以示认可。直到民国初年,河流的治理和桥梁的架设,使他们经营数百年的职业受到了威胁[②]。

浮桥由于有利于河道泄洪和通航,是永久性桥梁出现以前被广泛应用的渡河设施。尽管浮桥在中国的历史很久,但是将浮桥大量应用

① 朱寿钧:《天津的混混儿琐闻》,《天津文史资料选辑》第31辑。

② 天津市档案馆等:《天津商会档案汇编(1912—1928)》(3),天津人民出版社1992年版,第3213～3214页。

于城市交通还是晚近的事。天津的浮桥最早出现在康熙五十四年(1715年),城北西沽北运河上架起了第一座浮桥。浮桥设施大都采用木浮船、木桥面,引桥也为木结构。浮桥不仅能适应每日的潮差变化,而且可以开闭以利往来船只通行,洪水来时也不妨碍泄洪。

浮桥投资较大,私人难以独力承担,所以大都由政府出资兴建或地方官员募捐主持建造。表7显示了主要浮桥的建造、沿革的概况。浮桥多由渡口改建,架设地点大都连接主要交通要道,或设在位于河岸边的衙署等公共设施前。浮桥不仅是渡河交通要道,有的还充当河道的关卡,例如设在城北钞关的"钞关浮桥",不仅是连接运河南北的交通孔道,也是"钞关锁钥"。运河上来往的船只,如果不纳税,根本无法通过。位于城东海河上的盐关浮桥,也是"稽核盐船"的关卡。1861年天津开埠,被清政府任命为三口通商大臣的崇厚在紫竹林设公所专办通商事宜,马上在公所前"搭盖浮桥,仿照南方水关形势。该英法商船于港外起拨,载至紫竹林截止,即行卸货,不得潜逾。伏查英法前勘定紫竹林一带地亩,原为修盖夷馆洋楼之用。现定章程,即于此处卸货归行,人船并聚,中外界清。"显然,浮桥又成了最初的海关。

表 7　天津浮桥建造概况

名称	又名	位置	河道	建造年代	建造者	沿革
西沽浮桥		城北三里	大清河	1715 年	巡抚赵弘燮、天津道朱纲、盐法道宋师曾捐造	光绪年间大清河干涸，废为板桥
钞关浮桥	北大关浮桥	北门外半里	南运河	1716 年	天津道朱纲、盐法道宋师曾捐造	北马头渡口改建。1917 年金华桥移此后，浮船迁至大伙巷北口建浮桥
盐关浮桥	东浮桥	东门外半里	海河	1730 年	青州分司孟周衍详请盐院郑禅宝建	修建金汤桥时拆除
院门口浮桥		城东北半里	南运河	不详		旧为盐院东渡口
紫竹林浮桥		法租界	海河	1863 年	崇厚	
窑洼浮桥	新浮桥	院门口浮桥北一里	北运河	同治年间		旧义渡，为入京孔道

续表

名称	又名	位置	河道	建造年代	建造者	沿革
水梯子浮桥				1906年		旧为狮子林渡口;金汤桥建成后,东浮桥浮船移此;1917年三岔口裁弯取直,浮船又移至窑洼浮桥
老龙头浮桥		旧万国桥架设处	海河	不详		1902年建铁桥时拆除
大伙巷浮桥	大丰浮桥	大伙巷北口	南运河	1917年		北大关浮桥移建

传统时期天津建造的永久性桥梁多为小型的、石结构或木结构的。这些桥多数建在护城河或小河沟上,规模较大者只有架在子牙河与北运河交汇处的老红桥和建在金钟河上、长30余丈、宽2丈的贾家大桥。这两座桥均为木结构。利用近代工业技术架设的铁桥,到19世纪80年代开始出现。光绪八年(1882年),直隶总督李鸿章拟议聘请英国人将总督衙门前的院门口浮桥改建成近代式的铁桥,设计方案是单孔拱式结构。但是,由于建桥地点正处在南运河下游,系运漕船来往必经之处,改建铁桥后漕船来往必须卸掉船桅才能通过,粮道请求废止改建计划。然而,桥梁已经开始建造,遂于1887年移建于子牙河与北运河交汇处。这是天津兴建的第一座铁桥,人们称其为大红桥[①]。由于桥下

① 王斗瞻:《天津桥梁纪略》,《天津文史资料选辑》第21辑,第23页。

船舶来往通航，大红桥呈高拱形，桥面高且陡，车辆过桥时必须前后推挽。而且桥的跨径小，无法适应泄洪的需要，1924 年爆发大洪水时桥被冲垮。1933 年在附近重建大红桥，改建成多孔开启桥。

1888 年，在院门口浮桥处再建铁桥。桥身设计成三孔，中孔为开启跨，可以用人力启闭。这座桥被称为“老铁桥”。这是适应城市的环境条件，在天津建造的第一座开启桥。此后建造的铁制桥梁，都采用开启桥技术。开启方式有平转和立转，使用人力或电力启闭。天津的开启桥式样之多，应用技术之先进，在中国城市中是独一无二的，记载了开启桥在中国的发展历史。尤其是新金钢桥和万国桥，其桥梁规模和开启技术在当时都具有世界的水平①。表 8 用统计的方式显示出天津建造铁制桥梁的基本情况。

① 于邦彦:《天津桥梁建设的今昔》,《天津文史资料选辑》第 21 辑，第 15 页。

表 8　天津近代铁桥建造概况

名称	又名	位置	河道	建造年代	建造者	兴废	启闭方式
红桥	大红桥	子牙河北运河交汇处	子牙河	1887		1924年毁于洪水,1933年易位重建,称新红桥	单孔拱式结构
金钟桥		小关大街西口;桥位原为贾家大桥	金钟河	1888		1917年裁弯取直工程,金钟河废弃;1920年移建三条市东口南运河上	中孔人力开启
金华桥	老铁桥	院门口浮桥处	南运河	1888		1917年裁弯取直后,移建北大关	人力开启
同上	北大关桥	北大关	南运河	1917			
金汤桥		东浮桥处	海河	1906	津海关道署、意、奥租界、电车公司合资		两孔平转式电力开启

续表

名称	又名	位置	河道	建造年代	建造者	兴废	启闭方式
金钢桥	新铁桥 旧金钢桥	新浮桥处	北运河	1903	袁世凯建,英日技师设计	1943年拆除,仅余桥墩	中孔开启
同上	新金钢桥	旧金刚桥旁	海河	1922	天津县地方自治经费筹措,美国施特劳斯开启桥公司设计,大昌实业公司建造	20世纪90年代建新桥时被拆除	中孔立转电力开启
老龙头铁桥		老龙头浮桥改建	海河	1902	清政府应法国要求建造	1926年万国桥建成后拆除	
万国桥	解放桥（今名）	老龙头桥上游	海河	1926	达德·施奈尔公司		中孔立转电力开启

天津铁桥的建设是与城市的近代化密切相连的。尤其是金刚桥、金汤桥和万国桥,连接城市交通要道,有轨电车从桥上通过,成为城市的主要交通枢纽。如果再加上20世纪20年代以后,英法日租界扩界后在墙子河上建造的将近20座桥——这些桥有木结构的,也有混凝土结构的——天津的跨河交通形成了丰富的形式。从传统时期的渡口、浮桥,到近代的铁桥,以及木桥、混凝土桥等等。这些桥梁将包括老城

区和各国租界在内的各个城区连接在一起,对城市空间的整合起了至关重要作用。

3. 20 世纪城市空间的重构

20 世纪初期是天津城市空间变化最大的时期,主要表现在外在空间的大扩展以及空间的重构。20 世纪初,租界地区的成倍扩大使得城市空间不可逆转地沿着海河向东南扩展。另一方面,租界的繁荣对天津地方政府形成了很大的压力,振兴华界与租界地区竞争,成为地方政府执政的一个主要目标。由于老城在空间上已经很少有发展余地,因此当袁世凯 1902 年接管天津后,便开始在老城的东北开发新的城区。

河北新区最早的开发,应当始于 19 世纪后期李鸿章任直隶总督的时候。当时,他所统帅的淮军,先驻扎在海光寺一带,后因水灾迁到河北窑洼一带驻扎,并在那里开辟了淮军的校场、义地,建立了安徽会馆。

1898 年,慈禧太后曾有计划到天津阅兵,为此当时任直隶总督的荣禄曾将河北窑洼原直隶“海防公所”改建为“行宫”,后因戊戌政变发生慈禧未能到天津而没有使用。当时,由于慈禧要乘火车到天津,为了下火车后能直达行宫,还计划在行宫附近建临时火车站[①]。

1902 年 8 月 15 日,新任直隶总督袁世凯从“都统衙门”手中接管了天津。翌年,他就首先在直隶总督衙门的北面,原来计划修建临时火车站的地方建立了新的火车站,当时称“河北新站”。河北新区的开发也由此发端。1903 年 2 月,袁世凯批准了《开发河北新市场章程十三

① 《国闻周报》1998 年 8 月 30 日(光绪二十四年七月十四日)。参见许杏林主编:《天津摇篮三岔河口》,1995 年。

条》，在海河至新车站之间规划建设新区。

当时，建立新区的目的显然有与租界竞争、振兴华界之意。进入20世纪，租界地区的发展优势更加显现出来。相比之下，当时已经有五百年历史的老城区越发显得衰落。尽管拆除了城墙，铺设了围城电车，但是传统的制约、空间的限制，在城区建设上已经很难再有大的拓展余地。河北新区的开发，目的是振兴中国城区，暗地里是与租界相抗衡，然而新区的规划和建设，却又是效仿租界的规划方法和建设经验。规划建成后的河北新区，一条中央大道——大经路（现在的中山路）——连接火车站和海河，与之平行的数条“经路”和以天、地、元、黄、宇、宙、日、月、辰、宿、律、吕为路名的“纬路”相交叉构成道路网。又聘请英日两国工程师拆除窑洼浮桥，改建金刚桥，使新区与老城区有了方便的交通。中部建公园（当时称劝业会场，民国改称天津公园，今天称中山公园），北部建种植园，车站设邮局。在新区的规划布局中，不见了中国传统城市的影子，完全采用了租界规划建设所展现出的欧美近代城市的空间模式。

河北新区最初开发时期，人口增加很快，一些外地商人纷纷前来购置地皮，投资建房[①]。从清末袁世凯的“北洋新政”时代到民初北洋政府时代，直至国民政府执政时期，河北新区逐渐发展成为天津的政治文化中心。“新政”时期新设立的政府机构，如直隶学务公所、劝业公所、谘议局、审判厅以及造币厂、劝工陈列所，大都建在河北新区。进入民国以后，河北新区一直是政府机构的集中地。新式学校如北洋工艺学

---

① 天津市档案馆等：《天津商会档案汇编（1903—1911）》（上），天津人民出版社1989年版，第927页。

堂、北洋女子师范学堂、北洋法政学堂、直隶水产讲习所、直隶高等商业学堂以及近代文化设施如博物院、植物园、公园等等,也都集中分布在河北新区。民初北洋时期,各派军阀轮流坐庄,无论是曹锟还是张作霖,其得势之时也都把大本营设在新河北。民国时期,河北新区的政治活动尤其活跃,孙中山、周恩来都曾经在天津公园发表演讲,1919 年五四运动时学生游行集会的中心也是在河北新区。

无论北洋政府还是国民政府,都希望通过振兴河北新区,刺激华界的发展,但始终未能成功。究其原因,依靠政府行为建成的只是政治、文化机构聚集的城区,这无法改变城市的经济与交通的空间构成。当时位于海河边的海运码头是进出口货物的集散中心,老龙头车站和码头连成一气,形成了交通枢纽。河北新车站远离水运码头,袁世凯执政时期曾经想从新车站修铁路岔道连接西沽运河码头而未能实现,河北新区始终没有与天津主要的交通网络枢纽建立有效的连接。经营数十年的新区也始终无法如执政者所愿,发展成为天津城市的中心。

民国以后,天津的城市中心无可挽回地向租界地区转移。促成租界繁荣以及城市中心向租界转移有诸多原因,其中一个重要原因就是政局的动荡不宁导致华界社会危机不断和租界的稳定安全,吸引城市人口和资源向租界转移。

民国初年,战争、兵变频仍,每逢军阀战起或者发生兵变,天津华界就会出现成群结队的军阀弁兵以及趁火打劫的歹徒,四处抢掠烧杀,商店、铺号是他们抢劫的主要目标。这种抢劫之风肇始于民国元年(1912年)的壬子兵变。壬子兵变是驻扎天津的北洋军警,为策应北京兵变而发动的。兵变是袁世凯为达到在北京就任大总统而要弄的政治手段,却给天津城市带来了一场劫难。一夜之间,变兵分路在华界的商业区挨户抢劫、烧杀，尤其是金店、钱庄、当铺等，更是首当其冲。兵变犹如一场战争，给天津造成了极大的损失。“军匪变乱，津埠商业惨遭焚掠，已成一片瓦砾，各民户亦受殃及，彻夜枪声不绝，商民损失莫兹为烈”，“较庚子联军入境，尚不致如是之甚”[①]。据天津城董事会的统计，遭到抢劫或被焚抢的铺商达 2385 户、居民 639 户、房产业主 110 户、当商 15 户，所造成的损失价值共计银 1288 余万两[②]。

这场动乱引发的一个直接后果就是大批市民，尤其是富户商家逃到租界避难。尽管华界动荡不宁，租界这一特殊的区域却比较安全，参与兵变的官兵事先也得到不许进犯租界，不得伤及外人的戒令。从壬子兵变直至 1941 年太平洋战争爆发以前，尽管国内战事不断，华界几成军阀混战的战场，租界却始终保持着相对稳定的局面，各派系军队皆没有敢于染指者，这便给华界的市民商家提供了一个躲避战乱的地方。在 1912 年兵变发生时，从华界通向租界的道路上，“沿途搬运物件者颇形拥挤”，“迁避租界居住者大有人满之患”[③]。此时涌入英租界的华人大都还是临时避难，兵变过后又返回华界。也有一些有钱人开始在租界购买土地，建造住宅。租界经营房地产的洋行也趁机大做广告，推销地产和房屋。这可以说是华界中国居民涌向租界的第一次高潮。

随着政局的愈加动荡，北洋军阀形成混战的局面，天津成为各派军阀势力争夺和活动的中心。到租界避难躲灾，遂成为华界居民自我保

① 天津市档案馆：《北洋军阀天津档案史料选编》，天津古籍出版社 1990 年版，第 140 页。

② 天津市档案馆等：《天津商会档案汇编（1903—1911）》下，天津人民出版社 1989 年版，第 2493 页。

③ 《大公报》1912 年 5 月 13 日。

护的一种方式。有组织的暴乱、溃兵游勇的洗劫,在华界成了家常便饭,商家铺户和市民犹如惊弓之鸟,一有传闻士兵要来抢劫,"华界各处热闹街巷之商店,几乎全部闭门停市,携带包裹箱笼之属,群向租界方面逃避,(通往租界的)东马路之群众向南奔跑者势如潮涌"①。只要一听说要打仗,无论贫富就往租界跑,乃至谣言也可以导致迁避的骚动。"凡有外人之地方,吾人竟皆视同世外桃源。谣诼一兴,各界人士无论贵贱贫富,凡稍有身家者,皆纷纷迁入租界"②。

尤其是直奉战争期间,天津成了战争的大本营。第二次直奉战争以后,奉系军阀张宗昌和褚玉璞控制天津,不仅士兵在华界肆意抢劫,军阀控制的行政当局还发行军用票和征收卷烟特税,公开聚敛,最终使华界商家断了在华界维持经营的念头,把他们"赶"入租界。此时,每当出现战事或华界发生骚乱,各租界大都宣布戒严,各国驻军荷枪实弹,维持租界秩序。日租界通往华界的路口,用沙袋摆起路障,架起机枪。就是在这种紧张的局势下,在通向租界的道路上,仍然是车辆不断,"几十之六七尽载箱箧行李,且亦有男妇老幼六七人蜷处一轿车中,身上满堆衣物者。此类多半为中等社会以下人家,狼狈仓皇,情甚堪怜"③。奉军一入关作战,华界"河北一带及中国界之富户,无不日夜搬箱运箧迁往租界,以冀趋吉避凶","虽经官厅谆谆告诫,担负治安全责,无如人自为恐怖,无法减免"。居住在河北新区的军政界上层,也纷纷逃到租界。"河北一带公馆,多有迁避租界者,故街市上之摩托车、马车,满载

① 《大公报》1928 年 5 月 15 日。
② 《大公报》1922 年 5 月 8 日。
③ 《大公报》1928 年 6 月 4 日。

衣服，络绎不绝，而尤以军政界占多数，故人心恐慌，风声鹤唳。”[①]

华界商家迁入租界，最初也是被迫逃避。最初动乱发生时，华界商家大都只是携带贵重财产到租界暂避一时，乱后再返回华界开业。随后，便也有一些商家开始迁入租界或在租界设立分号，首先是最易遭到抢劫的金店、钱庄等。如原设在华界估衣街的金店物华楼、恒利金店，在1912年壬子兵变中皆遭到抢劫乃至焚毁，难后两家商号分别在法租界马家口和日租界旭街设立了分号，不久总店也迁入租界[②]。随着战乱频频，华界劫难不断，越来越多的华界商家向租界迁移，有的老字号、大商家则多在租界设立分号，以至成为潮流。

华界商家迁入租界最初大都在离华界最近的地点租铺开业，如距离老城区只有一河之隔的奥租界、与老城东马路相连的日租界旭街等等。后来，迁入租界开业的华商则沿着电车路线分布，于是电车通过的街道很快繁荣起来。一条路线是红牌电车通过的奥租界大马路。只是由于意租界当局不准华人在该界主要街道上开设商店，因此奥租界大马路的繁华地段至奥、意租界交界处便中止了。另一条路线就是黄、蓝牌电车通过的日租界旭街和法租界杜总领事路（Rue du Chaylard；今两条街统称和平路）。由于这条路线地理位置居于城市的中心，也是人口流动最快的城区，加上日法租界当局对商业投资的吸引，遂使这一带成为华人商号的主要聚集区，如壬子兵变发生后，华界的大商号恒利金店、敦庆隆、老九章等就在日租界旭街开设了分号，其他商家也随之迁

① 《大公报》1922年4月15日。

② 参见该年《大公报》两家商号的广告。

往,从而使日租界的这条主要街道面目一新[①]。到1926年,“旭街全路大半为华商铺号所占”,“大小商号迁往租界者,罔不争先恐后”[②]。法租界的梨栈(亦称天增里)一带,地处电车枢纽,黄、蓝、绿三条路线在这里交汇,更成为商家必争之地。从20世纪20年代中期,该地区迅速繁荣,“华界商业群思迁移”[③]。劝业场等商场以及饭店、银行等高大商业建筑的建成,多种形式的商业、娱乐业的聚集,使“法界梨栈”成为近代天津城市的商业中心。

也是在这一时期,大批军阀、官僚、清朝贵族等聚居各国租界,形成特殊的“寓公”阶层。这些寓公或是在战争中失败而下野的军阀,或是在政争中丧失了权位的官僚。他们隐居在租界,或伺机再起,或颐养天年。他们大都将得势时聚敛的钱财用于在租界建豪宅或在天津进行各类投资。寓公的投资多数集中在华界[④],而他们建造的豪华住宅大都在各国租界。20世纪二三十年代,每当华人向租界大迁徙的时候,各国租界就会出现地产买卖和住宅的建设热潮。例如,1928年“天津(租界)在本年之内,各处土木大兴,有加无已。并且,领取执照在租界内行用之私家汽车,亦日见其多,于此可证明本埠(指租界)之发展纯系属于私人方面,其缘因实由中国有多数富户移居津门以作寓公之故”[⑤]。

---

① 天津居留民团:《天津居留民团二十周年纪念志》,天津居留民团1930年版,第374页。

② 《大公报》1926年10月21日。

③ 《大公报》1926年11月27日。

④ 参见魏晓明《北洋政府官僚与天津经济》,《积沙集》,中国档案出版社2001年版,第200页。

⑤ 吴弘明编译:《津海关贸易报告(1865—1946)》,天津社会科学院出版社2006年版,第476页。

人口和城市资源的转移，改变了天津的城市空间结构。一是衙门和庙宇不再是城市的中心，租界地区兴起的商业区取代老城区的传统商业街，成为新的近代城市中心。二是伴随着城市资源向租界的转移，租界成为城市财富的汇集区和富人的聚居区。相形之下，老城区日渐衰落，由城市中心演变为边缘区。同时，租界周围又形成了呈扇状分布的贫民聚居的边缘区。三是以租界地区为主的近代型城区，显现出明显的城市功能分工。电车畅通的日、法租界形成沿电车道分布的商业区。尤其是法租界，由于地理位置适中而成为电车枢纽，形成整个城市的商业中心。英租界的老界则成为贸易金融区，两个扩展界成为社会中上层住宅区。20世纪初并入英租界的原美租界，即所谓的“小白楼”一带，由于特殊的历史原因形成“自由”商业区。

从总体上看，英、法、日租界开发较早，而且与老城区同在海河的一侧，形成新的城市中心区，而海河对岸的俄、意、奥租界相对发展较慢。奥租界原来就有大量华人居民，划为租界后除了电车沿线商业较繁荣外，整个租界并没有太大发展。意租界尽管限制商业的发展和华人的随意迁入，但有利的空间位置和租界当局的规划得力，使其发展成静谧、优雅的上层住宅区。俄租界则依仗铁路和水上交通的便利，发展成为城市的工业区和批发商业区。总之，租界地区城市功能分工比较明确，老城区保持传统城区的空间构成，而河北新区形成城市行政、文化区，商业一直不很发达。

第二编　社会

一旦深入对个案城市的研究,就会感到所谓城市社会,更有社区的含义在里面。就是说,社会的内涵不仅是时间的,也是空间的。就近代天津城市社会而言,19 世纪的开埠与租界的划分使得城市有了多样化的地理空间;社会阶层的演变与社会上层和下层之间的垂直流动,使得城市又有了多彩多姿的社会空间。这一部分就是围绕这两种空间的交织而展开的。在这两种空间的交叉中,1900 年是一个关键的年份。庚子事变使租界的面积成倍扩大,城市中心由华界向租界地区转移,城市发展的另一极则是城市边缘区的扩展。随着城市空间的扩大与人口的增加,城市社会构成也发生了演变。

另一方面,迄今为止的社会史研究,往往过分关注社会上层或称“精英”阶层的研究。近代中国城市下层社会的演变,同样具有丰富的内涵,这不仅表现为频繁发生的灾荒和战争导致城市人口的爆炸式增长,使城市社会下层迅速膨胀,也表现为社会下层的构成、生活与行为方式的变化。天津的社会下层具有十分鲜明的特色,脚行可以说是城市下层职业阶层的代表,混混儿则成为中国城市流氓阶层的一种典型形象。这里之所以把城市下层称之为边缘阶层,是因为他们不仅在生活空间上,而且在社会地位、文化以及生活方式等方面,也呈现出明显的边缘化趋向。

这一部分不想做构架式的全面阐述，而是以买办、商人和边缘阶层作为主要阐释对象，但这并不代表作者认为近代天津主要就是由这几个阶层构成的。之所以选择这几个阶层，是因为在近代城市社会的演变过程中，他们颇具有典型性。

第四章　人口结构

人口是城市社会形成的基础,城市人口的构成是在特定的区域生态环境和经济社会条件下形成的。一般讲,任何规模的城镇都是移民的结果,对大城市而言更是如此。在中国,城市移民过程发生的动力主要有两种:人口自发的聚集或者政府行为的结果。传统时期的中国城市——主要是区域中心城市,其早期的人口聚集和结构形成过程中,政府行为往往起了很大的作用。而天津的最初形成并非是作为一个区域行政中心,而是因位于水运交通枢纽由政府投资建起的城市。正因为水运主要是满足政府的需要,因此早期的天津几乎就是政府"造就"的城市。

1. 早期移民

关于天津早期的移民,由于资料的缺失,很难做出系统的阐述。但是,我们可以谈及促成城市移民的诸多历史因素,一是明代在天津设置卫所导致的军事移民,二是漕运的发展带来的大量移民,以及诸多因素引发的区域移民。

天津城市的起源始自明朝设置卫所。永乐二至四年(公元 1404 年至 1406 年),为了保卫运河漕运,明王朝把海河以南,沿运河至山东德州卫，东边到渤海沿岸，划为一个军事区域，设置天津卫、天津左卫和天津右卫，即所谓天津三卫。在三岔河口左近建筑卫城，设天津三卫衙门于城内。天津城最初的居民就是三卫的官兵[①]。按照明朝的军事制度，一个卫的官兵额定为 5600 人，天津三卫驻军额定应为 16800 人。但是，各地卫所驻军的实际员额并非十分严格，天津也是同样。按照嘉靖十九年(1540 年)的统计，天津三卫正军实际人数为 10695 名[②]。除了正军的军士外，还有数量相近的随营余丁担任军事服务，再加上官兵的眷属，当为天津最早的城市人口数。由此估算，永乐初年天津三卫的军户移民人口，大约在 4～5.9 万之间[③]。按照明制，戍守的军士分为春、秋二班，一班守城，另外一班大约占 70%则分散在天津至德州之间的运河沿岸屯垦驻守，只有 30%的人口也就是大约 1.2～1.77 万人居住在天津城。应该说，这就是天津城最早的居民。

关于这些军事移民来自何方，仅就现存的官籍 309 人的籍贯统计来看，来自南方省区者达 61.4%[④]，来自安徽和江苏者几乎占了一半，其中尤以来自安徽为多，县份也比较集中。虽然我们无法得知更大数量的军事移民的情况，但是天津方言岛的现象似乎可以说明，来自安徽、苏北的移民在早期天津城市社会构成中占有重要地位，对天津城市方言的形成起了决定性的影响。

天津方言区形成方言岛，是由操着天津方言的“母方言”的外地移

① “上以直沽海运商舶往来之冲，宜设军卫，且海口田土膏腴，命调缘海诸军士屯守”(《明成祖实录》卷 32)。

② (明)樊深：(嘉靖)《河间府志》卷 11，武备志 · 兵制。转引自高艳林：《天津人口研究(1404—1949)》，天津人民出版社 2002 年版，第 8 页。

③ 高艳林：《天津人口研究(1404—1949)》，天津人民出版社 2002 年版，第 8 页。

④ 高艳林：《天津人口研究(1404—1949)》，天津人民出版社 2002 年版，第 10 页。

民占据了原静海县(今静海区)地面而定居。移民数量占压倒优势,他们的方言也压倒原操静海方言的少数居民。①

由于天津卫的管辖区只包括卫城和运河沿岸地区,所属军队甚至不能驻扎到运河的对岸,因为那里归武清县(今武清区)管辖②。因此我们可以想见,早期天津城的居民与周围地区的原住民交往不会很密切,他们从家乡带来的方言没有融入当地的方言,而是形成了与周围地区的方言迥然相异的方言区③。在以后的不同时期,驻防军队人员不断增加,军士从各地招募而来,既有来自江南者,也有来自附近地区者,被分称为主兵和客兵④。但是,以安徽方言为基调的"天津话"得以留存下来,很能说明安徽和苏北移民在早期天津移民中所占比重之大。

在天津的志书中,也有诸多有关早期人口来源的考证,如:"明之置卫也,录名官籍者三百有九,则此三百九人者,皆卫官属也;三百九人之子孙,世世各以其职承袭者,又莫非卫官属也,何其盛欤!""旧志谓天津向只七姓,明永乐年间设卫筑城,调有官军二籍,户口渐繁。"甚至根据谱牒的考证,梅费赵倪殷黄靳张李冯杨等十余姓上溯宗祖,都可证明是最早的移民⑤。根据清代文人的诗歌,"兵民杂居久,一半解吴歌"⑥,或

① 韩根东主编:《天津方言》,北京燕山出版社 1993 年版,第 10 页。

② 关文斌:《文明初曙——近代天津盐商与社会》,天津人民出版社 1999 年版,第 15 页。

③ 英国牛津大学的人类语言学家丹尼尔·尼特尔对非洲的研究表明,与周围其他人群交往的缺乏,是导致语言传播受到限制或难以受到其他语言影响的主要原因。据此,我们也可以说,天津早期城市移民与周围地区交往的缺乏是形成方言岛的一个主要原因。

④ "河南毛兵二营,居津日久,间多携家,而标正二营原在津门招募,就中惟河间人最众。骨肉相依,妻孥相守,该所称土著兵也。"[(明)毕自严:《饷抚疏草》卷 1,《防兵已发重镇顿空疏》。]

⑤ 参见高凌雯《天津县新志》卷 17,1931 年刻本。

⑥ (清)吴廷华:(乾隆)《天津县志》卷 22,艺文志,1739 年刻本。

者也可以证明早期移民来自江浙一带。

当政府的行为“造就”了一个城市之后，以后的发展就不会完全被政府所左右了。从明代到清代，天津人口大增，促进人口聚居的一个主要因素是漕运的发展。漕运的方式从运河到海运不断变化，漕粮的数量不断增加，年漕粮运量由永乐时期的200多万石增加到清代的500多万石。在这一历史过程中，作为河海交汇之地的天津始终是主要的转运中心，与漕运相关的职业及社会阶层随之出现。

明嘉靖年间，天津三卫直接掌管运粮浅船37艘，专司漕运的官、军二籍共367人[①]，负责由德州经天津至京、通、蓟、辽的粮食运输。到了清代，从事漕运者实际上已经不再是军人，而是职业化的漕运水手，他们与政府之间更可以说是雇佣关系。他们的船只要自备，政府划给他们土地以资赡运。仅仅根据当时政府法定的运粮船只计算，天津每年因漕运而在城市里的人口就至少有12.15万人[②]。他们从事各种活动。在《天津金家窑清真寺碑记》中，记载了早期来自安徽安庆船帮的回民在天津三岔河口一带建造了天津最早的清真寺：

前明万历二年间，皖省安庆回教运输皇粮船帮，沿运河由南而北，蜿蜒数千里，所过郡邑船泊时，咸造清真寺，沐浴朝主，洵虔诚敬意之穆民也。每当抵津泊岸，恒以未有朝拜之处为憾。于是，该穆民等有变卖船产者，有凑措资财者，乃在津城东北隅金家窑地方滨河东岸，购屋数

---

① 高艳林：《天津人口研究（1404—1949）》，天津人民出版社2002年版，第26页。

② 关文斌：《文明初曙——近代天津盐商与社会》，天津人民出版社1999年版，第20页。

椽,权作朝拜之天房。[①]

此外,为漕运服务的行业不断增加,如“看厂、造船及运粮等差”[②]。还有守浅的“浅夫”。在白河和运河河道,多有淤沙的浅滩威胁过往漕船的安全,于是便设有浅铺,有守浅军夫常年驻守[③]。他们不仅负责河道的维护和牵挽漕船,还要修补堤岸、植树。

天津不仅是漕运的码头,也是漕粮的贮存地。明代,天津城以北建露囤 1400 所,公元 1406 年“建百万仓于直沽、尹儿湾城(北仓),天津卫籍兵万人戍守”[④]。天津城内建仓廒,天津左卫大盈仓 9 廒 45 间,右卫广备仓 7 廒 35 间,天津卫大运仓 6 廒 30 间。这些都需要大量的士兵保护以及为粮仓服务的人员。明末清初,天津卫三仓焚毁无存。到雍正二年(1724 年),在现在的北仓重建仓廒 48 座 240 间,设大使一员管理,隶属于天津县。每年截留漕粮,以备赈济之用。赈济范围不仅是天津,也包括直隶各县[⑤]。

就天津所在的区域而言,明代曾经发生大规模的移民。如洪武年间山西、山东东部等人稠地少地区的人口曾经大量迁往人口稀少的地区。“迁山西泽、潞民于河北”,“徙登、莱、青民于东昌、兖州”。据估计,

① 刘炎臣:《天津金家窑清真寺及其碑记》,《天津文史丛刊》第 6 期,第 77 页。另外一种说法是清真寺最初是来自浙江的移民穆氏首倡并捐资修建的。(常仲荃:《记本市金家窑清真寺》,《文史丛刊》第 8 期,第 111 页。)

② (明)樊深:(嘉靖)《河间府志》卷 11,武备志 · 兵制 · 京操之法。转引自高艳林:《天津人口研究(1404—1949)》,天津人民出版社 2002 年版,第 25 页。

③ (明)谢纯《漕运通志》卷 2,“闸浅”记载有 620 名;《明经世文编》卷 175 记载有 1500 名。参见郭蕴静等《天津古代城市发展史》,天津古籍出版社 1989 年版,第 225 页。

④ (明)樊深:(嘉靖)《河间府志》卷 6,河道志 · 漕运。转引自高艳林:《天津人口研究(1404—1949)》,天津人民出版社 2002 年版,第 25 页。

⑤ [法]魏丕信:《18 世纪中国的官僚制度与荒政》,江苏人民出版社 2003 年版。

这期间迁往塞外的移民 70 万，山西移民 165 万，还有 47 万左右作为本地区屯卫的军籍人口①。然而，很明显的是，明代的移民大都迁往内地，移民东部地区的还比较少。生活在嘉靖、万历年间的张瀚沿着天津以南的运河旅行的时候，他看到的还是一个人烟罕见的地区②。

明天启元年(1621 年)，不到 8000 名军队驻扎天津城，就搞得物价上涨，百姓的空房全部占用，连神祠庙宇都住满了士兵③，可见当时天津的城区空间和人口规模都还很有限。

天津城市人口的大量增加，当是在清代中期以后。德国人郭施拉 1831 年在中国沿海游历传教路过天津时，他看到的是熙熙攘攘的人群，河上的船舶拥挤不堪④。从 1846 年所作的全面人口调查，可以看出近代以前天津的人口规模。我们按照当时统计的划分，把城内、四个城门以外以及东北城角、西北城角一共七个街区作为人口统计单元，结果如表 9。由于无法计算人口分布的街区面积，我们还不能算出人口的密度，但是我们将北门外和东北城角、西北城角三个街区的人口比例加在一起，便会发现有 27.81%的人口居住在城外运河沿岸一带。如果再加上城内的人口，即整个城市有 75.79%的人口分布在城垣以内和城北街区。由此便可以对迈入近代之前的天津城市人口分布的空间结构有了一个概括的了解。

---

① 邹逸麟主编：《黄淮海平原历史地理》，安徽教育出版社 1997 年版，第 220 页。

② “卫河皆平川旷野，行之终日，罕见人烟”。(张瀚：《松窗梦语》卷 1，中华书局 1985 年版。)

③ (明)毕自严：《抚津疏草》卷 2，明天启年刻本。

④ [德]郭施拉：《中国沿海三航日志》，伦敦维斯特利与戴维斯出版公司 1834 年版，第 134～135 页。转引自关文斌：《文明初曙——近代天津盐商与社会》，天津人民出版社 1999 年版，第 21 页。

表 9 清代天津城厢人口统计(1846 年)

	城内	东门外	北门外	东北城角	西北城角	西门外	南门外	总计
人口	95351	34104	31494	13208	10542	11200	2816	198715
%	47.98	17.16	15.85	6.65	5.31	5.64	1.42	100.00

资料来源:(道光)《津门保甲图说》卷 1,1846 年刻本。

康熙年间任天津道的薛柱斗在他主持编纂的《天津卫志》中,认为当时的天津人几乎没有多少“土著”,都是晚近的移民。“土著之民,凋零殆尽。其比闾而居者,率多流寓之人”①。19 世纪中叶出版的《津门保甲图说》所作的人口统计中,32761 户总人口中只有 746 户土著,占人口比例的 2.28%。尽管对何谓“土著”,今天与清代的官僚文人们的理解已大相径庭,尽管在当时“土著”和“侨寓”之间也很难区分,但是有一点可以肯定,传统时期的天津人是由明清时期来自不同地区的、源源不断的移民构成的。

2. 避难所和天堂:灾民与城市人口的增长

进入近代以后,天津城市的移民来源发生了明显的变化。来自华北区域的移民,尤其是距离天津比较近的地区移民大量增加。促使移民进入天津的主要原因,除了城市加快发展形成的吸引力之外,清末民初华北地区频繁发生的灾荒和战乱成为大量人口流入城市的两个主要的因素。

① (清)薛柱斗:(康熙)《天津卫志》卷 2,1675 年刻本。

虽然每当华北遭受水灾时，天津总是首当其冲，而且常常是重灾区，但是即便是灾荒连年，天津城市人口的增长仍然很快，这就使我们有必要探讨一下灾荒与城市人口增长之间有着怎样的内在关系？

许多研究都表明，灾荒是迫使农村人口大量迁徙的重要原因。1935 年，南京政府中央农业研究所曾对两省 1001 个县的农民离村情况开展调查，结果发现，有占总农户 4.8％的家庭全家离村，8.9％的青年男女离村，其中大多数都是因灾荒迫不得已才离开祖辈居住的农村，逃往他乡谋生的[①]。

这些遭灾的农民有相当部分逃难到城市。对于家乡屡屡受灾的农民来说，城市不啻是一个天堂。尽管城市也遭受到各种灾害，但毕竟比农村要安全。在有城墙的时代，城墙成为有效抵御洪水的主要设施。在无城墙的时代，城市往往会投资兴建有利于抵御灾害的基础设施，起码能降低灾害对生命的威胁。更重要的是，城市是粮食等食品的集中地，政府也首先在城市里投入大量粮食等用于救灾。官府、士绅或商人的慈善赈济，更使失去家园的灾民得以苟活。

在传统时期，城墙的功能除了抵御敌人，也是城市重要的抗洪设施，对城市及其居民具有明显的保护作用。天津多次发生洪涝灾害，城外汪洋一片，城内则往往因城墙的保护而幸免于难。而且，城墙不仅可以保护城内免遭水淹，在洪水到来时也成为城外灾民的避难所。乾隆二十六年（1761 年）天津发生水灾时，城内府县官员指挥兵夫紧闭城门高筑土坝，使洪水无法灌入城中。同时，地势较低的西南两面城外"附

① 邓拓：《中国救荒史》，北京出版社 1998 年版，第 134 页。

郭居民俱搬移城内"[①]。道光三年(1823 年)洪水泛滥时,天津城西南两面城外被水居民奔避入城,地方官"择其宽敞庙宇,并于城上暂为安置"。对于城外遭受水淹但无法躲避城中的居民,天津县"委员分路按户量加抚恤设法济度"[②]。

城市行政等级不同,对资源的控制能力也不一样,城市政府行政等级的高低是决定城市赈灾能力大小的主要因素。传统时期的天津只是一般的府城,因此府县官员在水灾发生时所能做的只是在紧闭城门保护城内不被水淹的同时,在城墙上搭盖草棚安置附近逃入城内的灾民,设粥厂施粥,灾后到城外四乡放赈而已。

而对于广大乡村的农民而言,一旦发生水旱灾害,受灾的乡民大都会选择逃往赈灾能力强的政治中心城市。在华北,起码是在 19 世纪 70 年代以前,各省灾民逃难避灾的首选城市是北京和省城,然后才是府县城。1883 年黄河泛滥,山东遭受全省性水灾。据当时的山东巡抚奏报,灾民超过 75 万,而逃入省城济南的灾民就有十余万口。他们"或在山岗搭棚栖止,或露宿附近关厢,归耕无期,日日待哺"[③]。

1870 年李鸿章任直隶总督常驻天津后,天津的赈灾能力有了明显的提高。"同治而还,督府移节驻此,一时文武僚佐相率以任恤为事,益赈旧绪而恢大之"[④]。大量漕粮的截留和城市实力的增长,使得天津成为直隶乃至华北地区的赈灾中心,也成为灾民逃难的首选之地。尤其

① 水利水电科学研究院:《清代海河滦河洪涝档案史料》,中华书局 1981 年版,第 257 页。

② 水利水电科学研究院:《清代海河滦河洪涝档案史料》,中华书局 1981 年版,第 382 页

③ 李文海:《近代中国灾荒纪年》,湖南教育出版社 1990 年版,第 448 页。

④ (清)沈家本:(光绪)《重修天津府志》卷 7,1899 年刻本。

1900年以后，天津更成为逃难灾民争相前往的“乐土”。“庚子之后，北省郡县遭罹厄会，动多烦扰，往往以天津为乐土，曾无藩篱之限也”①。

在19世纪，由于交通和通信条件的限制，内地灾民既得不到及时的赈济也无法逃到距离较远的有救助能力的城市。1876—1879年，华北连续发生大旱灾。由于通信条件落后，灾害发生一年多，消息才传到京城。大量救灾物资、粮食运至天津，企图运往内地救灾，却因交通条件的制约而无法及时运往。结果，被拯救的灾民只是很少一部分，能逃到天津的往往是运河沿岸乡村的农民。据估计，陕西、山西、河北、河南和山东五省死于这场灾害中的人数大约为900—1300万人。山西、陕西两省由于这场灾害而导致人口长期性的大规模减少②。

到了20世纪，尤其是民国以后，随着铁路的出现和通信条件的改变，灾荒发生时内地灾区更容易获得来自沿海城市的赈济。1917年水灾发生后，天津成为华北救灾的中心，代表中央政府的机构“京畿水灾善后督办处”以及中外各类赈灾组织都以天津为基地，协调资源和行动。1920年华北旱灾发生后，设在天津的“直隶义赈会”于翌年春季就将大批粮食和铜圆从天津用火车运往京汉和津浦铁路沿线各县发放。

与此同时，灾区的灾民也可以乘坐火车逃到大城市或关外地区。一位外国传教士于1920年10月路经沧县火车站时，见到“灾民扶老携幼，人山人海，麇集于此，皆欲候乘津浦路义赈车逃荒他往”。③ 这些灾

① 王守恂：《天津政俗沿革记》卷5，户籍，1938年刻本。

② [美]珀金斯：《中国农业的发展(1368—1968)》，上海译文出版社1984年版，第214～215页。[美]何炳棣：《明初以降人口及其相关问题(1368—1958)》，三联书店2000年版，第270～272页。

③ 《益世报》1920年11月12日。

民有的来自沧州乡下,有的来自盐山、庆云、乐陵等县。根据京奉铁路局的统计,这一年仅 8 月 25 日至 28 日四天,由天津总站发出的开往关外的专车就有四次,运载难民一万余人前往关外谋生。逃荒的难民人数实在太多了,不仅铁路局难以承受,东北地区也不得不加以限制。然而,灾民逃离灾区才可能谋得生路,只要有一线生机他们就会拼命前往,位于津浦、京奉铁路交通枢纽的天津,变成了难民流汇聚的中心。

近日,各县难民扶老携幼纷纷避逃来津,先后出关者已数万人。近因关外禁止输送,以致流离于津埠,安身无处,度日无资,其数不可胜计。昨日大雨如注,新车站一带及各处难民衣履沾濡,其一片凄惨景象,令人目不忍睹。其中有数日未食奄奄待毙者,有饥寒交迫不胜风雨者,更有弱童幼女啼饥呼哺者。①

逃到天津的灾民有直隶各地的,也有来自华北其他省份的。天津警察厅因从山东来的灾民过多,呈请直隶省长致函山东省长,称“直隶本年收成歉薄,难民尚苦无处安插”,请他迅令山东各县知事,禁止当地灾民来天津②。

面对离乡背井四处逃难求生的难民潮,这种禁令显然是没有什么效用的。1917 年发生的大水灾,灾区主要分布在直隶省,一共有 101 个县不同程度受灾③,其中受灾最重的有 40 个县。这些受灾的县,一共有 4600 万亩农田受淹,被灾人口超过了 560 万(表 10)。属于重灾区的文安县,据估计大约有 30%的人口逃离家乡,留下约 10 万人,多

---

① 《益世报》1920 年 9 月 13 日。

② 《益世报》1920 年 9 月 18 日。

③ 有两个县没有报灾,12 个县受灾轻微没有有计入。另一说为 105 个县。参见[美]李明珠:《1917 年的大水灾:天津与它的腹地》,《城市史研究》第 21 辑。

数是妇女儿童[①]。由于房屋倒塌，农田被淹而绝收，许多人合家外出逃荒。

表 10 直隶各县被灾难民统计表 1918 年 1 月 31 日

类别	县份	被灾村数	被灾人口
重灾	40	11843	3703577
轻灾	61	5803	1908182
总计	101	17646	5611759

资料来源：天津市档案馆等：《天津商会档案汇编(1912—1928)》(3)，天津人民出版社 1992 年版，第 3392～3396 页

这一年，尽管天津的洪涝灾害也是灾难性的，但是仍有大量外地灾民逃到天津，仅 10 月份一个月就有 5.5 万灾民涌入[②]。到这一年的年底，天津的无家可归者增加了 10 万[③]，无业者达 4 万～5 万，需要赈济的难民总数据估计有 40 万[④]。

三年后也就是 1920 年，华北又爆发五省大旱灾。此次灾害遭灾面积之广，灾情之重，被当时的媒体称为"奇荒"，相当一部分灾区农业收

① 华北基督教水灾救济委员会：《灾情》，1918 年 4 月 2 日，《美国国务院关于 1910—1929 年中国国内事务的档案》附件。

② 《关注天津水灾受害者》(Caring for the Tientsin Flood Sufferers)，载《远东评论》(The Far Eastern Review)第 13 卷 19 期(1917 年 12 月)，第 765～766 页。转引自[美]李明珠：《1917 年的大水灾：天津与它的腹地》，《城市史研究》第 21 辑。

③ 天津市历史博物馆等编.《近代天津图志》，天津古籍出版社 1992 年版，第 209 页。

④ 熊希龄编：《京畿水灾善后纪实》，1919 年，第 2 卷第 2 页。转引自[美]李明珠：《1917 年的大水灾：天津与它的腹地》，《城市史研究》第 21 辑。

成仅为一二成甚至“粒米未收”。按照各地方当局或救灾组织呈报的统计,共有 325 个县遭灾,灾民人数大约为 3000 万,死亡人数为 50 万①。

在冀州新河县,1917 年的水灾已经耗尽了民间的储备。当 1920 年的大旱灾到来时,人们已经无力自救,加上盗匪横行,地方当局无能维持,大批灾民只有举家外逃②。这一年,“各处灾民分奔来津,藉谋生计者,不下数十万人”③,仅 11、12 两个月,就有 5 万灾民从灾区涌入天津④。

可以说,到了 20 世纪尤其是民国以后,每当华北地区发生灾荒,不论规模大小,天津的街头就会出现来自灾区的灾民。1915 年,直隶一些县发生蝗灾和水灾,天津的“河北同义庄、竹林村、大红桥西头、育黎堂后、如意庵东等处”,便有许多来自灾区的灾民“男妇老幼来津就食者”,“风餐露宿,缺衣乏食”⑤。1924 年,天津附近的文安县等地决口遭灾,天津城内外各街巷便出现了来自灾区的“难民乞食者络绎不绝”⑥。1928 年,直隶南部和山东受灾,天津“各街巷近来乞丐异常众多,彼往此来,终日络绎不绝。此项乞丐多操直南及山东等处口音,闻系直鲁难民。有一部分滞留津埠,以乞讨为生,情形颇为可怜”⑦。

如此大量的灾民涌入天津,他们当中不断有人在城市定居下来,天

---

① 受灾县数和灾民人数还有其他的统计数字。详见李文海等:《中国近代十大灾荒》,上海人民出版社 1994 年版,第 138~141 页。

② 傅振伦:《新河县志》卷 4,1929 年,第 11~12 页。

③ 《益世报》1921 年 8 月 27 日。

④ 吴弘明译:《天津海关十年报告书(1912—1921)》,《天津历史资料》第 13 期,第 71 页。

⑤ 《益世报》1916 年 1 月 13 日。

⑥ 《益世报》1924 年 8 月 14 日。

⑦ 《益世报》1928 年 5 月 2 日。

津的人口就在这一过程中加快了增长的速度。1846—1906 年这六十年间，天津的城市人口从 19 万增加到 42 万，增长了一倍多。而 1906—1928 年这二十多年间，人口却从 42 万增长到 112 万多，增长了 2.6 倍，人口增长速度仅次于同时期的上海，成为华北地区人口增长最快的城市。这后二十年恰恰也是华北灾荒、战乱最频繁的时期。

第五章　社会演变

1. 舍本逐末:传统时期的社会构成

天津早期的职业构成都是围绕着漕运和盐业而形成的。漕运刺激了水上运输业,包括海上运输、河上运输以及短途倒运的驳船业。在清初,天津不仅有自备漕船专门运粮者,而且由于北运河河道浅窄,运抵天津的漕粮需要卸下后倒载到北运河的驳船上运往京通各仓。于是,从顺治年间天津便设有专门在北运河倒运漕粮的“红驳船”600只,康熙年间又在北运河沿途增备1200只,其中归天津经营的驳船360只[①],而且每到急需之时还要雇募民船。总之,在清代,为漕运服务的行业成为天津最为发达的水上运输行业。1895年,天津专门从事漕运的驳船业者就有5000余户[②]。

在轮船出现之前,海上运输业也一直是天津一个主要的行业。在明代,天津每50艘海船为一帮,大约有12帮。清朝康熙年间,从事奉天与天津之间的海上粮食运输成为海上运输业发展的一个契机。塘沽

① 郭蕴静等:《天津古代城市发展史》,天津古籍出版社1989年版,第238页。
② 《直报》1895年3月26日。

的海上官纲户郑世泰"以天津地薄人稠，虽丰收不敷民食"，请求清政府同意他从事天津与东北之间的海上粮食贩运，得到清政府的批准，"官给龙票，出入海口照验放行"，成为政府特许的粮食长途贩运商，被称为"龙袍郑"。其后，奉天粮食贩运发展很快，清政府也免征杂课加以鼓励。到乾隆年间，天津的海运粮船已经增加到数百艘，出现了不少专门从事海运的粮商①。粮食贩运市场扩大到直隶和山东。到18世纪末，天津海运粮船达六百余艘，以至沿海一带以搬运粮食为生的贫民也不下数万人②。

尽管海上运输风险大，代价高，建造一条海船的成本可以建造20条河船③，但是海上运输一旦成功利润非常丰厚，因此很具有吸引力。从事海上运输者被称为"养海船"的，俗谓"海号"或"海户"。从事这一行业必须有较大的资本投入，还要雇用船户指挥和管理船只运输，被称为"驾掌"④。天津所谓"八大家"之一的"天成号韩家"就是从事海上运输业发家的。据说，早在清朝初年，韩家已经是从事海运业的大户，拥有海船数十艘，其运行的航线除了沿海地区，还包括朝鲜、日本等。他们不仅代客运输，也贩运商货。韩家的经济实力非常雄厚，以致可以为货主提供海上保险，一旦海上遇险，可以向受损货主提供一定的赔偿。此外，韩家还开设了粮行、银号、当铺等。在清代天津的海上运输业最兴盛的时期，韩家可能一度是经济实力最为雄厚的"大家"，据说其家族

① (清)沈家本：(光绪)《重修天津府志》卷30，1899年刻本。

② (光绪)《栖霞县续志》卷9，艺文。转引自郭蕴静等：《天津古代城市发展史》，天津古籍出版社1989年版，第242页。

③ 关文斌：《文明初曙——近代天津盐商与社会》，天津人民出版社1999年版，第17页。

④ 戴愚庵：《沽水旧闻》，天津古籍出版社1986年版，第217页。

生活之奢华讲排场曾经是天津豪门之冠。天津社会重办丧事,韩家办丧事极尽铺张,对当地丧事习俗"出大殡"的兴起有很大影响①。

海上运输的风险不仅来自大海,也来自政府对海运的疑神疑鬼。清代初年,朝廷实行海禁,常常会使海上运输遭受被官府查究的风险。1655 年,两个天津的船户运草药到山东,第二年春天返回时运来了象牙、藤制品、烟草、苏木、胡椒、土粉。船上随行来津的还有徽州、浙江、山西、河南和陕西的商人。然而,他们的到来引起政府的怀疑,被以奸谍罪逮捕判刑②。1684 年收复台湾后,"海禁"政策取消,但是清政府对从事海上运输的海船吨位仍有限制。"海户"们如果拥有海船过多会被疑为有野心,因此他们一般都把自己拥有的船只保持在四五十条。天津的海运业始终没有像盐业那样发达,海运商人也从来没有像盐商那么风光,一旦出现冲击海运业便很快衰落下去,造成这种现象的主要原因之一就是政府对海运业的限制和对海运商人的怀疑。

随着水上运输而兴起的还有造船业。明代天津三卫每年都有造船的定额,明万历时期天津已经有造船 200 艘的能力③。制造海船或兵船的船厂是由军士承担,甚至杂役也由军士担任④。万历年间,山东造船也要到天津购买各种材料⑤,可以想见当时天津造船业的规模和影

① 杨大辛:《天津"八大家"》,《天津老城忆旧》,天津人民出版社 1997 年版,第 415 页。

② 《明清史料》第四辑。转引自关文斌:《文明初曙——近代天津盐商与社会》,天津人民出版社,1999 年 4 月,第 18 页。

③ "天津见造船二百只"。(《海运纪事》万历四十八年二月初一条。)转引自高艳林:《天津人口研究(1404—1949)》,天津人民出版社 2002 年版,第 32 页。

④ (明)毕自严:《抚津疏草》卷 3,明天启年刻本。

⑤ "前往天津地方,措买杉桅,并蓬、锚、槁、楫等项"。(《海运纪事》万历四十七年七月二十二日条。)转引自高艳林:《天津人口研究(1404—1949)》,天津人民出版社 2002 年版,第 30 页。

响力。同时，天津也有一定规模的民间造船业，而且有政府资助。“在津者，官为发银，民为打造，限五年扣完，船归本主”①。

盐业是早期天津另一个主要职业，也有认为是天津最早形成的一个行业，因为据记载元代以前天津地区就出现了以制盐为业者。“甲午(1234年)之秋，三叉之地，未霜而草枯，滩面宽平，盐卤涌出，或经日自生，时人指以为瑞，遂相率诉于官，按验得实，受旨煎造。初得旧户高松、谢实十有八人，岁不再易，招徕者日益众，河路通使，商贩幢幢往来，是年办课五百余锭，比之他场几倍之”。两年后，在三叉沽、大直沽设立专门管理盐业生产和销售的机构，天津地区的制盐业不断发展，“由是人得安业，盐蜗山积”②。

天津的生态环境及其城市功能，自始就提供了一个有利经商的环境。明天启年间任天津巡抚的毕自严就谈到天津的特殊环境易于经商，“天津一区，逼近大海。其民以海为业，鱼盐鳞甲之属，足以奔走恣取而自致衣食。凡空手而来者，朝借栖而暮挑贩，可无枵腹。而居者又喜于聚集贩卖之多，以踊贵市值，高抬屋税”③。嘉靖年间任天津整饬副使的毛恺也认为，“天津无沃田，人皆以贾趋利”④。他为了刺激商业的发展取消官方定价等弊端，减少政府的控制，以更大的自由吸引外地商人来天津经商。

① (明)毕自严：《督饷疏草》卷2，“淮津海运元年二年奏缴疏”。转引自高艳林：《天津人口研究(1404—1949)》，天津人民出版社2002年版，第32页。

② (清)王鹗：《三叉沽创立盐场旧碑》，(清)薛柱斗：(康熙)《天津卫志》卷4，1675年刻本。

③ (明)毕自严：《抚津疏草》卷3，明天启年刻本。

④ (明)汪来：《天津整饬副使毛公德政去思旧碑》，(清)薛柱斗：(康熙)《天津卫志》卷4，1675年刻本。

到了清代,天津的商业更有迅速的发展。当时,不少任职天津的官员都认为,天津是个经商的好地方,"商出百万之课,民获兴贩之利,乃鱼盐之薮也","南艘鳞集,商有兴贩之利"[①]。然而,在历代所纂修的志书中,对天津的评价也不乏褒贬之词:"迩来五方杂处,逐末者众,讼狱繁兴,习尚奢靡"[②]。

明清两代都有一些官员希望开发天津的农业,以强化"本业"。天津低洼的地势、多盐碱的环境,以及大片荒芜的土地,也诱使想有一番作为的官员到天津开发荒地,垦荒种植。明万历二十六年(1598 年),被任命为天津巡抚的汪应蛟指挥驻扎天津的士兵在葛沽、白塘口一带垦荒 5000 亩,种植水稻和大豆等。他的目的是想通过屯垦使驻守天津的军队自给自足,还可以供应其他的"卫所",结果没坚持几年就失败了。到万历四十一年(1613 年)徐光启退隐天津时,汪应蛟开垦的田地早已荒弃。徐光启也发现天津有大片荒地,便在海河西岸买了 20 顷土地,从江苏家乡请来了经验丰富的农师,引进了番薯、桑树及其他植物花草。三年后,他在天津引种的水稻获得了很好的收成。然而,他的努力也没有对天津农业的发展起到任何推动。其后,又有屯田御史左光斗、卢观象、张慎言等在天津进行过屯垦活动。

到了清康熙四十三年(1704 年),天津总兵蓝理上疏朝廷,从家乡福建和浙江招募了 200 名农民到天津[③],在天津城南直到靠近海河的贺家口一带洼地开垦田地二百余顷。由于地势低洼,周围筑堤埝围住种植水稻,被称作"围田"。每顷地使用 4 架水车,引海河水浇灌。为了

① (清)薛柱斗:《(康熙)天津卫志》,卷 2,1675 年刻本。

② (清)薛柱斗:《(康熙)天津卫志》,卷 2,1675 年刻本。

③ "招浙、闽农人数十家"。[(清)沈家本:(光绪)《重修天津府志》卷 28,1899 年刻本。]

灌溉和排涝，又挖了一条引排水河，连接城西南隅的护城河向南流，再向东从贺家口入海河，这就是后来的卫津河。据志书记载，当时每到“插莳之候，沿途遍野，车戽之声相闻”。第一年，蓝理的计划小获成功，每亩收成三四石。这是天津城里的人们第一次在离城这么近的地方看到了碧绿的水稻，于是便有人歌颂道：“雨后新凉，水田漠漠，人号为‘小江南’云”。然而仅仅过了两年，蓝理升任福建提督离开天津，开垦不久的稻田无人经理，“圩坍河淤，数载废为荒壤”[①]。到了雍正时期，又有怡贤亲王和朱轼、陈仪治理海河和垦田的计划。他们从江苏和浙江招募经验丰富的农民和工匠，教天津本地农民种植水稻和制作风车、农具。到雍正六年（1728 年），总共开垦田地 452 顷，其中 102 顷是由居民和官员私人开垦的。乾隆以后，天津屯垦计划终止。“至乾隆四十年（1775 年）间，闸水蓄泄不得其时，（城南）水田尽废”[②]，城南一带又恢复了一片洼淀，只留下了“蓝田”这一地名。

其实，这些企图在天津实施农业开垦的官员们忽视了一个根本的问题，天津的主要职能是漕运，城市的发展与漕运息息相关。为了维护漕运的运河系统，天津宁可遭受洪涝之灾。生态环境的限制和朝廷对漕运的依赖无疑是无法改变的基本现实。华北降雨集中在夏季，春季十年九旱。当春天庄稼需要灌溉尤其水稻插秧季节需要从河中供水浇灌的时候，恰恰也是运河的枯水期。为了保证运河的高水位使漕船来往畅通无阻，要禁止从运河中引水灌溉。待到夏秋雨季，运河水溢，又要开闸放水以保护运河堤防，有多少农田被淹也在所不惜。天津周围

① （清）吴廷华：（乾隆）《天津县志》卷 11，附营田，1739 年刻本。

② （清）吴惠元：（同治）《续天津县志》卷 7，附水利营田，1870 年刻本。

的大片低洼的荒地,事实上成了排泄洪水的“水库”。既想保证漕运的正常运行又想开发农业种植,这两者不可能兼得。然而,商业和贸易却不一样,在漕运时代,商业和贸易可以说既是漕运的“副产品”,也是漕运的“服务业”。漕运的发展与天津成为华北的运输中心和商业贸易中心,这两者之间是相辅相成的。当清末漕运逐渐衰落以至消亡的时候,商业和贸易便成为城市的主要职能了。

到了19世纪,天津已经发展成为繁华的商业城市。《津门保甲图说》为我们提供了进入近代以前天津职业构成的量化统计。(见表11)在由城里、四个城门外以及东北、西北城角构成的城厢地区,一共有常住居民32761户,198715口。其中开有各种店铺的铺户有11626户,走街串巷的负贩5711户,加上盐商372户,经商人口一共就有17709户,占了总人口的54.06%。这种统计也存在着一些问题,比如绅衿既可以说是职业也可以说是一种身份。对于具体所统计到的绅衿,我们还无法知道这些人的真实身份和职业,或许有的绅衿同时也是商人。尽管如此,这一统计也已经明确地告诉我们,19世纪中期的天津,传统型的商业化程度已经很高,商人阶层在城市社会中已经占据了主导地位。

表 11　19 世纪中期天津职业结构统计(1846 年)

职业	户数	%
绅衿	653	1.99
盐商	372	1.14
铺户	11626	35.49
烟户	9719	29.67
土住	746	2.28
应役	2338	7.14
佣作	707	2.16
负贩	5711	17.43
船户	673	2.05
医卜	22	0.07
乞丐	89	0.27
僧道	105	0.32
总计	32761	100.00

资料来源:(道光)《津门保甲图说》,1846 年刻本。

2. 租界与华界:新旧混合的近代城市

开埠前的天津之所以发展比一般府城快,是因为其与北京的关系而不是区域发展的结果,从而形成了天津对京城的依附性以及京城文化对天津的影响。所以在近代化的过程中,天津摆脱传统的桎梏非常困难。天津的开埠主要是因其与北京的关系决定的,开埠和租界的出现使天津走上近代化的道路。到了 20 世纪,随着城市的区域化发展,天津逐渐摆脱对北京的依附,成为北方首埠,形成颇具特色的近代城市文化。

天津开埠于1860年。这一年英法联军占领天津后,便急于在城郊外寻找一块适合于划分租界的土地。英国领事巴夏礼与英军工兵上尉戈登以及一名法国军官在天津城外勘定租界界址。天津城外四周遍布着深浅不一的水坑,他们只能在城东南数里之遥的海河沿岸找到一片地势较高的狭长土地,划定为最早的英、法租界。在其后四十年中,这数里之遥成了中外文化交流的藩篱。

19世纪天津租界的历史主要是英、法租界的历史。这一时期,英租界发展很快。到19世纪末,一个按照欧洲城市模式建设的新式城区已规模初具。笔直的中街是租界的中央大道,两旁栽满树木,不同风格的西式建筑分布路旁,位于中心街区的市政厅(即戈登堂)[①]、公园、俱乐部、运动场以及墓地等均已建成。

这一时期,租界侨民以洋行经理、商人为主。与老城区社会最大的不同就是,这里是西方式的自治型社会。通过选举组成的租界工部局董事会决定租界实行什么样的市政管理制度,决定税收的征收与使用。社会权力是以财产的多寡决定的,少数大洋行老板左右着租界的事务。俱乐部在租界生活中占据着重要的地位,侨民们工作之余出入俱乐部、读欧洲报纸、喝威士忌,追求英国绅士的生活方式。当时,欧洲的许多体育运动都在天津出现了,草地网球、棒球、游泳、滑冰、赛马、足球以及马球等,成为外侨热衷的运动。音乐会、歌剧演出、化装舞会则成为冬

① 当时戈登堂是中国通商口岸建成的第一个市政厅。参见[英]雷穆森《天津租界史(插图本)》,天津人民出版社2009年版,第57页。

季长达三个月的冰冻期的热门活动。早期的侨民将欧美的文化和生活方式“移植”到租界中来。他们排斥华人进入租界，甚至以鄙视华人为时尚。这时居住在英租界的华人主要是买办和少数从事洋务的官员，买办多是广东和宁波人，本地商人在19世纪很少有当买办的[①]。

这一时期的老城区，还遵循着传统城市的发展模式。城市的开埠和成为直隶首府使城市地位上升，衙门和官员大量增加。商业的兴旺使绅商阶层成为城市社会的精英，他们参与各种教育、公益、慈善事业。然而，许多公益慈善事业或机构往往是官倡商捐、官督商办或官绅共办。与同时期的上海、武汉、苏州等城市相比，天津“官”的社会权力显然更强，绅商在城市社会中的独立意识明显薄弱，表现出靠近国家政治中心的城市，政府的控制力愈加强化。城市发展加快的另一个表现就是城居人口和流动人口迅速增长。天津本来就是漕运枢纽，粮食供应较华北其他城市占有明显的优势，加上城市行政等级的提高，赈济能力进一步增强，必然吸引腹地人口的流入。尤其是每遇天灾，华北地区的灾民大量涌入，加上疫病流行，使县衙门无法应付，而通过绅商组织的善会、乡甲局、筹赈局、水会等团体以及行业帮会对社会的控制显然越来越发挥更大的作用[②]。这说明迅速发展的城市与传统的管理模式已经不相适应，导致控制重心的下移和城市社会的自我调节。这种自我调节是有限度的，到19世纪末期，老城区社会已经显现出失控的趋向。与此同时，也表现出老城区社会结构在发生变化，作为城市精英的绅商

① 毕鸣岐:《天津的洋行与买办》,《天津的洋行与买办》,天津人民出版社1987年版,第3页。

② 参见陈克《19世纪末天津民间组织与城市控制管理系统》,《中国社会科学》,1989年第6期。

阶层社会权力的加强,社区组织、行业集团在城市中作用的明显化,官府的一统天下慢慢被打破了。日益增多的城市问题,如治安、公共秩序的混乱,建设规划的无章可循,城市环境的恶化,市民公共精神的缺乏,困扰着老城区,使县衙——民间控制系统已经无能为力。

19 世纪发展较快的还有法租界西部以及英国人在其租界以西自行扩展的“海大道西”地区。前者属于租界,后者虽然处于租界以外,但租界工部局和外侨私下大量购置土地建房,中国地方当局视而不见置若罔闻,使其成为“体制”以外华洋杂处的“边缘区”,外侨甚至以伦敦喻之,称其为“伦敦西区”①。法租界西部则成为华人聚居的新区,当地人也称其为“紫竹林”,华人居民以新移民为主,尤其是广东人占了很大比例。这里是海运客货码头,大量洋货和南来商品经此卸下运往华界,乘轮船经海上南来北往的旅客由此登轮。进京的官员、参加京试的举子,也都由此经过往来。流动人口的大量增加,使这里的旅店业非常发达。由于这里没有老城区传统保守势力的干扰,也成了李鸿章领导的洋务活动的中心。许多洋务机构和洋务学堂都设在“紫竹林”,如中国铁路公司、大清邮政局、施医养病院(即马大夫医院)、北洋医学堂等。此外,19 世纪 80 年代交还中国政府管理的美租界也有洋务企业迁入,如招商局、开滦矿务局等②。

这些地区成为西方文化、近代技术展示和传入的舞台。19 世纪 80 年代,英国怡和洋行就是在“海大道西”铺了一条窄轨轻便铁路直通老城区。美国商人也在此演示推销新的商品。来华的欧美马戏团、魔术

---

① 刘海岩主编:《近代外国人记述的天津》,天津人民出版社 2018 年版,第 256 页。

② 关于这一时期的美租界,参见刘海岩:《历史的尴尬:天津美租界的划分、形成与消失》,《天津师范大学学报(社会科学版)》2018 年第 6 期,第 18～19 页。

师在这里演出。外国医生、教授英文西学的教师在这里设馆招生。可以说，这些租界的"边缘区"堪称近代城市文化的生长点。西方文化由此与中国传统文化交汇，租界文化与老城区文化的隔离也由此建立了联结点。

就整个城市而言，租界的出现、城市功能和结构的演变，不可逆转地改变着城市的空间结构。传统时期的天津，作为漕运枢纽的北门外南、北运河与海河的交汇处是城市经济中心。由南方运来的漕粮由此倒驳北运京师，南来北往的商品、土货也由此转运。近代海运的兴起和租界轮船码头的建立，导致城市经济中心发生改变，各种海运商品乃至漕粮改由租界码头卸下，再装上手推车，经租界区和老城区，运到北大关运河码头装船向北运往北京城或向西运往腹地。城市空间发生了变化，老城的中心地位动摇了。

1900 年的庚子事变是天津城市发展的转折点。这一年，八国联军占领天津并成立都统衙门，对老城区实行了长达两年的统治。都统衙门以军事专制的方式将近代城市制度"强加"在老城区身上，传统的社会与文化模式一下子被强行打破了。都统衙门由联军各国军事当局委派军官组成委员会，实行专权式的军事统治。他们在施行统治的同时，也将近代西方的城市制度直接引入老城区，如以行政分区制和警察为主的市政体系取代了传统的衙门控制体制；以刑事和民事诉讼、审判、刑罚制度取代了"官"的意志决定一切、随意性很强的衙门判案制度；建立了严格的城市卫生管理制度、税收制度等。租界施行的市政制度由此被推向老城区。

在都统衙门统治的两年间，老城区发生了前所未有的变化。城墙拆除、壕沟填平、铺筑围城马路，狭街曲巷的老城发生了明显的改观，路灯的安设使老城区市民开始摆脱挑灯夜行的传统方式,从此有了公共照明①。公共卫生的管理,尤其是对垃圾的管理,公共厕所的出现,以及疫病的防治等,使老城区生活环境有了很大的改观。大街上出现了实施交通等市政管理的警察。对城市规划、秩序乃至河道秩序的强化管理,使城市由混乱、失控开始走向秩序化。

然而,都统衙门推行的一些制度成效甚微。其中原因除了市民对侵略军的抵制外,长期生活在传统社会中的百姓不可能一下子适应西方式的城市制度,生活方式和价值观的不同必然产生本能的文化排拒。接管天津的袁世凯在许多方面承继了都统衙门的制度,使其成为北洋新政市政改革的基础。同时,他又将传统的管理体系和组织融入其中,使市政改革得以奏效,例如在成立巡警总局的同时恢复保甲局,在建立城市消防队的同时恢复水会,在建立近代税收制度的同时恢复牙行等等。

20 世纪初是天津发生大变革的年代。和李鸿章一样,这一时期任直隶总督的袁世凯也将天津视为其权力的基础,导致天津成为"北洋新政"的中心。"北洋新政"的推行,不论是市政改革还是振兴实业、兴办教育,都大大加快了城市近代化的进程。北洋新政的首要之务是"兴教育"。20 世纪初,天津"废庙兴学"盛极一时。正是这一时期教育的发展,奠定了天津现代普通教育的基础。大量学校的出现,使接受教育不再仅仅是绅商等社会上层的"专利",教育的目的也不再仅仅是为了"仕途"。普通市民尤其是中下层市民的子弟有了受教育的机会,也使以教

① 传统时期,津城民户夜里照明多点菜油灯,19 世纪煤油引进点煤油灯,考究之家点蜡烛。夜间出行则以小蜡烛曰蜡捻者点于纸糊灯笼之中,俗曰纸跑。凡宾客夜归,主人各赠其一。参见戴愚庵《沽水旧闻》,天津古籍出版社 1986 年版。

育为职业的知识分子在城市中地位上升。振兴实业的结果使这一时期天津的工商业尤其是商业发展迅速，导致商人在城市社会地位的提高，商会的出现及其对城市事务的影响力就是一个明证。地方自治制度的引进和推行促进了城市民主化的进程①。河北新市区的开辟又将租界建设的模式引进老城区。这一系列变革使华界与租界之间的差距一下子拉近了，文化"藩篱"逐渐被拆除了。

对于老城区的百姓而言，促使他们的生活发生改变的不仅是制度的变革，20 世纪初出现的许多新技术、新事物更使他们身受其惠，尤其是电车、自来水和电力。1906 年首先行驶在老城区街头的电车带来城市交通的变革。电车促进了城市人口的流动，城市发展重心向电车沿线转移，为城市中心向租界的迁移提供了技术条件。1903 年，设在老城区的济安自来水公司开始供水。老城区居民历来直接饮用河水，每日挑水要到数里之外，使日常用水成为生活的沉重负担，而且直接饮用河水也是传染病流行的主要原因。洁净的自来水显然解决了城市生活的难题，所以它的出现并未引起太多的反对，人们很快便接受了。自来水不仅极大地改善了城市的健康、卫生状况，而且也改变了传统的城市生活方式和居住模式，人们可以远离自然水源居住，以自来水水源为必要条件的现代住宅得以出现。

对于整个城市来讲，20 世纪初的变革不仅使老城区开始摆脱传统的羁绊，而且随着租界的扩张和电车的铺设，租界与老城区连成一片，城市由分离走向整合。1911 年清政府的倒台、民国初年频繁的政争以

① 参见[日]贵志俊彦《北洋新政体制下地方自治制度的形成——天津县各级议事会的成立及其权限》，《城市史研究》第 11—12 辑。

及各地的军阀混战,使天津城市的发展走向新的周期。租界的“保护”作用以及优越的生活环境吸引了大量清室贵族遗老、军阀、官僚乃至各地的有钱人隐居天津各国租界,其数量之多,以致形成了“寓公”阶层。同时,频繁发生在老城区的兵变、动乱又将以商人为主的社会中上层不断“赶”入租界[①],构成了租界华人社会的中坚力量。城市财富在租界的聚集导致了租界的繁荣和老城区的衰落,城市中心从老城区向租界转移,成为民国时期天津发展的突出现象。租界不仅成为城市商业中心,而且也成为城市的文化中心。

20 世纪的租界已经不仅仅是西方文化传入的“窗口”,而是形成多源文化的汇合体,成为近代中国城市文化的独特类型。近代西方文化影响了租界的各个方面,举凡市政制度、建筑、生活方式、时尚、艺术、价值观等等,无不渗透其影响,并通过租界不断地传播到老城区。同时,租界保障自由的社会环境吸引了多种文化的汇入,来自京城的宫廷文化、老城区的本地文化、华北腹地的农业文化以及随南方移民而来的江南文化等等,在租界相互融合,构成了中西合璧的租界文化。到 30 年代,随着近代城市中心在租界地区的形成,租界文化已经成为城市文化的主体。

3. 排拒与认同

不同文化的交汇尤其是远缘的东西方文化相遇,必然会发生“撞击”乃至伴随着暴力,表现相互间的文化排拒。而当文化由排拒转向认同的时候,一种新的近代文化也就诞生了。中国城市文化由传统走入

① 参见尚克强、刘海岩《天津租界社会研究》,天津人民出版社 1996 年版。

近代，正是经历了这样一个过程。而在天津，租界在这一文化演进过程中起了特殊的作用。

开埠初的十年，作为西方文化先遣的传教士和洋商都在老城区开始了他们最初的传教和贸易活动，很少有人去尚处于偏僻郊外、荒无人烟的租界居住。带着广东买办的英国商人居住在东门外商业区的客栈，法国传教士在人口密集的三汊河口盖起了高大的天主教堂，美国传教士在城里开设了福音堂，英国传教士殷森德则选择在最为繁华的娘娘宫附近租房作为传教的“宫北教堂”[1]。然而，这些毫无顾忌地向中国传统文化“挑战”，四处活动的“洋鬼子”，受到传统城市士民在文化上的激烈排拒。西方文化最早传入中国城市的是宗教，然而又没有比宗教更容易引起中国传统文化排斥的了。风习保守的天津人对这些金发碧眼、举止怪诞的西洋人更是心怀疑虑，不论是英国传教士的街头说教，还是法国修女四处搜求孤儿入教堂受洗的行动，都使津城百姓不可思议，怀疑他们心怀叵测。高大的教堂又明显违背了中国传统城市建筑需要遵循的规矩，触犯了老城的风水，更为百姓所不能接受。“好勇斗恨”的天津人用暴力来回答这种文化上的挑战，从而导致了天津教案的发生[2]。十数名外国人被杀迫使外国人不得不从老城区迁入租界[3]。在上海，19 世纪 50 年代发生的小刀会起义将大批华人“赶”进租界；在天津，1870 年爆发的教案却将外国人从老城区“驱”入租界。此后，直至 19 世纪末，西方宗教在老城区的传播一直受到激烈的排拒。许多天

① 刘海岩主编：《近代外国人记述的天津》，天津人民出版社 2018 年版，第 229 页。

② 关于天津教案，参见刘海岩《有关天津教案的几个问题》，《近代天津教案研究》，四川省社会科学院出版社 1987 年版。

③ ［英］雷穆森：《天津租界史（插图本）》，天津人民出版社 2009 年版，第 41 页。

主教和基督教教派都改变传教计划,改而在租界寻求发展。

文化上的屏障往往比地理距离更能隔绝两种文化的交流。对于生活在19世纪老城区的华人而言,租界尽管近在咫尺,租界文化却从未进入他们的生活。租界码头的建立与海运的发展,每天有越来越多的人往来于租界河坝与老城区运河码头之间,也有不少华人每天到租界打工,但是他们却很少接触租界西方式的生活,更难受到西方文化的"熏染"。一位世居老城东门外的文人,在其记载毕生见闻的著述中,广闻博记,即有报纸新闻又有街谈巷议,留下了有关天津社会的丰富史料,然而1900年以前部分却几乎见不到有关租界的记载,尽管这时租界已有中文报纸出版[①]。

通过租界引入的新技术、新商品,也往往是经过排拒—接触—接受的过程,才逐渐得到老城社会的认同,渗入到百姓的生活之中。以市内交通的变革为例,19世纪80年代从英租界的"海大道西"至老城区之间铺设的轻便铁路,由蒸汽机车牵引数节车厢在轨道上往来行驶载客。外国洋行的主要目的是通过李鸿章向清政府展示,希望中国引进。也有人提倡用这种近代交通工具改造天津传统的交通[②]。前所未见的机械牵引的交通工具吸引了许多天津市民前往围观,可是人们只是看热闹,乘坐者却为数寥寥。洋行采取优惠方法降低票价吸引市民乘坐,乘客还可以免费携妻挈子,结果仍无济于事,终因不被市民接受而作罢。同时期由租界引进老城区的东洋车(人力车)虽然被接受,车夫却获得了个"东洋狗"的绰号,表现出市民在接受新事物同时对外来文化的排

---

① 参见(清)储仁逊《闻见录》,稿本。

② 《时报》1886年12月1日。

拒心态。1882年，老城区模仿租界的筑路技术，铺筑了第一条连接租界与老城区的碎石路，海关道周馥仿照租界管理办法成立工程局，征收码头捐以维护道路，同时还修整了城厢内外的其他街道。官方的作为使社会容易接受，新式道路的修筑使长期受传统制约的老城区交通通畅了许多，“三载以来，城厢内外街道逐次修筑整齐，商贾行旅皆愿出于其途”[①]。道路的畅通使交通量大增，尤其是来往于租界码头与老城北运河码头之间的货运手推车，其数量如此之多，以致使路面严重受损[②]。城内外街上跑着越来越多的人力车与传统的脚驴争相揽客。“每来一客，而若辈不分次序，尽先抢夺，争揽之声哄然莫辨。赶脚者执鞭飞跑，追随驴后；拉车者促促如辕下驹，汗流浃背，东来西往，驰走如风。”[③]形象地刻画出两种交通工具的并存与竞争。20世纪初首先通车于老城区的电车因当地民众的反对未能实现向城区北部扩展的计划，反而成为老城区与租界之间便捷的交通工具。尽管对新技术的疑虑仍然存在，但人们对便捷的电车还是逐渐认同和接受。到了民国时期，民众交通往来大都乘坐即方便快捷票价又便宜的电车，或者乘坐人力车。脚驴消失了，电车和人力车构成了近代天津主要的交通工具。

交通的变革可以说明新技术和新事物从租界传入老城区的一般过程。人们对外来文化的排拒心态，往往还表现在对积极倡导者的反感和抵触。李鸿章任直隶总督期间，主持修建了天津第一座铁桥并支持试飞热气球，却遭到市民以天津人特有的幽默表达的嘲讽：“直督修铁

---

① 天津市档案馆：《天津租界档案选编》，天津人民出版社1992年版。

② 当时手推车为木轮铁箍，装载数百斤，路面极易被损坏，工程局不得不采用限行的规定。参见《时报》1886年12月4日。

③ （清）张焘：《津门杂记》卷下，1884年刻本，第22页。

桥于院门口,造气球于武备学堂,有贴无名帖者。有帖云:"中堂过铁——桥,中堂验(咽)气——球。"①李鸿章在任期间,积极推行洋务政策,他的务实政策不仅有助于租界的发展,而且也促进了租界与老城区的交流。然而,对新事物持保守心态的老城区社会对李鸿章的"洋务"主张并不买账,对他的变革政策多有烦言。李鸿章在老城区推进革新的一些举措常常遭到非议,洋务机构和洋务学堂大都设在法租界和当时由中国政府管理的美租界,就是一个明证。

19 世纪后期,洋务、西学在上海等江南开埠城市已经为社会所普遍认同,在天津却依然遭到排拒,这种状况直到 1900 年以后才发生了改变。有人以学习外国语言为例,对天津华人社会对西学态度的变化做了评论:"庚子以前,自命为通儒者向大抵以洋务为不屑,鄙西学为可耻,有习语言文字者从而腹诽之且从而唾骂之,甚至屏为名教罪人,嘻甚矣!今(指 1900 年以后)见当日自命为通儒之子,皆左手携石板,右手持铅笔,奔走于学堂,习外洋文字矣。"②

对租界以及租界引进的西方文化的排拒,到庚子年义和团运动爆发时达到顶点,转折也由此发生了。统治天津达两年的都统衙门,做的第一件事就是拆除了象征传统的城墙。城墙对于传统的中国城市,其存在的意义已远非其实际的功能。按照中国传统社会的观念,没有城墙的城市是不可思议的,所以当城市的发展受到城墙的制约时,宁可在城墙外另辟街区而不能动城墙一丝一毫。开埠以前,城墙就已经成为天津城市发展的束缚。然而,当 1860 年英法联军占领天津时,将城墙

① (清)储仁逊:《闻见录》卷 3 上,稿本,第 30 页。"过铁"是旧时衙门采用的酷刑。
② (清)储仁逊:《闻见录》卷 2 下,稿本,第 76~77 页。

拆开两处豁口以利交通，清政府接管城市后又马上将城墙修复。当都统衙门按照《辛丑条约》的规定强行拆除城墙时，对老城区人心理的冲击是可想而知的。然而，城墙拆除后对交通的便利又使津人不得不接受这一现实。

在拆毁城墙的同时，租界实行的近代城市市政制度也被引入老城区，更使华人一下子难以接受。早在19世纪，租界给华人印象最深的就是禁规多："禁烟馆、禁娼妓、禁乞丐、禁聚赌酗酒斗殴、禁路上倾积灰土污水、禁道旁便溺、禁攀折树枝、禁捉拿树鸟、禁驴马车辆随意停放。"[①]各租界甫一划定，大都首先制定章程、法规，作为租界居民必须遵守的基本法律。法、意租界甚至还专门针对界内华人居民制定若干规定，如街道不得摆摊叫卖、住户必须保持住房和房前街道的整洁、夜间房前必须放置灯盏、出行必须提灯等等，如若违反就要受到处罚甚至逮捕拘押。传统中国城市社会秩序和环境的维护，大都依靠道德的自我约束和民间社会力量。对于租界如此多的法规条款，十分苛刻又不讲人情的法律制度，祖辈生活在传统文化与社会环境中的华人无疑很难适应。在19世纪和20世纪初的报纸上，常可以看到华人对租界制度的不适应和反感，或因违反某项规章而与巡捕引起冲突的报道。

都统衙门在老城区实行了类似的制度。经常粘贴在墙上的告示向市民们宣布许多前所未有的法规条款，如交通规则、卫生章程、捐税章程等。都统衙门制定了严格的卫生制度，居民因门前秽物太多或街道不洁要被"惩责四十鞭"或"送往都统衙门发落"。同时，还采取承包的方法建立官厕，明文规定"无论何项人等，均不准在中厕以外出恭，犯者

① (清)张焘：《津门杂记》卷下，1884年刻本，第23页。

重罚"①。市民们习以为常的街头打架斗殴也在法律管辖范围之内:"津人气刚好胜,率因片语龃龉致肇争端者,赋禀然也。自归洋官管理地面以来,诟詈有罚,揪扭有罚。宜作削辫、穿半红半蓝之衣,并带镣为苦力,否则以金作赎刑之。旨人应戾气潜消矣"②。当时,人们还并不懂得何谓公共、法制,更难以理解因习以为常的生活习惯会违反法律而遭到惩罚,加上充当巡捕的外国军人常以藐视的态度对待华人,以野蛮的手段处罚违法者,遂使市民将其制度视为对华人的侮辱:"黎民遭涂炭被洋人所辱者不可枚举。凡路行人不准小便,如小便者罚洋一元;门前非洒扫洁净不可,否则罚洋一元"③。随着20世纪的变革,法制的推行和城市环境的改变,市民的生活方式也随之发生了变化,早期城市法规中的许多规定逐渐转变为人们的生活方式。华人市民对从租界引入的近代市政制度从陌生和迫于无奈的遵守到认同和主动的接受。到二三十年代,租界制度成为老城区进行市政改革效法的模式。

当然,认同过程是曲折的,远非简单的取代,而是经过文化冲突达到相互融合的过程。租界与老城区不仅仅是两种制度文化的代表,而是涉及生活方式、价值观念等诸多方面差异。以如何对待疾病、瘟疫和城市卫生为例,在传统时期,饥荒和流行病曾经是对人类最大的威胁,甚至超过战争,疾病尤其是传染病对人口聚集的城市威胁更大。在天津,人们生病往往一边看中医吃草药一边求助于神灵,"津俗凡有病之家,均对天许愿。如有病而不死,则许与城隍庙中出任何事,或扮鬼、或

① (清)储仁逊:《闻见录》卷7上,稿本,第53页。
② (清)储仁逊:《闻见录》卷7上,稿本,第12页。
③ (清)储仁逊:《闻见录》卷7上,稿本,第12页。

扮犯、或挂灯，任择其一也”①。在城区的庙宇中，除了娘娘宫、城隍庙之外，就属药王庙香火兴旺，反映出疾病和治病在市民生活中显得十分重要。在各种庙会活动中，有关防病治病的各种祈祷、还愿等活动占据了很大的比例。每年夏历四月举行的城隍庙会，凡家人有病许愿后痊愈者，要出资置装扮鬼、扮犯，甚至长亲有病还要以自残肉体的方式酬谢神灵。19 世纪城市人口增长加快，生活环境恶化，传染病流行频繁。每当疫病流行，官府和民间都无所措手足，听任其流传。同治元年秋季，直隶、顺天发生霍乱，“津城内外每日死人无算”，“人人不晓谁生谁死，人人慌恐无措”②。尽管疫病频频，传统中医无能为力，人们也并未将疾病与生活环境联系起来。对卫生环境的维护，只是作为一种美德或善行，公共意识尚未建立起来。

租界自始就注重卫生的管理，在租界制定的有关市政法规中，涉及卫生和防疫的条款占据了很大的比重，如对饮食卫生的规定、环境卫生的维护以及防疫的严格措施等。这些规定多有与华人市民传统生活方式、习俗冲突者。例如，各国租界大都施行居民死亡报告制度，住宅不得停放尸体，这显然与华人在家中停尸吊唁的习俗发生了冲突，冲突如此之大以至有的租界不得不采取退让政策③。当时，西方医学对许多传染病也并无有效医疗方法，但为了防止疫病流行，对传染病人采取住院隔离、家人或邻居封闭以及焚烧患者衣物等，如此严格的措施引起华人很大的反感。有的租界华人为避免因病牵连家人或邻里，千方百计躲避工部局卫生官的检查，甚至到老城区躲藏。

① 戴愚庵：《沽水旧闻》，天津古籍出版社 1986 年版，第 171 页。
② （清）储仁逊：《闻见录》卷 1，稿本，第 18 页。
③ 参见尚克强、刘海岩《天津租界社会研究》，天津人民出版社 1996 年版，第 5 章。

庚子以后,都统衙门将卫生防疫制度引入老城区,严厉的防疫制度更为津民百姓难以接受。1902 年春季,天津霍乱流行,都统衙门在老城区施行了严格的防疫措施,凡家中有患病者都要报告巡捕,患者要身涂以石灰送医院隔离治疗,其衣物要一律焚毁,患者之家用石灰喷洒涂抹封门一周,派巡捕看守,甚至里巷也不准行人通行。重灾街区家家户户都要喷洒石灰消毒。患病死亡者须报巡捕领取执照方许掩埋。负责抬送病人、死尸或负责消毒的巡捕臂戴标志,各负其责。同时,由各洋行商人筹款"创建施医院八所"。这些制度和措施使华人难以接受,于是,患病不报者有之,病亡私自掩埋者有之,被发现者则要被罚款或监禁。

20 世纪以后,卫生和防疫在市政管理中的重要性,逐渐为人们所认识。"北洋新政"时期,天津成立卫生局专司城市卫生和防疫管理。在租界,严格的市政制度、新技术的不断应用,创造了良好的城市环境,城市供水和排污系统的建立,具有近代卫生设备的住宅区成为典范。医疗防疫系统不断完善,还成立了隔离医院专门从事传染病的治疗。租界的严格制度和良好的生活环境得到人们的认同,拥有良好的医院、医学院和大批优良医生的租界,成为城市的医疗和防疫中心[①]。

---

① 20 世纪 20 年代,老城区发生疫情,也要临时从设在法租界的海军医学校抽调学生参加防疫。参见孙璧如《负笈求学记》,《天津文史资料选辑》第 61 辑,1994 年。

第六章　天津买办

1. 买办的出现

近代中国城市职业结构的演变，是从买办的出现开始的。从广州十三行时代到1842年《南京条约》的签订，买办演变成为近代中国一种特殊的商人。随着各通商口岸的开放，买办逐渐形成东部沿海开埠城市中的一个社会阶层。1860年刚一开埠，天津便出现了买办。随着英法联军来天津经商或开办洋行的外国商人都带着广东买办，有的外商甚至还带着买办闯到没有开放的北京①。一般来天津设行的外国银行、洋行、轮船公司、保险公司、房地产公司乃至电影公司都设有华账房，有时甚至大力士或魔术团到天津演出时，也组织临时华账房②。

最初，不少外国人对买办表示不信任。1883年以《伦敦泰晤士报》通讯员的身份来天津的英国人宓吉，同时兼任这一时期创办于天津的英文时报(Chinese Times)和中文《时报》的主编，还担任过李鸿章的顾问。他在兼任怡和洋行的代表与清政府官员打交道时，因为不会说中

① 《筹办夷务始末(光绪朝)》卷1，咸丰十一年七月至八月，(台北)故宫博物院影印。

② 陈金森:《天津之买办制度》，《经济学报》第1期，第36页。

文而感到难以对付。尽管如此,他也反对用买办做中介,而主张训练欧洲人说汉语[①]。

但是,这些记者并无法解决商人经商的苦恼。当外国商人最初从南方来到天津时,马上就发现天津的商界与南方多有不同,交易的方法不同、银本位货币不同,甚至使用的秤和重量单位都与南方城市不同。显然,在北方的城市他们只有依靠买办才能应付这些麻烦[②]。

最早来天津的外国洋行开始都任用南方人做买办。美国旗昌洋行一开始由上海人刘森(又名刘树滋,英文名 Sunkee)为天津行的买办,至 1873 年刘与洋行发生官司,旗昌改任天津人大生(Dasing)为天津行买办。宝顺洋行从 1961 年就在天津任用了 4 名南方人做买办[③]。

一些总行设在上海的外国洋行或银行在天津设立分行,大都是从上海委派经过培训的买办到天津。1880 年,汇丰银行开始筹划在天津设立分行,吴调卿经上海汇丰买办的保荐,随同洋经理到天津筹备设行。1882 年汇丰银行天津分行开始营业,吴即担任天津分行的首任买办。

在 19 世纪,特别是 19 世纪 80 年代以前,绝大多数买办都来自广州附近地区,即广州府所属各县。尤其是香山、南海和番禺,是大多数广东买办的故乡。“香山人”这一名称甚至被看作是“买办”的同义

① 勒费窝著:《怡和洋行——1842—1895 年在华活动概述》,上海社会科学院出版社 1986 年版,第 78 页。

② 《北华捷报》1884 年 11 月 19 日。

③ [美]郝延平:《十九世纪的中国买办:东西间桥梁》,上海社会科学院出版社 1988 年版,第 288,290 页。

语[①]。著名的英国怡和洋行,其买办几乎是清一色的广东人。他们互相介绍、攀缘、担保,控制了许多口岸怡和洋行分行买办的职位。在天津也是一样。1971 年,当怡和洋行成立华海轮船公司时,著名的怡和买办唐廷枢便推荐他的弟弟唐茂枝前来担任天津怡和洋行的买办,专为怡和经营运输业务。这是据文献记载,怡和洋行天津分行最早的买办。其后,天津怡和洋行买办一席一直为广东买办所垄断。1873 年唐茂枝去职后,广东香山人唐杰臣继任买办一职,副买办为高要人蔡子英,大写则由高要人黄云溪和新到任的梁炎卿担任。1880 年,唐杰臣调天津招商局任大写。同时,英籍和德籍犹太人合股开设的瑞记洋行在津开业,招寻进出口买办。经怡和洋行经理卡臣士(E. Cousins)推荐和陈子珍担保,黄云溪到瑞记洋行任买办。蔡子英和梁炎卿随之升任怡和洋行正副买办。1890 年,蔡子英病故,梁炎卿从此任怡和正买办。

19 世纪 80 年代以后,天津的买办出现了宁波人,他们多数是商人出身。最早来天津的是担任华俄道胜银行买办的王铭槐。当时广东、江浙一带对买办已很少歧视,到北方来当买办被看作发财的一条捷径。而当时天津本地人却还很保守,他们把做"洋事"的呼之为"洋奴",本地商人一般都不屑于当买办[②]。1900 年,都统衙门在老城区开征税捐,天津人也认为是买办向洋人蛊惑的结果。这种情况到了 19 世纪后期开始发生改变,一些本地商人进入外国银行或洋行充当买办或任兼职买办。20 世纪初天津成立商会时,买办是非常活跃的角色,有 5 名买办

---

① 《北华捷报》1874 年 2 月 12 日。转引自郝延平:《十九世纪的中国买办:东西间桥梁》,第 214 页。

② 毕鸣歧:《天津的洋行与买办》,载天津市政协文史委员会《天津的洋行与买办》,天津人民出版社 1987 年版。

在商会先后任董事[①],本地籍的新泰兴洋行买办宁星普还被推举为商会的领导人。到了 1911 年,商会的主要领导人都由外国银行或洋行的买办担任了,商会总理是年届 70 岁的宁星普,协理是横滨正金银行买办吴连元[②]。

早期的买办代表着一种近代社会的新职业,也开启了近代社会流动的闸门。买办的出现给社会中下层提供了一个发财致富的机遇,随着商人阶层社会地位的提高,富有的买办也有机会步入社会的上层。

天津的洋行买办,出身下层者为数不少,有的人最初就是洋行的工役、厨司、看门、管库等。常年为洋行服务,使他们得以熟悉洋行办事的规矩以及与外国人打交道的方式,有的人因此而有机会学会外语,久之被洋行主事人看中,逐步提升为买办。天津四大洋行之一的新泰兴洋行买办宁星普,原是河北兴济镇编草帽辫的工人,后在天津经营草帽辫出口生意致富,随之受聘于英商新泰兴洋行为买办。他发家后致力联络地方人士,支持公共事业,成为天津商会四个总董之一。此外,如井陉矿务局买办高星桥早年曾从事过运煤贩煤甚至偷煤,买办李长春初为洋行厨司,沈姓买办早年系青县还俗的贫苦道士等等。

另外一个从社会下层升至洋行大买办的典型是仁记洋行买办李辅臣。李是天津本地人,早年家境贫寒,靠做小贩摆小钱摊,兑换银钱,跑钱帖为生。后经人介绍,到仁记洋行做杂工,担污水桶、打扫卫生等。由于他的这段经历,以致他发迹以后,人们在背地里还常常称他"泔水

---

① 参见天津市档案馆:《天津商会档案汇编(1903—1911)》(下),天津人民出版社 1989 年版,第 1954～1957 页,附录一、二。

② 天津市档案馆:《天津商会档案汇编(1903—1911)》(上),天津人民出版社 1989 年版,第 140 页。

笸李家”。在清末，由于各地银两成色不同，银平各异，加上制钱、钱帖、拨码等复杂情况，洋行华账房在与中国商人交易支付时，须雇用有经验的当地人负责兑银、点钱、催账等。于是，曾经从事过兑换杂银，对银子成色和天津的银钱行情非常熟悉的李辅臣便被仁记洋行的华账房看中，提升为会计司事。会计司事也称收账员、记账员，因为英国没有这种职业，故英文名 shroff。在外国银行和洋行的华籍职员中，会计司事地位很低，不属于会计人员之列，有的还要兼作杂务。但李辅臣任会计司事后，逐渐显示出他的才干，遂被调到买办公事房，几度升迁，成为华账房的主要成员。

仁记洋行的第一任买办是广东人陈子珍，其后天津人李虎臣接办仁记华账房，从此仁记洋行买办被北帮或称本地帮所掌控。甲午前后，李虎臣当仁记买办发了财，已感到满足，不愿再干下去了，便向洋行推荐了已升至高级同人的李辅臣接掌华账房。李辅臣任买办后，对洋行的洋东百依百顺。凭着他的才能和苦干，深为洋东所赏识。庚子义和团和八国联军侵华战争，给李辅臣带来了发财的机会。他不仅借助洋行向清政府索赔发了一笔财，而且庚子后仁记洋行实力大增，李辅臣的财富也与日俱增。

井陉矿务局买办高星桥，虽然祖辈世居金陵，但是其父于同治初年迁居天津。高星桥出生在天津，所以也算是天津人了。高家历代为铁匠，开设铁铺为业，迁居天津后主要为科考的武举人及练武功的人们打制兵器，后来也制造枪炮。高星桥幼年曾入私塾读书，考童生未中。1900 年后，高家的铁铺生意衰落了。高星桥为了谋生，曾结交脚行中人，运煤贩煤甚至偷煤。他曾开办小煤厂，却很快赔本倒闭，也曾在铁路局当过火车司炉，后经日本正金银行买办魏信臣介绍，进入井陉矿务局充任司磅,收发煤炭。由于他的精明强干,甚至能靠自学说德语,从而得到矿务局总办韩纳根的赏识。虽然他交不起巨额保证金,仍然靠德璀琳夫人的担保而当上了买办,受任在天津组织"津保售煤处",负责井陉煤炭的销售。

买办是最早不靠依附官场,免受地方官府的"勒索"或榨取,完全靠经商积累财富的商人[①]。传统商人一旦富有后往往热衷于与官场、士绅们打交道,而把商业的管理交给管家。他们更喜爱从事垄断性商业,将财富当作提高社会地位的手段,发家后往往更注重后代的功名和仕途。与传统商人相比,买办则是集资本的拥有者和经营者于一身,更注重投资和经营,成为具有近代投资理念的新型商人。

然而,买办毕竟不是独立的商人,他们的成功首先要依赖外国洋行的实力,他们自己所经营的生意也要借助外国人所具有的特权。因此,天津最富有的买办往往都是实力最为雄厚的洋行或外国银行的买办。到清末民初,天津出现了所谓"四大买办",他们所服务的都是天津最大的洋行或银行,他们的名字都和这些洋行或银行连在一起。这四大买办就是怡和洋行的梁炎卿、太古洋行的郑翼之、汇丰银行的吴调卿和道胜银行的王铭槐。

汇丰银行买办吴调卿原籍安徽,父亲在苏州经商。吴调卿幼年时,家中生活艰难,曾在一家笔庄当学徒,在上海当过外轮的跑舱。十七岁时,经过他的老师向上海汇丰银行买办推荐,吴调卿进入汇丰银行华账房做练习生。他利用工作余暇,自学英文,逐渐得到总行买办和洋人的

---

① [美]郝延平:《十九世纪的中国买办:东西间桥梁》,上海社会科学院出版社 1988 年版,第 3 页。

器重。1880 年，汇丰银行筹划设立天津分行，吴调卿经过上海总行买办的保荐，到天津参与筹备。1882 年天津分行开始营业时，吴便担任首任买办。

怡和洋行买办梁炎卿 1852 年(清咸丰二年)出生于广东佛山。其父梁伯田，早年曾远赴南洋一带经商，赚了一笔钱财后便回到家乡置田为生。梁炎卿是梁伯田的独生子，18 岁时被送到香港皇仁学院读书。在 19 世纪，香港是中国买办的训练基地，许多广东的年轻人就是在那里得到基本的语言训练和商业知识教育后，开始走上当买办经商之路的。香港三年的学习，使梁炎卿打下了扎实的英文基础，学到了从事商业贸易的基本技能和与英国人打交道的经验，为他以后当买办经商的生涯奠定了根基。

1872 年，20 岁的梁炎卿读完中学课程后，便随唐景星到上海进入怡和洋行当练习生。在洋行的华账房，练习生就是学徒工，洋行只提供膳宿，并无分文薪酬，只是年终发给三五银两零用钱而已。聪明能干的梁炎卿不久即升任写字(Junior Clerk，即低级职员)，每月有薪水三两。由于梁炎卿善于经商之道，行为处事老实顺从，英语十分流利，颇为怡和洋行的英国人所赏识和信任。1874 年，梁炎卿调到天津怡和洋行，由仁记洋行买办广东高要人陈子珍做担保，升任怡和天津分行的大写(Senior Clerk，即高级职员)。

太古洋行买办郑翼之出身于广东香山一个富农家庭。他的家乡紧靠澳门，当地人都把当买办作为求取富贵的捷径。郑翼之 16 岁随长兄到上海太古洋行当学徒。太古洋行上海总行的买办历来由广东莫姓把持，经过他们的援引，郑翼之得以进入太古洋行的洋账房做练习生。由于他全力学习英文，得到洋经理的赏识，当 1881 年太古总行决定到天津设立分行时,他跟随到了天津。太古洋行在天津的主要业务是航运和食糖贸易。五年后,郑翼之的努力工作使他得以取代其前任当上了首席买办。

此前太古洋行买办杨某系吴调卿推荐,杨到行不久正值有大批砂糖运卸海河太古码头,杨某见此大垛糖包虑及雨淋,买办将无法赔偿,急将买办职务辞去,郑翼之得以继任。数年后杨某自沪来津,吴调卿手指英租界一处巨宅和相连的一片不动产对杨说:"此即继任太古买办郑某之新居。"由此可见买办收入之丰厚。

在广东帮梁、郑两大买办全盛时期,浙江宁波帮异军突起与之争衡。最早成名的浙江买办就是王铭槐。王铭槐原籍浙江,生于清道光二十六年(1846 年)。他之所以来到天津并得以发迹,完全是借助浙江同乡的关系。他最初在上海商业大亨叶澄衷所开的老顺记五金行学生意,并于 1880 年被派来天津担任老顺记五金行的副理,又通过叶澄衷结识了与李鸿章关系非常密切的上海商人严筱舫,进而与李鸿章搭上了关系。他最初进入专营进口机器和军火的德商泰来洋行当买办时,正值李鸿章热衷于办洋务,发展军事工业,创建新式军队。甲午战争期间,王铭槐经手从德国洋行为李鸿章购入了鱼雷艇和其他军火,不仅赚了大笔的佣金还得到了李的赏识,进而又被举荐到与李鸿章关系密切的华俄道胜银行充任买办①。

他的买办账房借着道胜银行的声势大存大放,等于一个大型钱庄。同时他又开设了有名的回春大药房及银号、绸庄等十余处,一时声势浩

① 王芷洲:《我家三代买办纪实》,天津市政协文史委员会:《天津的洋行与买办》,天津人民出版社 1987 年版,第 206 页。

大，成为宁波帮买办的开创者，与梁、郑、吴并驾齐驱。

王铭槐善于提携向乡，培植势力。他倡办了浙江会馆、义园、同乡会，并不断介绍同乡进洋行当买办，所以在他之后宁波帮出了不少大买办，如德商禅臣洋行严蕉铭、法商永兴洋行叶星海、英商信记洋行李组才、永丰洋行王聘南. 恒丰洋行徐企生、美商美丰洋行李正卿等。在天津的买办圈子里，宁波帮比广东帮形成稍晚，但作为一个帮，其实力则比广东帮大。广东帮的梁炎卿、郑冀之等人资格老，所服务的洋行力量大，但他们人数不多，主要从事航运业。宁波帮则人数众多，经营广泛，同乡辗转介绍，互为奥援，形成最具实力的买办帮派。

如果说，天津的南方籍买办大都是从上海调来北方或通过同乡的引荐而进入洋行的，那么雍剑秋则是个例外。他早年在上海学习英文，后就学于香港英国教会学校，又在新加坡读完大学。他练就一口流利的英语，同时也懂德语，为他日后的买办生涯准备了良好的条件。1900年爆发义和团和八国联军侵华，上海组织了一个慈善团体救济北方难民，雍剑秋充任该团体的翻译来到天津和北京。娴熟的外语和翻译的身份，为他提供了与外国人打交道的机会。由于他出面救助清政府官僚贵族使他们免遭外国军队的侵扰，又结交了许多清廷上层亲贵。当他决定在京津谋求发展的时候，在特殊时期结识的这些关系便成了他最大的资源。开始他想在清政府的机构中谋职，1910 年前后，他遇到了当初在北京结识的德国军官包尔德，被介绍到德商礼和洋行当上了买办。

在买办开始出现的时候，他们只是洋商的助手，充当洋行的“总管”和华籍雇员的头目，所有的雇员都由买办招募和担保。同时，买办还负责洋行房屋的租用、维修和打扫，以及日用物品的采购等事。19 世纪

60年代以后,买办转变为洋行的代理商,其标志就是“华账房”的出现。

2. 承包制与华账房——买办制度

买办以华账房的形式对洋行实行完全意义的承包制,所以称呼华账房或买办,含义几乎完全相同。一般讲,按照买办与洋行之间签订的契约,洋行承认买办的华账房为洋行的有效代理机构,但华账房在商业往来中只能用洋行华账房的名义,而不能直接用外商——即洋账房的名义①。但实际上,买办在生意场中都是以洋行的代表出现,甚至在办理洋行业务的同时从事自己的商业,也往往会打着洋行的旗号。

掌管华账房的买办,除了负责为洋行招徕航运业务,经手进出口交易外,还要担保钱庄和华商的偿付能力,经手洋行营业上的银钱往来,同时还要负责提供各种商业情报,其职权之大,以致人们常常称其为洋行的华经理。天津的华账房多实行无限责任制,对于一般的商业风险或损失均自行承担。

买办账房的组织形式一般是以买办个人为首,但也有几个人合作或合股的。在合作人当中,有的分任账房或外庄,也有的把有实力的外庄拉进华账房入股,如新泰兴洋行的华账房就先后有李、宁、马、金、靳、沈诸姓加入。有的华账房是由几个人组成,每人分任一方面的责任,而由其中一人对洋行签字负责,如华俄道胜银行的华账房由陈、张、孙三人合作,陈协中出钱,张伯龙实际做事,孙仲英既出钱又管对外与官府打交道。英商麦加利银行的华账房也是邓、刘、鲍三家合作,如此的例子很多。几个人合作出资经办华账房,大半是由于想当买办者个人拿

① 陈金森:《天津之买办制度》,《经济学报》第1期,第33页。

不出足够的寄库金，才拉有钱的亲友入股合作。

有的华账房还设有副理，一般是由买办的亲友或同乡充任。华账房除了有专人管理账目或业务外，有的要雇用翻译，还有的要雇用跑街（ Market Shroff 或 Reporter ），专职报告市场行情，调查客户信用。

买办设立华账房，聘任该买办的洋行或外国银行一般每月要支付贴费数百元给华账房，作为办公费用和支付买办雇用职员的薪金及其他开支。如无贴费，洋行每月则要支付一笔薪金给买办①。1910 年 3 月，瑞记洋行聘用驻保定分行买办，与其订立的合同中规定，每月支付买办大洋 100 元，其中 30 元为工资，20 元供其雇用卖货人，50 元支付房租。贸易佣金不论进出口货均为 2%，保险佣金 2.5%。买办信用由其他商号担保，没有交付保证金②。至于华账房日常经营所需要的流动资金，则完全有买办自行筹措，盈亏也由其自负。

洋行为了防止同业竞争，在与买办订立的契约中一般都规定，买办必须忠实代理洋行一切营业，不得与他人或其他公司合伙经营同类业务。同时，也规定买办可以兼营其他商业，甚至可以兼任业务不同的洋行买办。

买办制度的核心是买办与洋行之间完全意义的承包关系。1891 年天津宁通洋行与买办张松甫签订的合同规定，洋行一旦与买办签约，其生意便只能由买办代理。进口货物，买办必须在限期内付清货款，而

---

① 19 世纪末，宁通洋行支付给买办张松甫的薪金是白银 50 两（《北华捷报》，1893 年 9 月 15 日），到民国时期则为数百元。（陈金森《天津之买办制度》，《经济学报》第 1 期，第 44 页。）

② 天津市档案馆等：《天津商会档案汇编（1903—1911）》（下），天津人民出版社 1989 年版，第 1949～1950 页。

且货物到岸后的其他一切费用都由买办负责;出口货物,装船时买办可以获得价款的80%,其余20%则要在装船后数月内方可结清①。

早期的天津怡和洋行以航运为主要业务,买办梁炎卿最初即任主管货物运输的轮船部买办。同时,他还一度兼任高林洋行的买办,这一兼职显然是得到怡和洋行默许的。19世纪的天津,经营出口者以英商高林洋行最具实力。该洋行的创始人高林是最早来天津的英国人。到了90年代,高林洋行已经发展成为以经营出口为主的最大的一家洋行。1892年,高林洋行聘请梁炎卿兼任该行出口部买办。作为最大的出口洋行,高林洋行显然是怡和洋行主要的货运客户,因此怡和洋行便同意梁炎卿兼任高林洋行的买办。从此,梁炎卿任两大洋行买办达七年之久。到19世纪末,怡和洋行开始自营进出口业务。1909年,该行设立出口部,梁炎卿便辞去了高林洋行兼职买办的职务。此时,怡和洋行并无专司进口的买办,梁炎卿以轮船部买办兼理进口业务。怡和进口以糖为大宗,其他还有面粉、呢绒、布匹、洋酒、罐头等等。1913年,天津怡和洋行成立进口部,由梁炎卿邀请天津敦庆隆绸布庄布匹部首脑曹衍堂和德商美最时洋行买办张华堂之兄张松泉与他自己三人合股承担买办之职。到1920年进出口各部设立之后,梁炎卿便充任怡和天津分行的当家买办(House Comprador),为全行各部买办之首,亦称行上买办、行上华账房,以区别于船上买办或船上华账房。

买办为了证明对洋行的信用,一般情况下要向洋行交付一笔保证金,也称寄库金或押柜。然而,早期天津的买办大都不交纳保证金,而

① 《北华捷报》1893年9月15日。转引自姚贤镐:《中国近代对外贸易史资料(1840—1895)》,中华书局1962年版,第1014～1015页。

只需要有担保人。担保人必须具有相当的资财并在社会上具有一定的声誉。他要在一定的资金范围内担保买办的商业行为，买办华账房如发生损失无力赔补或债务不能清偿，担保人要负责赔偿。担保人制度的出现显然是由于早期充当买办的人大都没有能力支付大笔的保证金。这种担保方式为那些社会地位低微、没有多少财产做保证的人担任买办创造了机会。他们可以不向洋行交保证金，借助有财力的亲朋做担保人当上买办。“既无押款，复不计较资格，只要有中国商家或名人具保而能做生意者即能大用”[1]。19 世纪来到天津的广东人大都由已有一定资力的同籍买办做担保人。1874 年，梁炎卿刚从上海调到天津怡和洋行时就没有交任何保证金，只是由同为广东籍的仁记洋行买办陈子珍做担保。

到了 20 世纪，买办保证金制度越来越流行。买办与洋行订约建立华账房的时候，要向洋行交付保证金，已经建立的华账房，有的也要随着生意的扩大而增加保证金。保证金的多少没有一定的标准，要看洋行经营的生意大小而定。通过保证金的抵押，洋行的一部分商业风险被转移到买办身上。保证金通常是现金，数量多少不一，从几万到几十万。当保证金数额较大时，也可以用不动产或有价证券作抵。华账房经管的生意一旦发生亏损或发生债务无力补偿，洋行就要扣除保证金以抵偿损失。随着买办的生意越做越大，保证金的数目也不断增加。日本横滨正金银行买办魏信臣 1899 年通过朋友介绍应聘为正金银行买办时，买办合同中规定魏信臣要向正金银行交付 3 万两作为保证金，行方每月支付买办的“贴费”200 两。到 1902 年，魏的保证金增加到 7

① 戴愚庵：《沽水旧闻》，天津古籍出版社 1986 年版，第 51 页。

万两。而1916年,郑翼之交给太古洋行的保证金已达30余万两,押品主要是房地产和股票①。只有当买办与洋行解除契约时,保证金才能归还买办。

一些买办过于贪心冒险经营,导致洋行亏损甚至破产,是促使洋行提高保证金数额的主要原因。华俄道胜银行买办王铭槐个人的生意扩展太大,导致资金周转不灵亏累破产,致使道胜银行受到很大损失。北京汇丰银行买办邓君祥放贷过大过松,致使款项收不回来,使汇丰亏损二三百万两,他竟然一走了事。这些都导致洋行和外国银行提高买办保证金。中国通商银行副班徐朴庵经该行大班冯商盘的担保,得免交巨额寄库金当上了麦加利银行的买办。这种例外并不多,因为担保人必须有很雄厚的财力和社会影响才行。这与初期凭一个商店作保就可以当买办的情形已完全不同。也有小规模的洋行,华账房不用保证金而以华账房的信用做担保的。一旦发生风险,华经理就要想方设法四处筹资以维持其信用。

华账房实际上如同买办的公司,在经营方式上有各自不同的特色,往往打上了买办个人行为方式的烙印。南方买办一般以精明甚至吝啬而著称,北方籍买办则多有不同。横滨正金银行买办魏信臣明显表现出北方人的性格特征,仗义而缺乏精明。他好名喜谀,亲友向其借贷,只要说得他高兴便可以成千上万借给而不立任何有效的手续,以至形成了许多呆账。其华账房的会计账目也是"一锅粥"式,甚至把家庭的日用、亲朋的接待和投资的盈亏统统混在一起。他的日常经营方式还

① 郑志璋:《天津太古洋行与买办郑翼之》,《天津的洋行与买办》,天津人民出版社1987年版,第62页。

以奢侈而闻名。20 世纪 30 年代初，正金银行华账房积年亏累，财政已显危机，其奢侈却依然如故。每到新年，魏信臣都要向日方人员分送礼物，并邀请全银行人员及其眷属到其家中饮宴，以赢得日本人的赞赏，显示自己的财富。每逢年节他都要到买办宁星普家中拜贺，照例都要以 1000 两银票作为送给孩子们的压岁钱。由于他讲究吃喝，华账房的午餐日日丰盛如饮宴，以至有“紫竹林小馆”之称①。

天津买办华账房的另外一个特征是家族经营和父业子继。中国的许多洋行尤其是大洋行，如旗昌洋行、琼记洋行、怡和洋行等的华账房，也都是以家族为基础组织起来的，投资人和经理往往是一身兼二任②。他们雇佣买办看重亲族或同乡关系，这或许与他们的观念有关　　血缘或亲族关系是最好的信用。天津不少买办组织的华账房也大都是家族式的，或者是宗族的。他们雇用的人员，或为同族或为同乡，没有亲缘或地缘关系的人很难在华账房立足。横滨正金银行华账房的成员都是魏氏家族及其亲友，外人根本无法插足。这些亲族有的并无经营的能力，如魏信臣用其表弟掌管库房，亏欠逾万，又改用族弟，结果亏欠更多③。

买办的职位尽管是买办与洋行之间通过契约达成的，但是在实际当中买办的职位往往也成了世袭的，这种父传子的方式也常常得到洋行的认可。这种世袭方式的出现或许与当时的社会环境有关，买办之

① 魏伯刚:《天津横滨正金银行与魏家两代买办》,《天津的洋行与买办》,天津人民出版社 1987 年版,第 323 页。

② [美]郝延平:《十九世纪的中国买办:东西间桥梁》,上海社会科学院出版社 1988 年版,第 16 页。

③ 魏伯刚:《天津横滨正金银行与魏家两代买办》,《天津的洋行与买办》,天津人民出版社 1987 年版,第 322 页。

子只有继承父业是其唯一的出路。怡和买办梁炎卿的三个儿子都接受过高等教育,梁炎卿一度希望子女进入官场或从事其他行业,但结果他的后辈无一不是跟随他干上买办的行当,怡和华账房成了梁家世袭的产业。长子梁赉奎 20 世纪初毕业于美国康奈尔大学和马萨诸塞州农业学院后企图涉足仕途,曾短期担任过国民政府农林部次长,后又凭借在美国学习的专业改而经营农场,但很快因军阀混战,兵匪扰害,农场难以维持,最终不得不放弃农场返回天津,进入怡和华账房,成为梁家第二代买办。1931 年梁赉奎遭匪徒绑架遇害,梁炎卿的次子梁联奎又开始接掌父亲的买办事业。1938 年梁炎卿病故后,梁联奎继父之任成为正式的买办,直至 1945 年辞职离开怡和独力开办公司经营进出口贸易。其后,怡和洋行又聘用其弟,刚从法国人办的天津工商学院毕业的梁文奎为梁家第四任买办。尽管这时买办制度已经发生了变化,不再是完全意义的买办制,改为半承包性质的华经理制,梁文奎仍然在怡和任职直至 1952 年该洋行在天津停业时为止。

1921 年太古买办郑翼之病故,其长子郑宗荫继承了买办之职。1925 年郑宗荫辞职,其三弟郑慈荫继任。直至 1931 年太古洋行取消买办制,改由英国人自己经营,只任用中国高级职员做副手。

买办对洋行的过度依赖,以致一旦洋行衰败或倒闭,买办家族也往往随之败落。1910 年仁记洋行买办李辅臣病逝,他的两个儿子李吉甫和李志年接管了仁记华账房,李吉甫负责进口,李志年负责出口。1927 年,李吉甫去世,买办职务由他的兄弟李志年独力担任。到了 30 年代,仁记洋行逐渐衰败,这个靠充当买办发家成为天津巨富的李氏家族也随之败落。李志年辞去了买办职务,从此与仁记洋行脱离的关系。到了第三代,李氏家族没有人再能靠经商赚钱,只有挥霍家财了。李吉甫的长子自幼过着奢靡的生活,吸食鸦片,在他父亲去世两年后遭土匪绑架。另一个儿子投资办工厂,也因不善经营而倒闭。李志年的后代也都不再从事工商业,他们的家产都被挥霍一空。

民国以后的天津,一方面商人出身的买办多了起来,另一方面不少买办已经传到第二代,如新泰兴洋行有宁紫垣继承父亲宁星普、仁记洋行有李吉甫兄弟继承父亲李辅臣、横滨正金银行买办的职位则由魏信臣之子魏伯刚继承,宁波买办王铭槐的职位甚至传到了第三代。

买办不是独立经营的商人,他们只有借助洋商的特权和外国洋行或银行的实力才能发财致富。他们把这种观念言传身教给他们的后代。20 世纪初,在华俄道胜银行遭遇败绩转而担任德国礼和洋行买办的王铭槐,把他的子侄都送到德国教会学校读书,并要他们一定要学好德文,以便长大后能直接与德国人打交道。他的儿孙们几乎都在德国的洋行或银行做买办或职员,尤其是德华银行天津和济南分行的华账房,长期被王家兄弟所控制。尽管第一次世界大战德国战败,王铭槐服务的礼和洋行一度停业,王铭槐也随之败落并愁烦而亡,但其后代却仍以买办为职业,成为买办世家。

由于买办的后代大都继承了巨额产业,因此当二三十年代天津绑架犯罪一度猖獗的时候,买办或其子侄便成了绑匪最感兴趣的绑架对象。1922 年太古买办郑翼之的儿子、瑞隆洋行买办郑慈荫在山东临城遭土匪绑架达 58 天。1929 年,仁记洋行买办李吉甫的长子李淮生遭土匪绑架,李家掏了赎金 17 万元才将其赎回。由于租界当局不准出钱赎票,李淮生被赎后不得不改名换姓到北京躲避,几年之内不敢回家。1931 年,怡和洋行买办梁炎卿的长子梁赉奎也遭到土匪绑架后被杀害。

20 世纪 20 年代以后,天津的买办制度开始向具有现代意义的华经理制度转变,外国洋行或银行逐步废除了承包式的买办华账房而任用业务经理。美商公懋洋行 20 年代废除了买办,改行业务经理制。他们从南开大学选拔毕业生,送到美国培训回来后任用为洋行工程师、分行经理甚至总经理。此外,也有的洋行从本行高级职员中选拔能干并忠实可靠的人才,担任洋行的经理职务。买办——这个在近代中国特殊的社会环境中存在了一个世纪的独特商人,就在这种过程中逐渐走向消亡。

3. 买办的社会网络

从清末到民初,天津的外国洋行和银行大都盯住了两大市场,一是华北腹地市场,另一个就是北京的中央政府——清政府和后来的北洋政府。19 世纪的天津是洋务运动的重镇,需要订购国外的机械、军火;民国时期北洋军阀打仗要从国外购买武器弹药,这些都为天津的洋行提供了大量的商业机会。清末的各种对外赔款和借款,又成为在华外国银行所觊觎的对象。于是,与中国官方打交道,获得政府订货或政府贷款,就成为天津的外国洋行和银行的重要业务渠道。这些洋行和银行的买办,也就必须与官场建立密切的关系,建立独特的关系网。这就使天津买办形成了与南方买办不同的行为方式。

天津与北京无论地理位置还是城市关系都非常接近,致使许多在天津设行的外国银行和洋行都把争取北京的中央政府做他们的主要客户列为天津行的主要业务。因此,他们需要通过买办打通关节,获得更多的政府借款或订货。这种市场性质导致天津的外国银行和洋行的买办,都处心积虑地借助各种渠道与北京中央政府的官僚或在天津的实力派官僚建立密切的私人关系。

一个买办要想在天津这样的城市做好生意，就要在实力派官僚中找寻依靠的对象，在官场建立关系网。而一个官僚尤其是在天津办洋务的官僚，要与外国洋行或银行打交道，也必须借助买办为中介。民初以后，军阀们购置军火，寓居租界的军阀官僚贵族们要把来路不明的钱财存入天津的外国银行，都要通过买办。所以，天津买办的一个特征就是与中国官场有着非常密切的关系。

1861 年天津海关刚建立时，三口通商大臣崇厚就任命了三个洋行买办主管海关的银号。到 1878 年，清政府又任命了一名旗昌洋行的广东籍买办主管天津海关的官银号。到 1884 年，负责天津海关官银号的仍然是资格最老的买办[①]。买办所具备的对外贸易、金融等方面的知识和经验，使得洋务官僚们不得不依赖于他们。买办们也乐于借此在官场建立自己的关系网。

然而，自崇厚以后，买办与官僚之间的关系大都是私人的了。买办与官僚建立私人关系网络主要是通过同乡关系，例如在清末，天津的安徽籍、江浙籍买办许多都与李鸿章来往密切，广东籍买办则大都借助同乡与任职天津海关道的广东籍官僚建立私人联系。

在天津的买办中，与官场关系最为密切的当属汇丰银行买办吴调卿。汇丰银行天津分行的主要业务是政府贷款，于是，结交官僚打通政府关节就成了买办的重要任务。吴调卿初到天津任职汇丰买办之日，恰好是北洋大臣李鸿章以天津为基地兴办洋务之时。保守的天津上层

---

① 中国海关：《关于条约口岸的海关官银号制度和地方货币的报告》，上海 1879 年，第 7 页。转引自郝延平：《十九世纪的中国买办：东西间桥梁》，上海社会科学院出版社 1988 年版，第 143～144 页。

社会使得李鸿章难以在当地找到得力的人才,于是,来自上海、擅长与外国人打交道、又是安徽同乡的吴调卿便成为李急需的人才。吴与李的密切关系也使得汇丰银行对吴更加倚重。

由于吴调卿的英文水平较高,凡有重要的外交公文,李鸿章便会请他代为翻译解说。吴与李鸿章的私人关系相当密切,李鸿章与他大都是在签押房单独约见。李还把大笔私人钱财交给吴存在汇丰银行贷放生息。李鸿章去世后,吴调卿曾将他在汇丰银行的存款共 150 万两,交给李的长子李经芳。

吴调卿是李鸿章洋务事业的重要参与者,他曾为李鸿章搞到清政府存在汇丰银行的银子,也曾为淮军购买军火。李鸿章保举吴调卿捐得一个直隶候补道,并委任他为淮军钱粮所总办,专为李的嫡系军队筹措装备和给养。后来,吴调卿又经吏部尚书陆润庠、军机大臣王文韶等向清廷保奏,得以三品京堂候补并赏头品顶戴。

19 世纪八九十年代,李鸿章主持修筑津榆铁路,通过吴调卿多次向汇丰银行借款,使得工程得以顺利进行。1887 年,李鸿章向清政府保举吴调卿参与铁路的修筑和管理。1894 年,吴被任命为“关内外铁路总办”,他的官场身份使其更便于以清政府的名义向汇丰银行借款。同时,他也善于和外国人打交道,能够与外国工程师和职员融洽合作,因此任职“关内外铁路总办”三年还备受外国人的赞誉。1897 年,吴又被任为河工赈务、电报差务。1898 年,吴因赞成变法维新被任命为京师农工商总局督理,曾上奏清廷创设全国总商会。戊戌维新失败后,吴逃到英国公使馆避难。1900 年义和团和清军炮轰天津租界时,吴调卿曾向英国驻津领事提供情报,致使数百名外国儿童免遭灾难,吴因此而受到赔偿并被英国女王授予勋章。

吴调卿 1904 年辞去汇丰银行买办后未再担任任何职务，但是和清朝官员们仍经常往来，一些淮军将领都常来家打牌。历任直隶总督如场士骧、陈夔龙、张镇芳，张锡銮等到任时，均要前去拜访吴调卿。清廷的官僚、贵族到天津时，也常到吴的家中晤谈。辛亥革命后，庆亲王逃到天津时，吴调卿将其在英租界小白楼的一所楼房租给庆亲王临时居住，并将他存在汇丰银行及日本正金银行的存款各一百万两提出供其使用[1]。

浙江买办王铭槐也是依靠与李鸿章的关系，建起了在天津买办事业的基础，同时也借助同乡关系结交了许多官场上的官僚，为他的买办事业建立了关系网。王与浙江同乡孙宝琦很早就拜了把兄弟，又认孙宝琦的父亲、户部侍郎孙诒经为干爹。宣统元年（1909 年）孙宝琦升任山东巡抚，王铭槐出资帮助孙购置枪支，建立地方军队。王也靠孙的帮助，在山东经营自己的银号和商号。宁波同乡官僚、度支部侍郎程瑶圃与王铭槐也属至交，从而成为王在清政府财政中枢的内线。靠孙宝琦的引见，王铭槐又结交了清末在盛京将军衙门任职的张锡銮。由于他的关系，王铭槐得以在沈阳为礼和洋行推销了大量军火。通过张锡銮，王铭槐又结识了张作霖、杨宇霆等，从而使王家与张、杨一直保持联系。奉系军阀购置军火及兵工厂设备，都是由杨宇霆和王铭槐的长子王毓丞二人经手承办的。为了结交官场中人，王铭槐在他的住宅专设有一所富丽堂皇的招待楼，接待前来的官僚和洋商[2]。

---

① 吴焕之：《天津汇丰银行买办吴调卿》，《天津的洋行与买办》，天津人民出版社 1987 年版，第 70～71 页。

② 王芷洲：《我家三代买办纪实》，《天津的洋行与买办》，天津人民出版社 1987 年版，第 212 页。

在清末,由于常驻天津的直隶总督兼北洋大臣权力的膨胀,天津成为能够左右北京中央政府的权力中心,从而使吴调卿和王铭槐这些买办得以通过与天津的实力派官僚建立密切的私人关系,就可以做成与清政府有关的生意。随着辛亥革命的爆发和清政府的垮台,这种局面结束了。当雍剑秋充任天津的德国捷成洋行买办时,他就不得不到北京去寻找接近权势人物的机会。

雍剑秋在接受洋行的聘用担任买办时,向洋行提出的条件之一,就是要允许他使用金钱贿赂收买政府官员。在北京,他通过结交交通总长朱启钤,认识了许多北洋政府的官僚,通过结拜盟兄弟、儿女结亲、认干亲等方式在北洋政府的上层结下了关系网[①],并进而将触角伸向袁世凯。民国初年,不论是野心勃勃的袁世凯还是热衷于武力争夺地盘的各派系军阀,都要扩充军队,需要大量的军火。雍剑秋任职的洋行是专做军火生意的,只有打通军阀的关节才能做成大生意。雍剑秋通过向袁世凯赠送武器军火,贿赂军阀实力派等手段,为洋行取得了大量军事订货。袁世凯称帝期间,尽管雍剑秋在政治上不拥护袁做皇帝,但作为洋行的代理人,他仍旧帮助袁世凯购置军火,乃至帝制失败后他也成了通缉对象。只是凭借官场的关系网,他才得以渡过了难关。

从总体上讲,天津买办关系网的密集化是在庚子以后。20世纪初,巨额的庚子赔款导致清廷财政更加困窘,不断向外国银行商借贷款。政府对进口军火需求的增加也使他们与洋行之间的来往越来越多。在政府与外国银行和洋行的这些交往中,买办的中间人地位就显

---

① 雍鼎臣:《军火买办雍剑秋》,《天津的洋行与买办》,天津人民出版社1987年版,第245～246页。

得越来越重要了。这就形成了一种奇特的现象，一面是买办要花钱买个顶戴，以便可以和官场上的人打交道[①]，甚至为此还要通过结拜、儿女结亲等方式；另一面是官僚们也极力与买办建立关系，甚至迁就巴结，希图借此搭上与洋行和洋人的关系。

凭借着与外国人的关系，买办与官僚之间的关系完全颠倒了过来。同时，与外国银行和洋行商业金融往来的增多，也使得华商与买办之间的关系发生了改变。宣统年间，长芦盐商为了摆脱金融危机向汇丰等外国银行大量借款。他们为了取得更多的借款和延长偿还期，只能放下官商的架子，与昔日鄙视的银行买办建立密切的往来。同时，随着海上运输的大量增加，商人们为了争得更多的舱位或吨位，只能用种种方法打通怡和、太古这些垄断海上运输业的外国洋行的华账房及其买办。这些都使得洋行买办的社会地位大大提高了。

民国时期，北洋政府和军阀需要向外国银行借款，通过洋行购买外国军火，寓居天津租界的贵族、军阀和官僚，拥有借助权力和战争聚敛的大量钱财，希望存入外国银行以求保险，或通过外国公司投资房地产等。这些只有通过买办才能办到[②]。

在天津英租界的日本横滨正金银行就有清廷王公贵族以及军阀的大量"长期保价存款"。他们存款的目的是为了保险而不是为了利息。仅仅庆亲王奕劻、兵部尚书铁良、内务府大臣增崇、军机大臣那桐以及军阀段芝贵、倪嗣冲等的存款就达数百万元。于是，正金银行买办魏信臣就成了许多皇室亲贵、官僚府上的座上客，寓居英租界的庆王载振简

---

① 太古洋行买办郑翼之按惯例捐了一个候补道，王铭槐花钱捐了一个二品候补道，出道较晚的魏信臣也捐了一个五品，以便与王公大臣们来往。

② 陈金淼《天津之买办制度》，《经济学报》第1期，第40页。

直把魏信臣当成了他的理财顾问。北京的官场是权势者的天下,到了天津租界,买办就成了神通广大的人物了。

4. 发财有道

通商口岸的城市环境为许多地位卑贱的无名之辈提供了发财的绝好机会,他们白手起家,依靠洋人洋行,在不长的时期内由贫贱变为富贵,由社会下层升至社会上层,这就是买办。

买办发财依靠外国银行或洋行,他们财富的主要来源,一是来自洋行的各种收入,再是利用洋行的特权从事的投资和经营。

来自洋行的收入主要包括洋行每月的贴费(即薪水)、“吃行市”的盈余、华账房的存款利息、代理洋账房办业务的佣金,最主要的是买卖货物的佣金①。

19 世纪 70 年代,怡和洋行每年支付给唐茂枝及其雇员的薪水是 1800 两,再加上 300 两租房的费用。同一时期,旗昌洋行支付给买办刘森的年薪是 1200 两,房屋租金和雇员的工资另外支付。但是,买办的花销也很大,“一个买办如支付他的全部开支后,每年还能净得 1000 两的话,那将是极高的酬金了”②。

薪水其实并非买办的主要收入。买办从洋行得到的一项主要收入是佣金。19 世纪六七十年代,天津的买办为洋行每做成一笔生意,可以抽取佣金 1%,每销售一箱鸦片可以得到 5 两银子,另外还可以从客运或委托货运的华商那里获得 2%的佣金。旗昌洋行买办刘森 1862

---

① 陈金森:《天津之买办制度》,《经济学报》第 1 期,第 48 页。

② 《北华捷报》1875 年 8 月 28 日。

年全年的薪水和佣金收入为4616.8两[①]。出口业务比进口复杂，佣金也比进口高，一般为2%，有时还可以得到双份佣金。有的洋行则规定在利润允许的情况下，进口业务支付1.5%～2%不等的佣金。雍剑秋在清末民初充当德国洋行买办时，仅从经营军火生意获得的佣金等项，就达五六百万元。如果是买办介绍的生意，洋行还要支付1%的佣金[②]。外国银行的佣金要高，一般为5%。华账房每年的佣金收入，少则数万元，多则十余万乃至数十万元[③]。

如果按照这个水平，买办的收入也并不很高。买办收入的另一个来源，是利用商业中间人的特殊地位，采取种种合法或非法手段的索取。有的买办还利用管理洋行资金的权力贷款获利，挪用资金用于自己的生意等等。

王铭槐任职华俄道胜银行时，利用清政府向道胜银行借债和收付款项之便，随意做行市，从中取利。他为银行掌管银库，便暗自将银行库存现银挪至自己开办的银号放贷或投资房地产。后来这一监守自盗的行为被发现，挪用现银多达20万两。借助买办同行和亲友的帮助，他逃避了破产的厄运，又当上了德商礼和洋行的买办。当市场上银根吃紧的时候，外国银行华账房常常挪用行方库存现金放贷，虽然这种做法属于非法，但却是公开的秘密，像汇丰、横滨正金、道胜等银行的华账房都利用这种方法获取大量的收益[④]。

① [美]郝延平：《十九世纪的中国买办：东西间桥梁》，上海社会科学院出版社1988年版，第111页。

② 《北华捷报》1893年9月15日。

③ 陈金森：《天津之买办制度》，《经济学报》第1期。

④ 津文：《"负疚实深"魏氏父子》，《近代天津十大买办》，天津人民出版社2002年版，第137页。

由于他们既是洋行的买办又是经纪人,同时还可以私人的名义从事商业活动,在从事私人投资或交易时,这三种角色常常会使得他们能得到比一般商人大得多的收益。

梁炎卿在怡和洋行担任的就是这样一种角色。由于他毕生遵循以洋行的事业为重,对洋人俯首听命始终如一,生意场上不出风头,不冒风险,不拉拢同乡,不参加公共事业,因此甚得洋人的信任,一直控制着怡和洋行华账房的大权,在为洋行服务的同时自己也大发其财,成为显赫的"买办首富"。

从19世纪到20世纪,航运业一直是天津怡和洋行最赢利的业务。梁炎卿长期充任怡和洋行轮船部买办,其收入也主要来自航运业务的佣金收入。作为轮船部买办,他的主要职责是替怡和洋行轮船揽载。当轮船将要到达天津之前数日,华账房要将此信息通知所有客户。如有商行或商人想搭怡和轮船运货,就要与华账房联系。一切运货、报关等项手续都要经由华账房办理。货物装船后,华账房要负责向运货客户收取运费,并按月将运费全数交付洋账房。但是,客户与华账房之间要按华商习惯以三节结账①,而洋账房要按月结清,因此华账房常常要垫款给洋账房。一旦客户的运费支付发生意外,作为买办首先要保证不能使洋行的利益受损,而只能由买办自己代偿。从1918年起,这一传统的付账办法发生了改变,华账房对交运的客户一律收现,买办所承担的风险明显减小了。

洋行要根据所揽运货的多少,向梁炎卿支付一笔优厚的佣金,名为

① 当时,天津的华商交易几乎都是延期付账,很少现金交易的。每年付款结账期为农历五月初五(端午节),八月十五(中秋节)和腊月三十(除夕),是为三节结账。

保证佣金(Guarantee Commission)。这笔佣金包含梁炎卿要承担的一定风险,数额一般按洋行运费净利总额的 2～5%提取,但是时期或运输货物不同,所提佣金比例也不同,如化学药品、西药等的佣金可高至 5～8%,小五金类初到天津推销时,佣金高达 20～30%。当然,无论如何,怡和洋行这样垄断性的轮船公司,其一年运费总收入高达数十万甚至数百万两,作为买办的梁炎卿,其佣金收入也是相当可观的。而且运货的商人为了争取到运货的机会或较好的运输条件,也会支付佣金给买办。

但是,只凭洋行支付的薪水和佣金,买办是不会发大财的。自己并不经营工商业的梁炎卿凭借怡和的实力和特权,会找到许多发财的机会。例如“吃行市”,即华账房凭借其实力和条件,先将某种货物买下存库,存储一段时间,待市场行市上涨或洋行迫切需要的时候再行卖出,从中赚取厚利①。此外,对船上买办舞弊行为的默许也必然会带来金钱的报答,以及收受客户的“使费”,或预收运费以高利贷出借等,都是买办发财的方法。

梁炎卿升任当家买办后,还要负责或过问进出口各部以及所有随船买办的任免及其工作,从而使他与许多下属买办之间建立了非同寻常的关系,自然也给他创造了很多发财的机会。这就要谈到梁炎卿与陈祝龄的关系。

梁炎卿 1874 年初入天津怡和洋行时,与另一广东高要人黄云溪同任大写之职,俩人相处甚密。不久,黄云溪受聘于瑞记洋行,临行时介绍他的内弟高要人陈祝龄到梁手下任职。此后,梁陈二人半生相倚,成

① 陈金淼:《天津之买办制度》,《经济学报》第 1 期,第 47 页。

为生意场上的最佳搭档。梁升任正买办以后,陈祝龄在洋账房任职。1909 年,怡和洋行成立出口部,梁炎卿力荐陈祝龄任出口部买办。梁陈二人密切合作,为怡和经营土产出口,尤以棉花、羊毛、皮张为大宗。为了收货方便,他们还在张家口等地设立怡和外庄,使出口生意迅速扩大,每年的营业额最多时可达 400 万两。第一次世界大战期间,欧洲市场对猪鬃、羊毛、棉花、大豆和油脂等货物的需求大增,从而使怡和洋行的出口业务迅速增长。这一时期,也是梁陈发财的重要阶段。虽然出口部的买办是陈祝龄,幕后指挥却是梁炎卿。据记载,陈祝龄任出口部买办期间,赚取了二百多万元。梁炎卿所赚取的利益,当在陈之上。

梁炎卿和陈祝龄在洋行生意场上的多年合作以及他们个人关系的密切,使当时的人们将他们视为一体,一提到"怡和"买办即是梁陈二人。然而,由于梁炎卿很少参加社交活动,处世为人以吝啬而闻名,所以租界的社交界对他甚少了解。而陈祝龄却不同,在同乡和戚友中,陈以敦厚、慷慨而闻名。他的社会交往广泛,在商界颇有名声,其大名甚至压倒了梁炎卿。当时的媒体对他的报道是:"家财殷富,在商界卓有名望"。而正值军阀混战的年代,溃兵流匪肆行无忌。他们利用天津多国租界各自为政,容易逃脱抓捕,大肆进行抢劫绑票,作案后在各租界之间逃窜,以为掩护。由于租界中居住着大量富人,所以一时绑票之风甚为盛行。被当时的人们传为"巨富"的怡和买办梁陈二人,自然成为绑匪绑架勒索的对象。1929 年 10 月 31 日早晨,在马场道散步的陈祝龄被匪徒绑架。虽然陈家支付给绑匪十万元赎金,陈祝龄还是惨遭匪徒杀害。英租界警方无力破案,使"怡和出口部经理陈祝龄被绑"一案一时成为悬案。

由于买办与洋行之间是承包关系,买办只要保证洋行的业务顺利进行,就可以同时经营自己的投资或商业交易。天津的买办多数都在为洋行服务的同时,也从事自己的商业或其他投资。他们的经营大都利用洋行的特权甚至资金,有合法的也有非法的。

天津买办拥有多少财产,我们无法做出总量的估算。但是,从四大买办的财产分析中,我们对天津买办的财产规模可以有一个感性的认识。

根据曾任天津海关道的蔡绍基的估计,梁炎卿在全盛时期拥有财产大约 2000 万元,数目高踞天津所有买办之上。梁炎卿亡故后,他的子女析产时,财产估值为 1000 多万元。梁所拥有的股票和证券,据 1938 年的估值为 500 万元。梁炎卿生前委托高林洋行代管其股票和证券,同时还指定该洋行为其幼子梁文奎的保护人,并明确只有到梁文奎成年后,才能享有这部分财产。

1921 年太古洋行买办郑翼之去世时,郑家的财产据估计大约为 1000 万元,主要包括英、法、俄、日租界和老城区以及上海、烟台、澳门等地的不动产,还有天津、上海多家公司的股票。此外,他还拥有独资经营的报关行、煤栈等。

据汇丰银行华账房的管账人说,吴调卿在汇丰银行时的收入,每年大约为 20 万银两,最多时达 40 万两。吴调卿辞去买办时,账面上除了支出外,尚余银 140 万两。他的家中人口不足 20 人,生活费每年达 5 万辆,雇用马夫及男女用人有五六十人之多。1927 年吴调卿去世时,所遗财产大约四五百万两。

1927 年仁记洋行买办李吉甫死后,李家开始分家析产。当时李家的不动产估值 200 万元,加上票券和其他投资,仁记李氏家族的财产估计大约为六七百万元。

从买办居住的变化，也可以看出这一暴富的阶层在天津的生活轨迹。19 世纪从南方来到天津的买办既没有与外国人住到一起，也大都盖不起自己的房子，居住状况很是一般。不论汇丰银行买办吴调卿，还是怡和买办梁炎卿、太古洋行买办郑翼之，都在当时的美租界内招商局南栈租房居住①。此时，在天津的西方人纷纷在英法租界西界以外私下向中国业主廉价购买土地，买办显然也加入到了这一行列②。当1897 年这些地区被划为扩展界以后，那些来自南方的买办许多人都在这一地区拥有了自己的住宅。吴调卿先在法租界扩展界购买了法国人的一套住宅，但 1900 年被俄国军队占用并遭到破坏。随后，吴调卿又在英租界扩展界购买土地建造了新的住宅。同时在这一地区购地建房的还有梁炎卿、郑翼之以及道胜银行买办王铭槐。当时，他们利用被拆除的天津城墙的城砖盖房，还遭到老城区天津人的咒骂。这些买办们比邻而居，同时与他们做邻居的还有洋务官僚们，如吕海寰、李盛铎等，使英租界的扩展界成了这些专门与外国人打交道的华人聚居区。他们的住宅大都是欧洲风格的建筑，堪称豪华，与那些有财不外露，居住在外形不张扬的四合院中的传统商人相比，买办显然崇尚不同的价值观和生活方式。逸信洋行买办孙仲英 20 世纪初已经拥有了一所豪华的花园洋房，造价超过了 50 万元。住宅内陈设着专门从欧洲进口的家

① 吴焕之：《天津汇丰银行买办吴调卿》，《天津的洋行与买办》，天津人民出版社 1987 年版，第 75 页。

② 郑志璋：《天津太古洋行与买办郑翼之》，《天津的洋行与买办》，天津人民出版社 1987 年版，第 67 页。

具,收藏着珍贵的古瓷器,花园也是中国式的[①]。

20 世纪 20 年代是租界住宅建设发展快的时期,各种风格的豪华住宅出现在租界的新开发地区。获得成功的买办们大都不惜投资,营造豪华的住宅。位于天津全城商业区附近的法租界花园周围,由于环境优美而成为高级住宅区。在为数不多的最为豪华的住宅中,就有两所的主人是洋行买办。仁记洋行买办李氏家族在这里建造的住宅,其豪华堪称津城之最了。住宅由天津最为有名的瑞士乐利工程司建筑师卢普·杨(Loup Young)设计,建筑具有鲜明的西方古典主义风格,同时又带有东方庭院建筑的色彩。宅院中央有爱奥尼克柱支撑的大厅和回廊连接着三组住房,显然是适应李家多房共居的需要。半圆形的券门、带有漂亮曲线的厅顶、典雅的柱式、圆拱形的门窗、色彩瑰丽的水磨石地面,使人感觉走进了欧洲的豪宅。站在中间面积很大的方形天井式庭院里,周围塔司干圆柱支撑的回廊,柱间长方形小花坛,庭院中央的喷水池,又使人品味到中国四合院庭院建筑的风格。

① Arnold Write ed., *Twentieth Century Impressions of Hong Kong, Shanghai, and Other Treaty Ports of China: Their History, People, Commerce, Industries and Resources*, London, 1908.

第七章　商人阶层的近代演化

到明清时期,城市商人已经逐渐摆脱了被歧视的社会地位,成为举足轻重的社会阶层。而且,随着清代中期以后城市经济的加快发展,商人阶层不仅实力大增,构成也复杂化。禁止商人参加科举考试制度的松动,使得商人逐渐渗透进官僚阶层。他们通过培养子弟读书入仕,来维护自己及家族的财产和地位。官场中得势的商人又利用政治权力从事盐、茶等特许垄断商业。18 世纪以后盛行一时的捐纳制度,使得商人可以不用参加科举考试,而通过金钱合法地买到官衔或职位。城市商人正是在这种复杂的演变过程中步入近代的。

何谓商人,在理论上似乎不难定义清楚。民国初年天津商会的一项商务调查中对商人的定义是:“介立于生产者与消费者之中,有转换货物之行为,始得称为商人。……以营业营利为目的而有商行为者”。同一项调查还划分了大小商人的区别标准:“有法人资格者,向皆称为大商人,仅以自然人营利者,俗皆视为小卖人”。后者主要是指走街串户或在街道旁买卖货物,资本金不满 500 元者,也称小卖商人。区别的要点是资本规模和经营规模，即“买卖货物之多寡以及取引之多少”[①]。

但是，当我们追溯中国城市商业和商人的历史，就会发现在实践中定义清楚并非易事。由于中国传统上对手工业和商业的划分就不十分明确，所以传统时期城市中所有从事经济经营者都被称作“商”，甚至包括手工业的投资者或经营人。因为他们往往是在经营手工业的同时，也经营着商业，所谓“前店后厂”的形态就是这一历史的产物。在政府登记职业时使用的“铺户”一词，往往包括了所有拥有固定经营空间和字号的经营人，并非单纯的买卖人。在商人阶层的近代演变过程中，新的行业和经济部门大量出现，使得商人与企业家、实业家之间也难以划分清楚。新出现的制造业甚至包括某些近代工业，在统计当中也常常被划入商业的范围。因此，本书中“商人”的定义也是广义的，它包括各类的生意人，既包括一切固定的铺商和流动的行商、小贩，也包括当铺、银号钱庄、货栈和牙行，以及投资于手工业和近代工业的生意人，尽管在一些章节中也把这些人称作企业家、实业家。

1. 传统的天津商人

建成于明代的天津，从其城市形成的初始就注定要成为一个商业城市，因为城市兴起的动因就是引发南北商品大交流的漕运和造就中国传统商人上层的盐业。

早在清代初期，人们对天津的评价就是五方杂处，逐末者众，习尚奢靡。外来移民构成的城市商人阶层，已经使城市形成了鲜明的性格。

① 《调查商务习惯答案》(1912 年)，天津市档案馆等：《天津商会档案汇编(1903—1911)》(上)，天津人民出版社 1989 年版，第 908～909 页。

另一方面,天津的“近畿”位置,导致中央政府对城市的控制和影响较大,所以,尽管天津是运河漕运最重要枢纽,也是北方最大的海运港口,但是清政府的禁海政策以及被清政府所特许的漕船夹带贸易方式,制约了天津的海运商人及一般贸易商人的经营,而使从清政府获得特许的长芦盐商等得到了优先发展。

清朝执政后对盐业没有实行国有化,而是继承了明代的官商专卖制,其初衷除了解决军队供给之外,也意在吸引商人对新政权的支持。这一政策对天津城市社会的演变尤其是盐商实力的迅速增长产生了很大的影响[①]。

早期的长芦盐商,大都与北京的政府机构和官场保持密切的关系。康熙时代的张霖家族是来自安徽的移民。其精明的父亲在京城官场建立了一定的社会关系网,才得以认办引地,加入长芦盐商的行列,定居天津。张霖在经营盐务的同时也涉足官场,培植广泛的社会网络。这位神通广大的商人可以从内务府获取大笔借款,又有高官投资他的产业。他利用财力结交清廷权要,得以接近最高统治者。安尚仁家族的发迹同样依靠京城官场的关系。然而,依靠政治网络往往又是不可靠的,一旦朝政发生变化,他们往往一夜之间就会成为阶下囚。查天行两次入狱,原因除了向内务府借款,就是为了让据说目不识丁的儿子能够进入官场而不惜雇用枪手冒名参加科举考试。然而,他几次获罪的真正原因,显然是他陷入权力场过深的结果。不过,两次被判处死刑又都借助金钱得以赎罪逃脱。另外,这些大盐商的一个共有的行为,就是为了建立有效的社会网络不惜投巨资建造私家园林,查氏建造的“水西

① 参见关文斌《文明初曙——近代天津盐商与社会》,天津人民出版社 1999 年 4 月版。

庄”不仅吸引了京津官僚及文人墨客，连乾隆皇帝也多次驾临。为了与官僚政客文人交往的需要，查为仁竟然在很短的时期内令人难以想象地从一个文盲变成了颇有名气的诗人和学者，甚至他刊印的诗集也曾风行一时。

借助垄断性的盐业发财致富的盐商，无不投入大量的财力和精力设法获取更大的商业机会和提高其社会地位。天津与北京相互邻近，交通便利，为长芦盐商提供了一个可以经常往来京城活动，与中央政府和京官保持密切联系的有利条件。他们采取的手段有合法的，更有非法的，诸如为清廷提供各种捐款，以迎合朝廷政治或皇帝享乐的需要[①]；向官僚行贿，或吸引他们投资；建造豪华的私家园林作为京城来往的官宦文人聚会的场所，甚至皇帝出访下榻之所；出面组织官僚文人们最为热衷的诗社、游园会，通过吟诗唱和等与他们保持密切的关系；通过与官僚联姻，建立泛商人家族体系。如此种种，目的就是结成尽可能广泛的社会网络，以巩固和扩展他们的家族实力。尽管涉足京城的官僚圈子风险很大，他们的商人身份和种种不合法的行为使他们很容易获罪，甚至抄家和死刑，但是金钱和长期精心结成的社会网络又往往会使他们绝境逢生。

家族在传统商人上层尤其是盐商的商业发展中起到了至关重要的作用。家族既是生产、消费的单位，又是投资的单位，也是盐商社会化

---

① 据统计，18 世纪至 19 世纪前期，长芦盐商的各项捐款中，向中央政府的捐款无论项数和总额都大大超过了为天津地方事务的捐款。（参见关文斌《文明初曙——近代天津盐商与社会》，天津人民出版社 1999 年版，第 258～259 页，"附录二：清代长芦盐商部分捐款一览表"。）

自我再生产的机器[①]。商人家族大都随着发家而经历由核心家庭转化为几代同堂的大家族,然后当家长去世后子孙分居析产这样一个过程。只是在传统社会中,庞大、和谐的家族是富有和社会地位的象征,因此一般大商人家族即便家产已经分开,往往在形式上还要保持家族的统一。在商业经营上,也常常保持统一以便增加竞争力。居住在天津城东门内的华氏家族二百多口人同居一院,靠长芦最赚钱的通州引岸维持大家族的生活,八代人从未分家,因而受到人们的盛赞。他们的居住地被人们称作"华家大院"。

从19世纪,天津人就把本地商人中的巨富称作"八大家",由此也可证明社会更认同家族经济的地位和作用。咸同年间,被列为"八大家"的富商家族中,以经营盐业者为最多,其他行业则分别为粮食、典当、银钱、绸布、杂货、地产以及海上运输业。这些富商不仅保持着大家族,而且还相对聚居,互为邻里,在老城区形成了富商聚居区。如表12所示,19世纪中期天津城区共居住着372户盐商,其中大多数居住在城内和东门外、北门外。表中没有列出的南门外街区连一户盐商也没有。在城内,从东门通往城中心鼓楼的大街两旁附近,就分布着十多家最富有的商人,成为天津富人最密集的街区。[②] 可见,传统城市尽管没有明确的分区制,但是同一社会阶层的居住分布也呈现聚集的趋势。与此同时,他们还通过联姻,彼此结成相互连接的社会网络,以维护各自家族的利益。这种现象一直发展到民国时期,当军阀等政治势力横

---

① 关文斌:《文明初曙——近代天津盐商与社会》,天津人民出版社1999年版,第66页。

② 参见关文斌《文明初曙——近代天津盐商与社会》,天津人民出版社1999年版,第92页,注释31。

行天下的时候，天津的富商又千方百计与军阀、官僚结儿女亲家，以维持家族的社会权力与地位。

表 12　盐商的空间分布(1846 年)

城内	东门外	西门外	北门外	东北城角	西北城角	总计
159	110	4	52	13	34	372
42.74	29.57	1.08	13.98	3.49	9.14	100.00

资料来源：(道光)《津门保甲图说》卷 1。

与这些上层商人相比较，中下层商人显然无力借助官场的关系保护自己，地方官员与他们之间的关系也是控制和利用多于保护。他们只能依赖各自的社会网络保护自己。

我们可以把一般的商人分为本籍商人与外籍商人。如第五章所述，19 世纪中期天津城市人口的构成中，经商人口所占比例超过了 50%。尽管由于资料的限制，无法对这一构成做进一步的分析，但是这一数字本身就足以说明，商人阶层在传统时期的天津社会中具有极大的优势地位。

与此同时，随着城市经济的发展和人口流动的加剧，外籍商人的人数和实力也不断增长，尤其以来自山西和南方各省的商人居多。有的行业甚至被他们所垄断。山西商人张晋凯，自康熙年间就在老城北门外乐壶洞开设烟店，经营水旱烟、槟榔等，天津人称“老西烟店”，他本人也被天津人称作张老西[①]。天津的票号、当铺、油漆颜料铺等行业，山

① 戴愚庵：《沽水旧闻》，天津古籍出版社 1986 年版，第 5 页。

西商人的经营都占有优势。19 世纪末,北门外的油漆颜料店都是由山西人经营[①]。这种状况一直延续到 20 世纪 30 年代(见表 13)。

表 13　山西商人经营行业优势统计

(根据 1936 年天津商会的统计资料)

行业	统计铺商家数	山西商人经营	主要籍贯地	商铺街区分布
典当	21	14	灵石、介休	东门内外、南门内外、西门内、西北角、河东、西头、地道外
油漆颜料	22	10	汶水、汾阳、平遥	北马路、北门外、东门外、法租界、河北大街

为了保持商业竞争力,提高同籍商人在城市中的地位和谋求发展,外籍商人大都通过建立会馆结成同乡网络。始建于嘉庆年间的山西会馆位于北门外最重要商业区——估衣街,是旅津山西商号十三帮集资公建。会馆内设有杂货十三帮公所一处,名曰晋义堂。位于估衣街对面针市街的闽粤会馆最早建于乾隆年间。该会馆最初是由福建泉州船帮购地,后因船帮中的广东潮州人原籍福建,语言文化习惯与福建帮相同,便共同出资建造。

溯当前清初季,海禁大开,闽粤两省商人来津贸易者日众,其时均乘红头船,遵海北来,春至冬返。嗣因客货抵津,寄顿无所,加以海船惯习,入口出口均须虔祀天后,报答神庥。于是两省商人佥议,按照客货

① 《直报》1895 年 2 月 14 日。

交纳海关税数目多寡抽分，集资建造会馆一区，用以祀奉神祇，联络帮谊。至乾隆十四年完全落成，即定名为闽粤会馆。[1]

会馆的功能除了联络乡谊、祭祀共同信仰的神灵以加强团结外，主要还在同籍同行商人之间协调价格以限制行业竞争，调解与外帮商人之间的商务纠纷，或解决与地方政府之间的矛盾，遇有意外时相互救济以维护本帮商人的利益。同时，会馆还购地辟义地、义园，埋葬死去的同乡，有的还在会馆为同乡子弟附设学校等等。

与北京早期的会馆主要是同籍官员筹资兴建不同，天津早期的会馆均为同籍商人所建。只是到了 19 世纪后期，随着外省籍官员尤其是南方官员在津担任重要官职，会馆的建造才有官僚的参与，如安徽会馆就是 19 世纪李鸿章任直隶总督时期时建于总督衙门附近的。会馆建筑在当时的天津无论占地面积还是规模都是最大的。1919 年五四运动发生时，该会馆由于场地宽敞交通便利而成为学生集会的场所。20 世纪初，祖籍河南的袁世凯任直隶总督时，在他致力开拓的河北新区建造了河南“中州会馆”。会馆建在河北新区的中心——大马路，城堡式的门墙，院中有天井，戏楼四周有玻璃窗户，改变了会馆庙宇式的传统建筑模式，带有新式建筑的风格。会馆中设有中州学堂，专门招收河南籍子弟入学。1909 年，贵州人陈夔龙调任直隶总督，总督衙门所在的河北新区马上又建起了云贵会馆[2]。这三所会馆不是设在商人聚集的商业中心，而是建在政治中心，建筑规模都很大。而这几个省的商人，在天津都没有很大的实力。显然，这是借助同乡高官壮大来自这些省

---

① 天津市档案馆等:《天津商会档案汇编(1912—1928)》(2)，天津人民出版社 1992 年版，第 2100 页。

② 许杏林主编:《天津摇篮三岔河口》，1995 年版，第 188～189 页。

的移民的力量。1906 年建在老城中心的广东会馆,则是以广东籍买办为首的商人与在津广东籍官员(主要任海关道)联合筹建的。其建筑之豪华,在天津的会馆建筑中是首屈一指的,显示出当时广东商人雄厚的实力。与此同时,无论山西会馆、闽粤会馆还是传统时期建造的其他会馆,进入 20 世纪以后都先后败落了,山西会馆从庚子以后就再也没有进行过整修,以致"房屋朽漏不堪"。这也从一个侧面表现出传统商人的衰落。

2. 近代商人阶层的蜕变

与其他通商口岸城市一样,天津商人阶层的近代演变肇始于买办的兴起与绅商的出现。有关天津的买办已有专章论述,这里只想说的是,买办的出现标志着近代商人阶层兴起的开端。作为新式商人,买办的出现不仅改变了商人阶层的内涵,而且也更新了经商的理念。传统时期把商人只看成做买卖的人,但是晚清以后,各种新式商业以及金融业或工业,都融入了广义的商业范畴,经商逐渐与办实业成为同义语。买办则是最早在通商口岸城市从事各种近代行业的商人。买办的兴起也使商人开始摆脱政府的控制和利用,他们不用再为了发展商业而周旋于官场。尽管买办还不是完全独立的商人,他们作为外国洋行的雇用者,还要依附于外国人,但是他们与洋行的关系已完全是一种契约关系。在法定条款的范围内,他们有充分的经营自由,而不像传统商人那样,随时都可能被政府所勒索,随时可能因一时不慎而被抄家、获罪。尽管买办一度被人们所鄙视,但是恰恰是通过他们,西方的经商理念与近代的企业制度和管理方式等,得以逐步地传入中国社会。

近代商人的另外一个社会来源是绅商。绅商的历史作用是使传统商人借助捐纳制度逐步演变为近代商人。商人花钱捐官，19 世纪早期在东南沿海地区已经颇为流行，但在风习保守的天津却出现较晚。天津绅商的出现主要有两个途径，先是李鸿章任北洋大臣期间，南方的商人纷纷北来，参与李鸿章倡导的洋务实业，再有就是本地商人的绅商化。

一般认为，19 世纪商人社会地位的迅速上升始自沿海通商口岸的出现以及清政府镇压太平天国时期，也就是咸同年间①。就天津而言，如果说开埠使天津出现了南来的买办商人，那么外国军队对天津的占领以及太平军北伐，使得本地商人成为地方的领袖和城市精英，成为清政府不得不倚重的社会力量。

当 1853 年太平军逼近天津时，天津驻防清军的薄弱为以张锦文为首的长芦盐商提供了一个难得的机遇，使他们得以为保护城市而贡献力量，并由此获取更大的社会权力。张锦文与盐商倪虎榜、李春城等共同组织团练，并成为保卫城市的指挥者。此时张锦文经营盐业还不到二十年，卑微的出身使他在盐商圈内常常遭到排斥。但是或许正是早年艰苦的经历使他处事更加灵活，更善于与社会各个阶层甚至外国人打交道，这恰恰是组织团练和指挥这种非正规军队作战所必需的。他要知县将关押的罪犯和混混儿释放出来参加“练勇”，他善于把实力最强大的民众组织水会调动起来。他不仅自己出资修筑防御工事，还为驻防清军出资配备武器装备。大商人指挥着没有经过任何训练、临时拼凑起来的乌合之众，其中许多是平日横行街头，斗殴为乐的混混儿以

① 《申报》1883 年 12 月 3 日。参见马敏《官绅之间：社会剧变中的近代绅商》，天津人民出版社 1995 年版，第 85 页。

及罪犯,而为数寥寥的驻防清军①却几乎成了看客。张锦文还身先士卒,亲自指挥并亲手点燃大炮。成功的城市保卫战第一次将城市不同的阶层在保卫家乡的旗帜下联合在一起。这种以商人上层为首的社会各阶层相结合的社会行为模式,一直持续到19世纪末。

1858年和1860年英法联军对天津的两次占领,使张锦文再次显示出应对城市危机所表现出的非凡能力,连清廷也不得不倚重这位没有任何功名身份的盐商了。张锦文是第一位以地方领袖的身份与欧洲人直接打交道的天津商人。1858年英法两国军队第一次进入天津,天津道府县三级官员联合署名发出紧急专函,将张锦文从外地叫回天津。张锦文联合津城商家建立铺勇,成为有效的保护乡里,维持地方秩序的组织系统。他要求官府公开出示,声明铺勇的任务专为保护乡里,任何情况下都不准外调直接参加作战。同时又招募无业游民编为壮勇,以助声势,安定人心,也防止他们趁乱骚扰,破坏治安。在外国军队占领期间,铺勇成为天津城的保卫者,盐商成为地方实际的领导人。维持治安、缉拿窃盗、排解中外纠纷、与外国当局交涉以保护地方利益等等本为政府的职能,却成了商人及其领导的铺勇的责任。他甚至还代表天津商民与在津的清政府官员协商,以保护地方利益。清政府向张锦文颁发令箭,授他以大权。但是,当要求他指挥铺勇攻击外国人的时候,却遭到拒绝,他认为那样做不仅必败无疑,也违背了铺勇的任务只是保卫乡里的许诺。

通过张锦文与其他盐商和铺勇的共同努力,使城市免遭外国军队

---

① 据说只有800人。参见关文斌《文明初曙——近代天津盐商与社会》,天津人民出版社1999年版。

的骚扰，社会治安得到了保障。张锦文也因此获得殊荣，被清政府赏赐一品顶戴花翎，儿子任盐运使，连孙子也被赐予举人，并准许死后为其立祠。天津的绅商百姓也送匾给他。出身贫贱，没有读过什么书的商人，成了城市显赫的士绅。

随着地方商人社会影响力的不断增大，不同社会等级之间形成了城市社会网络，网络的结点是那些拥有最多财富，并通过捐纳获得功名的绅商。无论地方政府还是北京的朝廷都不能无视这一网络的存在，尤其当出现重大事件的时候，这一社会网络就会为保护地方利益而发挥作用。1870 年天津教案发生后，天津知府张光藻首先召集支持水会的绅商，保证不追究他们的责任，要求他们各安本业并协助保护洋行[①]。奉命办理教案的曾国藩到天津后，首先亲自召见地方绅商，没想到绅商们对这位权重一时的朝廷大员并不大买账，只有很少几个人应召前去。曾国藩请他们检举“凶犯”，竟然没有一个人应答。曾的幕僚们登门拜访盐商杨春农，了解教案的情况并要他指出“真正凶犯”，杨却避而不答[②]。相反，绅商们又屡次主动去见曾国藩及其他官员以及外国官员，为杀洋人者说情。最后，当不得不要处决与被杀外国人人数相等的“凶犯”时，又有“憨不畏死”的混混儿宁愿顶凶，身穿各自崇拜的古代英雄的戏装前往西关外的刑场，受到城中居民们的赞扬。作为社会上层的绅商与社会下层的混混儿联手维护了城市的利益，尽管他们所维护的是盲目排外的地方主义。

1900 年的义和团事件使得维系了四十年的社会行为模式发生了

① (清)王定安:《求阙斋弟子记》卷 17,第 4 页。
② (清)李兴锐:《李兴锐日记》,中华书局 1987 年版,第 34 页。

改变。当进入天津的义和团准备向外国租界和被俄国军队占领的老龙头火车站发起攻击的时候,张锦文的孙子张少农企图仿效其祖父的角色,充当维护地方利益的领袖。他联合“津郡富绅巨商”去见义和团的首领,试图劝阻其发动进攻,却遭到拒绝。他又奉朝廷之命,邀集“城厢内外各绅耆”协商组织铺民练勇,也于事无补。而他自己却在八国联军攻破城池的前一天逃往外地躲避,直至十月才返回。他的行为遭到公众的谴责:“身为巨绅,凡地方各事并不闻问。倾闻其祖茔有充公之议,该绅闻之即向各处钻营,欲求中止。该绅虽神通有力,恐难挽回”[①]。作为城市领袖的绅商,在城市有难之时应有保护之责,否则就丧失了地方领袖的地位。八国联军占领天津后,再也没有代表全城利益的绅商出面组织铺局“支应”洋人了,只有居住在东门里的盐商华氏和城西的绅商张兴堂、牙医毛瑞堂分别出面为各自社区的安全而与外国联军交涉。

南方的绅商是在李鸿章19世纪70年代任直隶总督兼北洋大臣来到天津后,陆续北上津城谋求发展的。极力推动洋务的李鸿章在一段时期内,很不受天津当地人的欢迎,他只能从南方邀约官员和商人等到天津协助其拓展洋务,从而给南方的绅商、买办创造了极好的北上发展机会。

1882年,浙江商人严信厚受胡光墉委派来天津谒见李鸿章,献军饷银10万两。严在天津看到了发展机会,没有回南方,而是在天津先后创办了源丰润票号、新泰银号,又在估衣街开设物华搂金店、老九章绸缎庄,成为天津浙江商帮的开拓者。他本人因得到李鸿章的赏识而

① (清)储仁逊:《闻见录》,稿本。

先后任长芦盐运督销、天津盐务督办等职，并以“劳绩”加捐，位至候补道。涉足盐务后，严信厚又在天津城内开设了同德盐店。

汇丰银行买办吴调卿是安徽人，他靠同乡关系与李鸿章建立了密切的私人关系，又因为帮助李鸿章搞到清政府存在汇丰银行的银子和为淮军搞到军火而得到李的赏识，并由此踏入洋务的行列。他被委任为李鸿章的嫡系军队——淮军的钱粮所总办，经李鸿章保举捐得直隶候补道，后来又得以三品京堂候补并赏头品顶戴。19 世纪后期李鸿章主持修筑津榆铁路，吴调卿又帮李鸿章多次向汇丰银行借款。李鸿章也保举吴调卿为“关内外铁路总办”，参与铁路的修筑和管理。

原籍江苏的朱其昂，在北方开埠后即北上经商，先在烟台与美国商人开设清美洋行，又到天津和北京开设华裕丰票号。他靠捐纳获得了候补道的头衔。李鸿章创办轮船招商局，委任朱为第一任总办，并任浙江漕运总办、海运委员。1878 年朱被任为津海关道台，但不久在天津去世。他在天津期间还在当时的美租界创办了贻来牟机器磨坊，曾被视为天津第一家近代工厂企业。

1873 年，由于朱其昂经营招商局不利，盛宣怀向李鸿章举荐怡和洋行买办唐廷枢以及宝顺洋行买办徐润加入招商局，由此唐廷枢这位买办出身的商人以候补道员的身份出现在天津的洋务机构中。他先是担任轮船招商局总办，1876 年又受李鸿章之托筹办开平煤矿。作为官员，他成为李鸿章洋务企业的主要开拓者；作为商人，他除了投资于这些企业，还参与了中国第一条铁路——唐胥铁路的建设，并参与创办了天津租界的煤气公司、天津沽塘耕植畜牧公司等[①]。可以说，19 世纪

① 参见汪敬虞《唐廷枢研究》，中国社会科学出版社 1983 年版。

70 至 90 年代,这位集买办和绅商于一身的唐廷枢是天津最活跃的人物了。大批广东商人在这一时期来到天津投靠他,使招商局成了广东人的天下①。

19 世纪来天津的南方商人与本地商人,不论身份角色还是行为方式都有明显的差异。当本地商人还拘泥于保守的传统角色,为保护地方利益而不惜钱财的时候,南方来的商人已经在买办与绅商两种角色之间游刃有余,热衷于大规模的近代投资了。而且,城市也形成了两类不同商人活动的空间,老城区是本地商人的"天下",而南方来的商人买办则大都在租界地区活动,尤其是被称作"紫竹林"的法租界西部和美租界②。1895 年《直报》公布银洋行情,也将天津和紫竹林分别列出,表明当时城市的经济活动以及人们的意识中,都把老城区和租界看作是两个不同的城区。

以庚子事变为转机,天津的商人阶层发生了很大的变化。商业贸易的发展和商业结构的改变导致商人实力迅速增长。有实力的本籍商人不再固守传统的商业,而是开始投资近代企业以及新式商业,如肥皂、卷烟、火柴等制造业,以及自来水、电力、房地产、保险、银行等。他们还向外地拓展投资,尤其是位于华北北部唐山地区的煤矿、水泥和玻璃工业,成为天津商人投资的热点。长芦盐商王贤宾和李宝恒还集资 200 万两,创建了高线铁路公司,以解决北京附近房山煤矿的运输。

在新的投资中,股份有限公司不断出现,改变着商人传统式的经营方式和经商理念。一些传统商业也开始运用有限公司的组织形式加以

---

① 《申报》1875 年 3 月 31 日。

② 参见尚克强、刘海岩《天津租界社会研究》,天津人民出版社 1996 年版,第 73～74 页。

改造，历史最为悠久的怡和斗店1905年因亏空歇业，时任商会协理的本地买办宁世福等人集资接办，成立“怡和公斗店有限公司”。其内部组织、股份集资方式、查账、利润分配等采用近代企业组织形式，在经营方式上却仍然沿用传统商业运作，承认司帖府牌的合法性，以及斗店经营传统上划定的界限等①。

在经商的行为方式上，传统的天津商人与华北地区的商人一样，更看重个人的信义、体面和承诺。在商业交易中，即便是大宗买卖交易和大笔货款的支付，也都是靠简单的口头承诺和人格信用，无须任何实物或财产的担保。尤其是大商人，更是一诺千金。交易中看重人格和信义，而不是财产的担保、银行的信用和契约的建立，彼此不熟悉的人很难做成生意。随着西方洋行和外国商人的大量出现，近代信用制度的传入，这种建筑在传统社会网络基础上的经商习惯逐渐发生了演变。

19世纪末20世纪初，天津商界的一个突出现象就是越来越多的商人花钱捐功名或官衔。商会的领导人和会董几乎都挂上了一个头衔，从花翎二品顶戴候补道，到候补从九品、守御所千总等等。称呼商人作“绅商”或“职商”成为流行一时的称谓。在“官本位”意识长期顽固存在的中国社会中，本来由经济实力决定商人在商界乃至整个城市社会中的地位，却要借助“品位”显现出来，官衔成了财富多寡的象征而并非仅仅是社会身份高低贵贱的标志，这也许是绅商风行于一时的潜在原因。

20世纪初天津商会刚一建立时便制定章程，对商人的行为，甚至

① 参见天津市档案馆等《天津商会档案汇编(1903—1911)》(下)，天津人民出版社1989年版，第2045～2057页。

商人的日常生活方式做出了种种规定①。如衣食住行方面,要求商人寻常出入上街办事及一般聚会,只准着布衣布履,不得衣着锦绣华丽;日常饮食只准一菜一汤,不准大吃大喝,任意挥霍,只有在喜寿丧祭,会见官长、应酬宾客以及年节的时候除外,但也不可过于奢华靡费;应酬送礼,掌柜只准以津钱500文,同事只准津钱250文为限。章程特别规定,商人不准宿游妓院、小班、下处,请客不准召妓陪酒。茶园观剧偶尔从众逢场作戏,不准习以为常。这两条如有违犯者,初犯登报声明,再犯从重议罚,屡犯逐出商会并登报公示。商人如加入商会,就不准癖嗜鸦片烟。有烟瘾者要限期戒断,如阳奉阴违立逐出会。在商业信用方面,要求商人运货纳税为先,不准偷漏;贩货必报真牌号,不准以伪冒真,以贱冒贵;借债届期必还,约会届期必至。目前还没有资料可以证明这些规定是否被严格执行了,但是如此详细具体的行为规范,起码可以说明20世纪初的天津商人努力在用绅士和具有近代意识的商人标准来重塑自身。

与传统的会馆公所不同,商会显然受到西方近代商会组织的影响。在内部组织运作上,商会试图建立民主的制度,如"无论大小事宜,均须集议会中","人人皆由参议之责,人人皆无独断之权"。商会中的所有"办事各员,均由各商选举,分任职司"②。

商会的成立,标志着城市商人不再像以前那样以个人的名义参与城市事务。商会成了可与政府较量,维护商人乃至社会利益的组织。

---

① 《设立天津商务总会应行办法诌(刍)议》,天津市档案馆等:《天津商会档案汇编(1903—1911)》(上),天津人民出版社1989年版,第37～43页。

② 天津市档案馆等:《天津商会档案汇编(1903—1911)》(上),天津人民出版社1989年版,第54、81页。

商会成立后，不仅致力于整顿、规范市场，保护商人的利益，裁定商务纠纷，还积极参与各种城市事务，举凡市政建设、交通管理、消防、公共卫生，乃至瘟疫发生时建立医院，都有商会参与。他们甚至还干预城市的司法行政。1906 年，天津海关道在其衙署内设立“发审公堂”，专门审理涉及中外的案件。商会闻知后马上开会加以研究，认为设置发审公堂既无必要也容易引发弊端，随即上书袁世凯请求予以取消，呈文中还特别说明“迭集会董董事详加研究，意见相同”。结果袁世凯采纳了商会的建议，撤销了发审公堂[①]。

商会初创时期正值天津推行新政，政府鼓励发展商业的政策使得商会似乎拥有了越来越大的权利。商会也将商界“精英”的角色发挥到了极致。随着商会对城市事务的不断参与，而且一些商会领导人具有的“官衔”甚至比一般地方官还大，于是一般百姓和地位低微的商人把商会看作是政府机构，看作是衙门而不仅仅是商人的团体。许多商人在遇到商业纠纷向商会申诉希望帮助调解的时候，把商会视为商界的衙门，称商会的领导人为“大老爷”。

显然，专制传统深厚的中国社会，即使引入民主机制，任何阶层对社会事务的参与只能导致两种结果，或者是自身的消亡，或者是作为社会改革的结果，参与者成为新的“官老爷”。于是，当民国伊始天津发生兵变，军阀的军队肆意劫掠商家的时候，再也没有像 19 世纪那样的精英式人物出面“支应”，保护城市了。商会也只会上书呼吁，呈报商家损失，面对曾经是他们的救星——袁世凯统率下的士兵的劫掠，也只能无

① 天津市档案馆等：《天津商会档案汇编(1903—1911)》(下)，天津人民出版社 1989 年版，第 1855 页。

可奈何地望天兴叹了。

从商会的发展历史,我们可以看出清末民初天津商人阶层是如何成长、重组的。1902 年袁世凯接管天津不久,便由政府出面直接设立商务局。商务局的领导人由十名最具实力的商人组成,为首者却是两名南方籍买办,总办是汇丰银行买办、与李鸿章关系极为密切的安徽人吴调卿,帮办是华俄道胜银行买办、浙江人王铭槐,而八位本籍富商只位列"局董"。商务局的建立遭到本籍商人的反对。半年后,商务局撤销,改设商务公所,1904 年又改公所为商会,主要领导人由商界推举产生,本地籍盐商王贤宾和新泰兴洋行买办宁世福被举任为商会的总理和协理。

从商会成立最初两年入会的会员清单可以看到,不少外地籍商人加入商会,包括租界外国银行和洋行中许多南方籍买办[①]。可见,商人们希望商会成为城市商界大联盟。但是,从 1905 年到 1909 年,商会的总理、协理、会董等领导人,甚至书记员,都主要由本地籍商人组成。直至 1909 年,商会董事中才第一次出现了两名广东籍买办。1911 年,天津商会组织赴日考察团时,还曾拒绝南方籍商人参加[②]。

其实,天津的外地籍商人与本地商人,所从事的行业和经营方式历来就多有不同。传统时期实力最强的山西商人和闽粤商人,他们所经营的行业大都是为他们长期垄断、本地商人无法与之竞争,如闽粤商人经营的糖杂货业,山西商人经营的汇兑、钱业、典当、颜料等行业。进入

① 参见天津市档案馆等《天津商会档案汇编(1903—1911)》(上),天津人民出版社 1989 年版,第 63 页,"光绪三十一、三十二年入会行名表"。

② 天津市档案馆等:《天津商会档案汇编(1903—1911)》(上),天津人民出版社 1989 年版,第 1127 页。

近代以后，来天津的外地商人大量增加，其中以江浙、广东商人最多。他们所经营的行业也不断增多，如广东商人经营的西式食品、木器家具、印刷、五金、西药、化妆品等，浙江商人经营的保险、呢绒、钟表眼镜、金银首饰、西式服装等等。尤其是在外国银行和洋行供职的买办，以广东和浙江籍买办实力最为雄厚，租界中的许多外国商业和金融机构几乎成了南方人的天下。20 世纪以后，外地籍商人除了振兴会馆，作为同乡聚会并提供服务的传统型组织外，也互相联合建立近代社团，与天津本地籍商人占优势的商会相抗衡。

1909 年，天津的江浙闽粤四省商人，援照上海商学公会的先例，成立北洋商学公会，会所设在江苏会馆。公会章程规定，其宗旨是研究商学，维持商律、商规。他们拒绝附属于商会，坚持独立的组织形式，经费由会中自筹。成立一年后，商学公会的成员由初建时的 20 名增加到 145 名[①]。北洋商学公会的出现，是南方籍商人对本地籍商人控制商会权力的抗争。

民国以后，北洋政府 1915 年公布《商会法》，商会领导人要通过投票选举产生。一年后天津商会改选领导人时，北洋商学公会便公开反对商会限制选举权，要求商会依法投票选举会长、会董，并派各地商帮代表到会监督。此后，每当商会改选会董，商学公会总要为其会员争取选举权和被选举权，争取商会会董中南方籍商人占有一定的名额[②]。这些都显示出，20 世纪以后的商人已经不再像传统时期的商人那样依

① 天津市档案馆等:《天津商会档案汇编(1903—1911)》(上)，天津人民出版社 1989 年版，第 314 页。

② 天津市档案馆等:《天津商会档案汇编(1912—1928)》(1)，天津人民出版社 1992 年版，第 67 页。

靠各自封闭的同乡组织维护自己的利益,他们更多的是依靠近代社团,通过联合、参与、选举等等方式,争取在商界的话语权,提高外地籍商人影响力和竞争力。但是,另一方面,天津籍商人的优越意识以及北方商人的保守观念,使得来自不同地区的商人之间的交流、重组和竞争方式不像南方城市那样开放,这也影响到近代商人和商业的结构演变。

本研究根据 1936 年填报的《天津市商会公会会员登记表》和《天津市商会商店会员登记表》[①]做了一下统计。两份《登记表》一共登记了 1550 人,代表 1291 家商业机构,分为 142 种行业。从数量上就可以看出,这次登记是很不全的,本地籍商人登记者占比例较大,外地籍商人尤其是南方商人没有登记的也不少,商会初建时就加入商会的许多南方籍买办商人此时却不见了。由于这是商会下属的各同业公会组织的登记,这或许可以说明当时天津商界的状况。但是,从这项很不全面的登记中,仍然可以窥测到 20 世纪 30 年代天津商人构成的一些信息。

在登记的 1550 人中,除了一人没有登记籍贯外,其余登记者中本地籍商人占了优势(659 人,占总数的 42.5%),来自河北省各县的商人(625 人)与本地籍商人从数量上已在伯仲之间了,此外则为山东人(136 人)、山西人(44 人),而原籍为南方 9 省的商人却只有 76 人(占总数的 4.9%)。

在行业构成上,商会最初两年登记入会的商家共计 786 家,按照当时的分类被分为 41 个行业。但是从中可以发现,一些新兴的产业刚刚出现,还没有新的分类,如生产蜡烛肥皂的“华胜烛皂有限公司”被归入

① 参见天津市档案馆等《天津商会档案汇编(1928—1937)》(上),天津人民出版社 1996 年版,第 288~438 页。

“广货商”，汽水公司、卷烟公司归入“药商”，机器厂归入“铁商”。但是，恰恰是这些新兴的行业在当时是最具有影响力的。把1906年与1909年商会领导人的行业构成做一下比较就会发现，三年间商会的领导人由14名增加到22名，增加的行业主要是银号、洋行和绸缎洋布业。

三十年以后，也就是1936年，统计到的行业增加到142个，其中许多是新兴的行业，如保险、报关、海运、卷烟、书局、西药、银行、电料、机器砖瓦、料器、留声机、汽车行、自行车等。若考察这一时期商人所从事的行业与其籍贯之间的关系，可以将南方商人与山西商人做一比较。在天津的浙江、广东和江苏三省商人，从事的主要行业主要是保险、报关、海运、卷烟、书局、西药和银行。此外，浙江商人在金银首饰业，广东商人在杂货批发业一直占有优势。而此时的山西商人，擅长经营的票号已经消亡，他们最具优势的只有典当、油漆颜料、货栈、染业等。

在空间分布上，江浙商人经营的商号以法、英租界最为集中，广东商人仍然以北门外的针市街为主要聚集区（这是此项统计资料的局限性造成的，因为登记的广东商人多数是在针市街从事杂货批发的），而山西商人则大都集中在老城区。

再从受教育程度来看商人构成的演变。传统时期的普通商人及其子弟很少有机会受教育，即便有机会读书，也是希望通过读书争取参加科举考试，最终进入仕途，以便提高家族的社会地位。20世纪以后，不仅大量学校的出现使更多的人有了接受教育的机会，同时教育理念也发生了改变，读书不再只是为了谋求仕途，而是更多地学习各种新的知识和技能，不同类型的学校及其教育内容越来越讲求实际，也有越来越多受过高等教育或专门教育的人经商或兴办实业。从表14商人受教育程度的一般统计中可以看到，受过中等以上教育者279人，占统计人数的18%。近代新式的初、中等教育,当以20世纪初学堂的出现为开端。最早设立的天津民立第一学堂,无论教师的来源还是教育体制都与传统的教育方式有了鲜明的区别。其课程设置除了读经、讲经还保留着传统的内容外,其他课程几乎与现代学校没有什么差别了[①]。与此同时,天津还陆续建立了多所中等学校以及专门的工业和商业学校。

表14 商人受教育程度统计(1936年)

大学	40
留学欧美日	17
初等	308
中等	198
工商专门	24
传统	38
私塾	635
民塾	149
其他	47
不明	94
总计	1550

1906年,由七名绅商创办的第一初等商业学堂开学。学堂设在天后宫,经费由创办者与天后宫住持道人共同筹措。学堂以造就商业人才为宗旨,从各小学堂毕业者均可升入,一律不收费。课程除了读经、

① 参见朱鹏:《天津的近代初等学堂与绅商》,《城市史研究》第19—20辑。

修身、习字、英文、体操外，还要学习商业地理、新关则例、珠算、笔算、尺牍和中外簿记等有关商业知识和商业技能等方面的课程。三年毕业考验合格者，可以保送商业中学深造或保送各洋行学习行务。该学堂的毕业生考试合格者，相当部分由商会负责联系安置到天津各商号实习商业，进而谋业。

同年，还创办了中等商业学堂并以商会的名义在农工商部和学部立案，办学经费则由盐商捐助。每年经费 6000 元，4000 元由商会总理、长芦盐商王贤宾捐助，2000 元由其他盐商捐助。学堂设在东马路原长芦盐商公所开办的育婴堂旧址。学堂监督是盐商李家桢，教员全部由他延聘。学堂开设简易科和完全科，简易科两年制，当年招生开学，主要招收商会成员子弟，完全科五年制，主要招收高等小学毕业生。简易科两年后毕业后，按照章程也要由商会保送到各商号或外地盐务机构任职。从 1908 年至 1910 年，中等商业学堂简易科毕业的 39 名毕业生中已经选定职业或有出路者共 20 名，其中除了 1 名继续入学深造外，其余者都进入银行、银号、大商号或者到商界最具有吸引力的盐业谋求发展。

1907 年，由长芦盐运使司创办的长芦中学堂开设银行专修班，学制二年，学生毕业后送各银号录用。学生来源主要通过商会招考商界子弟，由各行董事保送，报明祖宗三代，还要有铺保才能报送学堂监督通过考试合格后入学。[①] 这些专门的商业学校培养目标很明确，学生毕业后就可以进入商界。

---

① 以上参见天津市档案馆等《天津商会档案汇编（1903—1911）》（上），天津人民出版社 1989 年版，第 180～189 页。

20 世纪初是天津新式教育发展最快的时期,数年间建有各类新式学堂超过百所。到 1927 年,天津各类学校总数更达到 245 所。教育大大改变了城市社会的人才结构,也影响到商人阶层的文化构成。但是,1936 年的统计却表明,本地籍商人受教育程度并非如所想象地对商人阶层的文化构成影响那么大。

1936 年加入商会的本地籍商人和从商人员 659 人中,除 43 人受教育程度不明外,受过中等教育或工商业专门教育者一共只有 76 人,占总数的 11%;受过高等教育者有 13 人,其中 1 人曾去国外留学;接受过初等教育,也就是上过新式小学堂的 131 人,占总数的比例将近 20%;而只读过私塾和民塾者仍然超过了 50%,达到 361 人。

与之相比较,江浙、广东商人共计 65 人,大学毕业生和曾经到国外留学者就达 19 人,占总数的 29%;受过中等或专门教育者 26 人,占总数的 29%;只在新式小学堂读过书的仅有 4 人,私塾与民塾毕业者 8 人。这表明,南方商人受教育程度明显高于本地商人。相反,山西商人受教育程度最低,被统计的 44 人中,只有 6 人接受过中等教育,只读过私塾或民塾者却多达 34 人。

受过高等教育的南方商人,所从事的职业主要集中在保险、西药、银行等行业;而受过高等教育的天津籍商人,行业分布却比较分散,13 个人分布在 12 个行业。

分析这种结构形成的原因是非常困难的,因为这涉及经济、文化、社会习惯等诸多方面。但是,当我们反思天津市民性格的时候,就会发现直至民国时期,天津本地人尤其是老城区市民,对后代的教育大都以“学买卖”为最高目标。他们将主要为男性的后代子弟送入学堂读书,就是为了日后进入商界学徒做准备。所以,大多数中层以下的家庭很少在教育上予以很大的投入，使后代接受更高的教育。

1911年9月，天津商会组成四人赴日考察团，这四个人通过选举产生，条件是晓达商情，讲求实业，地位、人品、名望三者兼优，而且都是天津籍商人。虽然此次考察因辛亥武昌起义爆发而未能成行，但是从选中的四个人的情况中，我们可以一窥清末天津商人的典型构成[①]。

刘彰年字惺庵，天津人，1889年己丑科进士；在北京先后任刑部主事、湖广道御史、户部给事中、考察各国政治参赞官、民政部右丞等；1909年丁忧开缺回天津后投资创办张家口植基农业公司，发起创办滦州铁矿公司；任津浦铁路商股公司协理、房山商办高线运煤公司董事主席、津浦殖业银行协理等。

谢霨溪字竹生，曾在北洋机器局充当英文翻译十年，兼任炼钢厂委员、图算学堂英文教习。后在武斋洋行任职十五年，并在滦州官矿公司天津总批发处兼职。捐五品顶戴通判衔候补县丞。

严智怡字慈约，早年日本留学，东京高等工业学校应用化学科卒业；任天津造胰公司经理、直隶全省劝业研究总会调查部长、直隶劝工陈列所议绅；1910年任南洋劝业会审查官。

宋则久字寿恒，出身于天津一个从商之家，父亲是一家钱铺的管事。他7岁入私塾，读书8年，15岁开始在绸缎庄学徒。卓越的经商才能使他在清末民初的天津商界雄才大展。他在当了18年的店员之后，凭借过人的经商才干和经验于1898年受聘为敦庆隆绸缎庄的经理；1904年，由周学熙委任为天津考工厂商务议绅、考工审查员，同年

① 四人的简历参见天津市档案馆等《天津商会档案汇编(1903—1911)》(上)，天津人民出版社1989年版，第1124～1126页。

创办天津第一商务半夜学堂;1905年,集资创办天津造胰股份有限公司,任第一董事;1906年,任考工厂工商研究总会会长;同年,任广仁堂赞成员,翌年任育婴堂名誉员;1910年,经直隶总督陈夔龙以“办理北洋工艺出力”奏保县丞;同年,任南洋劝业会研究会研究员,创办中国国民顺直禁烟公会并被推举为副会长,又被公举为天津县城董事会名誉董事;1911年,公举为天津公务分会总理。一面是商业上的成功,另一面则是积极参与社会活动,参与新政和城市社会事务。民国以后,宋则久创立国货售品所,积极提倡国货,参加五四运动,成为一位著名的爱国商人。

在清末民初社会急剧变革商业迅速发展的天津,商场上的成功者有不同类型。刘彰年早年科举入仕进京为官,中年后辞官回家从事商业投资;谢霭溪早年在洋务机构中供职,后担任日本洋行买办;严智怡接受过高等教育,留学日本从事专业学习,后回国创办实业;宋则久则是靠个人多年奋斗而成功的本地籍商人的典型。

3. 牙行:商人与政府

牙行或称牙人,是为买卖双方说合交易以获取佣金的中间商。明代以后,人们也把牙行称作经纪或经纪人。在清代的官方文书中,对牙行有多种称谓,如牙纪、经纪、官牙、私牙等。称谓的增多可以从一个侧面说明清代这一行当非常活跃。

不论官牙还是私牙,大都为兼做牙纪。他们许多都从事其他经营,尤其从事以商人为对象的服务业者居多。诸如天津这样的商品集散中心,在批发商业不发达的清代,为客商提供住宿、货物存储,同时从事中介服务便成为牙行的一般经营模式。历史最为久远的斗店就是粮食业中典型的牙行。斗店最初形成的历史尚无法搞清，最迟应不晚于 18 世纪。19 世纪，斗店主要分布在海河东岸（称东集）和御河沿岸（称西集）。民国以后，尤其是 1917 年发生的大水灾以及随后的海河裁弯取直工程，导致三岔河口一带河道变迁，东集斗店无法经营，位于子牙和与北运河汇流处的北集兴起。清代政府对斗店有若干规定，诸如斗店的成立、经营地点及其市场范围都有严格的限制，不许有任何的改变。鼎盛时期天津的斗店一共有 12 家，他们都持有地方政府发给的谕帖，世代相传。位于天津城西门外的西集斗店一直确定为 8 家，每家斗店坐落的地点及其“集场”的范围都有明确的界限，并立有界石。“各守各界，任客投主，各不相扰”①。从同治年间直到光绪末年，都有人想在西集开设新的斗店，原有斗店也有意迁移地点经营，均遭到官府的严厉禁止。斗店的经营方式颇为传统，但随着商业的发展也逐渐扩展服务范围，除了为外地粮商提供食宿、粮食储存，充当交易媒介，还发展到提供保险和发放抵押贷款。斗店内常常成为小型粮食交易市场②。

也有某些行业的中介服务由一家专业化货栈所垄断，如直隶大城县王口盛产苇席，从清代就大量销往东三省。当地席商运货到津后，必须转由海上运往东北，东三省席商去王口购席也要在天津停留。来往的席商经过天津时，大都在“公发席栈”住宿和存储货物。该栈除了提供住宿和存储，还为东北席商代雇河船往王口运席，为两地客商代雇轮船或火车运席到东北。

---

① 天津市档案馆等：《天津商会档案汇编（1903—1911）》（下），天津人民出版社 1989 年版，第 2068 页。

② 参见罗澍伟主编《近代天津城市史》，中国社会科学出版社 1993 年版，第 560～561 页。

还有为地方某一政府部门特许的专业牙行，如姜行牙纪毕氏，在针市街开设昌茂招商店，雍正年间由钞关发谕帖给该店，准其到江浙两省招商。当时招来货船 17 只，由海上到津城，也由该店负责“投关报税，经手卖南货买北货”[①]。

道光年间，官粮由海上运津，准粮船带二成免税货物，也由该牙纪经手交易。直至海上轮船通行后，姜行牙纪毕家才逐渐衰败。

另外的一种牙行就是所谓自由经纪人，天津人称“跑合”。19 世纪 60 年代以前，潮建广三帮商船运货北来天津，要由“津邑专有内行人代为买卖”，即所谓“跑合”。作为专门从事中介服务的牙纪。他们成了对北方市场不熟悉的南方商人的全权代理商。天津的杂货铺、洋广货铺等，也要依仗他们购货。初时，他们通过中介获得谢资，后来谢资改为牙用，每货值一两卖主要支付“跑合”佣银一二分。开埠通商以后，这些“跑合”组成了“洋货局”，闽粤商人到津，不论“长住短庄”，都由洋货局代理“包账扣佣”。“每货到埠，辄凭洋货局出手沽发，商帮等从不见买客一面，只凭各洋货局议定成价，即由该局出货，并由该局交价”。[②] 于是，便出现了设局坑骗外地客商，借口倒闭侵吞货款，甚至携款潜逃等事，使得牙纪大为社会所诟病。

按照《大清律例》的规定，牙行要由地方官从“抵业人户”或“殷实良

① 天津市档案馆等：《天津商会档案汇编（1903—1911）》（下），天津人民出版社 1989 年版，第 1527 页。

② 天津市档案馆等：《天津商会档案汇编（1903—1911）》（上），天津人民出版社 1989 年版，第 1112 页。

民”中选任，而且还要本人没有考取过功名，并由邻居和同行出具担保[①]。也就是说，按照清代法律的规定，牙行从业者必须在当地有一定的资产，这样才能使其顾惜身家而不会有非分之为或诈骗之弊，即使有也会有产业抵还。牙纪是由政府指定的，须领有官府颁发的牙帖[②]才能营业。而且按照规定，只有省级政府也就是布政使司才有权颁发牙帖。而且，牙帖有固定的名额，每五年还要由官府查验资质后重新发给牙帖。

但是实际上，各级地方官尤其是州县官员，往往不顾朝廷律例的规定自行发放牙帖，这在各地方已呈普遍现象。这是因为借助牙行，不仅有利于官府对商人的控制，更重要的是，每年的牙税以及通过牙行征收的商捐，越来越成为地方政府相当可观的一项财政收入。尤其清末时期，地方政府大量发放牙帖导致牙行在城市中大为膨胀。

19世纪后期的天津，牙纪产生的途径，或者由本行商人公举后官府认可，或者直接由官府指定，然后由府县颁发谕帖。牙纪的选任标准已远非《大清律例》所规定的那样，而是以官府所得利益为准，甚至采用“招标制”，在申请者中以申报“报效”多寡选任牙纪。例如，杨振海本来是武清县(今武清区)的无业游民，常年在天津“以跑砖合为生”。虽然他并无多少资本，却也捐了一个县丞衔。1907年，他以向官府缴纳“公费学费”为条件，要求成立砖瓦公司，以便获得向砖瓦铺商抽取牙用的

---

① “取具邻佑及同行互保各结”。(陶骏等:《大清律例增修统纂集成》卷15,《户律·市廛》“私充牙行埠头”。转引自许敏《试论清代前期铺商户籍问题》,《中国史研究》2000年第3期。)

② 也称谕帖，即经批准并交纳帖费后由官府颁发给牙纪的营业执照。

特权[①]。

一般认为,没有经过官府特许的“私牙”给商人造成的麻烦更大[②]。可是,从天津的实例看,恰恰是领有官府谕帖的“官牙”是商人最大的麻烦制造者。他们不仅因有官府的特许而有恃无恐,官府也借助他们从商人身上获取最大利益。牙行向商人收取的费用称“牙用”,牙纪向官府缴纳的费用称作“牙捐”“报效”。这些费用多为货币,也有各种实物。尤其到了19世纪末20世纪初,天津的政府机构不断增加,大小衙门甚至直接依靠某项牙捐作为办公经费来源,推行新政所需的一些经费也依靠牙捐。衙门每年需要的各种物品,也往往通过牙纪以抽收“报效”的方式向商人索取。

例如,席行牙纪每年除了要向天津府交纳捐款,向天津县“报效”工艺局学费之外,还要为衙门搭盖凉棚和暖棚,以及迎接过往官员所需的席棚。四口脚行每年要认缴县署官款22000吊,学费1000吊,同时还要负责承担衙门的搬运差遣。粮行要承担县衙囚犯所需的粮食以及牲畜所需的草料,由斗店所在的东北西三集专人负责,每年缴纳4000吊。磨坊要负责供应县署的马饲料,初时由县差按月向城关磨坊采买麦麸100石,定价津钱60吊,后因承差舞弊,滋扰磨坊,改为由县署实发60吊,不够再由磨坊按照市价加以“帮贴”,每月要帮贴三四十吊。庚子后,麦麸价暴涨至每百石洋银一百五六十元,而县署仍照60吊发给,磨

① 天津市档案馆等:《天津商会档案汇编(1903—1911)》(下),天津人民出版社1989年版,第1519页。

② 杨联陞:《传统中国政府对城市商人的统制》,于宗先等:《中国经济发展史论文选集》(下),台北联经出版社1980年版,第1041页。

坊每月要赔付不下一百三四十元[①]。

地方政府为了能够借助牙纪对商人实施控制与征用，要通过颁发谕帖、张贴告示赋予牙行特许权。借助官府赋予的特权，牙行在充当商业交易中介的同时，也成了政府向商人征收捐税或额外费用、物品的执行者，以及官衙控制商人的代理人。例如，按照猪肉行的定章，外地商人到津售卖，不论活猪还是猪肉，牙纪都要照章抽用。此外，肉行牙纪还自行向肉铺商征收牙用，即使是肉铺自宰自卖，也要向行纪支付津贴，否则就以私贩论。鱼行甚至自行设卡，不准客商与买主私下交易。

为了限制牙行之间的竞争，官府常常要按照形成的惯例，为各牙行划定一定的经营界限，彼此不得越界。外地客商船货入天津境后，"应任客投主，绝无截留定章"[②]。这种传统式的空间分配模式有利于政府对牙行的控制。1904 年，有斗店越界经营，天津知县立即发表告示，要求："凡有贩运粮石来津，应由何店经营，即归何店评价过斗，各按旧章办理，毋得搀越搅扰，致肇讼端"[③]。虽然经营空间受到限制，垄断性的官牙获益仍然很大。有人认为，20 世纪初期的干鲜两行牙纪，每年津贴县署经费津钱 18000 吊，而其盈余则高达银 10 万两左右。

到了清末，随着传统经济结构的被打破和商人社会地位的上升，这种官府—牙行—商人的控制方式也出现了危机。1904 年，天津知县唐则瑀任命了鲜货行新的牙纪：

---

① 以上参见天津市档案馆等：《天津商会档案汇编（1903—1911）》（下），天津人民出版社 1989 年版，第 1522～1568 页。

② 天津市档案馆等：《天津商会档案汇编（1903—1911）》（下），天津人民出版社 1989 年版，第 1531 页。

③ 天津市档案馆等：《天津商会档案汇编（1912—1928）》（2），天津人民出版社 1992 年版，第 1777 页。

兹据民人杨金波以情愿按照旧章,每年呈交官款一万八千吊,学堂经费五千吊,并将王文俊(前任经纪)积欠公款四千二百吊及乐舞学堂经费九百余吊,均于年内分月一并代缴清楚。取具妥保,禀请发谕接充前来。……为此示仰津郡御河一带鲜货商贩人等一体知悉……自示之后,尔等买卖鲜货,务须先投该接充杨金波,公平评价,照章交用,俾便应差,而免赔累。[①]

按照以往的例规,鲜货客商如果入住牙纪开设的货栈,委托牙纪联络交易则要"照章抽用",称"投行"。如果因货价无法谈妥,客商情愿运走自行销售,也要"减成抽收",然后"任客投主",称"投河"。但是,这种陋规越来越遭到客商的抵制。杨金波接任牙纪后,借口官府征索款项大量增加,一面对存放在其店中的货物抽取佣金,一面对御河上贩运鲜货而不"投店"交易的客商也按货值征收"过河用",甚至明目张胆将此陋规张贴在御河旁,强迫过往鲜货商船缴纳。此举遭到商人们的抵制和反对,有的商人想方设法绕过牙行,自行买卖,以躲避抽用,有的则当面抵制。贩梨的商人则在租界开设货栈,以逃避牙纪的勒索。

面对商人的抵制和公开反对,地方政府的权力也受到冲击。当牙纪与商人发生纠纷告到官府时,地方官员有时不得不支持商人。任命牙纪杨金波的知县唐则瑀,在鲜货商状告杨金波"违例搅扰,拦截客货"时,判令杨"不准恃公强索",立具甘结并罚加倍讼费,同时出示告谕。可是一年后,新任知县章师程却又改而支持牙纪杨金波,理由是他"每年认捐学堂经费及各署公款,为数甚巨,全赖御河一带运来鲜果船只投

---

① 天津市档案馆等:《天津商会档案汇编(1903—1911)》(下),天津人民出版社 1989 年版,第 1498 页。

行输用，交纳官款”，所以要求“凡由御河运来鲜果等货，须投该经纪评价，照章抽用”，“由行头公平评价，照章抽用三分，出自买主”。如客商因价格等因不通过牙纪交易或自行销售，则还要减半缴付转运津贴，“名曰过河，以资应差”。只有为洋人代买货物，持有免税三联单者除外。如有不遵者，允许牙纪“指据究罚”①。

对敢于抗拒不服的商人，官府则要羁押用刑，甚至扣押货物，任其腐烂。商人上告到商部，商部责成天津商会“禀复核办”。由于中央政府部门出面干预，天津知县只得撤销对牙纪的支持，同意由商会出面解决。最终牙纪不得不赔偿腐烂的水果，并具结保证不再拦截货船，不再抽收“过河”。

各类衙门和官僚数量的增加以及政府的不断需索，助长了牙行的劣行，与商人之间的冲突不断。如从乡下运萝卜到城里售卖的农人船只停靠在运河边，便有鲜果铺伙上前索要税钱，船主若有异议，彼此发生争执，铺伙就将货物扔至河中，将船只拉拽上岸并聚众殴打。有巡警上前干预，扭送到局，铺伙则自称持有县帖，抽取行用并非私收②。瓜行牙纪甚至拦截挑担进城买瓜果菜蔬的小贩，索要钱文。

20 世纪初，一些牙行还企图成立公司，实行行业垄断，如前述窑业牙纪成立砖瓦公司。1906 年，官府下令取消私人鱼行，成立官牙经营的渔业公司。官牙依仗垄断，克扣斤两，刁难鱼贩，遭到渔民和鱼贩的

① 天津市档案馆等：《天津商会档案汇编(1903—1911)》(下)，天津人民出版社 1989 年版，第 1507 页。

② 《大公报》1905 年 6 月 8 日。

一致反对,他们认为与其任由官牙控制,还不如恢复“鱼锅伙”[①]。还有海下商人以报效办学费用为条件,要求成立海河虾酱薯蓣公司,企图垄断海河下游一带虾酱和甘薯的买卖。

政府与牙纪对商人的控制与勒索,越来越成为经商者的沉重负担,商人们使用各种办法抵制或逃避。不受清政府管辖的租界使商人得以借助租界逃避官府和牙纪的苛索,20 世纪初奥租界刚刚划定,就有竹木铺商把商号开在奥租界,再运货到华界销售,以逃避抽取行用给官府的所谓“官差”。天津知县为此专门发布告示,要这些商人“既因开设奥国租界,不愿供应官差,自应划清界趾(址)”,要求他们只准在奥租界以内销售,“不得远及界外中国地面”,如果仍旧到华界卖货,华界同行就有权“见货抽收行用”[②]。租界特权的存在使官府鞭长莫及,对商人利用租界抵制华界政府肆意征索的行为实际上也无可奈何。

当时,来自河南、直隶各地的米麦杂粮,大都经南运河、大清河以及子牙河运到天津,转卖给天津与北京的粮商。以往此类交易都是通过官府特许的斗店中间说合成交,由斗店过斗和作金融担保。买方要向斗店支付佣金,其中包括斗店要向官府缴纳的帖税以及要应付的各种“官差”。由于这些粮食一般是在海河沿岸交易或由位于租界之间的老龙头火车站装火车北运,于是便有粮商在奥租界开设斗店。天津河道纵横,外来粮船可以轻易地绕过政府的税关和设在御河岸边的官牙斗店到奥租界买卖交易,因为租界的斗店不必缴纳官府的各项税赋、报效

---

① 天津市档案馆等:《天津商会档案汇编(1903—1911)》(下),天津人民出版社 1989 年版,第 1538 页。

② 天津市档案馆等:《天津商会档案汇编(1903—1911)》(下),天津人民出版社 1989 年版,第 1809～1810 页。

而佣金较低。官府发出传票要租界斗店粮商到堂受审，遭到奥租界警方的拒绝。

商会成立后，商人们又借助商会的力量，抵制官府的控制。1905年，有干鲜果商人请求成立“干鲜公司”，官督商办，公举公正绅商充当公司总董，以取代牙纪。1910年，商会干鲜货行商董通过商会向天津知县保举花生瓜子行的经纪，他们推举的理由主要是该人熟悉本行业业务，为人公正，“在街面与客商颇称和睦”[①]，丝毫没有提到官府感兴趣的本人的资财、保证上缴报效的多少等。

进入民国以后，随着商业规模的扩大，行业的增多，牙行更为活跃。只是他们不再是官府控制商界的工具，而越来越成为纯粹的商业中介人，各行业中的“跑合”者越来越多[②]。20世纪20年代以后，以个人名义专代他人筹划不动产或其他商业交易，接受佣金报酬的行业，在法律上被称为“行纪”，从事该业者称行纪人。同时，在商品交易所中代理他人从事商品交易的中介人，其正式名称为“经纪人”。他们必须缴纳一定的保证金，有详细的注册登记，对中介的商品及其交易规模也有具体规定。其规范化和专业化的组织和操作模式引自西方，逐渐摆脱了传统时期牙行的形象。

4. 投资家与实业家

近代天津的实业家，从社会构成上可以划分为三类：一类为出身于

① 天津市档案馆等：《天津商会档案汇编(1903—1911)》(下)，天津人民出版社1989年版，第1512页。

② 参见罗澍伟主编《近代天津城市史》，中国社会科学出版社1993年版，第571～572页。

官场者;第二类为曾经接受过国外教育,回国投资者;第三类就是商人实业家。第一类实业家大都出现在清末民初,最著名者就是周学熙。他们创办的企业,多为官商合办,私人投资者有政府官员、清朝贵族及其后代,或者有官场背景者。企业经营往往能从政府获得许多特权甚至垄断权,这是这些企业得以成功的一个重要原因。第二类多出现在民国时期,如从日本留学回来后创办久大精盐厂和永利制碱厂的范旭东,早年留学美国、20 世纪 30 年代在英租界创建仁利毛纺厂的朱继圣以及同样曾留学美国,在英租界创办东亚毛呢纺织有限公司的宋棐卿。他们创办的企业尽管有的也有官场甚至军阀的背景或他们的投资,但是这些企业家大都抱有"实业救国"的理想,他们的企业不仅其产品大都成为"名牌",而且其企业组织和制度都对天津近代工业的发展有很大的影响。第三类商人实业家则属于演变中的阶层,最早的近代投资者是买办商人。

早在 19 世纪 70 年代,旗昌洋行买办刘森就在天津有三家自己的行号,其中一家经营经纪业,另外两家是商行①。19 世纪 80 年代,新沙逊洋行在天津的买办胡梅平(Hoo Mei—ping),除了在天津的老城区和租界开设有两家糖果店和三家鸦片店外,在北京以及蒙古地区也有他自己的商号,同时还在上海一家钱庄入股,并开设了一家金店②。尽管这些是买办个人的生意,尽管按照与洋行之间的约定,买办不能打着洋行的招牌经营自己的商业,甚至买办办理洋行的业务也要注明是华账房而不能代表整个洋行,但是他们往往借助洋行的特权从事自己的

① 《北华捷报》1875 年 8 月 28 日。

② 《北华捷报》1884 年 11 月 19 日;《字林西报》1885 年 4 月 17 日。转引自聂宝璋:《中国买办资产阶级的发生》,中国社会科学出版社 1979 年版,第 106 页。

经营。如胡梅平在天津老城区开设的商号就挂着“英商沙逊洋行”的招牌。有的卖办还借助与洋商的合作做自己的生意。19世纪70年代，买办邓松山和俄商米理素在天津合伙开设了“裕顺和洋行生理”，就可能并非洋行而是邓自己的商号[①]。

19世纪的买办也热衷于工业投资。在那个时期，社会资本相对匮乏，贷款难以搞到，加上天津商人的保守性，很难想象会有天津本地的有钱人愿意投资他们还不熟悉且投资大、盈利慢的近代工业。而天天与西方企业家或商人打交道的买办却不同，他们较早接受了近代投资理念，外国洋行或银行也为他们的投资经营提供了便利条件。于是在天津较早的私人工业投资中，就有了买办的影子。

在这方面，吴调卿是一个典型。1886年，吴调卿发起投资创办火柴厂，得到李鸿章的批准。一年后，也就是1887年8月15日，“天津自来火公司”成立。合伙投资人除了吴调卿以外，还有天津武备学堂总办杨宗濂和驻防天津小站的盛军统领周盛波。前者是李鸿章兴办洋务教育所倚重的主要人物，后者是李嫡系军队的首领。他们也都来自江南，与吴有乡谊之情。德国人穆麟德一度决定投资，后又撤股。

火柴最初称自来火、洋火，19世纪中叶从欧洲传入，由于使用便利而逐步成为人们生活的必需品。19世纪80年代，天津的火柴进口增长很快，不仅供应天津本地市场，而且还大量运销华北内地。吴调卿显然看中了这个大有潜力的市场。他明确宣布公司全部是华人资本，意在与洋货展开竞争。工厂设在海河岸边，聘请德国人李曼总管生产，还

① 《通商约章类纂》第24卷，第48页。转引自聂宝璋：《中国买办资产阶级的发生》，中国社会科学出版社1979年版，第104页。

雇用了外国技师。开工后,公司经营不善,未能获利,还遭到保守的清廷官员的上奏参劾[①]。1891 年,工厂不慎起火,损失惨重。吴调卿再次集资恢复生产,并从清政府获得 15 年的火柴生产专利权。这项投资显然触犯了外国进口商的利益,德国驻华公使和驻津领事出面干预,要求清政府收回专利权。在李鸿章的支持下,这一冲突才得以平息。

1897 年,吴调卿又投资白银 25 万两创办了天津第一座毛纺织厂。他利用来自内地的驼绒和羊毛,使用进口的新式机器设备,生产毛毯、军服等毛织品,并设有硝皮车间,生产皮革产品。工厂建在英租界,被誉为天津第一家现代工厂。该厂在 1900 年清军和义和团进攻租界时被摧毁。与此同时,吴调卿还与德国兴隆洋行合资开办了一家打包公司,厂址设在毛纺织厂附近,也毁于 1900 年的战火。

1900 年以后,吴调卿把投资转向皮革加工业,向清政府申请自筹资兴办“北洋硝皮厂”。“赴外洋订购头等机器,选雇工师来华作为教习”,生产军队使用的皮带、皮包、皮鞋等。由于他提出“不请领官款,又不招集商股,每年所获余利提出二成拨充公用”[②],因而得到正在推行北洋新政的袁世凯的支持,上奏朝廷予以批准。袁世凯甚至也有意投资于该企业。北洋硝皮厂初期投资 15 万两,机器设备由英国进口,厂房的设计和生产技术都聘请英国技师担任。工人由最初的 40 名增加到后来的五六百名,最多时达千余名。可见其经营状况不错,生产规模不断扩大。工厂的产品大部分供应外国驻津军队和清廷的新军。第一

① 居守仁:《居光禄奏疏》卷 3。转引自曲振明:《官商合一吴调卿》,《近代天津十大买办》,天津人民出版社 2002 年版,第 71 页。

② 《道员吴懋鼎重办织绒厂片》1903 年 1 月 20 日,《袁世凯奏议》(中),天津古籍出版社 1987 年版,第 701 页。

次大战时期，英国和俄国都曾向该厂订购军用皮具。

除了独立投资经营外，吴调卿还是建立1888年创建于英租界的煤气公司的发起人和投资人，19世纪90年代还一度担任该公司的董事[①]。另外，他还投资天津英租界的电灯公司和自来水公司，并与英国人合资兴办“中英门头沟通兴煤矿公司”，任中方董事长。除了主要在天津的外国公司投资外，吴调卿还是香港、上海几家英国公司的股东。

不少买办在当买办之前并没有多少经商办企业的经验，他们往往是在长期服务于外国洋行，与外国商人打交道的过程中，耳濡目染学到经商投资的经验以及西方的价值观。买办高星桥最初到北戴河见韩纳根接受他的任命时，在韩的别墅走廊与韩共进西式早餐。韩纳根一边授意高如何组织井陉矿务局津保售煤处，一边与他大讲北戴河的优势，预言作为避暑胜地那里的土地将来肯定要涨价。精明的高星桥从韩纳根给他上的第一课中获益良多。后来，他在北戴河投资购地，建造了多所楼房别墅，成为他的一部分重要的资产。第一次世界大战期间，韩纳根又鼓励高星桥买下石家庄的小焦炭窑，告诉他焦炭的发展前途广大，并向他传授有关焦炭经营的经验和知识。高星桥聘请德国矿师做技术指导，炼出符合出口标准的清水焦炭，通过天津的日本洋行在日本找到了大批的销路，使焦炭成为他自己经营的主要项目。

第一次世界大战德国战败，韩纳根失势，井陉煤矿被直系军阀强夺，高星桥的买办生涯也随之结束。然而，担任买办期间学到的投资经验促使他转而投资天津的零售商业，在法租界建起了规模最大的商场——劝业商场。

---

① 汪敬虞：《十九世纪外国侵华事业中的华商附股活动》，《历史研究》1965年第4期。

横滨正金银行买办魏信臣的投资也非常广泛。在工业方面，他曾投资于纱厂、棉纱庄、火柴厂、面粉公司等，还担任嘉瑞面粉公司董事长；在房地产方面，他曾与高星桥合作投资兴建劝业商场，在法租界和华界都有他自己经营的房地产业。尤其是在金融业方面，作为银行买办，他显然在金融方面的投资是最有经验的。民国初年，他与平和洋行买办杜克臣合作投资创建银号、钱庄，数年间获利数十倍。20世纪20年代，他又集资30万元建裕津银行，两年内就盈利30万元。

买办的投资方式形式多样，如善于做猪鬃生意，被称为"猪鬃大王"的英商永丰洋行买办王品南，在日租界最繁华的旭街投资开设了天宝金店，并经营存放款。1929年，他又在法租界的商业中心区开设了福禄林大饭店，内设当时天津最大的舞厅。根据20世纪30年代的估计，王品南的资产大约在300～500万元之间。德国洋行买办雍剑秋除了独资建立洋行外，还在天津国货售品所、东亚毛纺厂等企业有投资。英商济安自来水公司也有买办孙仲英和做煤油、火柴生意的买办马玉清参与创办和投资。

有些经济实力雄厚的买办，甚至以外国人的名义承办洋行，利用外国洋行所拥有的特权获利。这种现象是在第一次世界大战结束后开始出现的。当时，由于德国战败，在天津的德国洋行一度面临危机，这为德国洋行的买办创造了投资的机会。买办雍剑秋尽管这时没有德国洋行可以依靠了，军火生意也无法再做了，但是他借助战后返回天津的德国人想重新组织洋行又缺乏资本的机会，投资20万两，开办了表面上由德国人注册经营，实际上是他独立投资的德义洋行。洋行雇用了德国职员，由德国人充任洋行总经理负责经营，并另有买办组织华账房。洋行主要经营欧洲进口的民用商品、西药，并出口北方土产。雍剑秋不担任任何职务，但洋行完全由他控制，重要事务要由他决定。如果生意需要大笔资金，则要用雍剑秋在银行的存款担保贷款。洋行利润雍剑秋获得一半，另一半由德国经营者获得。显然，洋行的实际所有人已经不是外国人而是买办了。

1921 年，负责为德国兴隆洋行保管财产的买办高少洲，在洋行所有人吉勃里(E. Gipperich)年老无力经营的情况下，联合其舅父直隶银行经理王兰生、好友盐业银行副理王郅卿，共同出资收买了这家第一次世界大战后一度关闭的洋行。收买后重新登记仍沿用兴隆洋行的名义，在法国驻津领事馆注册为“法商”企业，以享受洋行在华的经营特权。1927 年，高少洲又一次性买断了吉勃里继承人的股权，使兴隆洋行完全成了买办和华商投资和经营的“洋行”[①]。

该洋行在组织经营方式上仍然是一般洋行的模式，但是在管理上却掺杂了带有中国文化特色的东西。洋行设有“忠义堂”，正面悬挂“忠义堂”横匾，供奉关公牌位，牌位两侧却一边挂着洋行创始人吉勃里及其子女的照片，另一边挂着有功于洋行的已故老职工的照片。高少洲每年年末要在忠义堂召集职工大会分红，正月初二举行团拜[②]。如此中西混杂的景象只有在这种洋行中才会看到。

在买办的私人投资中，房地产投资占有很大的比例。尤其是随着租界的扩大和繁荣，地产不断升值，买办借助与外国人关系密切，熟悉租界房地产市场的有利条件，通过地产投资大量获利。19 世纪英租界扩展界划定之前，得知信息的买办私下向中国业主贱价购买地皮。太

① 高幼珊：《天津兴隆洋行》，《天津文史资料选辑》第 37 辑。
② 蔡欣如：《我所知道的天津兴隆洋行》，《天津文史资料选辑》第 37 辑。

古洋行买办郑翼之以每亩 80 元购买的坑地,划入租界后,到 1919 年地皮垫高筑路,地价暴涨,郑随即以每亩 1000 元卖出。

雍剑秋在英租界先后购置土地 100 多亩,其中一部分也是土地增值后出售或投资建造住宅出租。此外,他还在北京、上海以及北戴河拥有大量房地产。他在北戴河购置土地建造别墅等,还铺了一条道路,取名剑秋路。

仁记洋行经理、英国人傅博斯善于经营房地产。他长期担任英租界董事会董事,不仅信息灵通还曾参与租界规划与发展的决策。直至临终前,他还留下遗言说要发大财就要买地,还要会买。在他的影响下,仁记洋行买办李辅臣也很早就投资购买地产。在英法租界及华界地区,都有仁记买办投资的大面积房地产,有的建成住宅出租,有的则建成仓库。

除了买办以外,从 20 世纪初期,也有越来越多的商人开始投资近代工业,包括矿业、机器制造业、纺织业、机制面粉业、榨油业、烛皂业、火柴业、制革业、制碱业、造纸业,还有运输业、农垦业等共计 17 类,107 家企业。可统计的不到半数企业资本总额达到 650 万元①。

这些企业大都采取股份制,如 1905 年宋则久创办的"天津造胰公司"采行股份制,最初集股 5000 元,并从银圆局获取贷款 1000 元,作为开办资本。又于 1908 年和 1910 年先后通过集股增资,使公司资本达到 5 万元。公司章程规定,股票可以转卖,但是不得卖与外国人。公司实行董事制,由股东公举董事二人主持公司事务。

① 参见天津市档案馆等《天津商会档案汇编(1903—1911)》(上),天津人民出版社 1989 年版,第 1279 页。

这一时期创办的一些企业引进国外技术、设备和人才，如宋则久创办的造胰公司邀请毕业于日本东京大学工科的张星五为董事，聘用在东京大学学习化学的严智怡为工程师，几年后又将公司交给严智怡经营。公司从日本和德国购进先进的机器设备，1908 年全部实行机器生产。公司聘请荷兰工程师，增加产品种类，在清末民初的国内市场上很是畅销。天津造胰公司不仅是“华北大规模经营肥皂工业的先锋”[①]，也是中国肥皂工业的开创者。朱文翰创办的“福昌机器造纸有限公司”集股资 12 万两，招募英国工程师，购置改良机器，仿照西法生产纸张。开设在法租界的“溥利机器铁厂”，聘请法国高级工程师，由国外购进最新式机器，制造用于发电机、鱼雷艇、桥梁等的零部件。

也有商人研制开发新型机器，如商人高鹏云研制轧豆榨油机，向农工商部申请专利后，成立“福记机器局”制造并销往东北。武金铎研制改良纺纱机，申请专利，邀请商人集股创立纺纱公司。

从传统式的绅商到近代工业企业家的转化，是一个漫长而又复杂的历史过程，很难有明确的划分。但是，20 世纪初期无疑是一个重要的转变时期，商人多种多样的投资活动以及各种新式企业的出现，都表明社会经济在发生着明显的转变。这种转变过程又是不清晰的，或者说是传统与近代掺杂的。即便在诸如宋则久这样开明的商人身上，也具有非常复杂的性格特征。

民国初年，天津城市经济还有一个突出的现象是北洋官僚军阀投资的大量增加。在这种社会背景之下，许多商人的投资活动都或多或少与官僚军阀的投资结合，借助他们的经济和政治力量，甚至成为他们

① 王镜铭：《天津造胰工业状况》，河北工学院经济学会 1935 年版，第 8 页。

"圈内"的人物。在这方面,王郅隆是一个典型。王郅隆出生在天津大沽一个贫穷的船夫家庭,少年时入粮行学徒。靠经营木材业发财后,通过捐得候补道任职盐务机构而得以投资盐业。20世纪初期,他在天津入股新创办的《大公报》,投资火柴公司并任董事,成为颇具近代色彩的商人。民国以后,王依靠早年结交的军阀倪嗣冲,走上另一条发财之路。倪嗣冲任安徽督军时,委任王负责军队给养。由于控制大笔军费,王借机大做投机生意。他又借助倪嗣冲的关系而参政,被选为参议院议员。通过为皖系官僚的"安福系"提供大笔的资助,王郅隆成为该派系的财政掌管人,被称为"安福财神"。他也成为倪嗣冲等安福系官僚军阀在天津投资的谋划者和代理人。1917年,王郅隆在天津创办了规模最大的"裕元纱厂",投资者中除了倪嗣冲、王郅隆之外,还有正当政的皖系军阀、官僚。更有数十名政界名流作为企业赞助人,不直接投资,只是名字列在招股简章中,以壮大企业的声威,增加号召力。当时任国务总理的段祺瑞、任督军的倪嗣冲以及北洋政府的一些主要官员都成了企业董事会成员。裕元纱厂机器设备由美国进口,场内设施完善,成为当时天津资本最雄厚、生产能力最强、利润最丰厚的纺织企业。同时,王郅隆还与金融界的官员等发起创办金城银行,自任董事长。总之,王郅隆在天津创办的多家工业企业、银行等,几乎都有军阀、官僚的投资。

此类商人企业家在民国初年的天津尽管人数不多,但是能量很大。开办军衣庄的商人章瑞庭通过经营军用品与军阀陈光远、张作霖建立了密切的私人关系,得以垄断军衣生产,大发战争财。他创办的恒源纱厂,投资人多为以曹锟、张作霖为首的直系和奉系中人。这两个军阀派系在战场上是你死我活的敌人,但敌对派系的许多军阀官僚,却通过章瑞庭这个“中间人”合伙投资于近代工业企业。此类企业的股东，人数上一般商人占了大部分，但是他们的投资额很少，加在一起都抵不上一家军阀的投资。还有北洋纱厂，最初由雄心勃勃的7家棉纱庄和1家银号集资创办，也因经营不善而被章瑞庭所控制，最后被银行收买。

清末的变革使得一些有现代思维的商人得以初露头角，而民国初年的军阀时代，又使得善于在政界与商界之间捭阖纵横的商人大行其道。他们是军阀投资的经营人和管家，同时也借助政治势力大量投资经营工业、金融业，是具有那个时代特色的企业家[1]。

在军阀官僚资本充斥的状况下，民国初期的天津商人自主投资经营企业是非常困难的，除非依靠家族网络或同业网络。孙氏家族经营的面粉企业就是一个典型。近代天津的面粉工业起源于磨坊业。清初靠经营米面业和海运业起家的孙起枝家族，到19世纪传统海运业衰败后，其后代继承了三家米面铺。其中两家倒闭，仅存的就是孙治经营的“增兴厚米面铺”。同治年间，孙治与“立成米面铺”创办人杨立成为了应对官府“官麸差”的任意勒索，共同发起组织“三津磨坊公所”，成为当时天津为数不多的同业组织。当20世纪初天津商会成立时，孙治之子孙俊卿当选为商会董事，也成为磨坊公会的领导人。

1924年，作为磨坊业的领袖，孙俊卿与杨立成的后代杨西园联合天津的磨坊商集资接办破产停业的“寿星面粉公司”，成立了“三津寿丰面粉公司”。由于资本不足，他们邀请军阀倪嗣冲之子倪幼丹投资并任董事长。此后，寿丰公司又兼并了两家面粉厂，成为华北最大的面粉生

① 也有的学者认为他们不是企业的决策者，不应当列入真正企业家的行列。参见[法]白吉尔《中国资产阶级的黄金时代(1911—1937)》，上海人民出版社1994年版。

产企业。1939 年倪幼丹去世后,孙俊卿任总经理兼董事长,孙的侄子、毕业于北京大学的孙冰如也成为企业的主要领导人。

寿丰面粉公司之所以能够成功,得益于家族企业制度。不论是传统时期还是近代,家族企业制度一直对中国城市经济具有很大的影响力。寿丰公司的家族经营,不仅有助于企业的管理和资本的筹措,而且人才引进家族化,也保证了在混乱的社会条件下企业的安全运行。在近代中国城市,家族制度不仅不是企业衰败的原因,而且这种企业管理模式也为企业家提供了在不打破传统制度的情况下,适应现代经济环境的可能性。另一方面,清末民初盛行一时的同业公会,使得寿丰公司得以成为同业商家的领导者,保证了企业对市场的掌控。遍布整个城市的米面铺大都是磨坊公会的成员,也是寿丰公司的股东,他们在公司成立之始就形成了可靠的销售网络。

5. 小贩:边缘商人

"小贩"一般是指没有铺面,在道路两旁摆摊售卖的摊贩和推车、挑担或手提,走街串巷叫卖的小商贩。从经济状况上看,小贩接近城市社会的边缘阶层,所以我们称其为边缘商人,但是无论从人数上还是社会结构上看,中国城市中的小贩都可以列为一个独立的社会阶层。

小贩的历史与中国商业的历史一样久远。当乡村集市出现的时候,作为这种定期市场主要经营者的小商人,小贩就产生了。城市中的小贩,可以说就是集市商人的城市化。但是,这些处在社会底层的小商贩,几乎没有正式的称谓,在书面语中他们被称作"贩夫"。到了明代,城市里露天摆摊售卖者称为"摆摊",在清末的天津称"小摊""小摊人"。对于沿街叫卖的小贩,直到近代也没有形成固定的称谓,只是以他们经营的商品称呼他们。在清代天津的人口统计中，有“负贩”一项，当是包括两类小贩在内。在民国初年天津商会的商务调查中，“沿户或路中买卖货物者”，被称作“小卖人”或“小卖商人”。“摊贩”称谓的出现则是到了二三十年代以后的事情了。

小贩所经营的小商业，尽管常常被人们所忽视，但是他们经营的商品多是与日常家庭生活密切相关的食品或日用品，尤其是专门供应女人和儿童的小商品。一些商品甚至成为他们经营的专门行当。他们各具特色的经商工具、售卖方式甚至穿着打扮、叫卖声，都成为职业的标志，而且在不同的城市也各有不同。走街叫卖小贩的大量存在，又是与狭街窄巷的城市空间、居民院落的居住方式以及邻里型的社区结构相适应的。

摊贩一般是作为群体经营者而存在的。在没有严格市政管理的传统城市中，城市商业的空间分布是按照社会生态法则配置的，摊贩往往会自发形成专门的市场。明清时期，天津的露天市场经历了由乡村型的定期集市转化为城市型的专业市场的过程。

在明代，天津最早出现的是分布在城内的五处集市，即位于鼓楼附近的宝泉集、东门内的仁厚集、南门内的货泉集、西门内的富有集以及北门内的大道集。明弘治六年(1493 年)后，城外又增加了五集一市，即东门外的通济集、北门外的丰乐集、北门外迤西的恒足集、张官屯的永乐集、宫前集以及西门外的安西市。除了安西市外，十处集市每处十天一集，集期相错，一个月每天都有一处集市开集。清初康熙年间，这一集市系统已经发生了演变，定期的集市不复存在[①]，市场向城市型的

① (清)薛柱斗：(康熙)《天津卫志》卷 1，建置，1675 年刻本。

专业化发展。

随着城市人口的大量增加,商业空间结构不断发生改变,露天零售市场也出现了聚集趋势。到 19 世纪末期,天津已经形成了 11 类露天市场,其中 9 类只有一处市场,即位于宫北的银市、北门外迤东的肉市、东浮桥海关道署前的菜市、估衣街口的干鲜果市、西头老店的西瓜市、大红桥的香瓜市、城内分府署前的菊花市、城外西南隅的骡马市以及北门外迤西的鸟市。另外两类则形成了多处市场,鱼市出现了 5 处市场,鸽子集出现了 3 处市场[①]。

这些小商贩聚集的露天市场一般分布在城内外人口密集的街区、商业中心或者是庙宇前、河岸码头旁。位于估衣街口的干鲜果市,其形成的时间根据记载可以追溯到 18 世纪。该市场又称“晓市”或“早市”,是晓聚午散的市场。每天拂晓,各类商贩纷纷上市,当日上三竿,门市铺商要开门营业的时候,商贩们便纷纷收摊停市。后来,随着晓市的兴盛,市场向西迁移,小贩们经营的货物除了干鲜果外,又增加了糖果、玩具等。当时,每天摆摊的小贩不下二百余家。走街串巷的小商贩,每天早晨都要到晓市趸货。估衣街靠近运河码头,从外地经水路运到天津的水果大都在码头卸岸销售,而且码头与城市商业中心估衣街相邻,很容易形成市场。此外,新鲜水果容易腐烂,需要尽快售出,也是晓市形成的重要原因。

位于海河岸边的东浮桥菜市场形成于光绪年间,最初是由近郊菜农自发形成的。菜市也属于晓市,每天黎明前是交易最兴旺的时间,市内菜店以及专门销售蔬菜的小贩都要到菜市趸菜,为当天的生意备货。

---

① (清)羊城旧客:《津门纪略》卷 10,天津古籍出版社 1988 年版,第 88~89 页。

尽管民国初年东浮桥菜市出现了经营蔬菜的菜店，但是摊贩仍然占相当的部分。据 1948 年的统计，菜市有坐商 208 户，摊贩 120 户[①]，没有纳入统计的流动小贩当不在少数。

小贩市场是流动的，往往随着城市中心的转移、商业中心的变化以及城市人口的流动寻求最佳商业空间。小贩的市场尤其喜欢热闹和拥挤，因为那样才能吸引更多的行人驻足于摊前，有可能成为他们的顾客。到了清末，规模最大的鸟市由北门外迤西转移到三岔河口一带。尤其是海河裁弯取直后，一段弯曲的南运河被裁掉，成为干涸的废河道。20 世纪初河北新区的开发，使得这段废河道成为交通要道而日益繁华起来，移至那里的鸟市也成为最大的宠物市场。

此外，19 世纪末期在老城西面形成了另类的晓市——鬼市。鬼市又称"穷汉子市"，之所以称为鬼市，不仅仅是因为市场在每天后半夜就开始交易，而且还因为市场所利用的土地是城市的墓地。天还不到拂晓，坟地间已经是人影憧憧，到处闪烁着点点灯光，好似鬼火，那是小贩摊前的小灯，交易已经开始进行了。鬼市交易的主要商品是废旧物，卖者多是回收旧物的小贩，当地人称"喝破烂儿的"。他们白天走街串巷回收废旧物，清晨到鬼市卖出。民国时期，城市的下层娱乐业、饮食业等也在鬼市和鸟市聚集，使得两处市场又成为社会下层的购物、娱乐区。

根据《津门保甲图说》的统计，19 世纪中期的天津城厢内外，"负

---

① 董帅贤等:《回忆老城东的东浮桥菜市》,《天津老城忆旧》,天津人民出版社 1997 年版。天津市蔬菜公司私方工作组:《东浮桥菜市场史略》,《天津工商史料选辑》第 5 辑,1965 年。

贩”一共有 5711 户,占总户数的 17.43%[①]。我们不知道这里“负贩”是单指走街串巷叫卖的小贩还是也包括摊贩,不过无论如何,专门从事小本生意的小贩占城市人口将近 20%,可见这一阶层在城市社会中所占的地位之重要了。

而且,小本经营的摊贩和拥有店面、字号的铺商共同构成了空间相对固定的市场和商业系统。许多摊贩都从大商家进货,走街串巷的小贩又从摊贩那里趸货,因而大商家与小商贩之间形成一个商业链条。另外,一些行当主要由摊贩经营,如旧物业、估衣业等等,也使得摊贩与当铺等之间形成了共生的关系。

19 世纪末期,随着城市人口的大量增加,小贩阶层也迅速扩大,除了长期以小本生意为业者外,还出现了大量因为穷困而暂时因此为业者。如民国初年兵变频发,不少商店因遭到抢劫而破产,许多店铺学徒失业。他们别无所长,只得在南市一带摆摊卖估衣。

另外一方面,随着交通的便利和人口流动的增多,摊贩市场也不断扩大,尤其是繁华通畅的街道,两旁常会出现售卖各种小商品的货摊,售卖的货物种类也越来越多。1900 年以后新开通的围城马路,由于笔直通畅成为交通要道,尤其是北马路和东马路,由于有电车通行而更为繁华。于是,马路两旁出现了大量的摊贩,如瓷器摊、洋灯摊、古玩摊、洋货摊、钱摊、卦摊、信纸摊、手巾摊、刀剪摊、镜子摊、钟罩摊、书摊、鲜货摊、估衣摊、洋布摊、糖摊、鞋摊、袜子摊等[②]。

小商贩是传统商业的代表,也成为传统城市的一种标志。然而,当

---

① 参见(道光)《津门保甲图说》,1846 年刻本。

② 天津市档案馆等:《天津商会档案汇编(1903—1911)》(上),天津人民出版社 1989 年版,第 832～837 页。

步入近代的天津需要铺设新式道路、建立近代城市交通系统，或需要改善城市的卫生状况的时候，缺乏控制的摊贩市场便成为一个主要的障碍。政府常常因限制或取缔设在马路旁的露天市场而与小贩发生冲突。

1906年围城电车通车后，作为电车枢纽的北大关一带，由于与针市街、估衣街等商业街相连而成为繁华之区，吸引了大量摊贩聚集该街区。估衣街的晓市也向西迁移至靠近电车通行的街口，有的货摊甚至就摆放在电车轨道旁。这些小摊贩多系叫卖估衣或贩卖零星物品的，估衣摊叫卖招人，往往吸引路人聚集围观。当时许多天津市民还不知道快速交通工具的危险，也不懂得如何遵守交通规则，路人游走于电车轨道旁，围观购物，给电车通行造成了不小的障碍。

电车轨道铺设以前，巡警局就曾企图要估衣街晓市迁移他处。电车通车后，巡警局先是出示禁止在电车轨道两侧附近摆摊，后来又驱赶摊贩，要他们选择空旷地方设摊。1908年2月，东马路和北马路沿街摊贩也遭到巡警的驱赶，理由是"清理路政"。因为这两条道路是电车的主要运行路线，沿街设摊卖货对交通造成威胁。

警察当局的行动受到摊贩们的抵制。1907年，因妨碍交通被巡警驱赶而失业的26户北大关的摊贩通过商会与巡警局交涉，请求准许他们继续在北大关一带摆摊，称他们设摊已有数年，因该处为"交往之区"，买货主顾只认该地，很难迁移到别处。最终巡警局只得通融办理，暂且同意他们"各就墙根摆占二尺货摊"，并照晓市章程纳捐[①]。估衣

① 天津市档案馆等：《天津商会档案汇编(1903—1911)》(上)，天津人民出版社1989年版，第826～829页。

街的大商家如元隆、敦庆隆、瑞林祥等,也出面为估衣街口的晓市摊贩求情。他们提出的主要理由是“小民生计维艰,专恃此等晓市养生者为数不少”。在这些商家请求下,巡警局只得准许晓市照旧保持,只是要“早集早散,并各货摊移靠墙根,让出街心,以便行人,以及随时打扫,不准污秽”。工程局为修路也要晓市摊贩迁移,小贩们又由这些大商家出面代为请求,工程局也只得同意晓市照旧不必迁移。1908 年,遭到巡警驱赶的东马路和北马路摊贩们,以小本生意若不靠墙根摆小摊实无生路为由,通过商会向巡警局申请仍然允许他们在马路上摆摊营业。巡警总局也不得不准许货摊沿墙根摆设,但不得超过二尺以外,条件是如清理边道仍要一律撤摊。

到民国初年,北大关、大胡同以及围城马路一代仍是小摊贩的聚集区。街道两旁便道被随意占用,有的甚至搭盖窝铺,便道形同虚设。警察厅发布公告,为整顿路政,取缔在主要道路摆摊的小贩。警察厅在公告中提到,各国都以讲求路政为政治文明之标示,各租界之路政“亦皆异常整肃,取缔谨严”,“乃一入我中国境,则龌龊腐败,其景象竟与各租界判若天渊”,“固改良之着手先从路政始”。警察厅长杨以德在答复商会时也谈道:“路政不修,贻笑外人,对于租界各处相形见绌,凡中外有识之士引为国耻”。[①]

但是,在各村正和众商户联名呈递商会的说帖中则说:“津埠一人摆摊而八口聊生者,万户有奇”,如遭取缔“父母号寒,妻子啼饥,甚或强者亡归盗贼,弱者流入乞丐”,“路政虽良,何补于此哉”?“路政整顿尽

① 天津市档案馆等:《天津商会档案汇编(1903—1911)》(上),天津人民出版社 1989 年版,第 850～851 页。

善，固足媲美列强，耳盗贼充野，乞丐塞途，啼饥号寒之声达于四境，其国耻与路政不修，孰为重轻?”他们将路政称为“表面之讲求”，提出希望警方采取折中的办法。警方认为:“体念商家，自当先维路政，良以商业之发达，端赖交通之便利”，商会则希望:“贫民生计、路政交通两无妨碍”[①]。最终，警察厅又一次做出妥协。在随后公布的“整顿路政办法”中，除了拆除沿街占道的商业设施外，警方不得不暂准摊贩占用便道，至多不得过一尺五寸，并限制到年底。

城市交通与公共秩序管理的加强使依赖马路摆摊的小商贩面临失业，为了解决小商贩的商业行为与城市交通、市政管理之间的矛盾，除了取缔、禁止等措施外，警方与市政当局也试图采取其他办法。1908年4月，巡警总局计划在沿河一带修建百货售卖场，要摊贩一律迁入。巡警局要商会招商兴修，甚至还勘定了地点，却遭到商会的拒绝。商界则筹划建立大规模的室内市场，招摊贩入内经营。1907年，估衣街青云阁众商贩集资租赁位于北马路上“天津府潘藜阁”的房屋，名曰北海楼，创建“北海楼劝工场”。北海楼一共有三层，在当时的北马路是颇为壮观的建筑。他们开辟二、三层专门招摊贩入内经营，租金“每三尺一方，每月收大洋一元”[②]。

北海楼当时被称作“北洋第一商场”[③]，除了招集小摊贩外，还邀集小手艺人入内设摊售卖。按照北海楼制定的章程，凡商场内售卖的商

① 天津市档案馆等:《天津商会档案汇编(1903—1911)》(上)，天津人民出版社1989年版，第843～845页。

② 天津市档案馆等:《天津商会档案汇编(1903—1911)》(上)，天津人民出版社1989年版，第830页。

③ 孙学谦:《天津指南》，中华书局1924年版，卷1。

品都要明确定价,标签注明,“使人一览即知”,不得高抬虚索,互相争执。还规定商场内经商要“洁净安详,以合文明举动”[①],不得喧哗争吵,不得吸烟、饮酒、赌钱、弹唱。

北海楼开业之初,摊贩担心一入商场销货必难,房租必贵,一度很少有商贩入内开业。到民国初年,在北海楼内固定营业的商贩已经有数十家。北海楼开创了“商场”这种新的商业组织,希图把摊贩从马路边引入有组织的市场中,改变小商贩的经济行为。继北海楼之后,华界又相继出现了一些商场,如东北角的天津商场、南市的东安市场、南市商场等。1928 年法租界先后建立了天祥市场、泰康商场和劝业商场,进入这些商场开业的既有商号,也有不少摊贩。

然而,城市贫困人口的大量存在,使小贩阶层的人数不断增加,容量有限的商场根本无法解决问题。到 20 世纪二三十年代,尽管警察仍是不断地整顿路政,驱赶沿街摊贩,可是街上任意摆摊设点的摊贩仍然为数不少“津郡货摊约计万份”[②]。根据 1949 年的人口统计,小商贩和流动商仍有 11 万,占城市人口的 6.3%[③]。

---

① 天津市档案馆等:《天津商会档案汇编(1903—1911)》(上),天津人民出版社 1989 年版,第 831 页。

② 天津市档案馆等:《天津商会档案汇编(1912—1928)》(2),天津人民出版社 1992 年版,第 1919~1921 页。

③ 李竞能主编:《天津人口史》,南开大学出版社 1990 年版,第 463~464 页。

第八章　城市边缘阶层

1. 贫民:从避难到定居

1929年,有人在《社会月刊》上发表文章,惊叹天津的贫民人数之多:“触目惊心的本市贫民人数——三十五万七千多!”[①]当时,天津市区分为5个区、3个特别区以及县属村庄,人口一共有130多万。就是说,在天津这样的大城市中,有四分之一还要多的人口处于衣不蔽体、食不饱腹的境况。这种现象在近代中国新兴起的大城市中,都不同程度地存在。

这里所说的贫民是指城市里那些生活无着,流浪街头或只能栖身于窝铺等简陋居处的穷人。贫民可以说是城市最下层的统称,既包括打零工的苦力,也包括沿街乞讨的乞丐。许多有关社会下层的研究著述,例如对流民、乞丐的研究等[②],都涉及被迫离乡背井逃亡的农民,如何以“流民”的角色进入城市求生并进而形成城市中的某一阶层的。

流民不等于流动人口。起码在清代,城乡间的流动人口是大量存

① 风蔚:《贫民与社会》,《社会月刊》第1卷第1期,1929年7月。

② 参见池子华《中国近代流民》,浙江人民出版社1996年版。卢汉超:《城市人:近代上海的乞丐和游民》,《城市史研究》第19—20辑。

在的,如天津与华北各省之间每年都有数万人流动。有的天津本地人虽然有城市户籍却因贫困没有常住房,只好春季离津到各地做活挣钱,冬天回津租房过年。同时也有来自山东、河南、山西、陕西以及其他各省者,春季来津做工,冬季回家,两者人数都不下三四万人①。在19世纪,天津老城西门外有大量的小客店,居住者大都是外地来津的打工者②。这些应当属于职业流动人口,而不是流民。

流民是指那些迫于无奈,往往成群结队离乡逃难进入城市的。迫使流民流入城市的原因主要有两个:生态的和政治的,前者主要是水旱灾荒,后者主要是战争。民国初年,自然灾害频频,军阀战争不断,是流民进入城市的高峰时期。我们在第四章中所提到的进入城市的灾民,其实就是"流民"。

在传统时期,城市对于大多数逃难避灾的农民而言只是临时避难所。他们有浓厚的乡土观念和守土重迁的传统,也习惯于家乡的生活方式,所以灾害过后绝大多数人都会返回家乡。城市地方政府最担心的是这些饥饿的难民给城市秩序带来麻烦③,所以地方官员的职责就是在灾害发生时,设法安置逃进城里来的灾民,通过政府或民间的赈济

① [日]中国驻屯军司令部:《二十世纪初的天津概况》,天津地方史志编修委员会1986年版。

② 有直隶盐山人到天津贩卖鸡蛋,住在西门外小店(《直报》1895年4月4日)。天津附近的东乡人,在津做土工,也寓居西门外小店,平时还可乘洋车回家(《直报》1895年3月9日)。"西门外小店住贫人乞丐甚伙,每值隆冬风雪,店主恐其饿死,往往逐出,倒毙不可胜数"(《续天津县志》卷8,附义举)。

③ "今中土之所忧者四:饥民、土匪、逃兵、奸宄"。(《直报》1895年2月20日。)

使他们得以活命，灾害过后动员他们返回家乡①。而且，传统时期城里的谋生机会毕竟有限，举目无亲而又身无分文的外乡人是很难在城市里长久待下去的，所以即便像19世纪的天津这样的城市，也很难大量容留难民。

四外贫民妇孺匍匐来津者日以千计，……至津不识一人，无所依靠又无所事事，何以为生？兼之粮米昂贵，更难糊口，每日沿路乞食者不计其数。②

20世纪尤其是民国以后，情况发生了改变。自然灾害的频繁发生和战乱不断，内地乡村地区的日益凋敝，致使许多世代为农的灾民无法返回原籍。同时，城市的迅速发展使得就业机会大大增加，城市政府和各种慈善组织的赈济活动，形式越来越多，规模不断扩大，为来自乡村的灾民提供了在城里生活的起码条件和机会，使他们渐渐断绝了回乡的念头。

与传统时期政府注重控制以保证社会安定、维护城市秩序的赈济理念不同，民国以后的政府和民间赈济更注重救助。赈济灾民不再仅仅是通过施粥等方式保其活命，等待灾后遣送回原籍，而是要为其提供能够在城市里生存的起码的生活条件。

从1917年遍及华北的特大洪灾发生后天津出现的景象，便可以看到这一变化。这一年大量灾民涌入天津后，城市赈济活动显得非常活跃，政府的和民间的赈济、慈善机构和组织纷纷出现，更有许多名人、善

① 同治十年（1871年）天津及周围地区发生水灾，“至八九月，丁（寿昌）观察见水退，令四乡难民回家，每大口给钱600文，粮1斗；每小口人给钱300文，粮5升”。[（清）储仁逊：《闻见录》第1册，稿本，第25～26页。]

② 引自行龙：《人口问题与近世社会》，人民出版社1992年版，第162页。

士参与赈济救助灾民活动。面对大量来自内地的灾民,他们除了提供衣食,还设法安排简陋的居处,甚至还提供职业教育、子女教育乃至少量的谋生资金等,以便使他们能够在城里过活①。

从这一年开始,天津出现了固定的成片灾民聚居区。当时灾民的居处非常简陋,一般是用少量木料或庄稼秸秆、苇把等支起棚架,外面抹上一层黄泥,顶部呈圆拱状。有的为了节省材料和保暖,在地上挖个坑,上面用少量的材料棚上顶,形成半地穴式。这种极为简陋的居处,天津人称其为"窝铺"。这两个字形象地说明了其特征,低矮、狭小,如同动物的"窝"一样。

康熙四十二(1703 年)年,天津附近地区连年荒歉,"邻县饥民就食者,缚茅栖城根"②。在清代,每当发生水灾时,天津的地方官员也在城墙上搭盖草棚暂时安置灾民。这些"草棚"或者就是早年的窝铺。那时的灾民一般都聚居在城墙根、老城西门外,不仅数量有限,而且灾害过后他们都返回家乡,窝铺只是临时栖身之处。

民国以后则不同了。1917 年大水灾发生后,天津开始出现了供灾民居住的大面积窝铺区。这些窝铺区大都分布在靠近城市边缘的城区。例如,当年 8 月前往城北张公祠一带向灾民发放食物的南洋兄弟烟草公司的职员,看到那里灾民栖身的窝铺成片,"窝铺太多,一望无际"③。三年后,也就是 1920 年,华北地区发生大旱灾,来自灾区的灾民再次大量涌入天津,使窝铺区不断扩大。据警察厅的统计,当年仅安

---

① 《益世报》1917 年 8 月 22 日。

② (清)吴廷华:(乾隆)《天津县志》卷 18,人物,1739 年刻本。

③ 《益世报》1917 年 8 月 18 日。

置在各窝铺区的灾民就有16000余户[①]，其中大部分安置在南开地区。[②] 根据华洋义赈会1920年底一个月内的三次调查，南开地区的窝铺和住窝铺的人口分别从5000多所和2.5万多人骤增到7000多所和3.6万多人，分别增长了41.45%和42.77%(见表15)。

表15　1920年华洋义赈会南开灾民调查

	日期	窝铺	人口
第一次调查	11月24日	5275	25819
第二次调查	12月9日	5413	29820
第三次调查	12月25日	7462	36862

资料来源:《益世报》。

供灾民居住的窝铺多数是由赈济机构或慈善组织搭建的。1917年夏秋之际，天津警察厅组织的“水灾急赈会”在老城以南地势较高的一片空地上盖了300间窝铺，然后号召“中外绅商热心助款”[③]，搭盖更多的窝铺安顿灾民。这片地区包括天津城西南，直至墙子河边的广开、靶档一带，原来被称为“南开洼”，是一片无人居住的洼地。1900年以后，先后有“天津电灯电车公司”和私立第一中学堂(即南开学堂)设在那里。1917年以后，许多赈济机构在南开建窝铺安置灾民，便有越来

① 《益世报》1920年12月21日。

② 参见《津海关十年报告(1912—1921)》,《津海关史要览》,中国海关出版社2004年版。该资料说被安置在那里的灾民有5万。但据华洋义赈会的调查，窝铺的居住者增加的并没有那么多，很可能有的灾民连窝铺都住不上了。

③ 《益世报》1917年10月1日。

越多的灾民聚居该地区[1],使其逐渐发展成为城市下层聚居区。二三十年代,居住区向西一直扩展到昔日坟茔遍布的“西广开”地区。

另外一个大面积的窝铺区位于老龙头火车站以北的“地道外”。1917 年大水灾发生后,来自华北各地的灾民纷纷栖身“地道外”。一些赈济机构和个人便在那一地区搭盖窝铺安置灾民,如当时居住在英国租界、曾任民国总统的徐世昌与赵尔巽等人发起捐助在地道外搭盖窝铺安顿灾民。在他们通报警察厅的函中说道:

径启者……当洪水横流之后,灾黎猝避而来,路侧墙隅风餐露宿,同人睹其惨状为之恻然,因相与集议倡捐拟建窝铺以居之。商请警局指定老龙头迤北郭庄地点,随即鸠工庀材克期建造草房式窝铺二百间,内外皆涂以双层厚泥不使雨雪渗漏,并设置炉灶及有窗棂之门扇,外加男女厕所。原拟俟工竣报交警局验明再行查拨居住,而各户未待完成即一齐迁入。现已催匠将未了之工一律添补戢事,遂复挨次编号,并于其地树立本标名曰:“公济窝铺处”,以昭识别。[2]

这些草房式的窝铺还没有完工就抢着入住,可以想见当时栖身地道外的灾民生活景况是如何的糟糕。此外还有位于英、德租界以南的“谦德庄”,最初也是 1917 年水灾发生后,由红十字会搭盖窝铺容留逃到天津的灾民形成了窝铺区。

大量灾民聚居狭窄的窝铺区,无疑使管理成为一个大问题。1917 年 12 月,“京畿水灾赈济联合会天津分会”制定了《窝铺管理章程》,规定各团体建造的窝铺,要专门设立办事处管理。章程特别规定要加强

① 1920 年,“河北灾民多迁往南开”。《益世报》1920 年 10 月 8 日。

② 《益世报》1917 年 12 月 21 日。

窝铺区卫生的管理,如要保证饮用水的洁净;要建有厕所、男女浴室及浣衣所,“供水务须足用”,并要注意厕所及浴室的清洁;要“处理窝铺内一切秽污”;必须储备防火用水,等等。同时还规定,要“随时检查住民身体,遇有病者,送医院疗治”,“学龄儿童,管理处要设法教育之”[①]。

住在窝铺里的大都是来自农村的乡民。他们进入城市后,第一课就要接受卫生“教育”。这些规定是强制性的,要住进窝铺区就必须遵守。为了防止传染病流行,灾民住进窝铺要强迫接受体检,衣服要消毒,头发要剪掉或用火油清洗,还要接种天花疫苗。平日要定期洗澡,大小便要上厕所,洗衣服到浣衣所。这些对于从来没有上过厕所,在家乡很少洗过澡的农民来说,需要有一个认同和适应的过程。他们祖辈生活在乡村,“向不知卫生为何事”,往往随地便溺,任意倾倒垃圾污水。华洋义赈会津埠赈务股便在南开窝铺区分设男女厕所,招募灾民卫生劳工队十余人,专门负责打扫厕所和住区[②]。由京畿水灾善后督办处资助,天津基督教团体联合设立并管理的灾民区建有 2000 间窝铺,能容纳 7000 名灾民。他们鼓励灾民接种天花疫苗,定期洗澡。厕所每天打扫,因而疾病的发生率很低。儿童和成人都要接受文化教育[③]。设在德租界的灾民居住区规定更加严格,几乎是仿照军营的管理方式。居住者必须有身份卡和配给卡,并强制接受晨检、洗浴和教育。严格的管理使居住在那里的 4800 名灾民只发生过一例传染病。

---

① 天津市档案馆等:《天津商会档案汇编(1912—1928)》(3),天津人民出版社 1992 年版,第 3415 页。

② 《益世报》1920 年 12 月 1 日。

③ 华北基督教水灾救济委员会:《灾情》1918 年 4 月 2 日所附急件,《美国国务院关于 1910—1929 年中国国内事务的档案》。

来自农村的灾民95%以上没有受过教育，于是，便有赈济慈善组织致力于灾民子女的教育。华北华洋义赈会联合的一些组织和个人因多数灾民“灾童幼女因贫失教”，创办了多处教养所，专为灾民子女提供教育。创办者有热衷于慈善事业的社会上层及其夫人，也有女子师范学校的学生们组织的赈灾团体以及基督教女青年会等。他们有的提供衣食住宿，有的在窝铺区附近设立学校。如华洋义赈会在灾民集中居住的地方共创办了六处“男女灾童教养所”，或专门收养孤儿幼女施教，或在窝铺区附近办讲堂，招收灾民子弟入学，聘请天津各小学的著名教师充任义务教员[①]。设在老城西门内大街的“天津临时幼女教养所”招收灾民幼女50名，主要创立者是曾为南开大学捐建“芝琴楼”信奉基督教的富商陈芝琴。设在河北的“临时幼女教养所”，创办人是徐世章、赵秉均等人的太太。此外还有临时设在南关下头妇婴医院候诊室的女青年会灾民幼童教养所。这些教养所每日除教授学童文化外，还要教以手工技能，以便长大后得以谋生。天津商会以及在天津的上海工商业者组织“北方工赈协会”还将灾民儿童送到上海的工厂学习技术和文化，几年后送回天津，由警察厅安置。

显然，要想在城市里生活下去，最重要的是要有基本的经济来源。当时，这些灾民的生活境况极为困苦，有的连起码的衣食也没有保障。他们日常的饮食主要是高粱饼，甚至有以干草为食者。穿着也多有冬季无棉衣、棉裤者。有的一家夫妇二人仅有棉衣一套，白天妻子外出乞讨，丈夫赤身在家等候。傍晚妻子回家后，丈夫再穿上棉衣出外拉车。

城市的许多赈济组织也设法为灾民解决谋生之道。1917年水灾

---

① 《益世报》1921年7月27日。

后，京畿水灾赈济联合会制定的《窝铺管理章程》中就规定，窝铺区的管理处有责任为无力生活者“设法代谋工商生计”[①]。天津水灾急赈会为灾民每人提供8～10元的小额借款，作为他们在城市里自谋生路的资本。若有技艺者，急赈会也可以帮助谋职，或假以资本，帮助其自由营业。天津警察处还备有人力车若干辆，租给灾民中无任何手艺的强健男子，使他们可以靠力气挣钱糊口。

盐商李嗣香则以个人名义组织平济局，借款给住在寄养所、备济社或教养院中的贫民。他们如果想做小本买卖可以借贷不取利息，百日归还；拉洋车者，可以借款赁车；有疾病者，每日酌给养病之资。他们如果做泥瓦匠或在洋行、电车做小工，有疾病者一律抚恤。但所有接受抚恤者必须遵守下列条件，即不得吸食鸦片、不得扎吗啡针、不得吸食纸烟、不得赌钱、不得盗窃、不得斗殴伤人。

一些赈济机构还专门对收容的难民进行培训或教育，传授各种技艺，以便其能在城市里谋生。1915年，杨以德邀集各界绅商组建贫民教养院，专门招收外地灾区逃难来津的难民，主办者是以商会坐办李向辰（星北）为首的商人。教养院分设织、染、木工诸科，请著名的工人企业家孙恩吉等义务传授工业技能。其他如广仁堂、育婴堂，甚至济良所都有针对不同的收容对象，专门传授技艺的机构。

这一时期，天津城市经济发展较快，工业企业和商业贸易都需要大量的劳动力，从而为涌入城市的难民提供了就业机会。根据1927年的统计，天津的纺织、面粉、化工以及机械等行业的企业工人，总数达7万

① 天津市档案馆等：《天津商会档案汇编（1912—1928）》(3)，天津人民出版社1992年版，第3415页。

多人[①]。到20世纪30年代初,工人和佣工加在一起人数超过了10万,其中女性达万余人[②]。在工厂做工的工人中,来自华北各地的单身男工占据了绝大部分。

然而,需要操作机械的工厂工人,要掌握一定的技术才能胜任,这就限制了没有任何技能的贫民进入工厂做工。另外一些工业行业则多为华北某一地区的移民所垄断,如三条石的工厂主和工人以来自河北省东南部的交河和吴桥者居多[③],地毯工厂则以冀州人占多数[④]。所以,身无任何技能,又没有同乡关系帮助的贫民,几乎是没有任何机会进入工厂工作的。而且,即便能进入工厂,天津全部工厂用工人数与涌入天津的贫民数量相比也相差甚远。

1928年,国民政府社会局刚刚建立,首先就计划创办贫民工厂。他们雄心勃勃,企图通过建立贫民工厂根本解决当时存在的大量无业贫民这个社会问题。"将天津所有贫民,收集一厂或数厂,教以职业,授以常识,援以工代赈之义,寓生产于消费之中"[⑤]。至于资金来源,他们则打算向全市居民按月按户抽收乞丐捐。预计每月可以得到7万多元,完全可以办一个规模较大的工厂。他们甚至还想以工人管理工厂。显然,这种过于理想化的计划根本无法实现。结果是,乞丐捐收到不及5%,兴办大规模贫民工厂已不可能。社会局又主办义务戏,由公安局和三个特别区代销戏票,收得盈余款项3004元。遂决议暂行创办贫民

① 陈克:《一九三七年以前天津工业人口之推算》,《天津史志》1986年第1期。

② 《大公报》1933年3月6日。

③ [美]贺萧(Gail Hershatter):《天津工人,1900—1949》(The Works of Tianjin, 1900—1949),天津人民出版社2016年版,第135页。

④ 方显廷:《天津地毯工业》,南开大学社会经济研究委员会,1930年。

⑤ 《天津特别市社会局一周年工作总报告(1928.8—1929.7)》,1929年,第250页。

工厂第一分厂，一俟筹有大宗款项再开办总厂。

1929 年 3 月，第一座贫民工厂开工，厂址设在沈庄子一所小学校内。工厂设厂房、讲堂、医务室，聘请教员、技师和医生。入厂的工人除从事生产外，还要学习粗浅的国文、算术、体操等。最初的工人是由公安局及各特别区公署收容的乞丐，一共只有 170 余名。相对于几十万贫民而言，这不啻是杯水车薪。

除了此类政府行为之外，也有不少专门雇用贫民的小工厂，如 1917 年在贫民聚居的老城西南隅一带，就有所谓爱国布织染工厂数百家，在这些工厂中做工的贫民不下一两万人①。尽管这些小企业工人的工资大都很低，甚至很难维持最低的家庭生活支出，尽管工厂的劳动强度大、工作时间长，但是对于逃避灾荒或战乱进入城市的难民而言，他们首先是要求得活命，过好日子只是奢望而已。相对于挣扎在死亡边缘的灾区农民来说，能在城市里生存本身就是成功或者说就是幸福，因此城市里任何收入低微的职业都是他们所渴望得到的。于是，城市里许多最艰苦的职业变成贫民的专业，如拉洋车、拉地扒车、河坝“扛大个”、小贩、戏园落子馆的茶役，甚至是捡垃圾、乞丐。小孩儿则拾煤核儿、打小空(在婚丧仪仗中打小工)，女子则纺麻线、线绳。

到了 20 世纪 20 年代，天津的人力车据说已不下数十万辆。这一说法或许有些夸大，但是天津的人力车数量已经达到饱和当是事实，这便导致人力车夫的收入极为微薄。一般讲，乘坐人力车大约一里须付铜圆二三枚，到租界车价稍高。一个人力车夫奔跑一天一般只能挣到七八角钱，至多一元。人力车要从人力车厂租赁，并要有商家做“铺

---

① 《益世报》1917 年 10 月 16 日。

保”,一天的租赁费(天津叫“车底”)大约三四角。除去这些费用,车夫一天所得常常还不到五角钱。人力车夫大都是处于社会最底层的贫民,而且许多是进入城市不久的乡下人。他们不仅收入微薄,还常常遭到警察尤其是租界巡捕的打骂。“凡人力车夫为劳动界最苦者,且毫无知识又无团体,偶有小失常为警察所毒打,见者无不伤心”[①]。

即便如此,仍有许多人连洋车都拉不上,他们只能靠捡垃圾或乞讨为生。在天津,捡垃圾又称“拾毛烂”,捡者把拾到的垃圾分类后到市场上出售,在老城的西南隅,还形成了专门收购这些破烂的市场。民国以后,乞丐更是贫民专门从事的“职业”。天津乞丐之多,乞讨方式之多样,在大城市里是很典型的。乞丐们甚至也有自己的市场,他们讨来的残羹剩饭除了饱腹外,如有剩余便会拿到乞丐市场上出售。

根据 20 世纪 20 年代的调查,有大量的贫民找不到正当的职业。如对居住在河北一处窝铺区中的 55 户难民所做的调查,他们每天的生活大半靠女子乞讨,男子有事可做者不过十分之一,即便有也不过是剥沤麻杆而已。日常食品只有高粱饼,甚至有食干草者。对栖身在法、意租界边缘及老龙头火车站一带的 110 余户难民所做的调查,男子只有 42 人有工作,女子 3 人有工作。但男子的工作多是在河坝码头做苦力,女子多数只能沿街乞讨[②]。

随着贫苦新移民的大量涌入,天津出现了由贫民组成的社区。在 20 世纪初,这种社区还很少见,而且一般为郊区乡村型聚落,例如民国初年河东出现了刚刚“创立三载,居民日见繁殖”的复兴庄。这个村庄

---

① 孙学谦:《天津指南》,中华书局 1924 年版,卷 4,第 64 页。

② 《益世报》1920 年 10 月 8 日。

不在政府公布的四十乡之列，庄中一百余户人家，大半靠在城里打工为生[①]。从1917年大水灾发生后，边缘城区型贫民聚居区不断出现。据1918年9月天津警察厅的估计，有284349名贫困者住在天津城区，另有66679名赤贫者住在城外边缘城区。

关于城市边缘区，以下还有专章论述，这里只谈其形成的一般特征。就其起源而言，城市边缘区大都是区域性大规模灾害发生后，因灾民的聚集而开始形成的。边缘区的形成有三种类型，一类是由政府或社会慈善组织的赈济行为促成的，另一类是灾民的自发聚居和政府行为结合而形成的，第三类完全是灾民自发聚居的结果。其次，边缘区的居所最初大都是窝铺，以后逐渐演变为简陋的住房。缺乏规划和管理，没有正规的街道和排污管道，没有自来水和供电，恶劣的环境和糟糕的卫生状况，是这些边缘区共同的特征。直至20世纪八九十年代城市改造彻底改建新住宅楼之前，这些地区一直是天津最糟糕的居住区。再次，这些地区的住民大都是晚近的城市移民。他们当中多数是由于自然灾害或战乱而逃入城市的灾民，在城市里从事最艰苦、收入最微薄的苦力职业，构成最下层的贫民阶层，使这些边缘区成为天津的"贫民窟"。

2. 混混儿：独具特色的流氓阶层

从19世纪到20世纪初期，中国城市流氓阶层的膨胀是一个典型的社会现象。而在天津，流氓阶层形成一种独特的形态，这就是混混

① 天津市档案馆等：《天津商会档案汇编(1912—1928)》(3)，天津人民出版社1992年版，第3399页。

儿。清末的天津街头,常常见到一些无赖土棍,单人独行或三五成群,身穿青色裤袄,青洋绸长衫斜披在身上,肥衣大袖不扣纽扣,腰扎月白洋绉褡包,脚穿蓝布袜子、绣花鞋,头上的发辫蓄着大绺假发,称辫联子,粗大的辫子搭在胸前,有的还在每个辫花上插一朵茉莉花。这种打扮在当时很是不伦不类,惹人注目,人称"花鞋大辫子"。这些人说起话来喜爱摇头晃脑挑大拇指,走起路来总是迈左腿,拖右腿,故作伤残之态。他们自称"天津哥们儿"或"天津娃娃",整天闲逛街头,衣袖里暗褪斧把,腰间插着匕首,惹是生非,讲打讲闹,人称"愍不畏死"之徒。这就是天津的"混混儿"或称"混星子"。

光绪年间有记载说:"天津土棍之多甲于各省"[①],可见当时天津的混混儿已经很有名气了。混混儿起源于何年代已经无从考证,但是混混儿的出现确与早年天津的社会风气有关。清代出版的方志杂记中常有记载说,天津人以争强好斗而著称。《津门杂记》中写道,天津五方杂处,"民俗逞强尚气,易滋事端"[②]。《天津府志》中说,天津"民间风气刚劲,以义气自雄,而械斗之风遂炽"[③]。这种好勇斗狠的社会风气常常会给城市带来不安定乃至灾难。

发生于1870年的天津教案就是一个例证。这一年,全国反洋教之风盛行,而天津就发生了火烧望海楼教堂、杀戮外国人事件。当时,有20名在天津的外国人被杀,其中除了法国领事丰大业和教堂神父谢福音之外,还有平时几乎与百姓无任何来往的10名修女和8名完全与教会无关的外国商人。其中3名俄国商人走在街上,被遇到的市民所杀。

① (清)张焘:《津门杂记》卷中,1884年刻本,第39页。

② (清)张焘:《津门杂记》卷中,1884年刻本,第41页。

③ (清)沈家本:(光绪)《重修天津府志》卷26,1899年刻本。

在官府审案时，被捉到的4名杀人者交代了他们杀死俄国商人的经过和动机。下文节录其中名为田二者的供词：

小的是天津河东四甲人，年23岁，一向卖鱼还带卖糖豆西瓜为生。同治九年五月二十三日（1870年6月21日）午后，小的听说法国人打官闹事，心生气忿，拿着一把切西瓜的刀子赶去救护……（途中）遇上三顶轿子，抬着外国人走来，内有一乘坐的是女洋人，已被众人围住。小的误认是法国人，就上前把那女洋人抓出轿来……随用西瓜刀在那女洋人脊背上砍了一下……又用刀砍伤女洋人左肋。段大拿着刀子把男洋人腰眼砍伤。男洋人松手合（和）那个女洋人倒地……小的查看那女洋人同男洋人都因伤身死……前蒙获案审讯，小的才知杀死的是俄国人。

从这段供词中可以看出，当时天津人的社会性格与行为方式，为人仗义但又好惹是生非，见义勇为但又好勇斗狠。混混儿就是滋生在这种社会土壤中的。

19世纪，随着天津城市的发展，人口迅速膨胀，社会构成复杂化，混混儿也愈来愈活跃。他们"把持行市，扰害商民，结党成群，借端肇衅"，"甚至执持刀械火器，恣意逞凶，为害闾阎，莫此为甚"①。一遇社会动荡，他们更是不可或缺的人物。1900年义和团运动爆发时，天津街头上有混混儿穿红挂绿，打着义和团的旗号，趁火打劫，杀人掠财。

混混儿唯恐天下不乱的恶行劣迹，使得天津的社会风气愈加败坏。清代后期每当直隶总督莅任，往往总要先镇压一批混混儿，以刹民间斗殴之风，求得社会的安定。1859年天津开埠之前，直隶总督恒福便奏

① （清）张焘：《津门杂记》卷中，1884年刻本，第39～40页。

清朝廷批准,如混混儿犯罪被拿,按强盗律论处,如聚众械斗杀人则按照拿办土匪正法。天津教案发生后,李鸿章就任直隶总督,曾先后将著名的混混儿罗仲义、冯春华、魏洛就地处决,将张庆和、丁乐然关在立笼站毙。袁世凯在天津当政期间,也曾杀了数名混混儿,以正社会风气。光绪年间的天津道台裕长还编写了"混星子悔过歌"[①],四处张贴,要混混儿们诵读熟背,希望他们改邪归正。官府的严惩重刑也好,苦心说教也好,对当时的社会安定也许起了一些作用,但是却不能抑制混混儿势力的膨胀。

清末的混混儿大都闲散无业,终日东游西逛,以寻衅打架为能事。一些无业游民、闲惰子弟也颇以当混混儿为荣。可是要想成为一个真正的混混儿,也要有一定的资格和方式。一是要"开逛",就是参加过打群架;二是要加入"锅伙"。

"锅伙"是混混儿的组织。一群混混儿,半租半借几间房屋,或强占残破的庙堂寺院,屋子中间常有一铺大炕,上铺一领苇席,地上摆着几张破桌陋椅,上面摆放些简单的炊具。墙边倚放着花枪、单刀、斧把、白蜡杆等打架用的武器。这就是所谓"锅伙",混混儿们自称"大寨","锅伙"头头被称为寨主。混混儿们每日常到那里聚会,遇事抄起家伙就走。如果混混儿们准备聚众斗殴,或者有人请他们帮忙,管他们吃喝,锅伙内就要支锅造饭,打酒炖肉地热闹一番。若有新成员入伙,大家也要吃顿捞面以示庆贺。或许这就是"锅伙"名称的来源。

这个名称还给历史闹了一个小小的误会。关于混混儿的起源,天津民间有一种传说,称混混儿本是哥老会的支派,只因年深日久,渐渐

① 参见(清)张焘《津门杂记》卷中,1884年刻本,第42~43页。

忘却了根本[①]。哥老会是清代民间秘密反清组织，属于天地会或洪门、红帮系统。混混儿之所以与哥老会拉上关系，还是于光绪年间在天津任直隶总督的李鸿章有关。当时李鸿章曾经将他的嫡系淮军调到天津郊区小站一带驻扎。这支清军在那里驻扎多年，在当地很有些影响。但是，由于军中士兵多系南方人，常年离乡背井，军队生活又苦，便不时有士兵哗变、叛逃等事。李鸿章曾经指示对这些事件要严加镇压，缉拿首犯。他在奏折、公牍中多次提到这些事件的组织者是士兵中的"国匪"，有时也称"国鲁匪"或"国鲁子"。当时一般称哥老会为"国匪"，是因为哥老会主要活动在四川一带，四川话"哥老"与"国鲁"语音相近，久之讹传成真，"国鲁匪"一词便写进了正式的奏章中。在李鸿章的奏折中，也常常将混混儿、锅伙称为"锅匪"。久而久之，"锅匪"和"国匪"便被人们混为一谈，混混儿也因此被涂上了一层反清组织的色彩[②]。

其实，混混儿们根本不过问政治。他们大都是城里下层社会中游手好闲的青少年、土棍之类。同一锅伙的成员往往是同住在一条街巷，他们在街头巷尾找上一处房屋作为聚会之所，推举一有能力的混混儿为"寨主"，便可终日混在一起。他们自称是某街某巷的"哥们儿"，彼此称"家门口"的，"寨主"也便以本街巷的霸主自居。

早年，混混儿大多分布在旧城区的繁华地带，尤其是下层市民或游民无产者聚居之地，或者妓院、赌场的麇集区。19 世纪，在天津颇有些名气的混混儿大都以地名相称，如侯家后、针市街、西头、金家窑等处的混混儿。这些地区既有最早居民区，也有繁华的商业区或妓院集中的

---

① 李然犀：《旧天津的混混儿》，《文史资料选辑》第 47 辑。
② 李世瑜：《青帮在天津的流传》，《天津文史资料选辑》第 45 辑。

娱乐区。

当然,混混儿们也不能只是守在“家门口儿”终日闲游,他们为了生存,也常常会把持某种行业,最为典型的就是脚行和鱼行。

天津河道纵横,渔业发达。每日水上的渔民打鱼归来,便将渔船驶靠三岔河口一带码头,将捕到的鲜鱼卖给鱼店或小贩。相传在光绪年间,就有混混儿抢占渔船码头,向渔民和前来采购鱼虾的商贩敛码头钱。流传民间的民谣“打一套,又一套,陈家沟子娘娘庙,小船要五百,大船给一吊”[①],说的就是混混儿向渔民强敛硬索的情形。后来,由于捕鱼量的增加,鲜鱼又要及时卖出不能积压,便只能采取赊购赊销的办法,把持码头的混混儿因此成了居间倒手的经纪人,从此出现了鱼行。

沿河渔码头上,常会见到一两间陋屋席棚,门前堆放着筐篓,屋内放着几张桌椅,这就是鱼行,百姓称之为“鱼锅伙”,因为经营鱼行的人非混混儿莫属。鱼行的头目称掌柜,实则就是锅伙的寨主。此外,还有会计一两人,伙友数人。伙友俗称“大篓”,专门搬运鱼虾。鱼行没有分文资本,全靠胳膊根粗,耍嘴皮子,强买强卖,从中得佣。鱼行间也各划“疆界”,彼此不得逾越。早年鱼锅伙以陈家沟子、河北梁家嘴等处势力最大。早期的鱼行连字号都没有,正式有字号的鱼行大约在1890年前后出现在海河边,行名叫“万合鱼行”,掌柜任万合,外号任佬,是有名的混混儿。随后又有混混儿孙二猴开的“同和号鱼行”、杨佬开的“杨记鱼行”。虽然有了字号,人们却仍然称他们为鱼锅伙。鱼行没有任何营业执照,官府对他们也睁一眼闭一眼,并不加干涉。

当渔行的码头前渔船寥寥,生意萧条时,混混儿们也会到河上劫

---

① 龚尚祖:《天津“鱼锅伙”兴衰小史》,《天津文史资料选辑》第11辑。

船，将劫到的渔船押到码头强行卸货过秤。鱼锅伙也常因争码头、抢生意发生殴斗，打群架。一次，老铁桥河沿“潘记鱼行”的潘林和“张记鱼行”的张海为争主顾动武，潘林手下的混混儿刀捅张海致死。“万合鱼行”的任万合也曾因争生意，与季家楼的脚行头子魏佬发生冲突。双方各纠集数十人殴斗，任万合手下的混混儿当场打死对方二人，魏佬用四门土炮轰击任万合的鱼行，引起城内外一片恐慌。当时，恰好运粮钦差路过天津，吓得这位大人魂飞魄散，当场责令天津地方官员严加追究。魏佬等混混儿事后主动到衙门投案，被斩首示众。

1908 年，清政府曾经下令取消私人鱼行，成立官办的渔业公司。可是这些垄断经营的“官鱼行”反而更是弊病重重，遭到渔民、鱼贩和鱼店的一致反对。有的甚至要求恢复鱼锅伙和鱼店的市场体制①。1912 年以后，渔业公司解散，混混儿们又纷纷在各码头挂起了鱼行、鱼栈或鱼店的招牌，有的甚至还集股成立水产公司，但是老百姓背后仍然叫他们鱼锅伙。

在清代天津的街头巷尾，常常可以看到两伙混混儿各持兵器，混战在一起。他们打架的方式很有些特别，全不讲究招式、路数。当兵器打过去的时候，对方常常会既不躲闪也不用武器抵挡，反而挺身相迎，头破血流全然不顾。当双方渐渐分出高下，失败的一方却不退却，全都躺在地上任凭对方一顿痛打，没有一个人叫出声来，这就是混混儿打群架。

混混儿自讨苦吃的行为方式，是他们必须经受的生活考验。城市

---

① 天津市档案馆等：《天津商会档案汇编（1903—1911）》（下），天津人民出版社 1989 年版，第 1534～1538 页。

流氓一般都以能打架为自豪,而且多以经历过殴斗的“大世面”,挨过打受过伤作为炫耀的资本。但是,像这样只想招灾惹祸,棍棒加身,讨一顿打,借以成名,则是天津的混混儿独特的行为方式。混混儿讨打还有一套规矩和术语。他们把讨打挨揍称作“卖味儿”;对方打来的时候要马上躺下,谓之“叠下”;任凭对方殴打不得还手,更不能呼痛讨饶,谓之“不带哼哈”。如若忍耐不住,脱口“哎呀”一声,对方便会立即停手,得胜而去,被打者就算“栽啦”,称之为“走基”,该混混儿会因此被驱逐出锅伙。锅伙集体殴斗,混混儿会个个争做“拼命三郎”,如若对方打来,要挺胸相向,挺头去迎,丝毫不能含糊,如若躲闪或用手中的武器去搪挡,便叫“抓家伙”,虽然不致被立即逐出锅伙,也会被人耻笑瞧不起。

混混儿视打架为乐事,锅伙之间打群架更被看作是“英雄用武”之时。混混儿之间常常因侵犯彼此的地盘,或者受保护的地盘内有人被对方欺负等等原因积怨结仇,称之为有“过节儿”。“过节儿”越闹越大,到了无法解决的时候,便会用一场“战争”解决问题。双方或者先下战书约定决战的时间和地点,或者不问青红皂白突然袭击,先发制人。有时人手不够,还要约请其他锅伙助战,被约者称为“充光棍”。参战者至少数十人甚至上百人,聚在一起,会有人供给好吃喝。

到了开战之日,混混儿们个个抖擞精神,一身短打扮,先在锅伙门前摆出所有兵器以显威风,叫作“铺家伙”。如果与对方有“死过节儿”,还要选定几名兄弟以死相拼,办法是或自告奋勇或抽签选定,这叫“抽死签”。抽中者即使上阵侥幸未死,事后也要自认凶手,到官府投案自首。

混混儿打架时拼死拼活,却又很会掌握分寸。除非双方有“死过节儿”,否则不会置对方于死地,这在锅伙中成为一种规矩。双方若有“死过节儿”,如锅伙中曾有人被对方打死,或者曾遭受过对方的奇耻大辱等,那么锅伙中人就会以死相拼,不打出个你死我活不会罢手。

在清代,尤其是在城市秩序失控的时期,混混儿打架几乎成了司空见惯的事情,而且常常要因此出几条人命。清代后期的天津,乡甲局负责城内治安,每天派人沿街巡逻,维持秩序,弹压地面。出巡时,一名小武官骑马在前,人称“老总”,后面跟着四名兵丁,人称“老架儿”。当有地保前来报告有混混儿在某街某巷打架时,老总儿会立即率众前往。赶到肇事地点,他们离很远便会止步观望,并不立刻制止,而是直至看到双方无意再战时才上前喝住。打架的混混儿明知老总儿已到,却视而不见继续殴斗。待胜负已分或双方皆筋疲力尽不想再战时,听到吆喝之声,少不了要给些面子,借此住手。官兵也并不当场抓人,而是一旦殴斗停止便会离开。殴斗双方则各自清点死伤人数,死者要候知县派人前去验尸,伤者听候验伤。准备顶凶的混混儿则到乡甲局投案,乡甲局也不审案,而是立即押解到县衙门处理。

知县审理混混儿斗殴,也是另有一套规矩。得到报案后,知县要先到现场验尸、验伤,然后回衙门升堂审问。双方顶凶者争做原告,县官往往也不多问就下令用刑。先是掌嘴,掌刑的衙役边打边报掌数,受刑者则要张着嘴,以防把牙打掉;再打掌心,将手绑在木墩子上,以板击打。数目起码二百下,多者上千,直打得皮开肉绽,手掌迸裂。

第一次过堂只确定原被告,审后各自羁押。二次过堂,情节较轻者责打一顿取保开释,情节较重者则要动大刑、酷刑。用刑方法名目很多,如“打扫帚枝”,用竹扫帚击打后背,最少千下,直打得血肉模糊;“上夹板”,即将两条腿夹住用皮条紧勒,常常会将腿夹断。受刑者昏迷过去,用草纸然烟熏之,或以冷水喷面,使其苏醒,继续用刑。就这样,常常要过几次堂才能定案。每次过堂的时候,堂上堂下都关注混混儿受刑时的举动,如果一时忍不住"哼"了一声,县官会马上停止用刑,将其当堂哄出。该混混儿要爬着下堂,堂下看热闹的人们也要上前踢他几脚,一直踢到衙外。此时,堂上的"官"和堂下的"民"都会认为,该混混儿"走基"了,该锅伙的官司就算输了。至于有理无理已无须再问,县官便可依据此判该锅伙败诉。如果受刑者咬牙挺过,没有"走基",该锅伙的官司就算赢了,连县官也会对这样的混混儿另眼相看。混混儿们打架的规则,也成了官府判案的依据。熬过堂上刑罚的混混儿要由衙役架下堂去,见者交口称赞,同一锅伙的弟兄也脸上有光,成了英雄。把混混儿架到衙门班房院中,便会有该锅伙地盘的百姓、街坊邻居送来点心、钱米,以表示慰问和赞许。班房的班头也前来道辛苦。请来医生疗伤。

混混儿们大都很会熬刑,在县衙门大堂上"卖味儿",趁机会露脸成名。本来是审案定罪的公堂,反而成了混混儿们逞威风表演的地方。由于混混儿视过堂挨板子为能事,便有人买通他们代替上堂打官司。他们往往会采用造成屈打成招的假象,日后再翻供的办法逃脱刑罚,赚取委托者的钱财。

混混儿们无事生非,终日寻衅闹事,造成社会秩序的混乱。但是,人们对于混混儿行为的认同乃至赞许,尤其是官府无可奈何之下在处理斗殴案件时对混混儿行为方式的认可,更助长了混混儿的气焰。待到城市混乱不堪,危及统治秩序时,或者新任地方大吏到任时,往往会通过镇压一批混混儿,树立官府的权威,求得社会的安定。

混混儿的"英雄"行为给城市社会的风习带来恶劣的影响,尤其是下层社会,这种影响随处可见。混混儿的性格举止、行为方式,成了年轻人崇拜模仿的对象。一些不务正业的纨绔子弟，以追求混混儿的派头为时髦。他们外表也似混混儿模样，身着肥衣大袖，但衣料更为华丽；梳着一条大辫子，辫穗子尤其大；同样束着腰带，但多用整幅绸子；脚穿花鞋，连袜子底也绣上了花。他们经常口哼窑调，招摇过市，惯于在庙会或看戏时趁人多拥挤调戏妇女，为人们所不齿。这些人被称作“无乐忧”，并非真正的混混儿。

混混儿打架多因争“地盘”而起。锅伙的“地盘”往往是同一锅伙混混儿们居住的街区。他们把街区视为锅伙的“势力范围”，维护街区的利益成为他们的责任。为了赢得街邻的尊重，他们要承担本街区服务性的事务。街巷之中，如有哪家店铺或住户要搬家运货，或遇有婚丧嫁娶之事，混混儿们就会结伙前去帮忙，搬运、抬轿子、扛棺材，样样都干，即得到街邻的感谢也混顿饭吃讨个钱花。他们自命为是街区的“卫士”。外来的挑担小贩、手艺人或江湖艺人，常常要得到锅伙的许可才能在街巷中做生意、卖艺，卖货不得以次充好，欺骗邻里，否则要遭到干预甚至被逐出。有些行业如被本街巷的人所垄断，混混儿也有义务维护。街坊邻居遭遇盗贼，混混儿要帮助捉拿。有人受到其他街巷的人欺负，甚至与其他锅伙的混混儿发生争执，本街区的混混儿都会认为是对自己的冒犯，会出面相争甚至要进行报复。混混儿还会积极参与公益事业，例如水会成员中就有不少混混儿。一旦遇到火灾，锅伙成员也会集体前往扑救。

这种“仗义行为”似乎感染了街区的居民。街巷中如有人受到外人的欺负，全体居民便认定是羞辱了大伙儿。混混儿出面报仇，会受到人们的支持和赞许，甚至把混混儿看作街区居民的代表。如果与外街巷有了“过节儿”，全街巷的人都会仇恨对方。只要是对方街巷的居民，不论长幼,皆被视为仇人,即使偶然走过本街巷也会被看作是挑衅行为。

到了清末民初,随着人口的加速流动、城市居民成分的复杂化以及街区构成的演变,混混儿们再也不可能守着自家的门口,充当一街一巷的"霸主"了。争地盘有了新的含义,不仅仅只是争夺对某一街巷的控制权,而是变成了争码头、争行夺市或争夺对某一地区、某一行业的控制权了。

清代县衙门的主要职能是负责全城的司法行政管理,对城市社区或街巷,尤其是对下层社会的控制和管理,大都依靠非官方的力量。到了清末民初,城市发展异常迅速,官府无力控制整个城市的社会生活,下层社会更要依靠自身的调适来适应不断变化的城市环境。混混儿之间通过暴力手段争夺"地盘",这既是下层社会的人们对生活资源的一种占有方式,又是对社会的控制过程。一无所有的混混儿依靠拳头、胳膊根争夺生存权利,所在社区或街巷的人们又要靠他们来维护本地区的秩序和利益。一旦出现争端或"侵犯",混混儿们就会出面干预,因而成了社会不可或缺的人物。人们对他们争得的"地盘"无形中予以认可,官府为图地面一时的安宁,对他们的"势力范围"或对某一行业的垄断,也往往给予承认。而且,他们也要与混混儿们保持某种"关系"才能维持自己的权力。

3. 脚行:城市苦力

脚行又称起卸行、搬运行,当地人称"耍胳膊根的"。天津多河道、码头,来往车运船载的货物都要靠人力搬运装卸,因此脚行便成了一个重要行业。清代的天津,城市的中心主要集中在老城内外地区,脚行也便集中分布在同一地区,被称为"四口脚行",是由县衙门按四个城门为脚行划分地盘，故称“四口”。官府给四口脚行规定的一项主要任务是“迎官接差”，即有官员路过天津或官府有事，皆由他们轮流负责抬轿、搬运行李等。平时他们则为商家、百姓搬运货物，人称“官脚行”。这可以说是最早的职业化脚行了。康熙年间，天津出现了私人脚行，最早的一家是“同善首局”。随着城市商业和水上运输业的发展，行业分工的细化，脚行逐步成为专门从事搬运装卸货物的行当了。

脚行把持的地盘称为“口”，把持“口”的脚行头儿，称“车把”，脚行对“口”内的货物搬运具有绝对的垄断权。按照天津县的规定，商人运货即便是自运自卸，不用脚行，也要由四口脚行按货物的件数抽收“件钱”[①]。脚行则除了要为衙门应差，还要向官府交纳“报效”。嘉庆、道光年间，天津县境有脚行 130 处，每年向县衙门交纳的“报效银”达 1400 余两。袁世凯任直隶总督时，将“四口”脚行改为起卸包商制，包给私人经营，承包人每年向官署交纳 14000 余元。

清代的脚行主要分布在两个地区，一个是城北的商业中心针市街一带，那里的脚行主要以装卸搬运运河码头和商家的货物为主。如历史悠久的东大把脚行和西大把脚行分别把持针市街的东口和西口。这两家脚行本为一家，因脚行头目时姓兄弟反目，才划地为界分做两家。旧城区的脚行与把持街巷的锅伙混混儿之间有着千丝万缕的联系，脚行也按街道里巷划界，脚行中人也多为本街区的居民，界内商家铺户如有货物需要搬运也只能找本街区的脚行。直至 20 世纪 50 年代前，旧城区内脚行的这种划界方式仍然存在。尽管此时城市的商业中心早已

① 天津市档案馆等:《天津商会档案汇编(1903—1911)》(下)，天津人民出版社 1989 年版，第 1461 页。

转移,旧城区内仅有一些小的店铺,脚行的生意已经少得可怜,但脚行依然存在。他们大都仅有一两个至多五六个人,有的地盘也仅有一两家门口或一两条胡同,他们却依然维持着,很少变化。

脚行分布的另外一个主要地区是海河沿岸,早期主要分布在运河与海河交汇的三岔河口一带。由于当时的船舶运输是以粮食和盐为大宗,因此这一带的脚行也以搬运粮盐为主。19 世纪 60 年代天津开埠以后,租界的出现、内外贸易的迅速发展和海河港口的兴盛,使得海河沿岸脚行的发展逐渐超过了老城区,出现了所谓“下道脚行”专门从事租界地区海河沿岸码头轮船货物的装卸。中外轮船公司如招商局、怡和洋行、太古洋行等,有数十处码头,每个码头都有脚行专门把持码头的搬运。20 世纪初,北宁、津浦铁路先后通车。随着火车站和铁路货场的建成,便有脚行分别垄断了火车站和货场的货物搬运。脚行由此出现了分工,有码头脚行、铁路脚行(又分为专门为旅客搬运行李的红帽和专管装卸货车的黄帽)、运输脚行以及驻厂脚行。20 世纪 30 年代,火车东站货场的六号门,有以马文元(即马金龙)为首的“五大家”脚行把持。此外,各大型工厂、货栈也专门有脚行包运货物,如恒源纱厂便有“十大股脚行”垄断工厂的货物搬运。

尽管随着城市的近代演变,脚行服务的对象由传统的商家店铺、官府等,变为租界码头、近代工厂、货栈等,但是脚行的组织形式、经营手段以及劳动方式等等却没有随之而改变,甚至还保留着相当陈旧的形式。

脚行的形成与混混儿有着不解之缘。和锅伙一样,脚行也各自凭力量的强弱,通过暴力争夺“地盘”,垄断生意。地盘内所有商家、工厂、货栈乃至居民,一切物品的搬运,全要雇用该脚行承运,如雇用其他脚行甚至自己搬运，都要遭到他们的阻挠甚至报复。如天津各斗店的粮店搬运粮食，一向是由各粮店自雇店伙运送，名曰“口袋班”，不属于脚行。但是，1903 年 10 月，四口脚行头目张兰轩以抄手拿用为辞，到县衙门控告各粮店的运夫。诉讼未成，又要各粮店即使自己装卸，也要向四口脚行每石交 20 文[①]。

脚行之间不得越界运货，更不能承揽界外的生意。《津门杂记》中就有这样一段记载：

天津扛抬帮，谓之脚行，向系分门别户，把持街头。每以争夺生意构衅，动则挥拳持械，两不相下，谓之争行市。[②]

脚行的组织和“地盘”要靠暴力才能维持，因此脚行中不乏“愍不畏死”的混混儿。脚行头儿更得是那些不仅胳膊根粗，还能抵挡得住同业中与之竞争的亡命之徒的“寨主”式人物才能胜任。咸丰末年，混混儿张四为争夺官办的“四口脚行”，摆下一大锅滚油，扬言敢跳油锅者才能占有四口脚行，争者无人敢上前一试。有张四本族中人跳入油锅，为其争得四口脚行的“霸权”。据说津门大侠霍元甲年轻时因武艺高强，为脚行中人看中邀至脚行中，被推举为脚行头儿。1910 年，他还一度当过“四口脚行”的总头目。

自清代以来，天津地方官府为了控制脚行，减少脚行之间的殴斗和纷争，先后实行过两项制度：一是“四口”制度，即以官办的“四口脚行”统辖各私家脚行。脚行之间以及脚行与商民之间的一切纠纷皆由“四口脚行”负责调解和仲裁。还利用“四口脚行”向各脚行征税，所有脚行

① 天津市档案馆等：《天津商会档案汇编（1903—1911）》（上），天津人民出版社 1989 年版，第 815 页。

② 张焘：《津门杂记》卷中，1884 年刻本，第 41 页。

要通过“四口脚行”向官府交纳“报效”才能营业。这项制度一直到1935年才被取消。二是“划界”制度。在传统时期,服务于商业的经纪业如牙行,要按行业划分“地盘”,而服务业则要按地理空间划分“地盘”。例如,清代天津专门检验死伤、代人殓葬的“仵作”一行,依仗着备有丧葬使用的杠具,“各分疆界把持,恣肆揹索,如遇三卫地方有丧,不容彼此搀越”[①]。由于是垄断经营,居民遇有丧事请他们,便会肆意索价,而其他行当如吹手、纸扎等,也会群起效尤。初时,官府还加以干预,不准划界垄断。继而,官员发现只有靠这种方式才能保证“报效”的征敛,于是一些行业的“地盘”制度也便得到官府的认可。脚行业就是其中之一。官府通过向脚行颁发“谕帖”——民间俗称“龙票”——并用告示在城门、街巷张贴宣示,以表示官府承认脚行的“地盘”。地盘内的所有商家、百姓,凡需搬运货物、行李等,都只能雇用该脚行中人。

1903年8月11日,天津知县唐则瑀给“四口脚行”把头儿周显廷等颁发“谕帖”为其划定“地盘”,其中还声明:“谕到该脚行周显廷、穆成山、王致庵等立即遵照。嗣后倘有不法之徒,无故搅扰,恃强讹索,并冒充脚夫各色,将客货诓骗盗卖者,准该脚行等随时告知该管地方,扭送来县,以凭从重讯办”[②]。这实际上是授予了脚行把持“地盘”的特权,如有人侵犯其特权,官府要从重处罚。

这项制度也为各租界当局以及洋行、工厂、铁路局等沿用。京奉铁路建设之初,因修车站和货场占用了不少民地,失去土地的村民无以为生,便以卧轨拦车等手段,迫使铁路局应允由车站附近的季家楼、火神

① (清)薛柱斗:(康熙)《天津卫志》卷四,艺文,1675年刻本。

② 原件藏天津市历史博物馆。转引自天津市历史研究所资料室:《天津的脚行》,《天津历史资料》第4辑,第5页。

庙等村庄的村民专营车站货场的装卸,成立了有名的“七村脚行”。1903 年,铁路局还将为“七村脚行”划定地界、规定特权的布告刻在碑石上,立在界内。

1909 年 7 月,津浦铁路车站站址刚一确定,附近地区的脚行便开始争夺车站这块肥“地盘”。车站附近的赵家场、大红桥、梁家嘴以及河北大街等四村脚行,联合请求商会与铁路局联系,准予他们垄断铁路车站的装卸业务,“赏发示谕,给领祗遵”。“拟遵照津京铁路章程,火车上器械货物,按道路之远近,给脚价之多寡”。他们保证如发生客户“客货遗失”,均由脚行赔补。铁路局所需要的砖瓦木料以及铁轨道板等,脚行都要负责装卸,“常年应差,不取分文”。而且,脚行的收入还将“以二成留作修理站台之用”①。

1911 年 12 月,津浦铁路局决定铁路西站的搬运由两年前申请垄断权的 4 个村的脚行,连同新提出申请的同义庄、竹林村等“四小村合为一大村”,共为“五村合办,按日轮流上站”。为此,津浦路北段总局还专门制定了《缔制脚夫章程》,规定这些脚行“只准在站台以外为客商运货物行李”;不论脚行头还是脚夫,都要有本地绅耆作保;明确规定运费价目;客商交运的货物行李如有遗失损坏,脚行头和脚夫都要负责赔偿。② 民国以后,铁路运输发展迅速,车站脚行的搬运生意大量增加。然而,脚行争抢生意,导致车站卸运粮食混乱不堪,于是雇用脚行运货的转运公司、粮店与五村脚行共同约请西站站长再次商定章程,规定由

---

① 天津市档案馆等:《天津商会档案汇编(1903—1911)》(上),天津人民出版社 1989 年版,第 824- 825 页。

② 天津市档案馆等:《天津商会档案汇编(1912—1928)》(3),天津人民出版社 1992 年版,第 3260～3262 页。

车站站长指导脚行按次序卸运粮食货物,不得争执。粮店和转运公司也不准私加脚价争夺优先卸运。一经查出要受到惩罚,惩罚的方式是"站台挂红外,罚八八席①两桌"。②

经政府、公司等认可划定的"地盘",许多成为脚行把头拥有的产业,可以世袭,甚至还可以出租。1906年,控制老城外东北一带沿河货物装卸的公义局脚行,因"揽头业主"即脚行把头李刘氏吃了官司,脚行被出租给他人,每个月的租金大洋9元,外有押租100元。双方订立了行文格式如地契一样的租约,明确说明出租的是该脚行"祖遗"的"地盘",还规定:"自租之后,倘有在股之人或弟男子侄族人争竞为碍者,有业主李刘氏一面承管,不与租主相干。倘有该管各洋行等处歇业,暂停租价,如在(再)开市入货照旧取租洋"。最后还规定,"自许租主不租,不许业主不租"。③

官府或铁路局等机构用划分"地盘"的方法承认脚行的垄断经营权,本来是希望通过赋予特权对脚行形成某种制约,得以维持商业秩序,然而这项制度却使得脚行的垄断性无限制化。在脚行"地盘"内的商家,不得不采取各种办法保护自己,以防受到脚行的伤害。1910年,设在老城区北部聂公祠后的恒源和斗店,与该地界的脚行通过制订脚价章程确定了各项运费标准。可他们仍担心"脚行素多狡强",将章程

① 八八席是指配有八大碗八小碗菜肴的筵席,亦泛指丰盛的筵席。

② 天津市档案馆等:《天津商会档案汇编(1912—1928)》(2),天津人民出版社1992年版,第1783页。

③ 天津市档案馆等:《天津商会档案汇编(1903—1911)》(上),天津人民出版社1989年版,第815~817页。

交商会备案，如脚行“额外需索”便“送案究惩”[1]。同年 8 月新成立的“敦裕海货有限公司”，专门请直隶劝业道孙多森发布告示，贴在公司的门前，警告乞丐和脚行不要搅扰该公司的生意：“津郡脚行，多有无知愚民，依赖新立生意，脚力信口多说，诸多刁难把持之风，货物不能受售，并有乞丐寻钱围门，聚众讹索”。“倘有不法棍徒，妄生事端，准由该公司扭送，定行惩办不贷”[2]。

直至 20 世纪 40 年代末，天津共有脚行 227 家，每家脚行大小规模不一，有的仅有几个人，有的达几百人。脚行的规模大小，要看其经营“地盘”的位置和大小。垄断火车东站货场的“七村脚行”达六七百人，专门在租界码头装卸货物的紫竹林脚行也有三四百人；而固守老城区的脚行最小的仅剩下一两个人，把持的“地盘”也只有一两家店铺或一两条胡同而已。

脚行的内部组织比较简单。早期的脚行实际上就是锅伙组织演变而来的，后来虽然发生了许多变化，但仍然保留着不少锅伙的特征。脚行的首领称“头儿”，大脚行有“总头儿”，小脚行有“大头儿”，其下便有“小头儿”“先生”“车把”“小把”“站街”等头目。“小头儿”直接管理工人干活，“先生”掌管财务，“车把”负责雇车和管车，“小把”四处雇用工人，“站街”则专门在“地盘”内巡查，监督脚行的脚夫们干活并监视界内商民住户，不准他们雇用其他脚行或私自搬运东西。

在脚行的组织形式中，最具有封建特色的就是凭“签”世袭制度。

① 天津市档案馆等：《天津商会档案汇编（1903—1911）》（上），天津人民出版社 1989 年版，第 825～826 页。

② 天津市档案馆等：《天津商会档案汇编（1903—1911）》（上），天津人民出版社 1989 年版，第 935 页。

大多数脚行头儿都有一支或几支祖传的“签”,代表着他们控制脚行的权力的正统性。“签”是脚行头儿拥有脚行的凭证,他们握有这支祖上传下来的“签”,便可以占地段、揽生意、雇用工人。“签”象征着权力,又是“股份”的象征,脚行头儿可以凭“签”在脚行入股分红。脚行除了一些运货的人力车辆外,并无其他资产,“签”即代表着脚行的产业。“签”可以典当或做抵押,也可以转卖。光绪年间,一根“签”典价值十余吊钱,卖价是其数倍。到 20 世纪 40 年代,据说一根签价值已达数百万元。

“签”可以世袭,但只能传及子孙,不得传女婿、外甥等。天津的不少脚行都凭着一支“签”祖辈世袭,如前文所提到的公义局脚行,即为“祖遗事业”,业主为女性李刘氏,携同其儿子和侄子。巴氏的河北大街脚行,陈氏的果子店脚行,都从康熙年间一直世袭到 1949 年以前。杨氏的树记脚行则是从同治年间一直世袭到 1949 年以前。这种凭“签”世袭制度,造就了一个个脚行“世家”,他们都自称是“在签的”。1947 年,天津在脚行业中谋生的不下六七万人,“在签的”却不过 3000 多人。

大多数脚行并没有固定的行址,有的仅附设在某家店铺内。脚行头儿个个形象粗野,一身短打扮,每日在码头、货栈大声吆喝着指使工人搬运装卸。收工时,他们把一块包袱布往地上一铺,工人们便将一天挣来的苦力钱中的大部分扔到上面,这就是脚行头儿的收入。大脚行则有“先生”记账,工人们干一天实际所得不过十之一二而已。

脚行中干活的分派方法与收入分配的方法一样原始。早期的办法是“喝个”,由脚行头儿喊到谁的名字,谁就得到工作的机会。后来改为“抽签”或“轮牌子”,即如果有活干通过抽签或按顺序轮流分派。

脚行中的“抽签”还有另外一种用途,就是当脚行之间为了争夺“地盘”等发生矛盾冲突，需要以械斗的方式解决时，脚行内部要用“抽签”的办法分派角色。签分黑红，中红签者上阵为打手，黑签为死签，中签者打架要以死相拼，或由本脚行人为造成死伤，称“作伤”，以借此诬陷讹诈对方。从清代到民国，脚行之间为争夺“地盘”、抢行市而聚众械斗、打死打伤的事经常发生。20 世纪 30 年代，垄断津浦铁路西站的“五村脚行”之间为争夺垄断权，多次发生械斗，甚至出了人命，才达成妥协。另外一个著名的春和脚行头儿翟春和，为了争夺对海河边东浮桥菜市的垄断，三次挑起械斗，甚至不惜采取砍伤自己和亲手杀死表弟等残忍的手段要挟对方。

民国以后，天津的海上运输和铁路运输发展很快，已经成为北方主要的沿海港口和铁路交通枢纽。尽管长途运输工具和运输方式已经达到“近代化”，但是市内货物运输却发展缓慢，运输工具和运输方式极其落后。造成这种交通运输结构差异如此大的原因，脚行的存在是市内运输业发展的主要障碍。脚行遵行着自清代沿袭下来的一套制度，世代相传不改。尽管 20 世纪城市发展很快，城区成倍扩大，运输货物的种类和数量成倍增加，但是脚行的运输方式仍然是人扛车拉，与 19 世纪几乎没有什么变化，改变的只是脚行的增多和“地盘”的扩大，组织形式和经营管理办法也都一仍其旧。

以运输工具而言，天津自开埠后就已经使用马车，但脚行中人却认为牲畜投资耗费太大，一直不大使用，更不用说机动车辆了。直至 20 世纪 40 年代，天津的车站码头装卸货物，仍靠脚行中人扛上扛下，街道上到处跑着脚行用人拉拽的地排子车。如果有汽车载货在“地盘”内行驶，脚行中人便会视为是对其地盘的“侵犯”，百般阻挠、排斥。丹华火柴厂因为驻厂脚行常常提高运价肆意勒索，便购买卡车自行运货。把持该厂的杜记脚行头儿杜德有指使手下人以武力相阻拦,并扬言要杀死该厂总办。该厂只得将汽车停运,听任脚行继续把持。1945 年,天津有数百辆汽车被迫闲置,因为无法冲破脚行的地界而不能使用。

再说运费。由于脚行独家垄断,运费价格常常是听任其随意抬高,多方勒索。清末,天津南门外是砖瓦业的聚集区。该处脚行向多不法之徒,往往恃众行凶。他们与砖瓦铺上之间多次发生暴力冲突,几经官府的干预才确定了脚钱的标准并订立了章程。但这些小车脚行"本系棍徒,素来多方刁恶,或行使钱,横不按街市行情,或因微雨为词,推砖五六十个,硬要一百个脚钱,任意讹索,稍与理论,伊等即率众逞凶"[①],从而导致砖瓦铺纷纷迁移或歇业。1947 年,当时任副市长的张子奇曾谈到一物资处理机构"因各地脚行恶棍把持,要搬运费甚至比购物之价款尤大几倍,以致各处所存之物品,商家因运价之关系,不敢购买"[②],致使该机构的工作无法进行。当时所成立的公用局运输事务所,运费很低,商家自然愿意由其代运货物。但是,先后有两家商行通过公用局运输事务所运送货物,皆因脚行的阻挠而没有运成。

码头脚行尤其是各轮船公司雇用的脚行,往往不能向市内的脚行那样漫天要价,他们便在搬运的货物上打主意。在当时的码头和火车站货场,私自盗卖货主的货物已经是公开的秘密,人们称之为"大抓",即偷抓一把的意思。码头脚行的陋规是,装卸货物残短概不负责,这就为脚行偷盗货物提供了很好的机会。他们只要和警察勾结,就可以肆

① 天津市档案馆等:《天津商会档案汇编(1903—1911)》(上),天津人民出版社 1989 年版,第 818 页。

② 天津市政府秘书处编译室:《天津脚行简介》,《天津市周刊》第 2 卷第 3 期,1947 年,第 6~7 页。

无忌惮的偷盗，商家不敢干预。20 世纪 40 年代后期，有人估计因脚行的偷盗而造成的损失多达数十万元。

在有脚行把持的街区，商行店铺即便自行搬运货物，也要向把持该“地盘”的脚行支付“过街费”“搭肩费”，否则就要遭到他们的搅扰。1946 年，城西门附近的恒祥布庄运布到店门口，职工自己向店内搬运，把持该地界的文记脚行便派人坐在布上，强索“过街费”。

同年 12 月，有市民写信给当时的市政府，指斥脚行的种种陋规劣行：“现在天津市存在的脚行，他是否代表了封建势力？他对社会有什么供(贡)献？……每件货 100 元，他们就得要 1000 元，自己去车取货，‘过街费’也得 800 元。这种‘过街费’是否等于山寇野匪据山为王，带领喽啰，‘留下买路钱！’这些可恶的脚行，肥头大耳的，张口是‘打下的江山’，闭口是‘祖宗跳过油锅’。市长，你不能为天津除此一害吗？”[①]对这些自恃有祖辈相传的特权，在城市里盘根错节的脚行，当时的国民政府也无能为力。只有到了 1949 年以后，脚行把持制度才得以消除，脚行从此消失在历史之中。

4. 乞丐与丐帮

在中国，乞丐的历史也许和城市的历史一样长，但是乞丐这一称呼却是从宋代才开始出现的。在此之前，人们一般称乞丐为乞儿、乞人、丐等。到了明清时期，乞丐成为书面用语，在口头上人们称乞丐为乞棍、乞婆、花子、叫花子等。南方和北方的城市，对乞丐的称呼也多有不

① 天津市政府秘书处编译室：《天津脚行简介》，《天津市周刊》第 2 卷第 3 期，1947 年，第 7 页。

同。北方大都随北京的称呼,称乞丐作叫花子或花子,尤以称叫花子者居多。这种叫法被解释为乞丐用号叫的方式募化钱物①。在上海,20世纪初出现了专门称呼乞丐的地方词汇——瘪三。这个词汇出自洋泾浜英语,其含义更注重乞丐的穷困和社会地位的卑下②。天津对乞丐的称呼与北京多相类似,此外也称作要饭的,沿街乞讨者称街花子等。

当19世纪城市人口膨胀的时候,乞丐的数量也加快增长,这是不断增加的贫困人口寻求可以为城里人接受的生存之路的结果。而且,各地的乞丐也会根据不同的社会生态环境,寻求各自的谋生方式。

19世纪的天津,乞丐多分布在商业繁华区,或官府设置的粥厂附近。在北门外商业区,乞丐白天乞讨,夜里就露宿在桥下或运河上白天连接起来当作浮桥的木船舱内③。西门外也是乞丐的聚集区。那里多年设有粥厂,每到冬季便开厂施粥,这个季节也恰恰是乞丐上街讨要困难的时期。粥厂的开设保证了他们得以活命的食物来源,而且每到除夕至正月初五日,粥厂每天还可每人加赏津钱一百文④。这自然吸引更多的乞丐聚集到西门外,“西门外济急粥厂……所收领粥人乞丐十居其九”⑤。他们甚至也成了西门外许多小客店的房客。这些小客店里面大都只有一铺土炕,每逢隆冬风雪天气,乞丐便想方设法栖身其中避寒。这些乞丐身体本已极为虚弱,一旦患病只能躺在客店的土炕上听

---

① 徐珂:《清稗类钞》第11册,中华书局1986年版,第5474页。

② 卢汉超:《城市人:近代上海的乞丐和游民》,《城市史研究》第19—20辑,第50页。

③ “北门外浮桥各船舱,乞丐之公所也,赤身而卧,实繁有徒。船大以其饿夫也,任其起居。”(《直报》1895年4月15日。)另参见戴愚庵:《沽水旧闻》,天津古籍出版社1986年版,第38页。

④ 《直报》1895年2月2日。

⑤ 《直报》1895年2月26日。

天由命。有的客店店主唯恐有乞丐会死在店里，便把濒临死亡的乞丐逐出客店，致使一些人倒毙街头[①]。

当时，乞丐中很少有天津本地人。即便是穷困潦倒，本地人也不肯沿街乞讨，挨门要饭，尤其是女人更不会抛头露面。他们一旦穷得无法过活，宁肯向亲友告贷求帮，甚至靠亲邻施舍残羹剩饭过活，当地称此类人为“伸托”或“托而把”。他们还可以通过参与本地住户办喜丧事，赚些小钱。天津的红白喜事行业大都由本地人经营，一旦有事，常常需要人担任卖力气又很卑贱的角色，如丧事出殡时打“雪柳”，喜事送亲时打“喜谱”，充当唱喜歌转轿的“童子”等。承办这些喜丧事的杠房、赁货铺就会找落魄至极的本地人充当这些角色。甚至还出现了专门组织穷孩子们干此类行当的“花子头”，尽管这些人并不是沿街乞讨的乞丐[②]。

平日在街上以乞讨为生的多为外地来的乞丐。20 世纪以后，随着外来移民人口的激增，乞丐的数量也大大增加了。这些乞丐一般可以分为两类，一类是所谓“职业乞丐”，另一类是“流动乞丐”。“流动乞丐”又可以分为两类，一类可以称之为“季节流动乞丐”，大多是城市周边地区的穷苦农民。每到冬季农村生计艰难之时，乡间贫苦农民为了节省家中的吃用，就会到城里来“过冬”。他们往往是携老带幼来到城里，首要目标是赶粥厂。城市里的粥厂大都在冬季开厂，地点设在城西的“西头”和南马路等贫民集中地区。粥厂一般早晚供应两顿，小米熬的粥半稀不稠，领粥人只能当场喝下不得带走。他们喝过粥后，再乞讨于街

① “各小店视人命为儿戏，每乞丐有病，任其辗转土炕，并不过问，及至奄奄待毙，竟抬至门外弃置，习以为常。昨有无名乞丐年方二九，病已垂危，被店主移至坑边，一夜北风，至朝已身凉气绝。”（《直报》1895 年 2 月 20 日。）

② 刘家狻：《旧天津的乞丐种种》，《天津文史资料选辑》第 62 辑。

市。到了晚上,他们大都会在西门外的窝铺里栖身。待来年春暖时,他们又会全家回乡种地。此类乞丐的出现和消失都是定期的,按照农时季节往来于城乡之间成为他们的谋生方式。另外一类则是因灾荒或战乱逃入城里来的难民,可以称之为"灾难流动乞丐"。他们多来自华北农村,因家乡遭灾或军阀战争使家乡成为战场而被迫逃入城市。他们谋不到任何营生,无奈之下只得以乞讨求生存。待灾荒过后或战事平息,他们大都会返回家乡。此类乞丐的出现、人数的多少以及在城里住留时间的长短,取决于灾荒或战争涉及区域的大小和规模。如 1924 年,距离天津数十公里的文安县发生水灾,天津街头便出现了来自该县的乞讨者[①]。1928 年,天津街头乞丐数量异常多,而且多操直隶南部或山东等地口音。这一年,奉系军阀张宗昌与冯玉祥的军队大战于这一地区。显然这些乞丐是来自战区的直鲁难民[②]。

除了流动乞丐外,另外一类就是所谓"职业乞丐"。职业乞丐是乞丐群体的主体,有相对稳定的构成和组织。直至唐代中期,乞丐还没有明确的组织。乞丐组织是随着城市人口的增长和社会分层的复杂化、乞丐群体的扩大而于宋代以后出现的。到明清时期,城市乞丐大都有了固定的组织。乞丐的组织有自己的历史、门派、传承以及家规家法。尽管乞丐口头相传的历史无法考证,更像是传奇故事,但是这种历史的传说告诉乞丐们以及社会大众,乞丐存在具有的正统性,乞丐向有钱人讨要是有道理的。乞丐的门派和传承很难说是非常严格的,但是却可以借此明确乞丐组织的系统,确立丐帮首领统领和控制乞丐的合法化。

① 《益世报》1924 年 8 月 14 日。
② 《益世报》1928 年 5 月 2 日。

在不同的区域，乞丐的组织是有所区别的。在清代，北方的乞丐以直隶为中心，分为范、丁、祁、高、谷、韩六门。天津的乞丐以祁门实力最大、人数最多。“门”内又分为东方、西方、南方、北方四个分派，分布在不同的城区。每个分派有一名丐首，控制着各自的地盘，其中以控制南市一带的“西方”一派势力最大。20 世纪 40 年代，该派首领李明山曾在军队中任职，善于说快书、数来宝等。他先后在乞丐中收徒弟百余人，他的住处居住着祁门最长辈的祖师以及他的徒众。由于他控制着最繁华的，也是丐帮实力最大的城区，因此在乞丐中他也最有权势。徒弟都称他为祖师爷，据说他甚至能控制北京该门派的乞丐①。此外，也有许多不在门的乞丐，尤其是沿街乞讨的乞丐，被称为“五花腿”。但是，他们只能选择有组织乞丐不感兴趣的乞讨方式和收获少的地区，不得与有组织乞丐相抗衡。乞丐组织不仅有分层系的系统，也有区别于其他门派的行乞手段和道具②，以及家规家法等。乞丐的家规主要有尊老疼幼、不得慢待宾朋、不要造谣搬弄是非等。乞丐的家法规定，如犯规矩打死不偿命，并可使用包括鞭子、铁钉在内的刑具实施惩罚。此外，乞丐中还有许多行业的规矩，例如要来的钱饭要在帮内共享，有酒肉佳肴要大家共同享用等。此外，乞丐们每天还要将所得的一部分缴纳给丐首，称为“孝敬”。这可以说是一种“保险金”或“基金”，因为他们不仅要住在丐首提供的住处，而且当阴天下雨无法出去讨要时，丐首要为他们提供饮食；如有疾病或死亡，丐首要负责为他们提供帮助和处理

① 《天津市民政局关于本市乞丐组织及目前活动情况的初步调查简略汇报》，1949 年 5 月。转引自《解放初期天津市政府收容处理乞丐的一组史料》，《天津档案史料》1999 年第 1 期。

② 凡吹号筒、打卦板、打合扇骨的乞丐都属于祁门。

后事。同时,乞丐组织的存在和丐首在地盘内的权势,也使得乞丐尤其是年少的或新加入的乞丐受到保护和有安全感。

当然,乞丐要想方设法获得更多的钱或者食物才能在乞丐组织中站住脚或赢得信任和尊重。而且,当乞丐组织有麻烦的时候他们也有责任出力,包括使用暴力。例如,当地盘内有人尤其是商家拒绝乞丐讨要时,他们就要有人前去使用各种方法搅扰,使对方屈服。这些方法包括当众谩骂、砸商店玻璃、向门面上抹狗屎人粪、拦挡主顾,直至打架拼命和使用自残等。充当这种角色的乞丐免不了要挨打、受伤,甚至送命,所以也要用抽死签的办法决定由谁前去。

这些有组织的职业乞丐最看重的讨要对象自然是沿街的各类店铺,以至乞丐成了商家既讨厌又不敢得罪的"主顾"。一旦商家不胜其扰而报警,警方也对乞丐无可奈何,至多拘留一时申斥一通放人,结果是乞丐对商家更肆无忌惮的报复,直至商家自认屈服[①]。

庚子以前,官府对街道上的日常秩序并无管理之责,乞丐行为只能靠丐帮组织或乞丐自己控制。1900 年以后,街道的日常秩序有巡警管理,他们要负责驱逐乞丐,但是往往也只是在一定程度上起到约束作用。

每逢年节是乞丐向商家大肆讨要的好时光,此时巡警也往往放松管理。除了春节、端午、中秋等节日,每年农历九月初九日是商人的祖师轩辕黄帝的诞辰,又是重阳节,也成为乞丐向商家讨要的日子[②]。

---

① 《天津市收容处理乞丐委员会工作总结(节录)》,1949 年 7 月 31 日。转引自《解放初期天津市政府收容处理乞丐的一组史料》,《天津档案史料》1999 年第 1 期。

② 天津市档案馆等:《天津商会档案汇编(1903—1911)》(下),天津人民出版社 1989 年版,第 2278～2279 页。

乞丐向商家讨要，按照不同的节日使用不同的办法。农历大年初一到初十，乞丐到店铺讨要，都要先念一套吉祥的歌词儿："新年新月过新春，花红对子贴满门，斗大的元宝抬进来，前门进的摇钱树，后门进的聚宝盆，聚宝盆插金花，富贵荣华头一家"①。然后再喊："大掌柜的，给您拜年了"。商家过年也要讨个吉利，无论如何是不能吝惜几个铜子的。

每到端午节或中秋节，总会有三群两伙的乞丐，挨着大小买卖商家讨要。他们用两块牛骨头，上面拴着两个小铜铃铛，讲究一点的再点缀几朵红绿绒球或线穗子。他们一面敲打骨板，一面唱起俚俗小曲。假若唱的工夫久了钱还讨不到手，他们就会改了唱腔，看那铺子是卖什么的，照着生意的情形，有韵有调，一半是奉承，一半是挖苦。什么时候给了钱，什么时候住口再奔下家。因为他们编诌的歌词有趣，路人多有围拢听唱。商家一般都要赶快掏钱把乞丐打发走。一旦商家按照"规矩"给了乞丐钱，他们会在店铺门前做下记号，其他乞丐见到记号就不再上门。乞丐组织甚至还有责任为商家打更防盗②。

除了商家之外，去居民家中上门讨要也是一种主要的乞讨方式，可称作"入户乞丐"。入户乞丐多是成年女子或女幼童，以讨要食物为主。他们大都每天早晨到富有的住宅门前讨要残汤剩饭，如要到的饭较多，除了自己和家人食用外，剩余的还可以卖给没要到饭的乞丐。在一些乞丐贫民集中的地区，有挑担子专卖这种乞丐食品的小贩。

---

① 《大公报》1933 年 3 月 17 日。

② 《天津市民政局关于本市乞丐组织及目前活动情况的初步调查简略汇报》，1949 年 5 月。转引自《解放初期天津市政府收容处理乞丐的一组史料》，《天津档案史料》1999 年第 1 期。

老城西南的横街子是乞丐的聚集区,民国时期那里形成了乞丐交易市场。每天下午,沿街有许多乞丐摆出讨要来的食物出售。这些食物按堆交易,每堆重六七两,售铜板一枚。此外也有专门卖狗肉汤的,滚热的狗肉汤也是一个铜板一碗。饭、汤、菜俱全,四个铜板就可以填饱肚子,可谓“乞丐不负腹”。这种饮食被称为“堆饽饽狗肉汤”,简称“堆饽饽”。20 世纪 30 年代,“堆饽饽”成为天津乞丐的专用名词,进而演变为贫民的标志语,以至被写入当时出版的《中国民生辞典》中[①]。

每到年节,入户乞丐便不会只是讨要食物,而是成为送财神的“使者”。他们在纸马铺买些廉价的墨印小财神像,只有 4 寸长 3 寸宽,一个铜板可以买三四张。待到除夕夜,他们就会挨门送上一张,高喊“财神来啦”。企盼新的一年发财的主人当然不会把财神爷推出门,他们会备好零钱,赶忙接过财神像,顺便给上乞丐几个铜子。乞丐在这一夜的收入,要比寻常白天呼爷爷,喊奶奶所得要多出许多。

行乞方式最复杂的是沿街乞丐,也最讲求行乞的方法和技巧。有学者曾经研究过民国时期上海的社会调查者统计的乞丐行乞的方式,发现记载的方式最多达 25 种,但是没有一个调查者可以把乞丐行乞的方式和手段全部详尽的列举出来。天津恐怕也是同样,只不过各城市的方式和使用的行话各有异同罢了,如天津有告地状、打砖叫街,也有卖唱、卖艺行乞等等。乞丐行中又把讨要方式分为红项、白项,红项采取硬讨,白项采用哀乞[②],沿街乞讨则两种都有,其中尤以“告地状”方式最为普遍。路边地上放一纸,上写生活如何艰难可怜,乞求老爷太太

① 《各类集市一瞥》,《大公报》1931 年 2 月 9 日。

② 徐珂:《清稗类钞》第 11 册,中华书局 1986 年版,第 5472 页。

发慈悲救命。坐在旁边的乞丐默然不语，只在路人扔下零钱的时候点头示谢。“打砖叫街”的乞丐一般为男性。他们裸露前胸，用砖块或破皮鞋底子狠劲拍打，发出“啪、啪”的声响，只打得胸部皮青肉肿。同时，有声无泪地哭诉苦情，哀号着：“老爷、太太呀！”富于同情心的人们见此情景，常常会施舍几个钱给他。更有此类乞丐专门串胡同讨要，因为胆小的女子和孩童见此情景非常害怕，更容易掏钱给他们。

沿街乞讨的乞丐也有来自附近乡村的农民。他们利用农闲季节进城做乞丐，获取一些零用钱。他们一般是全家男女老幼齐上阵，壮年男子拉洋车或到河坝码头“扛大个”①，女的则抱着小的领着大的，向行人讨钱。他们在街上讨要，还要各占据应守的界线。做妈妈的怀里抱着小孩，跪在地上，嘴里老爷太太喊着，大孩子趴在地上，先给行人磕个头，然后追着伸手要钱。一直到应守的界线为止②。还有的来城里讨饭也并非家中穷困至极，而是有各种动机或原因③。

在清代的天津，政府承认乞丐是城市居民的组成部分，并被纳入保甲体系和人口统计中④。然而同时，政府官员们历来又将乞丐视为“流民”和社会不安定的因素。在他们看来，四处流浪、没有固定的居处、没有家庭的人也是无法控制的人，对公共安全造成威胁⑤。在制度上，传

① 指在码头、车站上靠体力搬运货物。

② 《奇形怪状的天津乞丐大观》，《大公报》1933年3月17日。

③ 20世纪30年代，记者报道一来自乡下的盲人乞丐是清季的秀才，竟然用念诗的方法行乞。他家中有地雇人耕种，粮食吃不了往外卖，却拒绝女儿的帮助，到城里要饭，目的只是为了喂养家畜。（《大公报》1933年3月18日。）

④ 根据《津门保甲图说》的统计，城厢乞丐户占总户数的0.27%，四乡占0.4%。

⑤ 参见[美]孔飞力《叫魂：1768年中国妖术大恐慌》，上海三联书店1999年版，第55页。

统时期的城市政府大都建有官办济贫机构,如天津从明代就建有救济院,清代建有留养局,还有私人设立的寄生所。但是,到了清末,传统官办社会救济系统衰落,乞丐人数大大增加,19 世纪的城市政府很少关注乞丐的管理和控制。官僚们更喜欢办粥厂上报领粥的人数作为他们的政绩。只要对公共安全不构成大的威胁,地方官僚们就不会过问诸如乞丐这样的问题。

对乞丐的控制,除了乞丐组织之外,19 世纪的天津还有称之为"官驿"或"官役"者[①],很有可能是半官方角色,主要职能是协调乞丐与商家之间的关系。

官驿者,郡中所有乞丐无论男父老幼皆属其辖制。估衣街、锅店街等处热闹地方,大小铺户每月给付官驿钱四文,名曰包月,乞丐即不敢再赴该铺讨要。至僻壤之区则按节索取月费[②]。

然而,这些官役常常利用对乞丐的控制敲诈商家。"天津官役竟在各铺户按月敛钱,借以包付乞丐为名,而铺户稍拂其意则有恶乞群集搅扰之事。此旧习也"[③]。20 世纪初警察出现以后,开始整顿官役的劣行。天津巡警总办要求各巡警分局出示,严禁官役借包付乞丐之名到各铺户按月敛钱,甚至指使乞丐滋扰商家,如抓到这些"不肖官役",立即送巡警局惩办。

同时,南北两段巡警局分别派巡警沿街巷搜查乞丐,凡年老乞丐送卫生局收养,年少乞丐送教养院教养,妇女乞丐送广仁堂收养。据记载,当时被送入设在老城内的教养院的八十余名少年乞丐生活条件不

① 这两种称呼出自不同的记载,由于驿、役同音,因此很有可能指的是一种人。

② 《直报》第 101 号。

③ (清)储仁逊:《闻见录》卷 12 上,稿本,第 41 页。

错，“四季衣服充足，每日两餐亦佳”[①]，每天学习织造绒毯等项工艺，以便掌握谋生的本领。

然而，政府有限的能力和慈善事业的多元化，使得对乞丐的救助远远赶不上乞丐数量的增加。1916 年，教养院收容乞丐 3500 名[②]，而此时的街头，乞丐的数量何止 3 万。1928 年国民政府成立后，标榜民生，把救济贫民乞丐作为重要事务。由政府设立的贫民救济院，内设收容，教育，工厂，医院四部，使乞丐“不仅免受饥寒之苦，且能各习技艺，俾将来各有谋生之路”[③]，并由警察将沿街乞讨者送到救济院。然而，救济院只能收容 600 名，后增设临时救济分所，收容人数也只增至 1500 余名。而且，被收容者也并不都是乞丐或衣食无着的贫民。有些冬季临时住进救济院者多系原有固定职业，只因为冬寒停工，暂时到救济院做避冬之举，春暖即出院照常有工做。

国民政府还在城市边缘工业区设立了贫民工厂，厂中的工人都是由公安局和各特别区公署收容的乞丐。工厂除厂房外，还设有讲堂、医务室等，并聘请教员、技师和医生。工厂主要生产本色市布和毛巾。进入工厂的乞丐除了干活外，还必须学习粗浅的国文、算术、体操等，要求他们达到能识字并熟悉珠算等，以便离开贫民工厂后有能力谋生。贫民工厂 1929 年 3 月 11 日开工，收容了乞丐贫民 170 余名[④]。当时天津的乞丐和贫民当以十数万计，如此小规模的工厂显然无补于事。当时

---

① （清）储仁逊：《闻见录》卷 11 下，稿本，第 104 页。

② 天津市档案馆等：《天津商会档案汇编（1912—1928）》（3），天津人民出版社 1992 年版，第 3439 页。

③ 《大公报》1930 年 1 月 28 日。

④ 《天津特别市社会局一周年工作总报告（1928.8—1929.7）》，1929 年，第 250～252 页。

国民政府提出的计划是要通过征收乞丐税,获得足够的财政支持,建立大规模的贫民工厂,根本解决城市乞丐以及贫民的问题。然而,他们的计划不切实际,根本无法实现。在此同时,人们看到的却是街上的乞丐达到了塞街充巷的地步。1930 年初,刚刚到天津的外地人感到天津的乞丐比中国其他任何城市都多,“无论走到哪条街上,都有乞丐跪在地上讨钱,或跟着跑来要钱”①。当时的天津是否中国乞丐最多的城市,我们无法考证,对于乞丐的具体数量也没有可靠的统计资料,但是当时的天津街头乞丐数量之多确是事实。

不仅乞丐的人数不断增加,乞丐的组织也在发生变化。20 世纪 40 年代后期,天津还出现了被称为“乞丐皇帝”的“乞丐团”领袖。这位自称被五百多乞丐推举出来的年轻乞丐,多次作为天津乞丐的代表到商会请愿,要求商会通知各商家把每次施舍乞丐的零钱数目增加一倍。商会表示无法强迫商家增加施舍,并提出可以介绍乞丐团的成员去粥厂喝粥,政府社会局还提出可以用“以工代赈”的办法救济“乞丐团”的成员,都遭到这位“乞丐皇帝”的拒绝。他认为,粥厂只有在冬季开厂,无法保证乞丐全年的生活,“以工代赈”是想把乞丐“当成习艺所的囚徒,轰到一个角落去做工”。这位“书生模样,穿这一件旧布棉袍”,“眼角含着温和的笑意”的年轻乞丐甚至要组织“乞丐互助会”,到社会局备案,以便乞丐互谋福利②。

---

① 培根:《谈谈天津特别市乞丐问题》,《津声旬刊》第 2 卷第 2 期,1930 年。

② 《天津发现“乞丐皇帝”》,《星期五画报》第 32~33 期,1948 年 3 月。

第三编　城市生活

“城市是一种生活方式”。的确，在每一个时代，不仅不同的城市其生活方式多有差异，即使同一个城市中，不同社会阶层或社会群体，生活往往也大相径庭。居住在城市里的人们，未必是在享受着城市舒适、时尚的生活。在近代中国，像天津这样的开放城市，生活更是多姿多彩。居住在租界洋楼里的寓公们，与蜗居在地道外、谦德庄的贫民们的生活显然不可同日而语，然而他们却是生活在同一个时代、同一个城市中。

从理论上说，城市生活涵盖的内容相当广泛，不仅包括衣食住行，也包括婚姻、家庭、休闲、时尚、以及价值观等等。这一部分的内容不是全面阐释近代天津的社会生活，也无意回答何谓近代城市生活方式，而是选择几个有代表性的方面，试图阐述在近代城市社会演变的历史过程中，城市生活发生了怎样的改变。

第九章　居住区的变迁

1. 传统时期城区的居住分布

与中国其他传统城市一样,天津城里的建筑布局是以衙门和庙宇定位,民居建筑并无明确规划。表面上,城里不分富人区和穷人区,街道、胡同看上去都一样,豪华的宅第和平民住房挨在一起。实际上,居住的分布同样显示着等级和尊卑。

据道光二十六年(1846 年)刻印的《津门保甲图说》的统计,当时天津城区人口 20 万,有将近一半居住在老城里,40%居住在三岔河口一带和北门外运河沿岸。作为主要社会上层的绅衿和盐商,其居住分布除了在城内超过了 40%以外,就是以东门外和北门外最为集中了(见表 16)。城内由于只作为一个统计单位,我们无法知道其更详细的空间分布,可是根据其他的资料记载,清代盐商、士绅的深宅大院主要分布在北门里的户部街、东门里的二道街、冰窖胡同等处。这种分布一直延续到清末。

表 16　19 世纪中期天津社会上层居住分布(按户数的%)

	城内	东门外	西门外	南门外	北门外	东北角	西北角	总计
绅衿	44.10	19.75	5.97	0.31	15.77	5.51	8.58	100.00
盐商	42.74	29.57	1.08	0.00	13.98	3.49	9.14	100.00

资料来源:(道光)《津门保甲图说》。

1906 年 12 月,天津商会提供给巡警局的"天津绅商姓名住址清单"[1],一共开列了绅商 50 人,其中居住在北门里者 13 人、东门里 10 人、北门外 6 人、东门外 7 人,占了总数的 72%。而居住在鼓楼以西的只有 1 户,居住在南门外的有 2 户。

在传统时期的中国城市,社会阶层的空间分布与城市中心的距离,和现代城市往往相反。社会上层分布在城市中心区,社会下层的分布"向边缘呈扇形展开,赤贫之徒和贱民居于郊外"。[2] 但是,在许多学者的研究中,却产生了极为不同的结论,如费茨格拉尔德(C. P. Fifzgerald)认为中国城市很少分成富人区和贫民区。牟复礼(Frederick W. Mote)认为,所有住宅区的街道都是一模一样,人们的生活毫无差别地被院墙掩盖了起来。杨庆堃则认为,前近代城市形成了不同的"街坊单位",居民的工作和生活大都局限在一个特定的"街坊单位"内,与其他城区的接触机会减少到最低程度。也有的通过实证研究表明,和商业的分布一样,社会上层也有集中分布的趋势,只是不同城市集中分布的

① 天津市档案馆等:《天津商会档案汇编(1903—1911)》(上),天津人民出版社 1989 年版,第 925—927 页。

② 吉代翁·肖伯格:《前工业时期城市:过去与现在》(伊利诺斯,格伦科:自由出版社,1960 年)。转引自[美]施坚雅《中华帝国晚期的城市》,中华书局 2000 年版,第 631 页。

城区多有不同。[①]

显然,如果用近现代城市或者用西方城市作为参照物,对传统时期中国城市的认识往往会产生很多难以理解的地方,甚至得出近乎矛盾的结论。传统的价值观、封闭的家庭结构和生活方式,以及社会上层对财富的隐秘心理,都使得他们的住宅有高墙围绕,宅院高大的门楼"隐藏"在狭窄的胡同里,大宅院混在一片清一色的青砖灰顶的城市中。另一方面,官僚、士绅需要靠近衙门及其他官方机构如学校等,商人的上层也乐意住在城内以便和官员们打交道。这是社会上层集中居住在城内中心区的主要原因。

天津城面积不大,南半部又低洼多水坑,无论衙门还是官绅富商的住宅大都分布在城的北半部。府县同城又多了不少衙门,导致面积不大的半个城区挤满了各等级的衙门和社会上层居住的大宅院,所以很难有清楚的分区。尽管如此,上层的住宅多数还是集中在靠近城的东门和北门的街区。这些街区不仅邻近衙门,又与城外的商业区距离较近。由于通往城门的官道比较宽敞,交通便利,也便于各种生活服务,如水夫送水、粪夫淘粪等,所以靠近城门是最佳的居住地点。天津没有实力强大的靠仕途起家的土著士绅阶层,却有经济实力强大的商人——主要是盐商。他们为数不多,是城市的最富有者,大都居住在城内,与衙门毗邻而居。尤其是东门里是盐商密集的聚居区,其中分布在二道街的有 6 家,冰窖胡同有 5 家,鼓楼东有 6 家,县衙门附近的三条

① 参见[美]施坚雅《导言:清代中国的城市社会结构》,《中华帝国晚期的城市》,中华书局 2000 年版。

胡同中共有 9 家。而在城内的其他街区，只分布着另外 16 家盐商。[①]这些富商居住的宅院，如果建在大街的北侧，朝南开的大门正好开在大街上；如果建在大街的南侧，则朝南的大门要开在狭窄的胡同里，宅院北面临大街的一侧还要开一个后门以便日常出入。总之，这些富商的住宅都要与交通方便的城门保持着最佳的距离。因此，天津便有了流传下来的民谚："北门贵、东门富、南门贫、西门贱"。这种以城门为坐标，将城内分成四个区的社会阶层的空间分布，也许是传统时期中国城市社会生态的一般特征，至少是北方城市的特征。例如，北京也有"东富、西贵、南贫、北贱"的说法，甚至有人认为北京这种近代生态系统一直影响到现代的北京。

当然，居住在城外的富商、士绅也为数不少。从表 16 可以看出，尤其是北门外和东门外也是社会上层的聚居区。此外，由于天津的河道较多，使得那些注重环境的上层选择居住在沿河地势较高的地区，最著名的是盐商查为仁初建于康熙年间的"水西庄"。到了 19 世纪，城外商业区的繁荣，也吸引富商和士绅选择在城外靠近河道的地区居住，如东门外的宫北大街、城西北靠近河湾的西头、城东海河对岸的粮店街、于厂大街以及三岔河口一带，都成了盐商、粮商的聚居区。

三岔河口一带也是士绅或退休官员喜欢居住的地方。咸丰年间的军机大臣、革职后回津隐居的焦佑瀛，在三岔河口河湾处锦衣卫桥西购地建造住宅，自名"逋园"，寓"逋逃流散"之意。末科状元刘春霖的住宅建在北运河岸，被称为"状元楼"。光绪二十一年（1895 年）乙未科进

① 参见天津益世书社编《天津商业汇编》（1923 年）的电话通讯录。转引自关文斌《文明初曙：近代天津盐商与社会》，天津人民出版社 1999 年版，第 92 页注 31。

士、官至四川提学使的刘嘉琛,辛亥后回津隐居,其住宅也选建在三岔河口北运河的北岸。

在 19 世纪,外地来津从事商业贸易的商人,大都在城外的码头附近或商业区活动,如北门外的针市街、河东的粮店街等。他们如果带有家眷,则租房居住,如果是单身往来,大都栖身在本籍会馆。各省会馆也分布在这些街区,如闽粤会馆在针市街,山西会馆有两处,分别在锅店街和粮店街,江西会馆在锅店街等等。由于商业的兴衰,许多会馆已消亡无存,只知其名而不知其所在。但是,从会馆的地址我们可以推断出来天津的外籍商人大致的分布。只是到了 19 世纪后期,随着在天津的南方新式官僚势力的增长,一些南方省籍会馆得以建在城内,如广东会馆和江苏、浙江会馆。但是,此时的外籍商人,有许多人已经迁居租界地区,而不仅仅固守在日渐衰落的城外运河岸边了。

2. 租界:富人的聚居区

租界的出现打破了天津传统的居住分布模式。如果剖析传统居住模式主要是从社会生态系统去寻求答案的话,租界地区居住模式的形成则还需要从政府行为、土地商业化以及政治因素等方面去探求。当 19 世纪 60 年代英国和法国租界最初设立的时候,两国都限制中国人在租界内拥有土地和居住。英租界 1866 年公布的章程中规定,只有英国臣民或拥有英国国籍者,才有权在租界租赁土地。中国人如果要在租界租赁土地,必须得到英国领事的授权。[①] 此类规定无疑剥夺了中国人在租界居住的权利。即使是为外国洋行服务的买办,在 19 世纪也

① 天津档案馆等:《天津租界档案选编》,天津人民出版社 1992 年版,第 61 页。

不能在英租界内居住。

19 世纪末 20 世纪初划分的租界以及英、法租界的扩展界，不再有完全排斥中国人拥有地产和在界内居住的规定。但是，意大利租界 1908 年首次制定的《天津意大利王国租界土地章程和总法规》中，不仅明确规定租界的中央大道“大马路”(Vittorio Emanuele)两侧临街的建筑必须是欧洲式的，而且居住者只能是“具备上等身份和名望的欧洲人”或者“海关道或其他中国高级官员”。① 尽管在其他租界的有关法规中，再没有看到对居住者的身份和社会地位的明确限制，但是有关土地的取得、建筑物的标准等规定，无疑把租界划分成不同社会阶层的居住区。

此外，租界居民的构成与清末民初中国的政治变迁以及天津的军事动乱都有着密切的关系。中国政府和各国列强签订的条约，赋予了各国租界在政治和军事上不可侵犯的特权，导致其成为特殊的安全区。从 1911 年辛亥革命爆发、清政府垮台、民初的兵变，到频频爆发的军阀战争，直至 30 年代日本制造的多次事变，中国政局的动荡不宁，与租界人口的增加、市面的繁荣以及城市中心向租界的转移，构成了某种相关性。

以租界华人“寓公”群体的形成为例。“寓公”大都是因为政治原因等而“隐居”租界的。他们形成了城市中一个特殊的群体。他们的居住分布，与中国的政治动荡、租界的开发形成了一种关联。英租界的“墙外推广界”也就是“五大道”地区的开发与上层居住区的形成，就是一个典型的个案。

① 刘海岩编译:《天津租界市政章程法规选》,《近代史资料》第 93 号,第 153 页。

“五大道”地区是1900年庚子事变后英国人强行划分的。1903年1月13日,天津海关道与英国驻天津领事联衔发布公告,宣布英租界以南从墙子河到马场道、海光寺道(今天的西康路)一线正式划归英租界,称作“墙外推广界”(Extra－mural Extension)。

当时的“推广界”还是一片荒郊,到处是深浅不一的水坑洼地。只有马场道东头,可以看到一些欧式建筑,那是少数喜欢住“郊外”的外国人的住宅。虽然划入了英租界,管理租界的工部局并没有马上对“推广界”实施规划和管理。1912年爆发“壬子兵变”时,北洋军队在老城区肆意劫掠,人们无力自保,纷纷逃到受不平等条约保护的租界“避难”。逃入英租界的有钱人买地盖房,不富裕的华人就跑到当时还很荒僻的“推广界”墙子河边盖房居住。还有外地来津的新移民,他们很难融入老城区社会,这些紧靠租界,谋生机会多的地区无疑对他们更有吸引力。没有多久,那里就成了华人聚居区,就是今天的黄家花园一带。但是,当时都是任意搭建的房屋,随意铺就的土路,水坑成了污水池和垃圾场。还出现了鸦片烟馆、赌场和妓院。

1916年,英租界纳税人会议通过提案,要求对“推广界”做出规划。英租界实行欧洲式的“自治”制度,最高权力机构是纳税人会议,就是市议会。当时,会议责成时任工部局代理工程师的英国建筑师安德森(McClure Anderson)负责提出设计和规划方案。1918年1月,安德森的规划报告提交纳税人会议并获得通过。当时,花园城市的理论与设计理念已经在欧洲和美国流行,安德森的报告明显受到了花园城市理论的影响。报告是对“推广界”设计与规划的整体构想,提出了将“五大道”一带建成高等住宅区,黄家花园一带建成商业区。报告的核心内容是如何创造有利于健康的居住环境。为此,他提出街区方位和道路走向要避免绝对的南北向或东西向,以使尽量多的住宅空气流通,每天能有阳光射入。报告建议不同街区实行不同的管理,规划出一片街区限定只能建造高级住宅。住宅周围要留出充足的空地,住宅区内要修建公园和运动场,以满足人们对空气、阳光和运动的需要。报告在提出道路规划设计时,路边植树占有非常重要的地位,包括种什么树、植树的位置、如何形成林荫道等。①

为了实现这一规划目标,工部局陆续制定了一系列的章程、法规。1919年制定的《推广界分区条例》规定,"推广界"实行分区制,将全界分为三个区,一等区的范围包括今天的马场道和睦南道以及桂林路以东至南京路、睦南道以北至成都道;二等区包括桂林路以西至西康路、睦南道以北至成都道,以及西安道和潼关道一带;此外就是三等区,范围包括成都道以北至营口道、西安道以西至西康路以及墙子河边。其中,一、二等区就是今天所说的"五大道"。按照条例的规定,一、二等区的建筑必须是欧洲式的,尤其是一等区只能建住宅,而且主要是独居住宅,如果建成联排集合式住宅,式样和外观都必须是一流的。条例对每一地块的建筑数量和规模也有严格的限制。房屋占据整个地块的土地面积不得超过60%,也就是说每幢房屋周围至少要留出地块面积40%的空地。

同时,工部局的法规对建筑的价值、外观等也做出规定,如一户居住的住宅造价不得低于3000银两,建筑的外观必须达到一定的美观标准,不得导致毗邻的房产贬值,不得有损邻居的既得利益或妨碍邻居的

① British Municipal Council of Tientsin, *Report of the Council for the Year* 1917 *and Budget for the Year* 1918, Tientsin Press, 1918, pp. 82—93.

舒适和安逸,不能有碍周围地区今后的发展和改善。另外,还对住宅内的空间(当时房屋大小不按面积而按房间体积论)与人口多少有一定限制,如规定每个 10 岁以上的居民,居住空间不得低于 400 立方英尺,10 岁以下不得低于 200 立方英尺,一等区的住宅最大的房间不得小于 2500 立方英尺等等。制定这些规定的主要目的就是通过限定住宅的居住人数,在“五大道”营造有利于健康的居住环境。有关住宅建筑的一系列法规,使得在“五大道”只能建独家居住的别墅式住宅或高级公寓式住宅。

在英租界纳税人会议对“推广界”做出规划,并制定了一系列建筑法规,成立专门的委员会实施规划的同时,“推广界”吹泥填地工程也在同时进行。1919 年,河北路以东地区首先填平。以后陆续被填平的地区是:黄家花园一带(1922 年)、河北路与桂林路之间(1927 年)、桂林路与昆明路之间(1929 年)。河北路以东地区被填平后,建设随之开始,埋设下水管道、铺路、植树、架设路灯,然后是建筑工程。

“墙外推广界”建设高级住宅区的规划不仅吸引了当时天津的中外建筑师们,纷纷前来大显身手,同时也吸引了来天津“隐居”的“寓公”们,纷纷在这一地区购地建造豪华住宅,使得“五大道”成为上层华人聚居区。

在一份“推广界”威灵顿道(Wellington Road,今河北路)以东 1922 年完工的 30 处建筑工程的统计表中[①],华人建造的住宅就有 18 处。他们建造的住宅大多数是独立式住宅(dwelling house),只有一处是半

① British Municipal Council of Tientsin, *Report of the Council for the Year 1922 and Budget for the Year 1923*, Tientsin Press, 1923, p 86.

独立住宅(semi－detatched house),二处是靠近土围墙的出租用房。独立式住宅大都设计和安装有最新式的卫生设施和设备,有的还同时建有用人用房、门房和汽车房。当时在天津的著名外国建筑师,几乎都参与了“推广界”住宅建筑的设计,比如“同和工程司”的英国建筑师阿迪金森和达拉斯、“乐利工程司”的瑞士建筑师卢普和英国建筑师E.C.扬、“景明工程司”的英国建筑师赫明和伯克里、“永固工程司”的英国建筑师库克和安德森等。参与住宅设计的华人建筑师有毕业于美国麻省工业学院的关颂声等。这些建筑的施工,都是由中国营造商承担。风格迥异的“小洋楼”不仅在设计风格上体现了当时世界建筑设计的新潮流,同时还运用了大量新的建筑技术。可以说,“推广界”的住宅是当时天津新式生活的物质体现。

由于租界房产主登记多用堂名或姓名简化拼音,我们无法得知住宅主人的真实身份。但是,我们可以从有关的历史记载中探寻华人上层入住租界与政治局势等因素的关联。例如,1924年,清朝逊帝溥仪被国民军驱赶出故宫,从此清朝皇室结束了在北京的生活。随后,溥仪逃到天津日租界,入住张园,清朝皇族以及追随溥仪的遗老、官僚也陆续迁居天津租界。这些新来得“寓公”多数居住到日租界和英租界。皇族庆亲王载振也在这个时候携全家迁居天津英租界。他看中了位于“墙外推广界”剑桥道(Cambridge Road,今重庆道)由大太监小德张刚刚建起的一幢洋楼,用置换的办法得到了这栋建筑。从此,他一直住在这幢洋楼里,度过长达二十多年的“寓公”生活,直至1948去世。这幢洋楼也就有了“庆王府”这个绰号。

表 17 华人上层居住分布,1927 年 3 月统计

英租界	75
法租界	30
日租界	52
意租界	31
特一区	2
特二区	2
华界	4
不明	21
总计	217

资料来源:天津市档案馆等:《天津商会档案汇编(1912—1928)》(2),天津人民出版社,1992 年,第 1380～1385 页。

根据 1927 年的一项统计,天津的华人上层大部分居住在英、法、日、意四国租界。这种统计是不完整的,但是另外一个明显的事实就是,居住在华界的社会上层越来越少了。即便那些始终固守传统生活方式的士绅、遗老们,也有越来越多的人搬到租界的洋房中去了。一直到去世仍然不肯剪掉辫子的华世奎,也在意租界购置了一所洋楼,像遗老那样过起了半隐居的生活,①尽管他的家族还生活在老城内的"高台阶华家"大院里。

与华界不同的是,租界地区的居住分布形成非常复杂的状况。各国租界都有自己的规划,都单独实施市政管理,而城市交通系统、供电

① 华泽咸:《天津华世奎其人其事》,《天津文史资料选辑》第 60 辑,第 61 页。

系统的逐步一体化，又使得各国租界在城市中形成不同的功能区，租界居民也形成了不同的构成。另一方面，各国租界几乎都各自形成本租界的中心区和边缘区，而且诸如英、法、日等国租界经过几次扩张，其中心与边缘的空间构成更是复杂。但无论如何，其社会阶层从上层到中下层的居住分布，呈现从中心区到边缘区的分布趋势的。只有少数喜欢住郊外的外国人，才居住在远离中心区的地方。华人上层几乎无一例外都是中心区豪华住宅的主人，其他阶层则往往按照职业或籍贯形成不同的居住分布。从会馆设立的子弟学校，以及专门为移民供应商品的商店的坐落地点，便可以发现同籍移民聚居的趋势。宁波帮商人建立的浙江学校最初设在位于老城里的浙江会馆内，民国以后迁至法租界的大沽路，学生以浙江籍子弟占多数。1928 年增设中学，再次迁址到英租界的盛茂道(Seymour Road，今河北路)[①]。20 世纪 30、40 年代，在天津的山东籍移民先后在英租界“墙外扩展界”的黄家花园和特别一区(原德租界)的芝罘路(Strasse B，现苏州道)设立了两所“山东公学”，专门招收山东籍移民子女入学[②]。法租界劝业场附近的吉祥里和恒和里是南方人聚集的地方，专卖南味食品的“稻香村”便开设在附近。商店雇用南方人做师傅，与南方家乡有着密切的联系。伙计也多是南方人，北方籍的伙计为了接待不会说北方话的南方人，还要学说南方话。商店不仅供应各种南方风味的食品，在服务上也适应南方人的特点。[③]

① 张章翔:《在天津的“宁波帮”》,《天津文史资料选辑》第 27 辑。

② 张国良、步丰基:《山东会馆》,《天津文史资料选辑》第 56 辑。

③ 胡国琇、徐新之:《天津森记稻香村》,《天津文史资料选辑》第 93 辑。

3. “三不管”:城市边缘区

这里所说的边缘区,是指就整个天津城市而言,在空间上有明显界限的边缘城区,在人口构成上表现出明显的社会分层。近代中国城市,尤其是发展比较快的城市,没有出现诸如美国城市的“郊区化”趋势,而是相反出现了“中心化”的趋势,即资源和财富向城市中心区流动,形成了社会上层聚居中心区的趋势。随之而来的就是基础设施投资以及商业、住宅投资的“中心化”。事情的另一端便是“边缘化”趋向,社会下层向城市边缘流动并形成下层聚居的边缘区。上海的所谓“棚户区”就是典型的城市边缘区。在天津,边缘区大小不等约有十余处,其中面积较大、对城市社会空间构成产生很大影响的主要是三个地区:南市、谦德庄和“地道外”。

传统时期的中国城市,没有明显的边缘区。社会下层大都居住在城的“角落”,就是城墙根,从城门最难到达、交通往来最不方便的地方。而社会上层则大都居住在距离主要城门最近、交通便利的街道两旁。在天津,除了城墙根,西门外也是社会下层聚居区。由于西门外多为坟地,处决犯人的刑场也在那里,因此人们大都不愿意在那里居住。19世纪中叶,西门外的居民人口只占整个城区的5.64%,是除了当时还是洼地遍布的南门外地区以外,居住人口密度最低的。来天津打工、逃荒者大都聚集到西门外,那里有连乞丐都住得起的廉价小客店,冬季有官府或慈善组织设立的粥厂。

然而,真正形成空间界限分明、社区特征明显的边缘区,则是在20世纪以后。这些边缘区主要分布在租界与中国城区之间或者租界以外地区,其形成大都与租界的划分和扩张有关。

南市的出现与日租界的扩张有关。南市位于老城的南面，本地人称其为“城南洼”，20 世纪初该地区的大部分还被水坑所覆盖。1900 年，野心勃勃的日本人借着军事占领之势，强行把租界扩大到天津城的南城墙根，也将城南洼划入扩展界内。由于清政府和列强各国的反对，日本政府在 1903 年与清政府签订《天津日本租界推广条约》，将该地区有条件地退还给中国政府。主要条件就是，日本政府保留将来重新将该地区划入租界的权利，“中国政府决不租与他国”，即作为日本的“预备居留地”[①]。就是这项保留条件成为南市特殊地区形成的政治前提。当时，尽管日本驻津领事照会中国地方政府，将该地区的“一切行政警察之权，退还中国政府自治”[②]，但是从清代末年到民国时期，天津地方政府从没有对该地区实施任何有效的管理，使地理上位于城市中心地带的这片地区成为“失控地区”，天津人形象地称之为“三不管”。对“三不管”含义的不同解释[③]告诉我们，正是清末政治的动荡以及城市行政管理权的分裂，才使得在不同行政区的夹缝地带生成这种特殊的区域。

民国时期，城市政府在该地区派驻警察实施管理，而且也有了“南市”这样一个正式名称[④]，但是在口头上人们仍称其为“三不管”。而

---

① 王铁崖：《中外旧约章汇编》第 2 册，三联书店 1959 年版，第 155～156 页。

② 《袁世凯为日本交还扩充地界之行政警察权咨呈外务部》光绪二十九年（1903 年）闰五月二十四日（7 月 18 日），载天津档案馆等《天津租界档案选编》，天津人民出版社 1992 年版，第 203 页。

③ 一种解释为：中国政府和日、法租界行政当局三方都不愿对该地区实行管理（周恩玉：《解放前的天津南市概况》，《天津文史资料选辑》第 33 辑）；另外一种解释是：清末新政时期设立的市政当局、县衙门和租界当局都不对该地区实施管理。（连阔如：《江湖丛谈》，当代中国出版社 2005 年版，第 23 页。）

④ 1928 年天津特别市政府成立后，该地区正式命名为“南市”。（周恩玉：《南市“三不管”的饭庄》，《南市文化风情》，天津人民出版社 2003 年版，第 63 页。）

且,民间的话语也使“三不管”成了对城市边缘区的一种形象的称谓。

南市由于地处老城区和租界的交界处,交通比较便利,从而成为城市主流社会所排斥的各种行当的汇集地。民国初年,越来越多的贵族、军阀、官僚聚居租界。但是,租界内适合他们的购物、享受、娱乐行业的缺乏以及租界法规的限制,使得他们只能到租界以外寻求享乐、交往的空间。地处两界夹缝、中外当局都不多加干预的南市正是最佳的地区。民国初年,以饭店、戏院、澡堂为主的商业、服务业、娱乐业在南市大量出现,使其成为华人上层娱乐、社交的中心。他们大都居住在租界或老城区,南市是他们享乐、挥霍的地方。

南市的居民则多为城市中下层。由于南市是民国以后主要靠军阀、官僚投资的房地产公司兴建的地区,缺乏统一规划。大量住宅建在沿街高大的商业建筑背后,导致房间采光、通风都非常差,有的终年不见阳光,诸如群英后、庆云后这些地名就是这种街区的形象称谓。在这些街区,居民住宅与妓院、烟馆混合分布。南市尽管地处城市中心,却没有上下水道,居民吃水要靠水车送,粪便污水要由粪夫、泔水工收集倾倒到附近的赤龙河中。低洼的地势和危陋的房屋,使得南市的许多住房每逢下雨都要房顶漏雨、屋内灌水,居民都要在自家门口挡上木板,向外舀水。每遇洪涝灾害发生,南市更是首当其冲遭受淹泡。

20 世纪 20 年代末,随着法租界商业中心的形成,南市走向衰落。然而,位于南市中心,作为大众商业文化中心的露天娱乐场仍然保持着繁荣,只是随着建筑物的增多,其面积越来越小,却被称作“老三不管”。由此,“三不管”有了一种新的含义,即不仅仅是指称南市,而是也专指边缘区的露天大众文化场所,天津也有了多处“三不管”。[①]

到了二三十年代,“老三不管”成了天津下层商业、服务业和大众文化的中心。有人评论说,就发展速度而言,“三不管”可称华北第一,它成为天津最大平民娱乐场和江湖艺人的根据地。[②] 凡是到过天津的人都知道有个“三不管”,甚至有人说,没有逛过“三不管”的人,等于没有到过天津。“三不管”的地摊商业相当热闹,摆列着破烂裤褂的估衣摊子、售卖各种日用小物品的杂物摊、剃头的挑子、卖野药的、拔牙的野医、耍把式买“大力丸”的等,可谓三步一摊,五步一桌。“三不管”地处城市中心,有电车从附近通过,每天流动人口的数量相当大,尤其是在城市里谋生的“单身汉”和慕名而来的外地人,成为主要的光顾者。

一般的城市边缘区娱乐业只是白天热闹,晚上各种演出和地摊商业便会收摊停业,即使在北方最有名气的北京天桥也是如此。“三不管”的娱乐业却是从早到晚整日不辍。除了外地的游客整天来往不断外,本地游逛“三不管”者,上午多是来自附近乡下的农民,他们清晨进城谋生,闲暇到“三不管”游逛;午后光顾者多为无事闲游的市民;到了晚间,劳累一日的工人、小贩、小商人便来到“三不管”寻求娱乐以解脱终日劳累和烦恼。

另外一处较大的城市边缘区被称作“地道外”,位于老龙头火车站以东、铁路线以外地区。在 19 世纪中叶,那里还是郊外乡村。据 1846 年的统计,那里坐落着沈家庄、王家庄、郭家庄和旺道庄等四个村庄,共

① 据说天津称“三不管”的地区一共有 6 处,南市最早形成的地方便被称作“老三不管”,此外还有了“新三不管”“小三不管”等。

② 连阔如:《江湖丛谈》,当代中国出版社 2005 年版,第 23 页。

有 182 户人家 929 口人。[①] 平均每个村庄有 40 多户人家 200 多口人，在当时天津的“四乡”中属于人口稀少地区。该地区人口迅速增长并开始城市化过程的发端是 1892 年津榆铁路(天津到山海关)的修成通车。当时,铁路铺至天津海河东岸,选定与对岸法租界隔河相对的地点建立车站。铺铁路、修车站、建车站货场占用了大片土地,迫使当地住户向位于铁道以外的四个村庄迁移,导致该地区人口迅速增加。到 1900 年,八国联军占领天津,海河东岸铁路周边地区大面积土地被划为俄、意等国租界,界内原住民户又被迫迁移到铁路以外的四个村庄,“居民多相率来居于上述诸村”。[②] 该地区第三次人口大量增长是 1917 年洪水发生之后,大批外地逃来天津的灾民入住“地道外”。水灾发生后的海河裁弯取直工程,又使得大批工程拆迁民户迁居该地区。同时,常年的战乱导致战争难民避难津城,也是该地区人口增长的重要原因。“近来各处之兵荒,无论本省外省,鲜不以天津为桃源。富有者固然居租界,等而下之只得权住华界。故沈王郭旺各处,无处不以人满为患”“义家荒野不数年而易为极稠密之街市”。[③]

铁路车站和货场占用了大量耕地,迫使村民放弃耕作转而组织脚行,以在车站、货场从事搬运为生。铁路局也不得不同意村民成立“七村脚行”,垄断车站货场的搬运,大批农民由此转变为搬运工人。铁路运输提供的大量就业机会,吸引了众多人口向车站附近聚居谋生。到

① (道光)《津门保甲图说》,1846 年刻本。

② 天津市档案馆等:《天津商会档案汇编(1912—1928)》(3),天津人民出版社 1992 年版,第 3287 页。

③ 甘眠羊:《新天津指南》,绛雪斋书局 1927 年版,第 3 页。

了民国初年，该地区的居民已经超过了7000户。①

由于该地区位于铁路线以外，居民每天到车站、货场上工或去往市区都要穿越铁路，便有火车撞到行人事情发生，对当地居民人身安全造成威胁。1918年，该地区举派代表向铁路局请愿，要求修筑一条穿越铁路的“地道”，以便交通来往。1923年，一条从铁路下面穿越而过的半地下道路修成，当时称之为“地道”，于是这一地区从此有了“地道外”这一称谓。

20世纪30年代是“地道外”的兴盛时期。那里也有露天市场，只是与南市“三不管”不同，“地道外”的露天市场每天中午过后才渐渐热闹起来。而且，由于公共设施极差，晚上没有任何公共照明，所以一到傍晚太阳落山，各种大众娱乐和地摊市场便告结束。

还有一处城市边缘区就是位于英、德租界以南的谦德庄。民国初年，那一地区还是荒僻之地。1917年大水灾发生后，有逃来天津的灾民在那片地势较高的地区落脚，红十字会搭盖窝铺让灾民容身，每户还发给一块银圆和一袋面粉。翌年春季，有的灾民陆续返回家乡，有的则就地谋生逐渐融入城市生活，他们就是谦德庄最早的居民。谦德庄的土地主要属于两家：一是天津的盐商“李善人”家，一是天主教会“崇德堂”。他们都在这一地区盖了不少简陋的住房，租赁给灾民以及流落此地的贫民居住。

20世纪形成的规模较大的城市边缘区，其主要特点之一就是都有明显的“界线”，最典型的就是“地道外”。由于铁路从城市区边缘通过，

① 天津市档案馆等：《天津商会档案汇编（1912－1928）》（3），天津人民出版社1992年版，第3287页。

使其成为规划城区的实际分界线。铁路以外就形成了社会下层聚居区,一条铁路相隔使得铁路两边成为两个世界,“一线之隔,而道北几同化外”[①]。谦德庄和英租界“墙外推广界”相毗邻,与豪华建筑密集的马场道仅仅一路相隔。相形之下,宛若天堂与地狱。

边缘区基本上都没有做过任何正规的规划,也没有建造过有效的基础设施和实施严格的市政管理。“地道外”地区只有一条土路,没有下水道,只有路旁挖的明沟,连接到建火车站时取土后留下的、面积有五六千平方米的大水坑。所有的雨水、污水甚至粪便,都经由明沟流入大坑内。大坑四周就是居民的简陋住房。在谦德庄,既没有卫生设施也没有清道夫,住户的垃圾和污水随手泼洒。恶劣的公共卫生状况导致环境严重污染。尤其一到春天,走进谦德庄,便会“立刻觉得有一股子怪味,说臭不是臭,说骚不是骚,足以令人呕吐”[②]。走入南市“三不管”,首先映入眼帘的是地上堆积如山的秽土,游人在秽土上来来往往,尘土飞扬,空气浑浊不堪。

距离南市不远的老城西南角一带,也有最为穷困的贫民窟。那里的臭水坑,垃圾堆触目皆是。据《大公报》记者的报道,那里的贫苦居民住的房屋极为简陋,“多用苇把墙,面涂以稀泥,年积月累,泥片下坠,苇把与木架多脱离关系,概用木棍支顶;苇把腐烂处,四壁尽窟窿裂缝或用破席堵之,或任其露天;风雪紧急,屋内亦雪花飘舞,倘遇大雨则势如决口矣”。[③] 西南角附近的西广开,“道路状况极为恶劣,平均一尺见方

---

① 天津市档案馆等:《天津商会档案汇编(1912—1928)》(3),天津人民出版社 1992 年版,第 3288 页。

② 《关心社会问题民众教育者:莫忘了谦德庄》,《大公报》1933 年 3 月 20 日。

③ 《贫民生活大观》,《大公报》1931 年 2 月 8 日。

的地，高低就会差着半尺，低的地方满蓄着泥浆。湿漉漉软绵绵的全是垃圾堆，使地面形成凹凸不平的波浪式……政府月月收卫生费，却没有人清扫垃圾”。①

除了南市、“地道外”和谦德庄这些面积较大的边缘区以外，在城市的不同地区还分布着若干规模较小的边缘区。② 这些边缘区大都与中心城区有一定距离，但又不太远，地处偏僻原有居民不多，警察控制相对薄弱。这些边缘区往往是自发形成的。如民国初年，河北新区新开河河道堤岸旁，形成了一片主要是灾民栖居的边缘区。由于规模较小，甚至没有名称，记者们称之为“新开河岸贫民窟”。这片贫民区最初形成于 1917 年水灾发生时期，逃难来津的灾民在河堤的后面掘出一个个方形土坑，上面用芦席搭盖，成为栖身之处。水灾过后，灾民返回家乡，只留下了墙壁似的遗迹。以后，由于天灾战乱不断，逃到天津的难民又不断有人到那里栖身，居住的人家逐渐增多，到 20 世纪 30 年代初已经有大约八九百家，四五千口人。居住者以山东人居多数，河北、河南人次之，形成了一个贫苦移民社区。随着常居人口的增多，便出现了小杂货铺、水铺等商业；还有了向贫民放债的小金融商人，每借 1 元钱，每天要还 1 毛，11 天本利全部还清；也有了房产商，垒几间简陋的草房，或掘几个洞稍加搭盖就可以出租，每天也能收入五六个铜子的房租。

在边缘区，有专门从事放高利贷者。营此业者以山西人居多数。这种高利贷称之为“印子钱”，贷款额一般只有几元，贷者还要有人作

① 《津市贫民窟之一：西广开的巡行》，《大公报》1933 年 4 月 26 日。
② 《贫民生活大观》，《大公报》1931 年 2 月 8 日。

保。生活中如无急用,一般贫民很少有借贷者。[①]

贫民窟的“建筑”与居住者的构成同样形成分层。最糟糕的住处就是在堤坡上挖个方形的洞,再用泥土接出一段墙,用破麻袋片挡住洞口,洞内宽不过 3 尺,深不过四五尺,可以说是名副其实的“窟”。居住者多为乞丐。第二类是利用倾斜的堤坡,用秫秸编成四壁和屋顶,抹上一层泥土。屋内宽四五尺,深五六尺,只是多了一个小窗户。居住者以人力车夫为多。第三类是用土坯筑墙,似乎已经粗具房子模样,屋内比前两种略显整齐宽绰。或有连成两三间的,用秫秸围成了一个小小的院落。居住者有车夫或挑担小贩。第四类堪称贫民窟的“豪宅”了。建筑用砖搭盖,两三间不等,门窗齐备。居住者是境况稍好一些的小贩,或在附近做小本买卖的商人。贫民窟的卫生极端恶劣,每到春夏瘟疫盛行时,总有人因染病断送了生命。[②]

边缘区的居民,其生活境况大都非常恶劣。一般家中是名副其实的“一间屋子半拉炕”,而且是简陋的土炕。仅有的家产往往是炕上的一领破席,几只碗和几双筷子。甚至连睡觉遮身的被子都没有。屋子里弥漫着一股难闻的恶臭。他们的日常饮食主要是玉米面窝头,有的还要掺上豆腐渣才能填饱肚子。对于边缘区的贫民来说,过年能吃上一顿饺子都成为一种对生活的奢求。1931 年春节前,记者向居住在贫民区的贫民调查如何过年,多数人的回答是:“连棒子面都混不上,过什么年哪”。少数人的回答是:“有散棒子面条的(指济贫救济),就可以省

① 居住在西广开的贫民对曾否借过印子钱的调查,回答是:“住砖房的(指那些高利贷商人)用印子钱,还要好保人,吾们真够不上”。(《贫民生活大观》,《大公报》1931 年 2 月 8 日。)

② 《新开河岸贫民窟》,《大公报》1933 年 3 月 5 日。

出钱来吃顿饺子”。只有孩子们对过年还抱有希望:“俺娘说了,无论怎么穷,也得吃顿饺子”。[1] 边缘区居民的日常穿着,“衣不遮体”者占有相当多的比例,尤其到了冬季,能穿上棉衣便可以说是贫民中的上层了。据20世纪20年代初在“地道外”的调查,当时无棉衣者有95人,无棉裤者178人,连一件夹袄都没有者141人。甚至一家夫妇仅有一套棉衣,白天妻子出外做工,丈夫只能赤身露体在家。傍晚妻子回家,丈夫再换上棉衣出外拉车。[2]

在贫民区,各家户外常常摆放着各类的“毛烂”(天津人对垃圾废品的称呼),以备分类变卖。破布卖给做鞋的作坊,橘子皮卖给药铺,小瓷罐售之破烂摊,破纸卖给纸作坊作包装纸,破铁皮卖给洋铁铺打烟筒,烟卷头破开当烟丝卖,或再卷成冒牌烟出售。[3] 在西广开,有专门供贫民销售垃圾废品的市场。这个露天市场设在臭水坑旁,人称“破烂市”或穷汉市。[4] 此类市场在一些稍具规模的边缘区几乎都有存在。

贫民女子最好的工作就是能进工厂打工。《大公报》的记者曾描述贫民打工女每天的生活:

最吓人者为洋行工厂之汽笛,天尚未明即呜呜怪叫,是为妇女之起床号。一闻此声,即手忙脚乱,成群结队,栉风冒霜,向工作目的地拼命奔波,一日去晚则无工作,日日去晚则除名……工钱最多不过三角,少则一角以下。以手眼敏捷、迟钝为标准,碾核桃,择羊毛……日作十二个小时,夜深始得回家,往返行一二十里,而无所代足。破房烂被,夜则

① 《贫民生活大观》,《大公报》1931年2月8日。
② 《益世报》1922年12月19日。
③ 《贫民生活大观》,《大公报》1931年2月8日。
④ 《各类集市一瞥》,《大公报》1931年2月9日。

缩成一团,以岁暮为尤甚。①

一些边缘区也建有学校,这些学校最早出现在1917年。当时,一些慈善组织如华洋义赈会等在窝铺区设立初级小学,专门招收居住在窝铺中的灾民子女上学。教师多为来自中上层社会的知识女性,她们都是义务从事贫民教育。一般边缘区中的学校多为半慈善性质的私立学校或者贫民学校,如位于老城西南角的三角地贫民区有私立怀谦小学,共招收学生七十余人,每个学生一年学费6元,教育局每月补贴学校15元。有的贫民家庭的学生年终无力交纳学费,学校只能要家长到公安局求取专门救济贫民的“棒子面条”,交给学校权作学费。该学校还附设市立第十四贫民夜校,书籍学费概由学校供给。②

① 《大公报》1931年2月7日。

② 《大公报》1931年2月7日。

第十章　日常生活

1. 从四合院到小洋楼:城市住宅的变迁

作为生活方式外在形态的最重要的体现,住宅的变化最能说明城市生活方式的演变了。与其他中国城市一样,传统时期天津的居民住宅,多为常见的就是四合院、三合院等等。

中国自古实行宗法制度,宗法关系决定人们的生活方式和居住形式。在乡村,人们按照血缘关系所决定的宗族组织确定聚居方式。在城市,市民的居住方式受到社会阶层结构、政府控制方式等因素的影响。然而,无论是乡村还是城市,无论是下层百姓还是上层贵族,人们的居所都具有相同的特征,就是以家庭或家族为单位的聚居制度,形成对内注重家庭伦理,对外封闭的居住空间,被称作"宅"。各地区的住宅受环境和风俗习惯的影响而有区别,但是不论南方还是北方,自古便形成了基本的居住空间形式——四合院。

四合院至少在两千年前就已经在中国出现了。随着宗法制度的形成,四合院被视为符合中国家庭伦理关系的规范,符合礼制需要的传统住宅基本模式。四合院一般都有院墙环绕,院内由若干座建筑物组成。主要建筑物居中,坐北朝南,称正房。正房前分列左右两面分别朝东和朝西的房屋称厢房,与正房相对坐南朝北的房屋称倒座。四面房屋组成一院,所以称四合;有的只有一面厢房或无倒座,只三面有房屋者,称三合。正房一般由三间房屋组成,中间开门,称“一明两暗”。中央一间为厅堂,也称堂屋,两边两间为居室。正房为长辈居住。正房的厅堂既是过厅,又是全家人起居生活的中心。正房两侧的厢房一般为子辈的居室,长子为大宗居左,次子为小宗居右。“倒座”或称“前厦”,多为仆佣所居或作客房、书房等用。稍微讲究一些的四合院,院中有一墙相隔,分出内外宅,通往内宅的门称“中门”或“垂花门”。

大家族的宅邸由多个四合院组合而成。四合院的空间布局讲究尺度和空间,以正房中央为中轴,以中门相隔,形成东西对称平衡、内外有别的家族居住空间,与长幼尊卑层次有序的家庭结构相互吻合。注重家庭伦理关系而不大重视住宅的实用性,是四合院的一个主要特征。以北京为代表的北方四合院,是传统住宅的典范。北京四合院的一个主要特点是宅院大门多位于院子的东南角。这主要是受风水理论的影响,宅门开在东南角的“巽位”,即所谓“坎宅巽门”,认为如此布局有利于“聚气”“避邪”。院门内还立有影壁(或称照壁),其上设有神龛。不论是王府宅邸还是平民住宅,其院门大都开在里弄胡同而很少有对大街开门者,这或许是唐代坊市制对城市住宅影响的遗存。北方四合院大都为单层即平房,二层以上的四合院多分布在南方。四合院的等级特征,一方面表现为内部居住空间的家庭层序等级,另外一方面则表现为历代王朝的居住等级制度。尤其是在行政中心城市,这种居住等级制度表现得甚为严格。从汉代始,对住宅就有等级规定。唐宋以降乃至明清,对民间尤其各级官员的住宅规格的限制愈来愈严格。这种等级制度主要在房屋的间数、梁架数(决定房间大小)以及建筑装饰上体现出来。例如,平民百姓的房屋一律不得超过三间。官员住宅按品级,皇族、贵族按爵位,均有严格规定,如大门的颜色和扣环,公侯可用朱红色、全漆兽头扣环;一二品官为绿色、兽形锡扣环;六九品官为黑色、铁扣环。普通民宅则均不得用如上颜色的大门和扣环。不同社会等级的住宅,其称呼也多有不同。《宋史·舆服志》写得很明确:"私居,执政亲王曰府,余官曰宅,庶民曰家"。清代皇室、贵族的住宅多称王府、府邸,官僚士大夫的住宅称公馆、宅邸,百姓的住所只能称民居、家等。然而,到了清末,随着商人在城市中社会地位的提高,这些居住等级制度被打破,富有的商人常常会不理会传统的定制,建造豪华的住宅。天津就是一个典型。

天津的四合院尽管也属于以北京四合院为代表的北方模式,但是在结构、装饰上也有自身的特点。北京四合院通常按南北轴线对称布置院落和房屋,轴线上的建筑是全宅的核心。天津的大四合院是正中设门,进门后是胡同式的甬道,以此为通道沟通东西两院。两院房屋不采用对称布局,东院为住宅,连续几进的四合院或三合院有家族中各房分别居住。西院往往是家祠和戏楼。各院院门均开向甬道,出入互不干扰。由于大院内四合院、三合院、跨院甚或杂房、洋楼,并不规整,所以被称作"四合套"。[①] 规模较小的院落不开甬道,每进院旁留有小门,以便进出,或每进院内的正房设过厅以便出入,称小四合套。院中建筑大都不像北京四合院那样前出廊后出厦,最讲究的是磨砖砌墙,屋顶起脊,雕梁画栋。大四合院明三暗五,即三间主房两间耳房。厢房是三东

① 张仲:《天津卫城和天津人》,冯骥才主编《旧城遗韵·天津老房子》,天津杨柳青画社1995年版,第10页。

三西,一般比正房矮些。三间南房一般作客厅。三合院只有大三间北房,东西厢房三间或两间,中间留一过道,为影壁大门。

天津的四合院不像北京,严格遵守"坎宅巽门"的风水理论,而是宅门既有开在东南角的"巽门",也有开在正南面的"离门"。多数宅门受街道走向的制约,方位不正,随势开门。这种四合院的模式,对清末民初"公寓式"平房住宅布局影响很大。甬道变成通衢式胡同,一侧或两侧排列着几组院落住宅。

在装修上,天津的四合院已经不像北京那样严格受到等级的制约,而是非常注重外檐砖雕和内檐木刻。比较讲究的四合院,有封闭式的高墙,门口多虎座门楼,台阶高达四级、六级或九级。大门楼内外上楣,高悬"进士第""太史第"等匾额以显示官宦人家的社会地位。宅门内有门房,摆放着黑漆懒凳。大门开在院墙正中的,内有二道门四扇;大门开在院墙一侧(青龙门)的,门内立有影壁(照壁),影壁下摆放着大荷花缸。院内多不种树,方砖墁地。夏日院内高搭席棚,以遮阳光。清人有《竹节词》描绘天津的大家住宅:①

茶末金缸荷盖香,

红榴四桶列厅旁,

瓦房二进新营建,

虎座门楼一字墙。

谁家宅第独高超?

① 转引自张仲:《天津卫城和天津人》,冯骥才主编《旧城遗韵·天津老房子》,天津杨柳青画社1995年版,第9~10页。

光亮门前女婢娇，

怀抱娃儿小老妈，

斜倚懒凳腿单翘。

天津著名的“八大家”之一李善人家的住宅在东门里冰窖胡同，整所住宅由八个四合院组成，每进院有正房五大间、倒座五大间、东西厢房各三间。住宅装修可谓雕梁画栋，富丽堂皇。当时，天津流传着顺口溜：“黑油漆，亮大门，冰窖胡同李善人”。显然，这种住宅的外在形象已经成为这些富商大户人家的标志。盐商长源杨家在宫北大街建了四五进庭院式住宅；天成韩家在大口（现玉皇阁河沿）建起的宅院有百余间房子。

城内外普通人家的住宅，多是简单的四合院或三合院。三合院房屋布局呈锁头式，一面留大门，院落窄小。更多的则是几户、十几户甚至几十户聚居一院，称为桶子院、大杂院。普通民居建筑一般是青砖、木结构、灰顶或瓦顶平房。贫苦居民的居处则是土坯垒墙、苇把为顶，至多也只是砖砌墙基。普通民居屋内垒砌土炕，堂屋柴灶连通土炕，靠柴灶烧饭和取暖。低矮、简陋、潮湿，是民居建筑的一般特征。吃水河里挑，污水随处倒，大小便随地解，这就是传统时期天津人的生活环境。

天津近代建筑的出现始于19世纪中叶，租界的开辟和外国侨民的到来，欧式近代住宅开始在租界出现。最早的欧式住宅是英国式的，这种住宅首先传入印度，然后又传到香港，天津是模仿香港的式样建造。这些住宅最初大都是专门从上海请来外国建筑师设计。宽敞的房间，摆满了经由海上运来的英式家具，屋前建有很大的凉台。但是，这种住宅夏天居住非常舒适，却不适于中国北方寒冷的冬天。在住宅的客厅大都设计一处英国式的壁炉，深深地镶嵌在墙壁中。每到冬季，整座建筑完全靠这座壁炉取暖,因为壁炉设计不适应中国北方的天气,常常会因戗风使屋子里灌满了烟。“走进宽敞的客厅,你可以清楚地看见在墙上洞穴一样的壁炉孔洞内远远的尽头有一堆火;但只是看见火,却感觉不到有火。在饭厅里,靠近火的一头是暖和的,但是另一头却是冰冷的。”①

到19世纪80年代,租界已经建起了一批适合天津气候、环境条件的欧式住宅,主要分布在英租界维多利亚道两侧。由于这一时期租界范围比较狭窄,用地受到限制,住宅与商业建筑、公共建筑混在一起,没有明显的功能分区。外国商人租到一块土地后,往往将他们的住宅与洋行、仓库建在一起。19世纪末,俄国驻天津领事的住宅建在法租界日本银行的隔壁,一座石砌墙基的两层楼房。俄国在天津驻军的领导人沃加克的住宅则建在英租界华俄道胜银行旁,一座建有花园的石砌平房。房间按照中国和日本式的风格布置,摆放着中国郭伯廉地毯、日本的花瓶和雕像。② 与此同时,一些外国人还将他们的住宅建到租界以外的“郊区”,主要是英租界以西的马场道两侧。天津海关税务司德璀琳将自己的“乡间别墅”建在跑马场旁,被人们称之为“德璀琳别墅”。20世纪20年代任美国总统的胡佛,19世纪末曾在天津居住,住宅也建在马场道。这些住宅由于用地较为宽裕,规模一般较大,多为两层楼房。

进入20世纪,城市人口的加快增长和城市经济的发展,对住宅的

① [英]明恩溥:《旅华半世纪》,1922年。参见[英]雷穆森《天津租界史(插图本)》,天津人民出版社2009年版,第51~52页。

② [俄]德米特里·扬契维斯基:《八国联军目击记》,福建人民出版社1983年版,第29页。

需求不断增加，更多外商投资房地产业，外资房地产公司在天津出现。最早出现的是“先农土地投资股份有限公司”（Tientsin Land Investment Co.，Ltd.），它成立于1902年，由6名欧美人创办，其中就有胡佛和时任北洋大学堂总教习的美国人丁家立。在外商房地产公司中，先农公司无论投资还是资产规模，一直是名列前茅。其他外商房地产公司有英商河东业兴公司、敖禄士公司、比商义品公司、俄商阜昌洋行、日商建物会社等。由欧洲建筑师设立的建筑工程司、建筑师事务所也在天津出现，如同和工程司（Atkinson & Dallas）、永固工程司（Adams & Knowles）、沙得利工程司（Charrey & Conversy）、乐利工程司（Loup & Young）、永和工程司（Hunke & Muller）等。租界地区的欧式住宅多数是由外国建筑师设计的。

清末民初，随着以下野军阀、失势官僚和清朝贵族遗老为主的寓公阶层在租界的出现，还有买办、富商巨贾也麇集租界，他们广置产业，购地建房，导致住宅投资大量增加，刺激了租界房地产业的发展。不论设计和施工都堪称一流的洋楼住宅在各租界大量涌现，这些高级住宅主要分布在英租界的“墙外推广界”（即五大道）、法租界的“霞飞路”（今花园路）和巴斯德路（今赤峰道）、意租界以马可波罗广场为中心的街区、德租界的威廉街（今解放南路）以及日租界的宫岛街（今鞍山道）等等。住宅类型主要为别墅住宅、高级公寓住宅以及吸收了中国传统住宅布局风格的现代里弄住宅。

天津租界以“小洋楼”多而著称，“小洋楼”主要就是指以别墅住宅为代表的西式高级住宅。这些豪华的高级住宅多数是个人投资、外国建筑师设计。住宅一般占地较大，附带庭院式花园。这些建筑大多建于19世纪初叶，在建筑风格上受到当时世界建筑设计潮流的影响，同时也吸收了中国传统建筑的许多设计手法。如位于重庆道上的"庆王府"以中西合璧而著称,大理道上的"孙颂宜住宅"具有浓郁的西班牙庄园风格,花园路上的李吉甫住宅具有东方庭院式风格、章瑞亭住宅具有法国"洛可可"式建筑风格,位于意租界马可波罗广场周围的住宅建筑群则透出鲜明的意大利建筑风格等等。

20 世纪 30 年代,随着天津城市的发展,职业阶层人口大大增加,适应这些社会阶层的需求,一些租界建起了大量高级公寓式住宅,尤其是在英租界,著名者如香港大楼、民园大楼、林东大楼、茂根大楼、花园大楼等。其中,较为典型的香港大楼和民园大楼建于 1935—1937 年,均由奥地利建筑师盖苓(Rolf Geyling)设计。建筑外形设计体现了现代风格,内部装修非常讲究,每套单元住宅除卧室外,均有起居室、客厅、厨房、备餐室、卫生间,还有专供用人居住的房间和单独使用的楼梯。

这一时期,租界中还建起了许多现代里弄式住宅,也多分布在英租界,如位于"五大道"一带的安乐村、马场别墅、桂林里、民园西里、大兴邨、先农大院等;法租界的普爱里、益友坊等。此类住宅多为两层,每户单元占据两层,有单独门出入。单元内大都一层为餐厅、客厅,二层为书房、卧室和卫生间。此类住宅最大的特点是注重环境设计,里弄内铺绿地或种花植树,营造舒适的居住空间。最典型的是 1933 年由意大利建筑师鲍乃第(Paul Bonetti)设计的安乐村。它属于中级里弄住宅,居住者主要是租界社会中层家庭。弄内有半开敞式的、较为宽敞的绿化庭院,整体空间宁静而富于变化。还有是坐落在桂林路上的桂林里住宅,它建于 1941 年,由义品公司比利时籍工程师沃尔盖设计,该公司施工。住宅群由十幢独立式或毗连式别墅住宅楼组成,每幢住宅前均有庭院，种植花木。住宅由天主教首善堂建造，居住者多数是天主教神父。

遍布各国租界的环境幽雅的住宅区，一幢幢风格迥异的洋楼住宅交相辉映，把当时世界流行的许多建筑风格引入天津，古典式、摩登式、罗曼式、意大利文艺复兴式、法国“洛可可”式等，使天津有了“世界建筑博览会”的雅称。

近代住宅建筑完全改变了传统四合院注重家庭伦理和居住秩序的封闭型空间模式，注重建筑外表和内部设施的实用则是近代住宅的特征。到20世纪二三十年代，租界的住宅中许多都有了卫生间、抽水马桶甚至煤气灶等生活设施。房地产的商业化使得适合于社会不同阶层居住的住宅的出现。最早大批量建造适合华人居民居住的近代住宅的是先农公司。1900年的义和团运动以及八国联军侵占天津，导致法租界西部几乎被摧毁，大量中国人的居所被破坏。事件过后，先农公司首先在该地区投资建造主要供普通华人居民居住的住宅。这些住宅不再是居住功能分明的欧式建筑，而是吸收了中国传统住宅房间分明暗而不分功能的联排式，建筑群落结构采用了里弄式。此后，这种住宅模式在天津发展很快，以致在外国房地产公司的档案中，这些住宅大都以“间”(chian)计算①，而不是像西式住宅那样按功能不同的房间(room)计算。

在租界，新式里弄住宅有各种不同类型，主要供各种职业阶层居住。在华界，20世纪新开发地区也出现了摆脱传统四合院模式、商业化的住宅建筑。在河北新区，出现了大量院落型里弄住宅群。这些住

① 参见“先农房地产公司档案”。

宅主要是由华商房地产公司投资,里弄多以房地产主的堂名命名,如东兴里、择仁里、元福里、颐寿里、元善里等。这些住宅一般适合社会中下层居住。由于房地产公司只看重投资效益,注重土地和空间的利用,导致这些里弄住宅的居住环境比较狭窄,联排式住房显得十分拥挤,生活设施简陋。在南市,由于住宅大都与多层的商业建筑建在一起,致使住宅不仅极为狭小简陋,而且终年不见阳光。建筑的混乱和缺乏规划使所谓里弄成了狭窄、弯曲的胡同,甚至居民院中也常常形成更狭窄的小过道。一条狭窄的里弄被称作"九道弯胡同",其宽度使过往行人要侧身才能通过。[①] 如此狭窄的居住空间迫使居民改变了许多已有的生活习俗,如遇有丧事棺材无法抬进院内,只能停在马路边罩上席棚;结婚迎新只能在胡同铺上红毡,新娘在胡同口外下轿脚踏红毡走入新房。

在城市边缘区,住宅则呈现另外一种形态。一是工人住宅区的出现。由于近代大企业多位于城市边缘,大量从外地招募而来的工人多居住在工厂附近,形成以企业划分的工人住宅区。这些住宅大都是极为简陋的平房,有的是企业建造的,也有的是房地产商投资,专门出租给工人居住,被称为"工房"。由于当时大企业工人以单身工人或童工居多,这些工房主要出租给这些工人居住,一间房有几个甚至十几个工人居住。如有名的"北洋工房",就是北洋纱厂建造的[②]间简易平房,专供企业单身工人居住的。有家眷的工人也可以租住工房。这些房屋多是砖墙、土炕,低矮潮湿,屋内光线阴暗,污秽不堪。

另外一类就是分布在诸多贫民区的更为简陋的住所,其中最典型

---

① 陈铁英:《南市的居民房》,《南市文化风情》,天津人民出版社 2003 年版,第 292 页。

② 胡国琇、徐新之:《天津森记稻香村》,《天津文史资料选辑》第 93 辑。

的莫过于窝铺了。窝铺可以说是城市最为恶劣的住所,最早是1917年大水灾时期出现的。当时是有慈善组织或个人捐资建造,供逃难来津的灾民暂时居住。以后,由于天灾战乱频频,外来贫困人口迅速增加,使窝铺成为边缘区居民的主要住所。1949年1月天津解放时,市区共有窝铺5000多间,居住着两万五千多人。

2. 供水的历史

在自来水出现以前,城市饮用水的取得只能靠天然资源的赐予。至于饮用水的取用方便与否,水质如何,这就要看城市的环境条件了。尽管相距只有一百多公里,天津与北京早期城市饮用水的供给方式却很不相同,原因就在于此。北京没有大的城市水道,居民生活用水主要依赖井水,水井多为邻里联合挖掘。由于技术落后,不仅挖井成本高,而且多数井深不到3米,井水含碱度高,味道苦,百姓称为“苦水”。只有宫廷用水是从十多公里以外的玉泉山取来的甘甜的泉水。水井在北京早期城市生活中如此重要,甚至在元代就以水井为中心,形成最小的社区。有学者推论“胡同”一词可能就起源于元代蒙古语对水井的称呼。

与北京相比,天津地势低,地下水盐碱度更高,所以早期天津城里的井水苦咸,几乎无法饮用。[①] 清代初年,天津曾记载有5口水井,其中2口注明在城外,3口在城内,都注明已经是废井。还有三处水窖,也注明“今废”。[②] 成书于乾隆年间的《天津县志》举列了城内外有记载

① 早在16世纪,外地来的官员就发现天津“沿海柴草不生,水苦咸,饮食不便”。[《明神宗实录》万历二十年七月壬戌。转引自卞僧慧:《天津史地知识》(一),第192页。]

② (清)薛柱斗:(康熙)《天津卫志》卷1,建置,1675年刻本。

的水井共 10 口,但多数已废或已经淤塞。[①] 19 世纪中叶的记载说,天津城内有旧井 25 口。[②] 如今已经很难说清楚,水井数量的增多是新挖掘的还是以前没被发现。[③] 这些水井有大户人家私家挖掘的,有在衙门或寺庙内的,也有提供公用的所谓"义井"。但是,到了清代,这些水井大都不再饮用了。生活在乾隆年间的蒋诗便有诗描述了当时天津人的饮水方式:[④]

城里源泉到处枯,
两山双眼[⑤]亦荒芜。
家家多饮北门水,
忙煞城里担水夫。

早期天津城里的居民很有可能从城内的水坑中取水饮用。水坑通过护城河与海河相通,可以靠每天涨落潮的冲刷减少污染。但是,随着城内人口的大量增加,水坑成了污水坑和垃圾坑,到了清代时已经无法饮用,只能出城到海河边或运河边取水运至城内。城北门外和东门外河边分别有"水口",就是当时城里人取水的地方。当时,出现了以卖水为业者,即早期的水商和水夫。他们主要用独轮或双轮车,上面安装木制水箱,以人力或牲畜拉车,前往城外河边取水,拉进城后,再用水梢挑送居民家中。在清代修建的天后宫大殿上,供奉着水夫的神像,当地人称"挑水哥哥",据说是为了纪念修庙时服役的人,成为神以后附会成挑

① (清)吴廷华:(乾隆)《天津县志》卷 5,山川志,1739 年刻本。
② (道光)《津门保甲图说》卷 1,1846 年刻本。
③ 至今,天津旧城内还保留有一口明代挖掘的水井。
④ (清)蒋诗:《沽河杂咏》,《梓里联珠集》,天津古籍出版社 1986 年版,第 91 页。
⑤ 两山、双眼是天津城内两眼井的名称。

水浇灭天花[①]的神仙。无论如何，将水夫尊崇为神，可以想见供水在当时城市生活中占有非常重要的地位。由于离河远，加上四季气候变化，有的水商便建立储水的水房，还烧开水卖，这就是早期的水铺。为了方便，水商还制作竹制的水牌，上面刻有水铺的字号或水商的姓名、标记等，预售给用户，用户需要时便可用牌换水。

尽管天津的水资源非常丰富，出城两面都有河流通过。但是，城市人口的增加、技术条件的落后，使得水的供应也成为很麻烦的事情。运水的水车都是木轮，道路又坑洼不平，运水时水车颠簸不已常使水溅洒在道上，因此通往东门和北门的道路整日又湿又滑。冬季道路不好走，砸冰取水难度更大。清人也有诗描写了这种情况：[②]

运水担夫压赤肩，

独轮车子亦争先。

石头路滑城门外，

长似黄梅雨后天。

取水的困难导致水价的提高。“今郡城斥卤，无甜水井可食，小车负汲数里外，罂缶压道，余滴浸街，即久晴亦愁泥滑。水一担不过三斗，非钱五文不可得，计人日食米大约以六七合为率，乃以三斗水之资，去日食之半，其困实甚”。[③] 但是，饮水如食粮，每天不可缺少。如此高的水价对小民百姓的生活而言，无疑是一个不小的负担。所以，尽管天津河流水源丰富，但是一般市民对生活用水还是非常节约，其原因恐怕就在于此。

---

① 当时，天花是对孩童威胁最大的传染病。

② （清）崔旭：《津门百咏》，《梓里联珠集》，天津古籍出版社 1986 年版，第 158 页。

③ （清）沈家本：（光绪）《重修天津府志》卷 20，1899 年刻本。

河水运至家中,一般民户大都用一口能盛两三天用水的陶制水缸贮存用水。他们还有一套去除水中杂质的方法。水装满后,把少许明矾撒入水缸中,用细竹竿搅动,使水中的泥土和其他杂质沉淀到缸底。然后,用一根一端开口另一端有一小气孔的竹管,堵住气孔,将竹管伸到水底。当手指离开气孔时,水缸底下的杂质就会随水一起流入竹管里。再堵住气孔,将竹管取出,水中的不少杂质就会被清除掉。此外,使用过一段时间后,水缸要淘净清洗一次,称"淘缸"。

当然,如此简单的处理只能去除泥沙之类,河水的洁净程度还是非常有限的。而且,城里的人们也许是为了节省燃料,便沿袭乡下人的习惯,喜欢直接饮用没有经过煮沸的"生水"。当19世纪城市人口大量增加,河水污染的程度也随之加重的时候,直接饮用未加任何处理的河水便成为威胁健康、传染疾病的非常危险的事。再者,那个时代的天津人还不大懂得日常卫生和生活环境的维护,直到20世纪20年代,还可以看到有人在河的上游倾倒污水,同时另有人在河的下游挑河水供家中使用。

随着19世纪的开埠,租界的建立和欧洲人的到来,水处理技术的传入,天津也开始建立自来水供水系统。但是,由于租界的存在,自来水在天津的发展却形成了相互隔绝的两套系统。

从19世纪80年代,英租界就开始讨论生活用水的供给问题。引发这一讨论的原因是直接饮用河水对健康的威胁。每到夏秋之际,天津经常流行霍乱。当时居住在租界的许多外国人都认为,对天津城市居民威胁最大的传染病——霍乱——主要是由饮水中的细菌引起的。在工部局的纳税人会议上和租界的报纸上,对如何为居民提供洁净的生活用水展开了激烈的争论。当1895年大规模的霍乱一度流行天津后,首先在英租界提出建立自来水厂。自来水厂于1897年由英商仁记洋行创建,隆茂、新泰兴等英国洋行参与投资。公司定名为“天津自来水公司”(Tientsin Water Works Company, Ltd.),开办资金6.5万两,后来又增加到19.8万两。在与租界工部局签订的协议中,公司承诺供应与上海同样标准的过滤水,水费不能超过每加仑1元钱,工部局则准予该公司特许经营25年并获得免税权。关于自来水供水的水源,有人反对用海河水,认为海河已经成了中国城区居民倾倒污水和垃圾的下水道。他们建议开凿自流井,结果却因深井水中盐和硫的含量过高而放弃,不得不使用海河水作为水源。1898年11月,自来水管道铺设完成;1899年1月,水厂建成供水。最初供水范围包括英法租界老界的部分地区,主要是洋行集中的街区,安装水表的住宅仅有20几户外国人。

20世纪初,自来水厂的日常供水量只有75万加仑。随着租界人口的大量增加,这种供水量显然已无法适应。此外,海河污染的加重也使得自来水水质成了问题。除了每年春夏季河水暴涨,带来大量泥沙,使自来水中不溶解物质含量增加外,工业污染也给自来水水质带来威胁。1920年夏季,位于海河上游的一家洗麻厂的污水流入河中,使自来水变得“混浊而且有气味”。[①] 这些引起租界居民,尤其是外国侨民越来越大的不满。20世纪20年代初,“天津自来水公司”与工部局签订的协议到期,英租界纳税人会议通过表决决定终止与自来水公司的协议。1923年1月,工部局收购了这家企业,成立了工部局水道处,从此租界地区的自来水改为由工部局供应,由商业方式改为公用事业方

① [英]雷穆森:《天津租界史(插图本)》,天津人民出版社2009年版,第297页。

式经营。

此前,英租界工部局曾邀请上海的供水专家和济安自来水公司总工程师考察英租界的供水并提出改善的建议。他们认为,尽管经过英国供水系统专家研究,证明目前英租界水厂的净化装置是有效的,一般情况下可以除掉水中95%的细菌,但是由于水厂依赖的海河水源随时受到老城区和租界地区排放的污水污染,一旦发生传染病流行,海河很可能会受到病菌的污染,目前水厂的设备几乎不可能为家庭提供安全的生活用水。[①] 加上当时正值军阀混战,为了保证供水安全,工部局决定生产自来水的水源必须在租界区内,即逐步放弃海河水源,改用深井水为水源。1922年,自来水厂增加使用氯化物实行净化。[②] 从1925年起,英租界水厂不断开凿深井,至1934年全部改用深井供水,海河水只作为备用水源。与此同时,到1931年,水厂动力全部由蒸汽机和锅炉改为电力和内燃机,水厂设备及工艺流程设计都是当时最先进的。到1941年太平洋战争爆发之前,英租界工部局水道处共有4处自来水厂,8眼深井,自来水管道铺设总长度50.57公里,按英租界面积计算,每平方公里供水干管长度达到14.58公里,是当时天津自来水普及率最高的地区。

老城区的自来水供应肇始于1901年八国联军"都统衙门"统治时期,当时有经营洋货的中国商人芮玉堃、买办马玉清以及来自上海的陈

---

① *Report of British Municipal Council of Tientsin for the Year ending 31st December*, 1917, Tientsin Press, 1918, pp. 160—172; *Report of British Municipal Council of Tientsin for the Year ending 31st December*, 1919, Tientsin Press, 1920, pp. 70—71.

② *Report of the British Municipal Council for the Year ended*, 31*st*, *December*, 1922, Tientsin Press, 1923, p27.

济易联名向都统衙门提出申请，请求准予成立自来水公司，在老城区建设供水系统经营自来水，并指定瑞记洋行为其代理商。申请很快得到都统衙门的批准，同时提出的条件是要以运河水为水源并安装过滤设施，在城区街道上每隔一段距离要安装供水龙头和消防储水池，供水价格要与上海华人居住区相等。[①] 与此同时，三名商人也禀呈直隶总督李鸿章并得到李的批准。有意思的是，三名中国商人的呈文还要由担任都统衙门总文案的美国人田夏礼"代禀"李鸿章，而且还由田夏礼和瑞记洋行经理为这三位中国商人担保。这从李鸿章的批复中可以看得出来：

来禀称芮玉堃、马玉清、陈济易均系殷实可靠，业由该商（指田夏礼）与瑞记洋行作保，自应准其开设中国天津济安自来水有限公司，召集华洋商股开办。[②]

他们集资 28 万两，成立了中外合资的自来水公司，并定名为"天津济安自来水股份有限公司"（Tientsin Native City Water Works Co. Ltd.）。1902 年 8 月袁世凯接收天津后，也很快批准了济安公司的成立。[③] 济安公司水厂建在南运河南岸的芥园，取水水源设在南运河，后来又在子牙河增设水源。1903 年 3 月，芥园水厂建成并向老城区供水。由于水厂水源设在河流上游，尚未流经城区，河水很少受到污染，水质较好，被称作"甜水"，而英租界饮用的深井水由于水质较硬，被称

① 刘海岩等：《八国联军占领实录——天津临时政府会议纪要》（上），天津社会科学院出版社 2004 年版，第 216 页；FO678/1621，Tientsin Water Works－B. M. C. (Concession)，Tientsin，1902.

② 《照抄天津济安自来水有限公司商人芮玉堃、马玉清、陈济易禀》，FO678/1623，Tientsin Native City Water Works。

③ （中文文件无标题），FO678/1623，Tientsin Native City Water Works。

作“咸水”。所以,济安公司供应的自来水越来越受到欢迎。到 1904 年,公司仅成立一年,公司月售水量就达到 380 万加仑,平均日供水量达到 12 万加仑。[①]

20 世纪初的天津,八国租界分立,加上中国政府管辖的老城区,形成了 9 个各自为政的城区,空间的政治分割对需要管道输送系统的自来水供给形成了障碍。但是,生活的需求超越了政治,自来水的管道穿越政治界线,把自来水送到城市的不同街区。

济安公司成立之初,便谋求如何把供水系统从老城区扩展到租界地区。1903 年公司刚刚开始供水,便与位于海河东岸的俄、奥、意三国租界当局签订了铺设供水管道和供水的协议,取得了穿越租界铺设供水管道和在租界售水的特许权,期限为 15 年。公司保证以优惠价格为租界居民提供优质用水,还要为租界的消防、绿化等低价供水。[②] 1915 年,济安公司又与日租界居留民团签订协议,由公司统一供水给该界居留民团,再由居留民团转售给租界住户,期限为 10 年。[③]

1922 年,随着英租界自来水公司被工部局接管,该租界的水供给由商业经营改为公用事业方式,原来由英租界自来水公司供水的法租界改而由济安公司供水。原本也由英租界水厂供水的特一区(原德租界),1934 年由中国政府成立水厂供水,但是不久便因经营不善无法维持而于 1937 年由济安公司接管。至此,济安公司的供水区域已经包括

---

① 李绍泌、倪晋均:《天津自来水事业简史》,《天津文史资料选辑》第 21 辑,第 38 页。

② FO678/1623, Letter to British Consul General at Tientsin by P. Holmberg, Engineer in Chief & Secretary, Tientsin Native Water Works Co., Ltd.

③ FO678/1624, The Contract between the Japanese Municipal Council and the Tientsin Native City Water Works Co. Ltd., 4th December, 1915.

六国租界和老城区，成为最大的城市供水系统。

当时的外商企业享有许多特权，从而使济安公司的利润非常丰厚，公司的股票很受人们的欢迎，公司的营业发展很快。1929 年，济安公司每天产水数量，夏季为 400 万加仑，冬季为 300 万加仑，供水处约达 4800 处，生产用水 60%供应民用。[①] 20 世纪 30 年代，自来水的需求量大增，济安公司每天增产约 20 万加仑，仍然供不应求。他们将总输水管从 5 英寸口径换为 12 英寸口径，以增加输水量。[②] 1936 年，济安铺设的自来水管道总长度达到 144 公里，日供水量也增加到 600 万加仑。

最初以中国商人名义申请成立的济安公司，结果却变成了中外合资并主要由外商经营的股份公司。在 1901 年递交直隶总督请求准予成立的呈文中，已表明公司"分招洋股合办"，李鸿章在批示中也同意公司由"华洋资本"构成。济安公司成立后，由瑞记洋行在香港注册为股份有限公司，注册资本 15 万两。随着外商的投资，济安公司实际上形成以西方人投资为主并由欧美人经营管理，公司名称冠以"英商"二字。第一任董事长是美国人田夏礼，总经理是瑞记洋行经理巴贝，后为英国人哈拨，总工程师为丹麦人贺乐伯。

在当时的历史条件下，依仗外资特权，是能够穿越政治分界线，建成城市供水系统的一个重要因素。然而，随着中国民族主义的兴起，济安公司这种模糊的产权形式和英商的专权遭到质疑和反对，公司中的中国工程师及其他国籍的技术人员联合起来反对英国人。[③] 1936 年，

---

① 《津市自来水饮料问题》，《益世报》1929 年 9 月 21 日。

② 《津市人口增加饮料求过于供》，《益世报》1933 年 5 月 2 日。

③ [美]爱丽诺·麦考利·库珀、刘维汉：《格蕾丝：一个美国女人在中国，1934—1974 年》，三联书店 2006 年版，第 59～60 页。

国民政府要求济安公司重新在中国政府注册,定名为“中国天津济安自来水股份有限公司”。按照国民政府的要求,公司华人股份必须占51%以上,董事长和总经理必须由华人担任。公司享有专营权,但每年要无偿提供马路清洁用水16兆加仑,并接受市政府的监督。水价需经过市政府的核准,不得擅自提高。水质要“经化学及微菌试验后证明能作饮料无碍卫生为合格”,①并需由政府部门审定。1937年1月,公司特别股东大会通过表决,决定按照中国政府的要求,重新登记并对公司实行改组。

自来水系统的建立,对天津城市的发展和生活方式的演变,影响是巨大的。首先在租界,自来水的出现对租界的影响是直接而迅速的。居住租界的西方人对河道污染以及直接饮用河水导致传染病流行的担忧,是促成自来水出现的主要因素,因此英租界自来水厂一开始供水便受到居民的欢迎,人们很快就将自来水管道引入自家的住宅。到20世纪初,“多数英租界的居民都用上了从屋内水龙头里流出的水”②。住宅中也出现了水冲式厕所,开始使用抽水马桶。③

供水系统的建立推动了卫生基础设施的建设,生活用水的大量增加最直接的影响就是排污系统的改变。20世纪初期,英租界街道还多使用明沟排水,粪便由粪夫拉车入户收集。民国以后,随着新式公共下水道系统的铺设完成,工部局提出各类建筑要设置统一规格的化粪池,

---

① 李绍泌、倪晋均:《天津自来水事业简史》,《天津文史资料选辑》第21辑,第41页。

② [美]罗芙芸:《卫生的现代性:中国通商口岸卫生与疾病的含义》,江苏人民出版社2007年版,第226页。

③ *Land Regulations of the British Municipal Extension*, Tientsin, 1899.

与公共下水道连接。[①] 在英租界 1918 年制定的章程中，规定每座建筑都要有水冲式厕所、排污设备和其他卫生设施。[②] 1921 年，英租界实行住宅强制设置化粪池，所有建筑内的排污管道都要与公共下水道连接，使建筑从供水到排污形成完整的系统。该年底，英租界停止使用粪车，住宅"都安装了最新式、最卫生的卫生间设备。令人作呕的粪车时代即将结束，天津又向一个现代城市的发展迈进了一步"。[③] 新卫生设备的大量使用，使得自来水用户迅速增加，1922 到 1923 年不到一年的时间，便由 547 户增加到 717 户。30 年代建造的高级住宅更出现了一所住宅多处卫生间，还建有专门供用人使用的厕所。1914 年，英租界专门收治传染性病人的隔离医院已经有了冷热水、浴室、水冲式厕所以及化粪池排污系统。[④]

用水量的大量增加以及租界人口的加快增长，又导致水供给出现危机。尤其到了夏季，工部局常会发布节水通告，要求住户避免各种用水的浪费，并在非高峰用水时间储存用水；尽量减少花园的用水量，停止一切喷泉用水及其他非必须用水；仔细检查并修复住宅中漏水的地方，特别是抽水马桶等。[⑤]

1903 年法租界由英租界水厂供水后，制定的建筑法规划定"专为

---

① *Report of the British Municipal Council for the Year ending* 31*st*, *December*, 1914, Tientsin Press, 1915, p38.

② 《驻津英国工部局一九一八年章程暨修正条文》,《天津英国工部局 1929 年董事会报告》(中英文本)，天津印字馆 1930 年版。

③ ［英］雷穆森：《天津租界史(插图本)》，天津人民出版社 2009 年版，第 292 页。

④ *Report of the British Municipal Council for the Year ended*, 31*st*, *December*, 1914, Tientsin Press, 1915, p37.

⑤ *Report of the British Municipal Council for the Year ended*, 31*st*, *December*, 1922, Tientsin Press, 1923, p28.

西人居住之所"的街区,建筑要"一律按照西式屋样建造",对住宅的厨房和厕所都做出相应的规定。[①] 西式住宅建筑空间分工明确,安装卫生设备需要上水供应和排水设施,因此这些法规的制订与供水系统的建立是分不开的。

20世纪20年代制订的法租界市政法规则规定,每一住宅必须建有独立的厕所,分租住宅每三间平房须有一处厕所。凡公共场所,如戏院、澡堂、旅馆、商场等,都必须建有可供20人同时使用的公共厕所。厕所内必须安装供冲水使用的自来水箱,厕所排污管道必须与公共下水道相通。[②]

意大利租界是由济安自来水公司供水,到民国初年不仅建成供水系统,其他主要基础设施建设也相继完成,这对该租界现代住宅建设起了很大的影响。1924年意租界颁行的建筑章程,严格限定大部分街区只能建西式建筑,对建筑中的卫生设施也做了具体的规定。例如,每幢建筑必须有上水供给和下水道,禁止自行打井取水;住宅卫生间的抽水马桶、浴盆等,必须通过化粪池与租界的下水道相连,甚至还对连接卫生设施的水管的材质、规格都做了规定。[③]

有效的供排水系统,完善的基础设施,为租界的建设奠定了基础。20世纪20、30年代兴起的高级住宅建设热潮,正是在这种环境中出现的。这些住宅无论是别墅式还是高级公寓住宅,不仅在结构和外形设计上各具特色,内部卫生设施的设计更加适应现代生活方式。

但是,生活方式和生活水平以及文化方面的差异,使并非所有租界

---

① 《天津法租界新定房屋界限工程条款》,《大公报》1903年7月31日。

② 《天津法租界章程》(未刊稿),"第23章卫生工程,第195条"。

③ 《天津意国租界章程》(未刊稿),1924年。

居民都能接受或享受这种生活。在日租界,虽然20年代已经有了自来水供给,主要街道也埋设了总长度达10公里的下水道管网,大多数住宅却没有安装抽水马桶。购置和安装卫生器具的高额费用以及用水量大导致水费高,或许是很多家庭没有安装的主要原因,但是也有生活方式方面的因素。到1928年,日租界4000户家庭中,只有800户安装了抽水马桶。即使这800户中,也还有100户没有改变使用尿壶的习惯。因此,已经建立了供水和排水系统的日租界,仍然需要淘粪夫的服务。①

在其他租界,也有居民没有享受自来水带来的便利。20世纪20年代的英租界,有华人居民没有能力在住宅中安装自来水设备,仍然向流动水贩购买直接取之于海河的廉价的河水。② 即使住在现代生活设施完善的小洋楼里的华人上层,也未必接受当时被视作"西化"的生活方式。民国时期住在意租界小洋楼内的天津名流华世奎,不仅从不刷牙,而且一辈子只是擦身,从不洗澡。因为他认为,洗澡会伤身体的津液元气。③

在老城区,这种工业化的供水方式是以另外一种方式被社会所认同和接受的。20世纪初期老城区出现的自来水,与电车、电灯、电报、电话一起被视为进步的标志和近代化的象征。矗立在老城西北角、高达110英尺的自来水塔,成为堪与城中鼓楼比高的标志性建筑。当时

---

① [美]罗芙芸:《卫生与城市现代性:1900—1928年的天津》,《城市史研究》第15—16辑,第169页。

② *Report of the British Municipal Council for the Year ended, 31st, December, 1920*, Tientsin Press, 1921, p. 137.

③ 华泽咸:《天津华世奎其人其事》,《天津文史资料选辑》第60辑,第66页。

被视为先进设备的蒸汽压路机和洒水车,跑在老城区的街道上。这些都作为20世纪初期天津城市的特色出现在清末出版的英文天津旅游指南上。[①]

然而,对于自来水,老城区的百姓开始并不表示欢迎。1903年3月30日济安公司芥园水厂建成供水,举行了通水典礼,津海关道代表直隶总督前往祝贺,并举行了救火水枪喷水表演。但是,祖辈"喝河水长大"的百姓对来自铁管子中的水心存疑虑,称其为"机器水",传言喝了会断子绝孙。济安公司采取免费品尝的推销方式。31日,公司在"郡城四门口马路及东北、西北两城隅马路六处龙头送水三日,于初六日(4月3日)卖票售水。"[②]天津道府县诸官员与济安公司经理一起到"井口"视察。"井口"高搭彩棚,用自来水泡茶,官员们当场品尝,还"粘贴水价并有县示一纸"。新技术带来的洁净、方便的生活用水毕竟吸引力大,不久便打消了人们担心"断子绝孙"的疑虑,每天到"井口"买水的人逐渐多了起来,尤其是"距河稍远之龙头卖水为更多"。[③]

自来水管道供水的最方便之处是可以直接向用户供水,然而老城区最终并没有像租界那样建起直接连接住宅的管道网络,而是形成了适应自身社会特征的公共供水系统。20世纪初期,天津战后重建,又值"北洋新政",老城区街道相继按照近代技术加以改造或重新铺筑,自来水管道的铺设并不十分困难。但是,或许是老城区住宅多为四合院或三合院,这种传统住宅内部空间的生活功能分工不明确,很难容纳工

① Burton St. John, *Guide to Tientsin and Neighbourhood*, the China Times, Ltd., 1908, p12.

② 《验看机水》,《大公报》1903年4月1日。

③ (清)储仁逊:《闻见录》卷9下,稿本,第68页。

业技术带来的新生活设施，或许是生活方式和文化上的差异，总之即便是大户人家也几乎没有把自来水管铺设进四合院的。[①]

济安公司按照与清政府订立的合同中的规定，在城区街道每隔一定距离在路边安设水龙头，用于零售供水，被称作“井口”，由公司专门雇人售水。用水者先到公司水票房购买“水票”，再到“井口”持票购水。在清末，1 银圆可买 140 担水，1 担水相当于 7 加仑，也就是大约 10 加仑 1 文钱。

民国以后，城市人口的增长和自来水用户的大量增加，济安公司统一管理水龙头并直接卖水给用户的方法显然已经无法适应。随着计量技术的改进，济安公司改行承包制，将“井口”承包给水商，即所谓“包井口”。承包人可以在“井口”所在的地方开设水铺，自行售水给居民。有的水铺除了生水外，还出售熟水，并雇用水夫将水送到居民家中。济安公司按时派查表员到各家水铺查水表，与铺主结算。于是，本来因为自来水的出现已经衰落的水铺业，又因此而得以复兴，成为自来水的零售商。他们的经营方式并没有因为自来水而发生太大的改变，管道供水系统非但没有淘汰传统的水夫和水铺，他们反而与依靠工业技术生产自来水的公司相互联合，构成新的城市供水系统。近代技术与生产方式，与传统的商业体制结合在了一起。

由于水铺适应了老城区居民的生活方式，因此增长很快。到 1929 年，水铺总数为 558 家，售水总量占老城区自来水消费总量的 78%。[②]

---

① 林希：《老天津：津门旧事》，江苏美术出版社 1998 年版，第 207 页。

② 总工程师汉森给董事会的报告，1931 年 1 月 27 日，济安档案第 36 卷。转引自[美]罗芙芸《卫生与城市现代性：1900—1928 年的天津》，《城市史研究》第 15—16 辑，第 174 页。

1947 年,水铺总数达到 634 家,其中 81%分布在海河两岸人口密集区。[①] 40 年代是水铺的鼎盛时期,老城区 80%居民生活用水取给于水铺。[②]

水铺经营者多为昔日的水夫,依靠卖苦力的积蓄投资经营。规模大的水铺有字号,铺面宽敞,备有送水的水车,雇有送水的伙计,服务街区范围较大。规模小者散布于胡同里巷之中,"只在窗下伸出一个水龙头来,也有的什么也没有,全凭年头多附近(居民)都知道它"[③]。水铺内一般砌有灶台,三口大锅,随时供应熟水,并备有几副水筲每日送生水到住户。住户的储水方式和传统时期一样使用水缸,需要熟水随时到水铺购买。与上海的老虎灶不同,[④]天津的水铺没有出现同时经营小茶座和简易澡堂的,而是更像一个出售生活用品的小店铺。

管道供水的空间垄断性,还导致水铺划分"地盘"经营,出现了垄断某一地区的"水霸"。当时,有所谓"四霸天",即垄断河东、大直沽一带的东霸天李余三,垄断南市一带的南霸天王朝荣,垄断西门外、西头一带的西霸天穆贤怀以及垄断河北一带的北霸天牛汝厚,其中尤以东、西两霸天势力最大。他们甚至在所控制的地盘擅自铺设自来水管道,安装水表,向用户收费,俨然一个小自来水公司。在他们控制的地盘内,没有他们的许可,任何人都不能开设水铺。对水霸这种黑社会式的独霸特权,政府当局的态度是放任,济安公司为了其商业利益,也采取默

① 《是谁垄断本市的水业》,《天津市周刊》第 2 卷第 8 期,1947 年,第 7 页。

② 李绍泌、倪晋均:《天津自来水事业简史》,《天津文史资料选辑》第 21 辑,第 47 页。

③ 《是谁垄断本市的水业》,《天津市周刊》第 2 卷第 8 期,1947 年,第 7 页。

④ 关于上海的老虎灶,参见卢汉超《霓虹灯外——20 世纪初日常生活中的上海》,上海古籍出版社 2004 年版,第 238～242 页。

许的态度甚至帮助水霸维护其势力范围，规定在已有水铺500英尺以内不得安设水管开设新水铺，还限制住户自家安设自来水龙头。[①] 济安公司还帮助水霸排挤竞争者，维护垄断。东霸天李余三排挤敢于冒犯其地盘的水铺，济安公司就从旁“施加限制性影响”，迫使竞争者卖掉了自己的水铺。[②]

水铺成为供水中间商，使得济安公司和城市政府难以控制水质和水价。一些水铺或水夫把自来水掺上河水或井水卖给用户[③]，有的水铺擅自提高水价[④]，有的水夫则在送水桶上做文章，想方设法缩小桶的容量。济安公司除了专门派人“稽查”，还直接在报纸上公布水的价格，并教给用户如何抵制水夫的控制。[⑤] 市政府只能投入不少人力，挨个检验水夫使用的水桶，合格者打上火漆印，以防止弄虚作假者。[⑥]

在这方面，政府显得如此无能为力，即便是资本雄厚的近代公司也只能接受这些中间商，因为这种供水方式已经与老城区百姓生活紧密结合，无法解脱。老城区的水铺既供应生水也供应开水（熟水），津城中人无论大门小户，日常用水都要靠水铺的水夫送水。各家各户清晨起床并不马上生起炉火，而是先到水铺买开水洗漱、沏茶等，所以有评论

① 《是谁垄断本市的水业》，《天津市周刊》第2卷第8期，1947年，第8页。

② ［美］罗芙芸：《卫生与城市现代性：1900—1928年的天津》，《城市史研究》第15—16辑，第174页，注③。

③ 《济安公司总工程师致法租界工部局秘书函》（1926年4月7日），济安档案第28卷，天津市档案馆藏。转引自［美］罗芙芸：《卫生与城市现代性：1900—1928年的天津》，《城市史研究》第15—16辑，第175页。

④ 《西头售水处私增水价》，《益世报》1924年1月30日。

⑤ 《自来水公司规定水价》，《益世报》1923年4月15日。

⑥ 《验桶散记》，《天津市周刊》第4卷第6期，1947年，第7页。

说,天津人一天也离不开水铺。[①]

自来水的出现,除了改变人们的饮水方式,还大大改善了人们的身体健康,促进了城市卫生观念的形成。在近代卫生观念传入以前,天津人很少会把生活用水与疾病联系在一起。按照当时的习惯,为住户送水的水夫一般也同时为住户倾倒污水,水夫在河边挑取生活用水,也将生活污水倒入河中。这种生活方式世代相袭,习以为常。这些生活行为完全被视为个人的,政府不会有任何干预,也不会有人认为个人行为破坏公共环境会影响到公众的健康,会对生活产生什么影响。

然而,在 19 世纪的西方,人们对清洁、卫生与健康的观念,已经发生了根本的改变。随着巴斯德微生物理论的提出,细菌成了"看不见的怪物",无处不在,危及人们的生命安全。卫生也不再仅仅是与个人身体健康有关,而是成为与医疗、公共健康、公共环境、公共意识、政府管理等等密切相关的公共事务。[②] 在 19 世纪的伦敦、巴黎和纽约,卫生改革被认为是城市面临的最大问题,而"净水的充足供给"又是卫生改革的重心。[③] 随着西方人的到来,这种观念也传入天津。天津人不注重公共健康、忽视公共卫生、缺乏维护公共环境、预防流行病的公共意识等,开始受到批评和警告。20 世纪初来天津研究 1902 年霍乱流行原因的日本医生铃木,在经过细菌学研究之后认为,引起霍乱流行的主

① 林希:《老天津:津门旧事》,江苏美术出版社 1998 年版,第 206 页。

② [法]乔治·维伽雷罗:《洗浴的历史》,广西师范大学出版社 2005 年版,第 237,196~197 页。

③ 程恺礼:《19 世纪上海城市基础设施的发展》,《上海研究论丛》第 9 辑,第 356 页。

要原因是海河的水，对天津人健康的最大威胁是天津人自己。[①]

从20世纪初，公共卫生和防疫开始成为老城区政府管理的事务。“都统衙门”统治天津时期，制定了一系列涉及公共卫生和公众健康方面的制度和法规，并开始设置卫生管理机构和卫生巡捕，管理公共卫生，对违反卫生法规的行为施行处罚。

1902年春夏之交，天津流行霍乱。“都统衙门”在市内建立了多处医疗站，并制定了一系列强制性法令。由于直接饮用的河水是霍乱病菌传播的主要媒介，都统衙门专门发布章程，告诫居民“凡饮水、饮茶须用开水”，“身躯并手指切宜洁净，不可肮脏”。[②] 同时还警告水铺，制造汽水(当时称荷兰水)、苏打水(当时称酸打水)不得只是“将水漏过(过滤)”，而要“必须烧开二十分钟后，再行装入瓶内”。违反者不仅要将水铺关闭，铺主还要被罚500银圆，服苦工6个月。[③] 这种处罚在当时是非常严厉的。

清政府官员也开始接受水供给对城市的卫生、防疫至关重要等观念。1902年，袁世凯同意济安自来水公司设立的理由首先是“自来水为卫生、救灾要政”，“本年时疫流行，半由水质不洁所致；转瞬秋高风燥，尤须防患未然”。[④] 在随后成立的“天津卫生总局”制定的章程中，

---

① 铃木：《我在1902年华北霍乱流行期间对传染病的考察与研究报告》(海军与热带卫生档案，1904年，莱比锡)。转引自[美]罗芙芸：《卫生与城市现代性：1900—1928年的天津》，《城市史研究》第15—16辑，第154页。

② 刘海岩等：《八国联军占领实录——天津临时政府会议纪要》(下)，天津社会科学院出版社2004年版，第835页。

③ 刘海岩等：《八国联军占领实录——天津临时政府会议纪要》(下)，天津社会科学院出版社2004年版，第836页。

④ (中文文件无标题)，FO678/1623，Tientsin Native City Water Works。

更具体地教导市民,如何使用生活用水才是安全的:

凉水中瘟虫甚多,先用白矾将水澄清,过一昼夜再煮至二十四分钟,白泡滚滚,方可取饮。总以煮饮自来水为最妙。凡百病症,由凉水而至者居多,不可不格外加甚。……所用碗盏,于饭后用开水洗净,不得用凉水。[①]

民国以后,公共健康与卫生防疫更成为政府的一项重要职责。每到春夏时疫流行时期,卫生管理机构就要发布与卫生防疫有关的禁令或相关事项,其中与“水”有关者最多。1920 年 3 月,正值春季防疫时期,北洋防疫处号召市民最好用 20 倍石炭酸消毒水洗涤器具及其他不洁物。[②] 夏季霍乱流行季节,北洋防疫处又提醒市民,喝水必须煮沸再饮用,汽水、荷兰水等清凉饮料必须用沸水制作,凡“冰水、红果酪、杏干水掺杂整冰”等冷食,一律禁止出售。[③] 他们还用通俗的语言在报纸刊文,宣传如何预防霍乱:

河流的凉水万不可饮,凉水内微生物甚多,饮了最容易得病。凡卖水的,应先用矾将水清过,再煮至滚开方可售卖。仍以煮自来水为最好。冰水万不可饮。[④]

引文中提到的“微生物”,与 20 世纪初期所称的“瘟虫”都是对病菌的称呼。从称谓的变化可以说明,从清末到民初,新的科学、卫生理论和知识在不断传入并被政府和社会所接受。然而,对于普通市民而言,

---

① 《天津卫生总局现行章程》,《北洋公牍类纂》卷 25,卫生(医术禁烟附),光绪丁未九月初版,第 2 页。

② 《北洋防疫处注重防疫》,《益世报》1920 年 3 月 27 日。

③ 《防疫处夏令卫生办法》,《益世报》1921 年 6 月 13 日。

④ 《防疫处注意卫生之布告》,《益世报》1922 年 7 月 21 日。

传统生活习惯的改变是很困难的。直到20年代，老城区居民仍然"习惯秽水均倾倒于河中"，政府卫生管理机构常常要在报纸上提醒市民"倾倒秽水不得在河沿挑水口相近之处，并不准在挑水口洗筲"。[①] 送水的水夫同时为住户倾倒污水，这种行业分工一直沿袭至1928年才由警察厅强行制定新的分工，水夫专门负责送自来水并改用水车，另外有清洁夫专管倾倒污水。

1928年国民政府成立后，天津地方政府对自来水供给的管理与干预强化了。新的政府卫生局刚刚成立便制订了一项计划，每隔十天要对自来水做一次化验，而且要从不同城区轮流取水，化验结果要在报纸上公布。当时制定的饮水化验标准是"每水一西西(毫升)所含细菌数目不得过一百，所含大肠杆菌数目不得过一个，如超过此数，即表明饮水与病菌接触，不宜饮用，并应实行消毒。"[②]由于政府的干预，济安公司也开始执行这一规定，每十天做一次细菌化验，每月做一次化学化验，主持这些化验的均为法国医生。

卫生局还对与"水"有关的行业订立了一系列卫生规章。1929年制订的戏园、茶馆和澡堂卫生规章，虽然没有要求必须使用自来水，但强调"要用沙滤水"，饮水"要煮沸"。[③] "饮食品制造厂所卫生管理规则"则规定，制作清凉饮食用水或牛乳"均需煮沸，或经其他适当之消毒"。[④] 1930年，卫生局制定的"管理饭店规则"要求饭店必须一律用自来水允作饮料，如果不得已需用河水井水，则要使用沙滤缸"将水之中

---

① 《防疫处夏令卫生办法》，《益世报》1921年6月13日。

② 《卫生局化验饮料，河东化验之结果》，《益世报》1928年12月25日。

③ 《戏园澡塘卫生十二要》，《益世报》1929年6月30日。

④ 《饮食界饮食制造管理规则》，《益世报》1929年8月30日。

卵杂物滤净”。“洗涤瓜果蔬菜及供客人漱口”使用的水,都必须经过煮沸。餐具要用“开水”洗净,手巾用过之后要煮沸消毒。[①]

目前还没有资料能证明,政府的这些规章在多大程度上得到遵守。从一些记载可以看到,政府的防疫措施在执行中,由于民众的不理解甚至抗拒,常常会打折扣,以至敷衍了事。[②] 但是,同时也可以看到卫生健康的生活方式在逐渐被社会不同阶层所接受。20 世纪 20 年代,每当自来水发生异常,很快就会引起社会的关注。1923 年 6 月,报纸上报道“近因河水不洁,患病者甚多”,济安公司马上声明是因为上游截流导致运河水浑浊,无法饮用,已经改用西河水。同时,公司还欢迎市民到水厂参观,以“免去误会”。[③] 1928 年 6 月,自来水又出现“泥沙较多”,济安公司解释其原因:“近届麦黄时期,运河上游水质突变,色呈红黄,即俗呼为麦黄水者。且夹带土沙极多,故自来水略受影响”。同时表示,公司已准备加设滤清池设法滤清,“最迟三数日后即可恢复原状”。[④] 这不仅可以说明人们越来越关心生活用水的质量,同时也可以看到市民公共意识的增强和通过媒体对社会生活的干预。

在英租界,由于城市环境和生活方式的差异,日常公共卫生的关注点与管理的重点与老城区多有不同。20 世纪以后,大部分居民住宅已经安装了自来水,饮水安全得到了保障。公众关心的有关公共卫生的重点,除了传染病疫情外,就是与租界居民生活最为密切的如每天生活必需的饮料——牛奶,以及洗衣房等问题。每年发表的工部局年度报

① 《市卫生局七项条例(续)》,《益世报》1930 年 4 月 26 日。
② 参见孙璧如《负笈求学记》,《天津文史资料选辑》第 61 辑,第 122～123 页。
③ 《自来水改在西河吸取》,《益世报》1923 年 6 月 23 日。
④ 《自来水质料恶劣》,《益世报》1928 年 6 月 11 日。

告中,卫生官的报告都把这几个问题作为专项报告的内容。1912 年,工部局还专门增设了卫生巡捕,他们的主要职责之一就是监督这些关乎公共卫生安全的行业。

英租界的牛奶供应来自租界内外的多个养牛场,并通过流动奶贩送到住户家中。自从有了自来水供给,工部局卫生处就要求牛奶房洗刷器具和瓶子必须使用自来水。① 卫生处经常通过随意抽样或突然检查的方法,监督牛奶的质量,严防掺水牛奶。

租界居民尤其是外国居民,日常服装洗涤主要送洗衣房。英租界的洗衣房均由华人经营,直到民国初年,洗衣房洗衣仍然直接使用河水。工部局一直担心直接使用河水洗衣是对公共卫生安全的威胁。② 在卫生官的提议下,1915 年由工部局投资建造了 20 所洗衣房。按照卫生官的要求,新建造的洗衣房均铺设水泥地面,安装自来水和下水道。建好的洗衣房全部出租给华人洗衣匠,要求只能使用自来水并接受卫生处的监督,违反者将立即解除租约。③

1919 年夏秋之际,中国东部沿海地区暴发霍乱。英租界采取了一系列的应对措施,除了实施分片监督、疫情报告和严格的隔离制度外,工部局还在报纸上发表公告,要求居民禁止食用和饮用一切未经烹煮

① *Report of the British Municipal Extension Council for the Year ended*, 31*st*, *December*, 1906, Tientsin Press, 1907, p35.

② *Report of the British Municipal Council for the Year ended*, 31*st*, *December*, 1914, Tientsin Press, 1915, p63.

③ *Report of British Municipal Council of Tientsin for the Year ended* 31*st December*, 1915, Tientsin Press, 1916, p3.

消毒的食物、饮料、水果乃至沙拉等。①

良好的公共卫生环境和严格的市政管理,使得租界的公共健康状况明显好于老城区。英租界工部局每年公布的卫生报告统计中,与水环境有关的传染病,如腹泻、痢疾、霍乱等,不论患病率还是死亡人数,一直保持最低。

城市供水系统除了为居民提供生活用水外,还要为城市提供公共用水,主要是用于冲刷道路、消防、公园以及街道绿化等。

1903 年俄租界当局与济安自来水公司签订的供水协议中规定,济安公司要保证租界的消防用水,还要根据租界的需要,为喷洒道路、浇灌树木提供用水,并要为租界的主要公园安装水龙头。为俄租界提供的公共用水在价格上优惠,年用量如在 1 万加仑以内,按每 1000 加仑 0.5 墨元支付,超过此限则提高到 0.7 墨元。②

在济安公司与老城区政府订立的供水协议中,也有提供公共用水的规定,而且一定用量内是免费的。在 1920 年天津警察厅与济安公司签订的协议中,警察厅同意济安公司在西河(子牙河)增加抽水口,还负责为公司联系购置地皮,颁发地契,准许公司在新抽水口与水厂之间铺设管道。作为交换条件,济安公司每年为警察厅免费提供 8 兆加仑自来水用于喷洒街道,如超过 8 兆加仑“每千加仑按大洋 1 毛 5 分收价”。同时,济安公司还要为老城区街道增装 15 个进口水龙头以供街道清洁

① *Report of British Municipal Council of Tientsin for the Year ending 31st December*, 1919, Tientsin Press, 1920, p. 181.

② FO678/1623, Tientsin Native City Water Works, Letter to British Consul General at Tientsin by P. Holmberg, Engineer in Chief & Secretary, Tientsin Native Water Works Co., Ltd., November 15, 1915.

用水和消防使用。①

早在清末，老城区的街头上就出现了洒水车，并成为城市进步的一个标志。② 最初的洒水车是用畜力拉拽，民国初期出现了专用洒水汽车。到1929年，市政府已经拥有道路洒水专用汽车2辆、骡车10辆，每天根据天气情况洒水“三四次或四五次不等”。③

英租界日常公共环境卫生的用水量大大高于老城区。英租界的自来水公司除了提供过滤水外，还为公共需要供给未过滤水。1906年，仅英租界老界工部局工程处的水车一年里就运水9676趟，为道路洒水多达215万加仑。④ 扩展界同年运水10133趟，道路洒水211万加仑。1910年，这一组数字分别为7901趟，175万加仑和10050趟，323万加仑。20世纪初，英租界工部局公共用水的支出，每年都在1000两以上。⑤

1922年，工部局添置了一辆“菲亚特牌”洒水汽车，因为机动洒水车载水量大，速度快，不仅能够做10辆畜力洒水车的工作，而且喷洒道路的效率更高，对交通的妨碍更小。⑥

自来水的出现改变了人们的生活，也改变了城市的发展趋向。在

---

① 《(天津警察厅与济安自来水公司签订)合同》，1920年2月7日，FO678/1625，Tientsin Public Works—Tientsin Native City Water Works。

② Burton St. John, *Guide to Tientsin and Neighbourhood*, the China Times, Ltd., 1908, p8.

③ 《工务局工作概况报告》，《益世报》1929年6月27日。

④ *Report of the British Municipal Council for the Year ended*, 31*st*, *December*, 1906, Tientsin Press, 1907, p19.

⑤ *Report of the British Municipal Council for the Year ended*, 31*st*, *December*, 1910, Tientsin Press, 1911, p85.

⑥ *Report of the British Municipal Council for the Year ended*, 31*st*, *December*, 1922, Tientsin Press, 1923, p22.

没有自来水的时代,由于只能直接饮用河水,人们必须靠近河流居住,即便取水靠水夫用水车拉或牲畜驮,距离取水的河流也不能太远。自来水出现后,水质洁净,水价下降,用水便利。济安自来水公司成立之初,距离河流越远的地区,购用自来水的人越多,这表明人们开始逐步摆脱生活对河流的直接依赖,人们的居住地可以不再必须靠近河流,这促使城市空间的扩展,城市的规划也逐渐发生根本性的变化。1900年以后,租界逐步向远离河流的地区拓展,华界河北新区的选址和规划不再顺沿河流,而是形成垂直于河流的结构,都是这种变化的体现。

3. 娱乐方式的演变

娱乐属于大众文化,或称流行文化,在现代传媒出现之前,更多是通过各种商业演出得以体现。借助娱乐演出或参与而传播的流行文化,表面上是通过商业方式实现,实际上在不同的社会历史背景下,取决于多方面的因素,如传统、政治权力等。在传统时期,城市文化又是等级文化,即文化表现等级制社会的特征,被划分为高雅和鄙俗。传统时期的城市娱乐,也按不同的社会阶层划分。社会上层闲暇之时,戏院听戏,妓院打茶围听曲;下层民众则除了定期的庙会之外,只能到露天的娱乐场享受江湖艺人带来的欢乐。

清代的天津,看戏是主要的一种娱乐,尤其是看京剧。演戏的场所,一种是在庙宇、会馆,或私宅、祠堂。这些场合的演出是不定期的,要么是节日或举行庙会、皇会的日子,要么是会馆同乡聚会,或遇有大户人家的喜事庆典等,人们才能得以有享受娱乐的机会。而日常的城市娱乐主要是在茶园或妓院。这些茶园或妓院主要分布在城北运河边户部钞关附近的侯家后一带和城东的天后宫附近。这两个地区都是天津城外最早形成的城区，到了清代，由于位于城市的商业中心而形成了娱乐区。城市最早的茶园、饭馆、妓院等等，几乎都聚集在这两个地区。

茶园是早期天津人观赏戏曲的主要场所。茶园内设有伸出式舞台，三面开敞，观众围坐周围方形的八仙桌旁，边品茗边看戏。清代天津最为有名者谓之“四大名园”，即协盛茶园、袭胜轩、金声茶园和庆芳茶园，其中历史最久的要属坐落在侯家后的协盛茶园和袭胜轩了。[①]梨园界一直流传着清代伶界名家在侯家后演出的趣闻轶事，如谭鑫培、杨小楼、孙菊仙等，[②]可见当时那里是名角荟萃之地。茶园观戏只付茶资，边看戏边品茶，讲究角好、戏好、茶好、水开。观众除了专来听名角的戏迷外，行商跑合、五行八作也把茶园作为交易的场所。戏台上艺人们的演唱，伴随着观众的高谈阔论、交谈生意、大声喝彩，以及小贩的喝卖声。

另外一种娱乐场所就是妓院了。早在清乾隆年间，侯家后的娼寮就已经十分兴旺。据《津门杂记》的记载，光绪年间“北门外侯家后为妓馆丛集之处”。[③] 此外就是西门外的下等妓女和法租界的土娼和粤妓。同时，是书中还记载当时的侯家后还有专门唱曲娱客的“小班”以及专门提供男妓的“相公”下处。[④]

---

① “四大名园”还有其他说法，但是无论哪种说法位于侯家后的协盛茶园和袭胜轩都包括其中。袭胜轩也称袭胜园。[参见(清)张焘：《津门杂记》卷下，1884 年刻本；郑立水：《天津老城的戏园》，《天津老城忆旧》，天津人民出版社 1997 年版，第 328 页。]

② 李相心：《津门菊坛轶话》，天津政协文史委员会：《京剧艺术在天津》，天津人民出版社 1995 年版，第 274 页。

③ (清)张焘：《津门杂记》卷中，1884 年刻本，第 47 页。

④ “相公”即为男妓。庚子年间，都统衙门查封了所有的“相公馆”。袁世凯任直隶总督时，再行禁令，“相公”行业从此在天津消失。

当时,官绅、商人的主要娱乐就是茶园听戏、下饭馆召妓(称"叫条子")。1870 年,随曾国藩来天津办理天津教案的幕僚、官员们,办公之余便到袭胜园、庆芳园"观剧",到饭馆饮酒,召"相公"和妓女陪酒、划拳、唱曲,直至夜半方休。

这些"相公"大都是曾从事过京剧旦角演出,不仅长相好,由于长期的职业训练,连日常举止也是一副女人做派,很能讨得官僚富商或文人雅士们的喜欢。曾国藩幕府中的李兴锐看来是有个性的官员,他喜欢的艺名玉奎的相公"粗莽,无相公忸怩气习,而善唱二黄"。他与同在曾国藩幕中供职的幕僚们,与相公"戌初至亥末,更番拇战,更番高唱,欢笑一堂,极风流之乐趣。"酒馆饭店玩乐过后,还要一起去相公的住处打坐,喝茶,给相公赏钱。离开天津前,李兴锐在日记里还要虚伪地自我反省一番:"自初二至今,余叫相四次,花钱三十余千。从来无此行径,故缕列记之,以俟事过情迁,触目知所警耳"。[①]

对于城市大众而言,传统时期最重要的娱乐活动是庙会。庙会的主要活动——演戏游神——最初是为了敬神,后来演变成大众化的娱乐。[②] 一般城市中的主要庙会是城隍庙会,但是在清代的天津,因奉祀天后而兴起的皇会成为最重要的庙会活动。

天津的皇会起源于康熙年间,最初叫娘娘会,后因乾隆巡视江南路经天津时观看了出会的盛况,从此改称皇会。不论是出资办会的缙绅士商还是普通人家,都把皇会看成城市最重大的活动。他们"免不得因皇会而忘餐废寝,止工停业。家家忙着筹备关于看皇会的事,接亲访

① (清)李兴锐:《李兴锐日记》,中华书局 1987 年版,第 40~41 页。

② 赵世瑜:《狂欢与日常——明清以来的庙会与民间社会》,三联书店 2002 年版,第 192 页。

友，制作新衣服，预备饮食，乱个不休。……一进三月以内，到处听到的全是击鼓鸣锣，看见的全是些舞蹈表演。无地没有皇会风光，真是一片升平气象”。出会之日，“商人辍市，百业停工，交通断绝，万人空巷，观众如潮”。[①] 从乾隆年间直到清末，天津的皇会活动一直兴盛不衰，每年如期举行。

皇会是全城人们的节日，只有在这样的时候，不同阶层的人们才贵贱不分，共同参与到城市娱乐活动中。而在日常，下层民众没有机会到茶园听戏、饭馆侑酒召妓的，他们只能以“自发的”方式寻求大众娱乐空间。在有城墙时期，城墙根往往形成下层聚集娱乐的空间。在天津，西城根和南城墙外——后来形成南市的城南洼边上，都是大众娱乐场。1900 年城墙拆除后，西城根的娱乐场由于修马路、铺设电车道，使其存在空间不复存在而消失。城南的娱乐场尽管没有了城墙，但仍然存在。城南洼的水面上，也有小船供游人往来乘坐。每到晚上，船上乘客三五成伙，一人弹弦，一人敲打着茶杯，唱着地道天津味儿的“靠山调”，[②]这或许就是“三不管”的滥觞。

城市娱乐文化的近代演变是从租界开始的。租界的出现打破了传统城市文化的等级构成，商业化成为城市文化近代演进的推动力，最终形成以市民文化为主流的近代城市文化。租界作为一种环境，它在城市文化的近代化进程中至少起到两种促进作用，一是西方文化的传播，二是传统等级文化向近代市民文化的演变。

天津租界出现之始，西方文化就随着欧美移民的到来而传入津城。

---

① 望云居士等：《天津皇会考纪》，天津古籍出版社 1988 年版，第 23、24 页。

② 连阔如：《江湖丛谈》，当代中国出版社 2005 年版，第 23 页。

早在19世纪,西方歌剧、音乐、马戏就在租界出现了,不仅有欧洲剧团、马戏团来天津演出,而且外国侨民的业余娱乐活动也十分流行。工部局组织的公共乐队、侨民的舞会、圣诞节的庆祝活动,使租界形成了浓重的欧洲文化氛围。从20世纪初,英租界戈登堂就不断有西洋戏剧和音乐演出,20世纪30年代许多世界著名音乐大师也曾到天津,在租界举办音乐会。然而,这些纯粹的欧美文化,欣赏者多是外国人,很难吸引华人。即使是大众性很强的电影,从20世纪初就传入天津,但直至20年代后期大量国产片出现以前,外国影片的观众也"多为西人","虽间有华人,亦类皆习近欧化者"。欧美人更注重各种娱乐活动的娱乐功能而不是其品位,商业社会的价值观渗透到对文化的认知。然而,华人对这种文化价值观的认同要经历一个过程。例如,体育运动对于欧美人来说是生活不可或缺的娱乐活动,体育运动几乎与西方人一同来到天津,首先是台球,然后是网球、赛马等。租界的运动场、跑马场从19世纪就已经建成,在19世纪末打网球几乎成为租界洋人每天业余时间必须从事的活动。然而,除了作为观赏性运动而且颇具刺激性的赛马以外,早期传入的体育运动对租界的华人似乎更难有吸引力。建于1895年的英租界运动场以及附近的游泳场,完全成为洋人的运动中心,直至20年代一些华人上层子弟才入内运动。到20世纪初,体育运动作为学校的教育内容被华人社会广泛接受。20世纪20年代,在华人纳税人的强烈要求下,英租界在华人聚居的"墙外推广界"修建了主要供华人使用的运动场,华人参加体育运动者才日渐增多。

西方娱乐文化对华人社会影响最大的是电影。电影于1900年前后传入天津,最初是在法租界的游乐场放映短片。1906年,法租界出现了第一家以放映电影为主的权仙电戏园(Arcade)。

本园由外洋运来各种山水人物活动影张，其人物行动与生人无异，且能千变万化。丽者有之，忧伤者有之，误人者有之，教人者亦有之。总之，无一不有趣味。本园不惜重资，遍球采办，所运来本园者无不极善极美。至于园中上下修饰华美，炉烘温暖，灯光灿烂，非别园可比也。所收戏价甚为廉省，池廊厢座，离台虽有远近，然观瞻清楚则皆相同。并另设女座，不拘头贰叁等。并备有美丽妇女房厢，以便官绅携家眷到园看戏，特分别男女之仪。每早十一点钟即修饰齐备恭候宾客驾临。[①]

电影园楼上还设有游戏厅，摆放着当时为新技术的娱乐"机器"供客人游玩，如活动机电影画、中外留声唱箱，还有一只神奇的会算卦的机器猫，能知祸福。客人每玩一次收银五分。

到了民国初期，电影开始流行，但影片皆为外国传来，尤其以法国为多。影片内容以打逗、滑稽片，以及短小、情节简单的侦探片为主。当时，在租界的电影院，"为西人麇集娱乐之地，华人之奢华尊贵一派及西洋留学生，或粗通西语者间亦贲临"。[②]

放映电影的场所，早期往往是戏院为吸引不同观客而将电影与戏曲轮换上演，如明星戏院和春和戏院，就将电影与戏剧"掺杂而演"。到了 20 世纪 30 年代，有的戏院更名为电影院，专门放映电影。与此同时，专业电影院在租界也发展较快。最早建立的平安电影院和光明社，都是在法租界，分别建于 1909 年和 1919 年。平安电影院 1922 年迁往英租界。光明社则易址在法租界的商业中心，更名光明电影院，专门放映最新影片。位于其对面的劝业场，则设有天宫影院，不仅放映设备先

① 《大公报》1907 年 2 月 25 日。

② 《益世报》1929 年 4 月 7 日。

进,而且“影片之选择,光线之映射,空气之流通,皆甚考求”。①

由于竞争的剧烈,电影业还出现了联营趋势,成立电影公司,使主要电影院形成两大系统。一是华北电影公司,一是新新戏剧公司。位于英租界的平安电影院、法租界的光明电影院和日租界的皇宫电影院都属于华北电影公司。平安与光明初时均为英籍印度人出资创办,自改隶华北公司后,公司实行股份制,华股居多,尤其是广东人与海外华侨投资,使得资金比较雄厚。公司经理也是广东人。位于俄租界的天升电影院、法租界的新新电影院、英租界的蛱蝶电影院以及从法租界迁到华界的上权仙电影院都属于新新戏剧公司。该公司的股东多为江浙商人。公司的总经理也即是光明电影院的创办人,是寓津多年的宁波商人。

在无声电影时代,电影院大都在舞台下设乐池,邀请乐队在电影放映时演奏乐曲,以活跃剧场的气氛。当时,租界的电影院大都邀请外国人组成的乐队,演奏西方音乐。有的电影院采取播放留声机音乐的方法。法租界的明星电影院专门聘用一名俄国青年,用“电通留声机”配制影片中的音乐。“所配的乐片常使观众满意,往往以默片为有声音乐片呢”。②

1927 年美国上映了由华纳兄弟公司拍摄的世界第一部有声电影《爵士歌王》,天津于 1929 年也开始出现了有声电影。第一家上映有声电影的平安电影院,专门从美国购入机器和银幕,并由生产设备的美国西方电气公司专门派来的工程师负责剧场设计和安装。③

---

① 《益世报》1929 年 4 月 8 日。

② 《益世报》1931 年 1 月 28 日。

③ 《益世报》1929 年 12 月 25 日。

其他电影院也纷起效尤，改演有声电影。位于德租界的光陆电影院为放映有声电影，专门安装了从美国订购运来的“蜡质屋顶”，以便使其有较好的吸音功能，“能收音而无回声”，因此适于放映有声电影。“有声电影贵乎自然，蜡顶之效用，有能保持自然之力”。[①] 电影院也安装了美国西方电气公司生产的西尼风(Cinephone)有声电影放映机。

放映电影还有语言问题。为了让观客了解电影情节，电影院有人专门撰写说明，开映前向观客介绍。法租界光明电影院首先创造了同放中文字幕，映在银幕上方或一侧墙上的方法。

20 世纪 20 年代美国好莱坞电影兴起后，美国各大电影公司纷纷进入中国的娱乐市场。派拉蒙、米高梅、二十世纪福克斯、华纳等八家美国电影公司都在天津派有常驻代表，有的还与电影院订有专门供片和首映权合同。大量的好莱坞电影发行后很快就能在天津的电影院上映。尽管 20 世纪 20、30 年代中国国产影片不断增多，可是根本无法与外国影片抗衡。直至 1945 年，天津上映的电影 80%仍然是美国影片。

华界与租界不同，电影在华界的出现并未如传统戏剧那样很快引起人们的兴趣。初期的无声电影与戏剧还“盖无相提并论之价值”。有的是在演出戏剧时加演电影短片，以吸引观众。当时，人们还不了解电影，加上电影放映机会发生漏电或酿成火灾等事，人们担心电影会“有伤目力，以故多怀戒心，不敢轻于观看”。所以当戏剧演完，要加演电影短片时，“座客即一哄而散，留者不及半数”。加上剧场设备有限，演戏过后映演电影，要“悬幕熄灯，遮蔽光线”，很费时间，人们“不耐枯坐以待矣”。因此，早期电影在华界并未被大众接受。

---

① 《益世报》1931 年 1 月 31 日。

即便到了 20 世纪 30 年代,电影在租界以外的城区,常常还是另外一番景象。在还没有使用电的下层边缘区,电影是采取今天的人们很难想象的方式放映的。放映者需要在晴天的露天场地,用一个凸面镜,将日光反射入一个黑箱子里,将胶片映射到箱壁上,观客透过箱子上的窥孔观看。放映者一边用手摇着胶片,一边嘴里唱着"小老黑捉老鼠","贾波林(卓别林)捉贼"。[①]

同时,华界政府当局很长时期也对电影一直采取排斥态度。由于电影内容与戏剧多为古代故事不同,是现时生活的直接反映,内容又多有描写女男爱情或匪盗等,所以为官方和华界主流社会不容。1921 年,警察厅便要求禁演"不良影剧",声称近年来,各戏园、落子馆,往往加演或改演文明新剧或电影,"电影大率不外奸抢掳掠"。要求戏园、落子馆及电影园,事先将戏曲脚本或电影片送交警察厅先行审定,如确系有益社会人心,不悖善良风俗,方准演唱。[②] 同时,教育厅厅长也发指示,要求禁阻学生看不良影片,认为"近来电影园所演之片,往往离奇怪诞,风化有关,幼年学生,每值课余之暇,结队往观,为害于身心者最巨。"[③]电影票价低廉,无论穷富都支付得起,对学生更有吸引力。教育厅厅长当面要各学校的校长,如查有此项学生,得随时谕禁,严切禁阻。甚至直隶省的省长也发布训令,声称多有诲淫诲盗影片,包括上海拍摄的国产片,"然其人则流氓贼子,其事则残害杀伤"[④],要求一律严禁。于是,这一年的 9 月,警察厅公布了"取缔电影园规则"。还要求派警察

---

① 《大公报》1933 年 3 月 22 日。
② 《益世报》1921 年 9 月 13 日。
③ 《益世报》1921 年 9 月 22 日。
④ 《益世报》1923 年 6 月 4 日。

随时赴各剧场检查，各戏园、影院新到的影片，必须经过官方检阅许可后方准开演。但是，警方表示这些剧片大多在租界上映，中国警厅没有办法制止。民国政府成立后，也制定了检查电影规则。[①]

以电影为代表的西方文化的传入，在租界与华界经历了不同的历史过程。对于华人社会而言，租界更是一种开放的文化环境，推动了传统城市等级文化向近代市民文化的转化。租界社会的非等级化构成，租界在政治上特有的"保护"作用以及商业化的社会环境，对华人社会遭冷落或受排斥的各种文化极具吸引力。以最具代表性的传统戏曲京剧为例。京剧在清代的发展使其成为宫廷艺术，天津的上层社会官僚、富商也只能享受二三流艺人的表演。1911 年清王朝的垮台使名家荟萃的北京伶界失去了生存的条件。同一时期，天津租界寓公阶层的形成和城市中产阶层的壮大，吸引京城伶界向天津谋求发展。这时的京剧已经不再是宫廷垄断的艺术，而成为观众层面迅速扩大的市民艺术了。对于艺人们来说，他们所看重的不再是欣赏者的品位而是"包银"的多少；决定艺术成败的不再是"老佛爷"的好恶，而是城市戏迷们的掌声。

租界近代式演出场所的出现和租界市民中的"京剧热"，使得艺术家们有了传统戏园无法与之相比的表演环境条件和更多的演出机会。传统戏园的建筑空间尽管有助于观众和表演者之间的交流，可是大部分演出时，观众并不集中关注于舞台上的演出。他们往往是呼朋引类结伴而来，在茶园聊天，谈生意。舞台上每天都要演出多出剧目，只有到了最后有名的演员登台演出时，才会吸引住观客的目光和耳朵。

---

① 《益世报》1929 年 5 月 29 日。

剧场内舞台主要依靠自然采光,晚场油灯照明昏暗不堪。场内大都铺砖或者黄土地,观客或侍役随意泼倒茶水,显得潮湿污秽不堪。舞台上的尘土,演起武戏会使得尘土飞扬。“在昔之戏院茶园,设备既属简单,建筑尤形恶窳,身入园门,腥臊之气,直触鼻端,使人望而却步。”[①]茶园允许零食小贩入内,便会有小贩穿行观客之间,兜售瓜子糖果等。还有侍役不时送热毛巾给观客擦拭,被称作扔“手巾把儿”。他们往往是强行要观客接受服务,于是便会出现矛盾冲突,叫骂、斗殴便成了茶园常有的点缀。

清末民初,不论戏剧艺术本身还是人们的娱乐方式,都发生了很大的变化。看戏不再是喝茶时的陪衬,而是恰好相反,观剧成为主要目的,喝茶成了观赏时的附加内容。继而,观赏戏剧与喝茶分开,茶园改称戏园,剧场内不再供应茶水。八仙桌和长凳变成了排式座椅,观客一律面朝舞台就座,集中精力看戏,谈生意、聊天不再是戏园中必有的场景了。

西式建筑的传入,改变了娱乐场所的空间结构,租界戏院首先出现了镜框式舞台。西式建筑技术使得剧场空间成倍扩大,可以容纳观众的人数从几百人增加到几千人。

剧场建筑注重音响效果的设计,使得演员不像在传统茶园那样,为了让观客能听到自己的演唱而一味地靠尖利的高音大嗓。新式舞台使得演员可以适当降低嗓音,更注重表演,有助于不同表演流派的形成。同时,电的应用使剧场夜场演出能够持续到很晚,灯光也影响到舞台的形象,影响到演员服饰的改变,使得注重色彩的戏剧服装有了根本的改

① 《益世报》1929 年 2 月 25 日。

变。

从20世纪20年代，传统的观客随时进场，按时或按段收费的制度发生了改变，预先售票和对号入座制度逐渐取而代之。中国大戏院甚至采取考试招考女售票员和男招待生，而且报考者的资格必须是中学毕业生。同时，租界戏院改变了小贩入场内叫卖和侍役“打手巾把儿”索要小费等旧习。

1927年创建于法租界的春和戏院，最先改变了传统戏园的结构，按照新式设计建造，观众座位超过千人。这些变化在1936年于法租界商业中心区开业的中国大戏院有了完整的体现。中国大戏院的建筑被称作是美国式的，由“乐利工程司”设计。建筑为五层，外形壮观，并设有屋顶花园。楼内地面及四围墙壁均铺大理石，安装有花梨木护墙板。各楼层之间有电梯。剧场建筑在空气调节上做了相应设计，冬季有暖气。剧场全部座位能容纳观众两千多人，座席中间竟然没有一根立柱，观众视线没有阻挡，这在当时的建筑设计中是颇为先进的，乃至连法租界工部局也怀疑建筑的安全性，通过建筑抗压试验后才得以通过。场内光线、音响效果，以及舞台机关布景等方面的工程设计，都颇具现代建筑的特征。

如此现代的剧院，演出的是传统的京剧。这些传统的典型中国娱乐，从老城的茶园，演到戏园，直到法租界颇具现代风格的戏院。观客则从清代的官僚、文人和商人，演变为民国时期租界的寓公、买办以及具有现代意识的知识阶层。

传统艺术朝着适应市民的胃口而发展，在京剧成为城市尤其是租界华人社会最受欢迎的娱乐形式的同时，京剧票友和票房的大量出现更使其成为大众娱乐活动。票房就是京剧俱乐部。当租界洋人们每日到运动场打网球的时候,租界的华人中产阶级则热衷于到票房练功、排演。内容虽然不同,但娱乐成为生活的一部分是共同的。在票房里,不同社会阶层的票友因共同的兴趣在一起,文化欣赏者的等级观念淡化了。①

在京剧由宫廷娱乐演化为大众娱乐的同时,来自其他地区的乡土娱乐文化,也伴随着移民传入天津,传入租界。尤其是源自华北地区的评戏和被称作"杂耍儿"的说唱曲艺的传入,对天津城市娱乐文化的演变发挥了重要的影响。

评戏起源于冀东乡村地区的一种乡间小调——莲花落,传入天津后被称为"落子""蹦蹦儿"。表演形式由原来的两人对唱,演变成不同角色扮演,带有故事情节,唱腔更加戏剧化。与京剧选择的剧目多以表现帝王将相和以男性为主角不同,评剧的剧目多以女性为主角,内容更接近生活,甚至写妓女、贫家女子,等等。在语言上,评剧与以韵白和唱腔古雅见长,被官僚和文人热捧的京剧不同,无论唱词或道白,评戏都更接近白话,这使得更多的城市阶层甚至社会下层百姓都成了评戏的观客。在表演形式上,评剧从京剧以及其他戏剧吸收了大量的程式以及服装道具等,从而演变成一种戏剧,名称也由蹦蹦儿、落子这样充满鄙视的称呼,改称评戏、评剧。

评戏之所以很长时期在城市里遭到鄙视和排斥,一个原因就是女性演员的大量出现。早期的评剧与京剧一样,大都以男性演员为主。与此同时,在天津有坤书馆,专有女性表演曲艺小调,俗称花茶馆。演

① 关于天津京剧票友与票房,参见《近代天津城市史》(中国社会科学出版社 1993 年版),第 622～624 页。

唱者多为妓女,或为古代勾栏瓦肆的遗迹。当被称作"落子"的早期评戏传入天津后,由于内容唱腔适合女性,坤书馆便流行清唱落子,于是有了"落子馆"之称。人们一直把落子馆看作"准妓院",馆中表演的女性视为妓女,直至20世纪20年代仍然如此。"天津此种营业最发达。凡演唱者皆系二等妓女。内有新戏、旧戏、大鼓、时调小曲等,价目皆系一角,小账每位四五枚。各书场内,无论日夜,座为之满。为内多喧嚷,且叫邪好,吊膀子等事故,自好者皆裹足不前。"①

华界官方当局,也把评戏视为淫戏,予以严查取缔。1905年,时任天津南段巡警探访的杨以德,在报告直隶巡警道的呈文中谈道:"蹦蹦戏、喝喝腔两种诚为淫风之苗。查得西头及侯家后等戏园,每际开演蹦蹦等戏,淫行一切,较比大戏(指京剧)甚之百倍。并看戏者,不分男女掺杂于内,实堪痛恨。遂访街市公评,速应禁止"。②

天津城的士绅们,专门为此到县衙门面见知县,声称"近来津邑各戏园男女杂演淫戏,较前尤盛,实属有伤风化"。他们向知县提出要严格禁止,规定"女优"专在一个戏园演出,男女不得混杂。而且,他们还要知县禀报有关官员,照会外国领事,在租界也要"一律禁止"。③ 在位于城市边缘的下层居住区的娱乐演出,官府更是采取驱逐、殴打的强硬手段加以禁止:"津郡西关外一带……演戏出、唱落子以及大鼓、时调等戏厂更实繁有徒,历有年所,亦殊不为怪也。于十六日不知何故将该处

① 孙学谦:《天津指南》,中华书局1924年版,卷5,第14页。

② 《杨以德为速立救火会并严禁暗娼蹦蹦戏事呈直隶巡警道文》1905年5月27日,天津市档案馆等:《天津商会档案汇编(1903—1911)》(下),天津人民出版社1989年版,第2093页。

③ 《大公报》1905年6月18日。

各摊厂尽行驱逐,稍有稽延即以枪托殴打。……霎时间变成一块荒凉地矣”。[①]

当评剧在老城区被官方当局、社会精英所排斥时,在租界却受到欢迎。与华界不同,大众娱乐演出在租界发展很快。在华界遭到鄙视取缔的娱乐性表演,在租界却由于有更多的观众而流行。到20世纪20年代后期,“蹦蹦儿”在租界首先有了新的称谓——评戏,其演出受欢迎的程度,甚至超过了京剧。

在日租界的新明戏院,由于评戏有更多的观众,戏院便改为以演评戏为主,而历来作为主要演出的“京班大戏”不得不改作临时补充剧目。在法租界,马家楼的金华茶园也改为以演出评戏为主。而且,每天都有演出,上座率也不低。观众多为青年人。评戏演出的内容,很多有表现男女情爱内容的,戏词甚至会有色情成分。加上演员多有女性,于是演到高潮,常会是一片叫好甚至舞台上下唱和之声。“每演至狎亵之处,台下邪声怪好,与台上之淫词秽句相应合。一般人至目之为诲淫之场合”[②]。这段报道尽管充满了鄙视和诋毁,使我们无法了解到当时实际的演出,但是可以从中感受到热闹的场景。

到法租界三大商场建成,商场中更专门设立评戏演出场所。天祥市场落成后便在楼上专设评戏场。随后建成的劝业场在五楼上也专设了评戏馆。

评戏的兴盛也造就了一代女性演员。这些女性演员大都出身贫寒,有的来自乡下,甚至是幼年被拐卖到戏班,或者曾经当过妓女。她

① (清)储仁逊:《闻见录》卷7上,稿本,第37页。
② 《益世报》1929年8月19日。

们早年都有在戏班刻苦学艺的经历，成名后大都组织独立戏班，在城市从事商业演出。租界自由的演出环境，以及对女性演员的较少歧视，使她们得以创造更受欢迎的艺术作品。

由传统的乡间小调演变为有不同流派的都市戏剧，从华界落子馆里的凭栏清唱演变为租界大剧院堪与京剧媲美的“大戏”。租界里设施先进的戏院里整日演出着这些被许多具有现代思想的年轻艺术家们改编的剧目，甚至刚出现不久的电台，也传出了评剧哀婉的唱腔。

到1930年代，法租界几乎所有的大型戏院，都有评剧演出。作为商业中心的三家大商场，都有专门演出评剧的剧场。从乡下进入城市的女性演员，站在租界现代感十足的舞台上，用那略带乡音的腔调，演绎着中国古代的传统女性故事。然而，当评剧演出为吸引观客，使用剧场的机关布景，企图追求情节的现代表现方式，甚至在身上安上灯泡，以寻求光刺激效果时，却遭到人们的反对。人们欣赏的是在现代外壳包装下的传统艺术。

除了评戏以外，在租界受到欢迎的还有当时被称作“杂耍儿”的曲艺。曲艺是起源于京、津和华北农村多种民间说唱艺术的合称，多以说唱形式出现，如河南坠子、山东梨花片、北京单弦、西河大鼓、京韵大鼓以及相声，等等。在老城区，这些所谓“杂耍儿”更被看作等而下之的玩意儿，只能在城墙根露天地或西门外专供下层娱乐的戏厂演出，还经常遭到取缔或驱逐。随着租界华人居民的大量增加，这些平民艺术向租界发展。租界娱乐业的市场化使这些在老城区不登大雅的“下贱”艺术很快成为备受华人欢迎的表演艺术。随着租界近代化演出场所的出现，演出环境大为改善，促进了评剧、曲艺等最具大众化特征的市民艺术迅速发展起来。评剧观众范围之广甚至超过了京剧，不景气的电影院也要靠加演曲艺招徕观众。

对于这些受到华人欢迎的娱乐演出,租界当局不会去关心甚至干预演出的内容,他们关心的是市场的繁荣以及由此带来更多的税收。庚子以后,在新设立的意、俄等国租界,由于有大量华人居民,娱乐性演出很快流行起来。“大张旗鼓,日夜演唱,男女入围观剧者拥挤异常”。[①] 最初,华界精英或政界常常会有人呼吁政府出面要求租界禁止这些演出。要求者的语气往往比较强硬,认为租界禁止这些有伤风化的娱乐演出是理所应当的。直至民国初年,天津的参事会还要警务公所“照会各租界领事一体严禁”。然而,此后这些要求再也没有人提了,因为对中国官方这些方面的交涉,租界当局全然不予理会。

到了20世纪二三十年代,法租界商业中心的兴起,也引发了大众娱乐业的中心化。采取招商方式经营的百货商场,需要吸引商家在商场内租用空间从事经营。20世纪20年代后期在电车枢纽附近先后建成的三座大型商场采取同一模式,构成新型的城市商业中心。但是,以劝业商场为代表的几家大型商场,在开幕之初热闹一时后,都出现了商号赔累倒闭,由盛转衰的现象。当时的舆论认为,衰落的主要原因是时局不靖,商场租金过重,花费浩繁等。[②] 然而,劝业场及与之相邻的另两家商场天祥和泰康,改变了经营策略,吸引大众娱乐场所在商场开业,使零售商业与娱乐业密切结合,刺激了商业中心的繁荣。而且,以三家商场为中心,附近的街区也形成了城市商业和娱乐业的聚集区。

兴盛时期的劝业场一共七层楼,第一、二层聚集着售卖洋货、布匹、

① 《大公报》1908年8月1日。
② 《益世报》1929年5月5日。

鞋帽等店铺;第二层是“全球理发所”,理发师改变了传统理发匠的形象,“着白色长衫,如外国餐馆之西崽”;第三层集中着古玩店和以销售旧书为特色的书店,还有天纬台球房。由于台球房雇用女招待,吸引了大量游客“日有人满之患”。此外,太平洋饭店专供法国菜肴,以及糖果、罐头和茶点。第四、五层则主要是娱乐场所,天华景戏场主要上演京剧,天宫电影院放映电影,天会轩杂耍园以演出曲艺、杂技魔术、歌舞为主,天露清茶社则提供顾客休息饮茶。第六层有共和厅,专门供演唱“申滩”即评弹,听众多为江浙人,“听者多阿拉同乡,土著人士均望而却步”。此外,还有天乐评戏院专门上演评剧,主要演员为女性,“李氏姐妹三人,颇受人欢迎,所演皆民间故事,观者类皆中下阶级人物”。第七层为露天娱乐场,被称作“天外天”,夏季各戏馆游乐场都迁至此层,“以其凉爽故也”。

与劝业场只有一墙之隔的天祥商场,是由天津商人李魁元等创建的,初为叫卖行,1924 年改建商场。楼房共五层,其分布与劝业场相似,第一层主要为洋货、布匹、金银、衣庄等店铺,第二层同样是理发店“新鸿理发所”。该层还有开敞式空间提供给古玩摊商和书摊,颇有街市氛围。第三层以上主要是娱乐场了。第三层的小广寒杂耍园,以上演曲艺和山西梆子而兴盛一时。此外,该层还有环球魔术传习所演出魔术,魔幻灵术馆则有怪诞的演出和游戏,也有台球社提供游玩场所。第四层主要为以放映电影为主的新欣影戏院,以及以演出曲艺为主的天祥舞台。第五层为屋顶游园娱乐场,在夏季开放。

劝业场对面的泰康商场,建于 1927 年,创建人为天津盐商。商场共有四层,第一层主要是商家店铺,第二层以古玩珠宝、字画等店铺居多。第三层有歌舞楼,初设时以演出京剧为主,后因营业不佳而改称小梨园,专门演出曲艺。20 世纪 30 年代后期,因重金邀请著名京韵大鼓演员刘宝全和单弦演员荣剑尘等演出而兴盛一时。该层还开设有美士林球房,游客可以玩保龄球和台球。第四层为共和戏园,专门演出山西梆子。当时著名的票房"渔阳社票房",常在共和戏园彩排。票友多系各银行洋行职员,彩排要购票入场观看,由票友出资分摊,分送亲友。

三座商场的内部,娱乐场占用的空间都远大于商业空间。在商场以外,以三座商场所在的十字路口为中心,沿电车通过的两条主要街道——杜总领事路和福熙将军路,一两个街区内是商家店铺的聚集区,许多最具实力的金店、绸布庄、鞋帽店、钟表店等都集中分布在这一街区,与商场一起构成城市商业中心区。与此同时,这一街区也分布着许多娱乐场、饭馆、舞厅等,据统计有六十余家。[①] 从下表列出的各项,可以对这一地区主要的娱乐场有一个简单的认识:

表 18　法租界商业中心的主要娱乐场

原名	曾改名	创建年代	创建人与所有人	地点	主要演出
天丰舞台	天津戏院、新中央戏院	1898	法国百代公司、美国人"马鬼子"	福熙将军路(滨江道)与樊主教路(新华路)交口	电影、评戏
天福舞台	天安舞台	清末	西人	福熙将军路	京剧、评戏

① 张高峰:《劝业场一带是怎样发展为繁华区的》,《天津租界谈往》,天津人民出版社 1997 年版,第 99 页。

续表

原名	曾改名	创建年代	创建人与所有人	地点	主要演出
天天舞台		民初		法租界	评戏
北洋戏院		1916	美国人"马鬼子"	樊主教路与窦总领事路(长春道)交口	京剧、评戏
西权仙茶园	新新电影院、国泰电影院	1916	张荣、韦耀卿	福熙将军路	电影、京剧
平安电影院		1916	印度人巴厘	丰领事路(赤峰道)与杜总领事路(和平路)交口	电影
光明社	光明电影院	1919	罗明佑	天增里	电影
明星大戏院	明星影院	1927	浙江商人	樊主教路	电影、京剧
春和大戏院	大明电影院	1927	高春和(商人)、印度人泰来弟	福熙将军路	京剧、电影、曲艺
中国大戏院		1936	孟少臣(商人)	拉大夫路(哈尔滨道)	京剧

主要的娱乐场都分布在距离很近的几个街区内,创建年代主要是民国初期直至20世纪30年代,创建人早期有外国人参与,后期则主要

是中国商人或专门的文化投资人。早期的娱乐场从名称上就可以看出是以演出戏剧为主,但后来不断地发生着改变,从京剧到评戏、曲艺,直至电影。早期的戏园大都只能容纳百名观众,而 20 世纪 20、30 年代建立的戏院或电影院,不仅设施先进,而且剧场规模扩大,甚至能够容纳观众千人以上。观众来自城市不同的城区,成为整个城市的娱乐中心。

此时的娱乐场,不会再像二十年前那样,还要专门向电车公司预订车辆,以便夜晚送观众返回华界。到 20 世纪 20、30 年代,电车和租界夜生活已经成为城市新一代的生活方式。每天来往于租界与华界之间的电车,成为不同社会阶层人们的交通工具。商业中心与娱乐中心在空间上的结合,商品消费与文化消费的结合,改变着城市人的生活方式。

当我们探讨市民文化的产生过程时会发现,中国城市近代化的非工业化趋向对市民文化的构成、特征等发生很大的影响。在天津租界,"寓公"是最具影响力的社会阶层。"寓公"大都是携大量财产到租界"隐居"者,是所谓"赋闲者",每日的主要生活内容就是享受。他们的生活方式和价值观对租界社会的影响很大,住宅讲求气派而不是实用,生活讲究慢节奏和一味地追求奢华。寓公使租界更具"消费城市"的特征,其文化更适合消闲阶层的胃口。同时,租界是商业化社会,城市中产阶级的增长需要适合他们的文化。于是,商业中心与文化中心合二为一,为中产阶级提供业余享乐的充分空间。

第十一章　公共事务、公益与慈善

无论是传统时期还是现代社会，公益与慈善事业在城市里都是不可或缺的。一般认为，17 世纪以前，城市的公共事务，比如城墙的维护、堤防的保护和水闸的建造等，都属于地方政府或军事当局的职责范围，常平仓的设置、孤儿院的设立，也都是由中央王朝拨付专款，地方政府负责办理。到了清代，城市的公共和公益事务，出现了责任逐渐由国家向地方社会转移的趋势。[①] 城市的公益和慈善事务逐渐改为由地方官员出面号召，绅士或富商捐资和管理[②]，直至 19 世纪仍然是这样。到了 20 世纪尤其是民国以后，城市公益和慈善事务的构成和运行再次发生了演变，如随着近代城市税收制度的建立，城市基础设施建设由公益行为改变为政府统一规划投资建设，从公益事务中分离出去，变成完全意义的政府事务。城市的公益与慈善的内涵、功能及其相应的组织形式都发生了改变。

---

① ［日］斯波义信：《宁波及其腹地》，载施坚雅主编《中华帝国晚期的城市》，中华书局 2000 年版，第 501 页。关文斌：《文明初曙：近代天津盐商与社会》，天津人民出版社 1999 年版，第 138 页。

② 张仲礼：《中国绅士——关于其在 19 世纪中国社会中作用的研究》，上海社会科学院出版社 1991 年版，第 60 页。

1. 从修城墙到工程局:公共事务的近代演变

天津自明代建城以后,初期的公共事务和慈善事业都是由政府组织实施的。最早的公共工程,比如城墙的修葺、桥梁的建造、渡口的设置、河道的疏浚等,都是由中央政府出资,地方官员组织实施。

传统城市最重要的公共设施无疑是城墙。明代天津城墙的修葺都是政府出资,地方官员负责。到了清代,维修城墙变为官员提倡,富人出资,尤其是富有的盐商成为主要出资人。整个18世纪有记载的城墙重建和修葺工程有10次,几乎是十年一次,大都是盐商掏钱,地方官员督办。其中最为有名的就是1725年大盐商安尚义和安岐父子捐资重修天津城。

在传统时期,城市的道路和桥梁,除了官道、城里的主要街道以及官道通过的桥梁外,其他道路和桥梁等,都主要靠社会捐资兴修和维护。最早见于记载的是康熙年间"业农兼事商贾"的侯天顺,他热衷于天津的公益事务,捐资修建了多项公共工程。"康熙三十七年(1698年),西沽决,大道陷者百余丈,天顺出私财培治之,加高厚焉"。天津城"东、北两门石路坱圠不平,行者以为苦",侯天顺"命匠平治其地"。"西沽渡口,旧用小舟径渡,时有覆溺之患,天顺请于官,为浮桥一,以济渡者,旋又首捐一桥船,以为众倡,昼夜督励,自经始至卒事,未尝少懈"。[①] 这位早期的慈善家,即出资修葺城内外毁坏的道路,又向地方官倡议架设了天津第一座浮桥,还带头捐船督促施工。19世纪,盐商张锦文曾先后出资维修通往北京的西沽桥道以及东门和北门的石桥。

---

① (清)吴廷华:(乾隆)《天津县志》卷18,1739年刻本。

道光年间的盐商侯肇安、同治年间的盐商华光炜先后捐资维修北门石道。1836年,盐商姚海章捐资维修南门石道。

如前文所述,清代天津的许多渡口也是私人捐资设立的"义渡"。乾隆年间废官渡,私渡增多,其中多为义渡。19世纪设在主要河道上的73处渡口,许多就是私人捐款设立的义渡。捐者有官员、绅商以及僧人等,如乾隆二十七年(1762年)准提庵僧人岫山在南运河茶店口设义渡,清代举人曹步青在北仓北运河沿岸设义渡。

传统时期,城市地方政府十分有限的财政能力很难保证公共工程的建设和维修。城市公共工程的建设主要依靠民间捐助。在民间社会,人们把捐助修路、搭桥看成积德行善。例如,光绪十五年(1889年),一位孤苦的老人竟然靠乞讨修葺公共道路:

津邑老媪王傅氏……虽孑然无依而生本独好佛……在西大道旁结茅以居,日奔驰于车尘马足间,强颜行乞……稍有积蓄,暇则即出余资觅人修理道路,以惠行人。由是行人皆称便之,至有王奶奶、王太太之名……其平垫修筑之功盖无间,寒暑勿懈始终焉。平治道途一事,在官则颂为德政,在民则称为善缘。值此时事日非,窃恐求之士宦绅富中亦寥寥而罕见矣。乃以身属女流,世称贫□,竟克修千万年往来之路,不诚足以风流俗而愧士夫哉。[①]

然而,对于地方官员、绅商等社会上层而言,出面捐资或组织修路、修桥,也是获取社会权力和维护社会地位的重要手段。通过以公益的方式捐助修建或维修公共工程,使他们成为城市的拯救者并进而成为城市社会的领导者。他们的名字和事迹被镌刻在牌匾、石碑上,记载在

① (清)储仁逊:《闻见录》卷2上,稿本,第29页。

方志里,永世传扬。另外,如果分析一下他们修葺的道路也会发现,人们常来常往的城门道路,以及通往北京的官道,是这些绅商们乐于捐助维修的对象。一方面,这些道路的交通量比较大;另外一方面,也可以想见这些道路恰恰是官员和城里的人们最经常路过看到的地方。修路者需要的是"扬名"。至于其他的道路,即便是通行量很大的道路,如运输货物来往的道路等,往往无人关注。

19 世纪以后,城市交通量的迅速增加以及频繁发生的灾害对道路的破坏,也使得靠个人行为更难以维护。到 19 世纪 80 年代,城市道路的损坏程度已经相当严重,而租界的公共工程建设和管理体制提供了一个榜样。1883 年(光绪九年),老城区当局学习租界的管理方式,成立了工程局,征收专项捐税,统一修筑城市道路,并负责道路的日常维护和管理。由此,城市的公共工程建设与维护,由官督商捐式的个人行为方式,改变为政府行为,由政府统一规划和建设。

2. 传统社会的公益与慈善

明清时期,中国城市的公益和慈善事业大都经历一个从政府负责到民间承办这样一个过程,也就是由官办转为民办,相应的社会责任也转移到城市的士绅或富商身上。但是,各地区城市的转化过程并不同步,天津的转化过程相对要晚一些。清代政府缺乏管理公益慈善事业的主要原因,一是动用国家财政的限制,二是管理的无能。19 世纪,天津曾屡次发生因官府对官办慈善机构管理不善造成贫民动乱或伤亡,而 19 世纪天津民间公益慈善机构之发达、服务之有力,曾获得广泛的赞扬。

天津最早的慈善行为大约出现在建城 90 年后。明弘治六年(1493

年)，西门外出现了第一片义冢，也就是今天的公墓，设立者是当时负责天津地方事务的官员。又过了 90 年，即 1588 年，天津出现了第一个慈善机构，巡抚李继贞在东南角城外建立了一所养济院，“额养孤贫四十四名”。[①] 此后直至明末，义冢、孤儿院、粥厂等慈善事务的实施和慈善机构的设立，都是由中央王朝出资，地方官员承办。

清代以后，随着城市功能的转化，人口的大量增加，社会问题越来越多，只靠责任和财力都十分有限的地方政府显然已经无法应对越来越复杂的城市社会。与此同时，商业城市的形成，城市财富的迅速增加和商人实力的增长，又使得社会上层有了参与城市事务的能力。天津没有形成一般府县城那样的典型的士绅阶层。作为一个商业城市，商人——尤其是经营垄断商业的盐商，便成为城市事务的主要参与者，举凡矜孤恤寡、济贫救灾、施粥施衣等公益慈善活动几乎都有他们的参与。同时，官员与绅商结合举办公益，在天津表现得尤为突出。到了 19 世纪，天津的慈善事业非常发达，广受赞誉。从功能上划分，清代天津的公益和慈善事业可以分为几种类型：

(一)抚养弃婴、孤儿

清代最早出现的慈善机构当属育婴堂，它们的出现与民间的溺婴习俗有关。康熙四十五年(1706 年)，左副都御史周清原鉴于民间溺女现象严重，奏请各省建立育婴堂，得到朝廷的批准。[②] 由此，设立育婴堂成了许多地方官员热衷一时的德政，尤其是经济发达地区。天津最

---

① (清)薛柱斗：(康熙)《天津卫志》卷 1，1675 年刻本；(清)沈家本：(光绪)《重修天津府志》卷 7，1899 年刻本。

② 《清圣祖实录》卷 224，转引自冯尔康：《清人生活漫步》，中国社会出版社 1999 年版，第 146 页。

早出现的慈善机构——养济院——就是收养孤儿、贫民的。该机构初设于 1588 年,创建者是天津巡抚李继贞,地点设在城外东南角龙王庙后。当时,养济院额定收养孤儿和贫民 44 名,经费全部来自官款。

乾隆五十九年(1794 年),天津成立了第一所育婴堂,此事缘起于周自邠收养弃婴。周自邠出身长芦盐商世家,官至广东高州府通判。卸职回归天津后,周一直热心地方慈善,“遇岁歉必倡捐施,赈贫家;有弃婴儿于路者,辄收而使人乳哺之”。[①] 1794 年天津地区发生大水灾,灾民大量逃至天津,弃婴也随之增多。周自邠便专门建房舍觅乳妇,收养弃婴。随后,长芦盐运使徵瑞奏请建立育婴堂,共建房 102 间,由长芦盐商捐建。日常经费由“运库岁拨”5000～7000 两,并委派周自邠负责,同时有“官商经理稽察”。到嘉庆九年(1804 年),育婴堂的婴儿和乳妇已经增至 300 人,又有盐商请求加强管理,增设内外男女司事,并将修改后的章程“悬之堂壁”,由盐运使委派官员一人、盐商数人,“随时查察”。[②]

由于育婴堂是由经济实力雄厚的盐商资助和参与管理,所以能一直维持到清末,从道光到同治、光绪年间还多次扩建房屋和增加经费,还先后成立了两处育婴分堂。20 世纪初,直隶工艺总局总办周学熙学习正定育婴工厂,在天津育婴堂增设学习工艺课目,向已经长大的孩子传授技艺,以便他们出外谋生。

(二)恤养无助妇女

传统时期鼓励寡妇守节,但城市里的丧偶之妇多无亲族照料,难以

① 高凌雯:《天津县新志》卷 21—2,人物(二),1931 年刻本。

② (清)沈家本:(光绪)《重修天津府志》卷 7,恤政,1899 年刻本。

生活，因此抚恤寡妇便成为一项重要的慈善事务。天津最早设立的恤养妇女的机构是1868年署天津知府任信成创立的全节堂，是完全由地方官员创设的慈善机构。当时，包括北洋通商大臣崇厚，以及盐运使、天津道在内的主要地方官员都“捐廉以助善举”。全节堂专门“收养节妇、贞女，无论流寓土著”，日常经费由捐赈款的利息，以及船捐和盐商捐款支付。但是，这些节妇贞女一旦入堂，便除了春秋两季由年老仆妇陪同到亲人墓前祭扫外，几乎终年不得迈出堂门一步。堂门整日上锁，只有两名主事同时在场才可以打开。每天除了送水、送物外，连“三尺之童”都不得进入。堂内的妇女形同坐监，一旦不能忍受“羁苦”，要由府县官通知亲族保人“具领出堂”，以后则不得再申请入堂。[①]

按照传统观念，寡妇守节，重在保家，所以19世纪更多的恤嫠善举是资助保全家庭的寡妇。由一些士绅创立的“恤嫠会”，成为当时很有影响的慈善组织。与全节堂不同的是，恤嫠会是由士绅和商人组织和捐助，长芦盐商同意每包盐捐钱一文作为经费。恤嫠会资助的对象是“立志守节，不免冻馁”的居家寡妇。按照最初的会规，一名寡妇每月资助1500文，如有年老公婆需要照顾加705文，有未成年子女加500文。如果有儿子可以送义学读书。守节满30年，可以“代请旌表”。但是，如果寡妇的儿子已经年满18岁，或其本人受雇为仆妇，或再嫁后又孀居，都不能得到资助。[②]

最初，恤嫠会确定资助百名寡妇，但是申请资助者越来越多。天津道台丁寿昌邀集地方官员捐款，恤嫠会得以增加资助20名。19世纪

① （清）沈家本：（光绪）《重修天津府志》卷7，恤政，1899年刻本。
② （清）吴惠元：（同治）《续天津县志》卷8，风俗 · 附义举，1870年刻本。

后期,资助寡妇家庭在天津一度形成善行风尚,新成立的一些慈善组织莫不将恤嫠作为该组织一项主要的善举,如济生社、同善社、引善社、广济补遗社、体仁广生社、积善社等

本郡善举甲于他处,已美不胜书,而富绅创办恤嫠保全节妇,尤善之善者。此举已历多年,每值二月初间,每户(寡妇)换给新票,计户有数百家。每月每户给津钱1500文,至冬令加给棉衣一套,岁杪再给老米一斗,可谓仁至义尽。每月1500文,虽糊口稍虞不足,若该妇能以针线自活,则此项尽足敷用。[①]

同一时期成立的广仁堂,则是又一个重要的慈善组织。光绪四年(1878年),天津、河间两府灾歉。北洋大臣李鸿章和津海关道盛宣怀邀同在津浙江绅商严信厚等人募捐赈灾,赈毕尚余款一二万金。同时,又有江苏士绅王承基、候补道郑官应、主事经元善等集捐洋银1万元,禀清李鸿章批准,在东门外南斜街暂设广仁堂,收养天津、河间灾民遗弃的子女、贫苦节妇等。后又募集经费,在西门外太平庄购地建造房屋280间,正式成立广仁堂。

广仁堂内分设六所,慈幼所专门收养孩童,蒙养所为义塾,挑选收养孩童中聪俊者延师课读,力田所雇农人教习孩童种植,工艺所教习编制、刻字等,"俟年长业成,听其出堂自谋衣食";敬节所收养无家可归的年轻节妇和无依幼女,"俟长成为之择配";戒烟所"广延良医,妥置方药,疗治鸦片瘾病"。[②] 当时,一般善堂仅以收养为务,而广仁堂开创养教结合的先例。在其创立章程中,明确说明:"历来善堂能于衣食上用

---

① 《直报》1895年3月1日。

② (清)张焘:《津门杂记》卷中,1884年刻本,第8页。

心已云尽美，然养成一班惰民于世何补？北方素懒，更当力挽其弊，故本堂之设，于书、农、工加之意焉，务俾一人有一人之事，渐冀自能谋生”。[①]

广仁堂为南方在津官绅创设的唯一慈善机构，最初以苏浙皖三省在津任职关道者为堂董，并由天津府县推举本地绅士二人襄理堂务。1912 年后，由苏浙皖三省会馆各举一人为总董，1925 年以后再由三省各举董事三人共同负责。

广仁堂创办以后发展非常快。当时直隶省城保定设立于道光年间的全节堂，只能收养妇女 50 名，而广仁堂仅仅设立几年便可以收养妇女孤儿 750 名。[②]

广仁堂的经费来源，早期奏准朝廷每年发给漕米 300 石，由江苏海运漕粮项下在津就近拨领。同时，也不断有官绅捐助，如宣统元年，有李钟琇遵照父祖遗命捐银 2000 两，后其子又遵照其遗命节俭丧资 1000 两捐入广仁堂。

到清代末期，广仁堂的慈善事务也不断扩大。光绪年间，广仁堂添设恤嫠会，经费本无所出。当时的天津知府谕令斗店行“由每石牙用钱六十文内抽出津钱五文，按月呈交”广仁堂使用。[③] 此外，由于广仁堂按照善堂经费管理的惯例，将募得的善款置买田地房产。民国以后，地价陡涨数倍，广仁堂的经费便有了可靠的保证。

光绪年间，天津还设立了专门收养遭到社会遗弃妇女的济良所，

---

① （清）沈家本：（光绪）《重修天津府志》卷 7，恤政，1899 年刻本。

② （清）张焘：《津门杂记》卷中，1884 年刻本，第 9 页。

③ 天津市档案馆等：《天津商会档案汇编（1903—1911）》（下），天津人民出版社 1989 年版，第 2122 页。

"拯济婢妾妓女女伶为职旨"。济良所是仿照上海的方式,由绅商捐款创办的。[①] 1912 年,由于兵变导致政局混乱,济良所由城里的户部街迁移到位于奥租界的备济社。1914 年又改由天津县政府接管,经费由官员和绅商捐助,以后部分经费由巡警总局于罚款内拨用。

凡津郡租界内外,南北各妓以及教演女戏,或诱拐贩卖来历不明,或至 25 岁领家勒掯不令从良,或非礼凌虐查有实证者,均禀明巡警总局拿究,一经审实,即将该女送所教养择配,俾期化贱为良。[②]

民国时期,济良所实行董事制,董事由县政府聘任,所长由董事选出,并受县政府监督。留养妇女每日均有学习课程,或学缝织,或习国文、书算,以达到国民小学程度。凡男子想领济良所女子为妻妾,需要由所方调查男方的财力、职业、经历,以确定其能否赡养女方,同时须得女方同意,方可捐款后领出婚配。

清末宣统年间,曾有名坤伶小莲芬被送入济良所,便有不少男人向巡警局申请领其为妻。有一店员提出申请,经过巡警局调查发现提供的情况虚假,最后同意由盐商领出作为侧室,条件是小莲芬不得再私自唱戏。[③] 此事在当时的天津一度闹得沸沸扬扬。作为天津唯一的收养遗弃妇女的机构,济良所在民国初年发展得很快,收养的妇女一度超过千人。但是,到了 20 世纪 30 年代,济良所却迅速衰落,管理腐败,内部混乱不堪,形同监狱。收养的妇女只有 20 余人了。[④]

---

① 据说募款创办者为盐商"李善人"(《益世报》1930 年 8 月 18 日)。

② 孙学谦:《天津指南》,中华书局 1924 年版,第 53 页。

③ 天津市档案馆等:《天津商会档案汇编(1903—1911)》(下),天津人民出版社 1989 年版,第 2168～2171 页。

④ 《益世报》1930 年 8 月 19 日。

（三）葬尸掩骨

随着城市人口的迅速增长，贫困人口和来自外乡的流民大量增加。一些人死后无力安葬，加上天津历来有浮厝的习俗，故常有遗尸街头，或尸骨暴于郊野。捐义地、葬尸掩骨便成为一项重要的慈善，包括施棺抬埋（即为无力丧葬者施舍棺材和择地埋葬）、捐设义地、掩埋无主遗骨等等。

施棺善举出现很早，最初是由民间发起。早在康熙年间，便有邑绅捐资，施舍棺木给那些无力安葬者。到乾隆年间，由于长芦盐运使的加入而组成施棺局，“凡路毙与贫不能敛者，给棺一口，钱七百五十文，以为葬费”。这种善举一直持续到 19 世纪。

最早发起捐资设立义地的是乾隆年间在天津任总督的方观承。1753 年，他创立了天泽会，邀集地方官员以及“邑绅党廷玉等”捐资 200 两，在城西南“置义地，建骨塔，平时掩骨纳于塔中，春末冬初，掩埋义地”。[①] 此后，义地不断增加，到了 19 世纪中叶，天津城周围的义地已经多达 12 处，均为历年由天津的官员、士绅、盐商或僧人捐资设立。

乾隆三十六年（1771 年），盐商华龙藻向官府呈请拨给城西南官地二顷余，成立“掩骼社”，专门掩埋无主尸骨。“嘉庆六年大水，四乡民结棚而居，死者累累”，掩骼社便号召捐款雇人掩埋。道光七年（1827 年），又有邑人李明远成立泽尸社，其后不断有邑绅捐助此类善举。他们有明确的会规，制定有一套行动的办法。“1860 年修濠墙，1869 年修河堤，尸棺暴露，先后掩归义地者几二千具”。后泽尸社改由严仁波经理，“每届清明节，遍历四乡”，凡遇无主尸骨便加以掩埋。又有甄起顺

① （清）沈家本：（光绪）《重修天津府志》卷 7，恤政，1899 年刻本。

等与僧人法来创殓埋社,“贫寒之家力不能营办殓埋者,社中备费前往,代为料理”。天津多河道,常有浮尸顺流而下。乾隆三十一年(1766年),天津知县熊恩绂创捞埋浮尸局,“沿河居民遇尸即时捞报,给棺一口,钱五百,为掩埋之费”。[①] 更有无力出资的社会下层,以出力的方式组织起来参与行此善举:

福善会者,本郡之食力人所建,掩埋无主尸骨之会也。其会首十余人,皆自食其力者,兴办有年。每届二月初一日起会,十月十五日止会。每月初一、十五两次聚会,招集食力之人数十名,至四处寻觅尸骨,觅得即于义地掩埋,不取分文,历久不懈,是真能不待有余而济人者矣。[②]

(四)救生

18世纪,天津人口明显增长,街道往来行人增多。由于天津多河道,浮桥摆渡成为往来交通必由之处,致使行人失足落水溺毙的现象不断增加。便有救生会出现。

“每岁粮艘趱行时,(浮桥)抢渡之人往往失足落水,见者惧累,不免袖手”。嘉庆年间,生员庞跃渊等在北浮桥创立救生会。他们请知县陆香森出示“如有失足落水者,许平人拯救”,即使被救者未能生还,也只需禀报官府,不得牵累救人者。

不几年,各河流主要浮桥、渡口都设立了“救生会”,用捐款购置小船,“分巡拯救”。按照“救生会”的会规[③],每逢阴历十八至初七月光暗淡或阴天的夜晚,救生会都要在各浮桥处“置高照大灯”,以方便过河的行人。不论何人,凡救活一溺水者,救生会奖励1000文,如被救者未能

---

① (清)吴惠元:(同治)《续天津县志》卷8,风俗(附义举),1870年刻本。

② 《直报》1895年3月1日。

③ (清)吴惠元:(同治)《续天津县志》卷8,风俗(附义举),1870年刻本。

生还，奖励 500 文，不愿受奖者记其名氏以表谢意。

(五)惜字

敬惜字纸是传统时期知识分子崇尚传统文化，把文字人格化，并奉为一种治理社会的道德行为。借助政府的推行，惜字到清代逐渐成为全社会的风习。尽管惜字本身与慈善没有直接关系，可是由于惜字活动大都与其他行善活动一起举行，于是也成了慈善事务的一部分。惜字风习虽然从明代就已经流行，但以惜字为职能的慈善组织却是到了清代嘉道年间才大量出现在城市中。

此类慈善组织最为典型的就是惜字社，多为士绅组织。他们雇人在街市拾拣带有文字的弃纸焚之，沉灰于河。劝作坊勿收买字纸。还有的自制白纸本以换取妇女包裹针线花样的旧书，然后将其焚之。甚至还有人平日随身携带斧凿，见路上有带字迹的瓦片或碎瓷，便将字迹敲下沉入河中。倡行此类善举者认为，文字乃古之圣贤所遗，不可随意扔弃践踏。

由于地方官员的大力倡导，惜字风气达至极端。同治初年，萧世本任天津知县时，竭力提倡敬惜字纸。民间各善社上行下效，兴起一股敬惜字纸“热”。他们纷纷雇人挨户收敛字纸，集中焚烧，把纸灰投入河中。萧世本甚至贴出告示，严禁鞋店纸包印字，“谓此等行为等于以脚踏字，对字纸大不敬也。违者重罚。一时各靴鞋店，皆用素纸包裹靴鞋”。[①]

20 世纪以后，随着近代文明的到来，此种善举逐渐消失。但是直至民国初年，还有一些组织对此乐此不疲。在街市、学宫或里巷墙壁上

---

① 戴愚庵：《沽水旧闻》，天津古籍出版社 1986 年版，第 60 页。

挂着一些木斗,上书“敬惜字纸”四字。行人见到路上有字纸虽屑片必拾之投入斗中。待积满后,这些组织便捐钱雇工敛在一处,焚之以炬,沉灰于河。

此外,形形色色的善举还有许多,如专门在冬天风雪之日到客店施舍食物的“饽饽会”,向贫民施舍棉衣的“三益堂”,在浮桥上设置路灯照明以防路人落水,夏天在街市上向行人施水、施茶、施冰、施绿豆汤等,施药给那些没钱看病的穷人更是医士或士绅们乐此不疲的善事。

3. 从粥厂到红十字会:城市慈善的变迁

由于华北水旱灾荒频繁,赈济流入天津的灾民自然成为天津慈善事业的一项主要职能。早在17世纪中期,天津就出现了私人捐款赈济灾民的慈善行为。而最早专以赈济来津灾民的组织是1686年成立的育黎堂,创立人是天津道石天枢。这是完全由官府设立,政府出资的机构,功能是安置来津觅食的邻境灾民“俾生有养、病有医、死有棺、葬有地”。[①] 1739年,育黎堂改名为普济堂。光绪十年(1884年)又由长芦运使筹款6500两加以扩建。

对于大量灾民而言,最有效的慈善活动是设粥厂施粥。施粥活动起源很早,无论政府、团体或个人,都使用这种方式赈济灾民或贫民。明清以还,粥厂制度更为流行。[②] 每遇荒歉之年或冬春青黄不接季节,城市里开粥厂煮粥赈民,成为最普遍也最实用的赈济方式。天津最早的粥厂出现在明末,设立者是右卫指挥使梅应卜。清代以后,粥厂的设

① (清)吴惠元:(同治)《续天津县志》卷11,名宦,1870年刻本。

② 邓拓:《中国救荒史》,北京出版社1998年版,第306~313页。

立越来越多，首倡者大都是地方官员，捐资者主要是绅士、商人。乾隆十年(1745年)，天津地区发生水灾，天津道乔人杰首倡在四个城门开设粥厂："津郡大水，邻邑饥民奔奉天路过津邑者日以千计。公倡率官绅捐资立粥厂于四门外，以饲饥者"。此后，四门粥厂成为常设的制度。嘉庆时期，还在粥厂内设置义仓，储存百姓捐助的粮米。"储捐米以备急，虽升米必记其名，以彰好义"。到同治年间，天津城内外设立粥厂多处，但因发生火灾，"延伤多命"，经整顿后只保留了城西门外、城北西沽和北仓的粥厂，一处专向男性施粥，二处专供女性。"岁以冬仲春初三月为期，沿河十余州县贫民踵集，计数二万余人，岁以为常。米粮各费均由筹赈局支销"。[①] 虽然粥厂数减少了，赈济灾民的人数却不断增加。从19世纪80、90年代直隶总督历年奏报的赈灾支出可以看出，接受政府以施粥等方式赈济的贫民人数由几万人增加到将近20万人。

民间自发组织的赈灾，也肇始于乾隆时期。当时，河南地区发生灾荒，灾民纷纷通过天津逃往关外，便有天津富户张宏镇"煮粥以待饿者"。1792年(乾隆五十七年)，该地区再次发生灾害，"有夫妇携子女经过津邑，至河干，夫前行，妇觅夫不得，饥疲不能进，大哭久之，遂同子女沉于河。及夫回闻之，亦自沉。邑绅周自邠、朱光觐等慨然谓：'夫妇傥获一饱，何惨于此？'遂设立粥厂。"[②]

1801年(嘉庆六年)，"津邑大水，四乡灾民纷纷逃来城"，津城的生员、举人、监生李嘉善等纷纷捐米助赈。他们在东门外"置义仓，储捐米以备急"，使赈济成为一种具有普遍号召力的社会行动。

---

① (清)沈家本：(光绪)《重修天津府志》卷7，1899年刻本。
② (清)沈家本：(光绪)《重修天津府志》卷7，1899年刻本。

在传统时期,通过施粥救济做善事是城市士绅或富商惠及梓里、体现精英行为的一般做法。这种行为有以团体的形式出现,如延生社、备济社等,也有以个人行为出现的。例如,在19世纪后期,有"河东桐达号李宅,津郡之富绅也。在西方……前设立存育所善堂历年已久。向于冬月初收集贫民四五百名口来所吃粥,一日两餐,至二月间散集。前后共百余日,所费不赀,皆李宅独力举行,与西门外延生社章程相似。彼社为公善,此为独善,尤为难能"。①

直至19世纪,通过施舍济贫仍然是不同社会阶层非常热衷的、目的在积德行善的个人行为。

"闻本郡富绅郑某,数派妥友在本城内外施送玉米面票,每票五斤十斤不等,并闻每票加钱一百文,以资柴米之需"②。"西营门外各村庄频年被水,灾民众多……新正初旬,振德店、义泰昌等各绅富派人赴各村详查户口,按人数多寡施给玉米面票,或五斤或十余斤不等,令持票向城内仪门口恒昌米局支取。每日计需玉米面数百千斤"。③

每到年节之时,"好善乐施之人或带米票,或携钱帖,独行踽踽,于僻巷穷檐之下访极贫户,暗为施与,不言名姓。施当其厄,感之者沦肌浃髓。……年前小除夕,夜色昏黄间,有操本地口音二人不知为何局司事,手持纸票一札,由南门外沿城根查问贫户任意散给"。④

1880年成立的"备济社",则使济贫备荒成为经常性的制度。当时,天津道丁寿昌和知县王炳燮发起"劝捐",劝说李叔同的父亲、盐商

① 《直报》1895年3月4日。
② 《直报》1895年2月28日。
③ 《直报》1895年2月1日。
④ 《直报》1895年1月30日。

李世珍捐银5000两，另有盐商严克宽、杨俊元、黄世熙、杨云章、李西铭等各捐银1000两成立了备济社。同时，由地方政府的筹赈局向海上来津贩运粮食或其他商货的华商抽收捐银。第一年就收取了捐银6100余两，连同个人的捐款作为基金“发商生息”。每年冬季用三成息款救济贫民，七成“留为荒年助赈之用”，“无论地方何项公事及别项善举，概不准官绅丝毫挪用”。备济社的日常事务“责成公正绅士轮流值年，妥实经理”，但是地方官要“随时督查”。[①]

庚子以后，尤其是民国时期，传统的慈善机构逐渐衰落。1908年天津地区发生水灾，商会致函备济社总董李士铭：“贵社存备专款，为本邑饥荒而设。……此次丁字沽等村庄被灾甚苦，谊属同乡，核与贵社定章相符，应请阁下拨款速办急赈，以期接济而惠灾黎”。李的答复是：“敝处承办备济社，自庚子乱后，存款无多，不敷开放”。[②] 可见，像备济社这样实力很强的慈善机构，甚至连一般的赈济也无法承担了。

与此同时，非官方组织如商会等近代组织的积极参与，使得各种类型的慈善公益事业有了较大的发展。民国以后，天津的赈灾活动更加活跃了。随着漕运的废除和集权制度的灭亡，政府的赈灾能力明显减弱。当灾害发生时，城市越来越依赖于社会组织或个人的赈济。尤其是1917年大水灾发生后，越来越多的慈善赈济组织或个人参与赈济灾民的活动。直接管理地方的政府组织的社会救助能力明显削弱，以熊希龄为首的“督办京畿水灾河工善后事宜办公处”和以杨以德为首的警察厅成为城市赈灾的实际组织者。私人善堂通过联合加强了赈灾的能

① （清）沈家本：（光绪）《重修天津府志》卷7，1899年刻本。

② 天津市档案馆等：《天津商会档案汇编（1903—1911）》（下），天津人民出版社1989年版，第2146页。

力,其典型就是八善堂的出现。近代型的全国乃至世界性组织,如红十字会等,在民国时期的赈灾中发挥着越来越大的作用。

新出现的赈灾团体多实行董事会制,采取向社会募捐的方式,如由在天津生活的中国人和外国人共同组织的华北华洋义赈会、主要由华商组成的天津善堂联合会、江浙粤直四省行商急赈会、天津红十字会设立难民留养所等。此外,在天津有影响的政界官员也常常成为活跃的组织者,直隶警察厅长杨以德就是一个典型。1917 年大水灾发生后,杨以德非常活跃,“联络各界善士”组织天津急赈会和天津善堂联合会。由于他的积极参与,天津的警察也成了抵御洪水、赈抚灾民的积极力量。天津急赈会在南开建立留养所,由警察负责组织,搭盖窝铺收留无家可归的外地灾民,并放赈七十余万元。

除了社团组织之外,也有以个人名义组织的赈济机构,如北京实业银行经理组织的普济急赈会、安徽会馆李经湘开办的灾民留养所。原籍天津的江苏督军李纯,由其弟弟李桂山出面组织了“立志堂李”灾民收养所。急赈会的发起人、原籍天津的民国总统徐世昌和赵尔巽等发起倡捐,在老龙头迤北的郭庄建造草房式窝铺二百间,容留外地的灾民。富商孙仲英、卞荫昌也在宜兴埠设粥厂,救济灾民。

这些赈灾组织还专门成立了为灾民提供培训或教育的教养院、教养所,为灾民医病的“北洋防疫处临时灾区诊疗所”,专门施送棺材给亡故灾民的“老公所”,以及由在天津的上海工商业者组成的专门送灾民儿童到上海工厂学徒的“北方工赈协会”。

天津公益、慈善事业的发展和近代演变,是与不同时期的社会文化、价值观密切相关的。从 19 世纪末到 20 世纪初,随着城市人口的迅速增加导致社会问题的大量出现,传统的慈善理念和组织逐渐被近代的慈善行为所取代。尤其是民国以后，社会民主意识的发展，使得基于近代慈善观念的社会团体大量出现，导致城市慈善事业出现了新的局面。

4. 从水会到消防队：近代消防的出现

在现代消防组织出现以前，天津的救火消防主要由公益性组织"水会"承担。天津的水会也称火会或水火会，是清代实力强大的公益组织，其组织之严密在国内受到广泛的赞誉。水会最早出现于17世纪。康熙初年，长芦盐商武廷豫创立"同善救火会"，当为天津最早的水会组织。随着清代中期天津城市的发展，"人烟稠密，往往不戒于火，灾渐多"。[①] 雍正初年，长芦盐运使莽鹄立捐置救火器具。火灾关乎社区乃至整个城市的存亡，也关系到无论穷富民间百姓的身家性命，因此一旦有地方官员的支持，民间水会便随之大量出现。康熙年间出现了十余所，到嘉庆年间便增至四五十所。

水会的分布以老城里、城外商业区以及批发商业集中的物资集散区最为密集。水会会所大都设在本街区的祠堂、寺庙、更房等公共场所，或由富家捐赠一二间公房供水会使用。还有的水会设在脚行甚至混混儿的锅夥内。平时，水会往往成为本街区的四邻，尤其老人和无事之人们闲坐聊天娱乐的地方。一旦发生火警，这些人往往也成为热心的参与者。

水会成员多数是从事商业运输或做生意者，"半属负戴、贸易之人，

① 《长芦盐法志》嘉庆十年刻本。

闻声皆奋勇往救,置其货物于不顾,街市人每代为守护”[1]。水会救火的工具主要靠水激子和水筲,救火用水要靠人数众多的会员用水筲从河道、水坑或水井去取水,这也是为什么水会成员人数众多的原因。例如,位于海河三岔河口狮子林一带是居民两千多户的人口密集区,该区水会“上善北局”便备有水筲102副,水激子3台,遇有火灾前往救火者能达到一百三四十人。[2]

水会的首领称“会头”或“会首”,其直接参与救火的成员称“伍善”,筹集犒劳、递送茶水、负责财务或出钱不出力的成员称“文善”。规模较大的水会称“首局”,较小者称“分局”,到19世纪后期又出现了所谓“总会”,成为水会的领导者。水会的总会首或董事由各水会推选,多为有声望的绅商,也有混混儿的首领。

水会从早期便订立会规,形成了天津的水会制度。按照水会的“规矩”,一旦发生火灾,“先鸣锣街中以齐众”[3]。火警锣声称“传锣”,锣声急快,从火场由近及远,依次传递。火灭后也要鸣锣,但节奏很慢,称“倒锣”或“缓锣”。水会成员即伍善闻警后要马上到会所集合,水会首领要先带领伍善向“火神爷”像跪拜,称“辞火神”,然后携救火器具奔向火场。规模较大的水会去火场要有次序,大锣开道,旗纛当先,水激居中,会首率众伍善断后。

清代天津的许多行业都划分区域,人们的社区意识很强,但是唯有水会救火不分畛域,一方有警,八方来救,即便那些往日素有仇隙而不

---

① (清)吴惠元:(同治)《续天津县志》卷8,风俗(附义举),1870年刻本。

② 天津市档案馆等:《天津商会档案汇编(1903—1911)》(下),天津人民出版社1989年版,第2102页。

③ (清)吴惠元:(同治)《续天津县志》卷8,风俗(附义举),1870年刻本。

相往来的街区，也不会拒绝彼此的水会前往救火。水会救火也有不少陋规，如远近水会进出火场要讲究次序和互相礼让，“前者让后，有来必让，任其火势张大而礼让不可缺，缺者互斗，置火不问”，[①]即所谓“揖让救火”。

水会的活跃可以让我们看到清代天津市民参与城市公益事务的热情。清代诗人樊彬的《津门小令》中便有诗描述水会救火时的情景：

津门好，救火事匆匆。

万面传锣趋似鹜，

千条机水矫如龙，

旗帜望连空。

水会成员大都是天津本地人，很少外省外县的新移民，所以当地又称水会为“子孙会”。到了19世纪，这种地方性很强的组织，其功能和社会参与已经超出了救火的范畴。

光绪十年（1884年），钦差大臣穆图纳要来天津视察守城芦团、民团操练。团练是临时性组织，此时早已经不存在了。李鸿章赶忙传四十八家水会首领，要每会出50名以充民团，却被会首以“会中人不多，皆系做小生意及手艺中人”不懂操法为由，加以拒绝。李要知县陈以培前往水会劝说，最后会首提出若令水会出人，只能是雇人，要给口粮，三年方可裁撤，李鸿章只得应允。结果水会派出2000名，“头缠紫花布，穿号坎，赴天津镇属，领军械并口粮钱，每人津钱400文钱票，赴鼓楼东益昌钱局内持票取钱”。操练完毕后，李鸿章赏给水会匾额一方，额曰

① 转引自陈连生：《天津早年的水会》，《天津文史丛刊》第2期，第41页。

“众志成城”四字。[①]

每逢城市遇到动乱、战争或者政治事件的时候,水会就被称之为“水团”,接受政府官员的调遣,成为防守地面的主要军事力量。1853年太平军北伐,威逼天津,水团被组成练勇。盐商张锦文设民勇局,专门调城中水会成员到大营驻守并参加作战。战后,咸丰皇帝在上谕中对天津水会倍加赞誉并专门为水会拨发口粮。天津水会因此名声大振。1859年英法联军进攻大沽口,水团曾前往协助防止火患。1868年捻军北来犯津,水团曾参与城市防守。1894年甲午战争期间,水团也曾经参与保护地面。庚子义和团战争,水团也曾经参与保护城市。发生于1870年的天津教案,水会成员又成为主要的参与者。当教案发生时,水会在城里公开鸣锣聚众,街上百姓聚集上万,其中水会成员就有几千人。[②] 1911年正值武昌起义发生,当时重新制定的水会章程中就有“无事则防火患,有时则可御侮,庶不负咸丰三年上谕:‘天津水会,雄心虎胆,为天下第一民’”。[③] 显然水会已经不单单是致力于消防的公益组织,也成为保卫城市或参与政治事件的民众团体了。

20世纪初,北洋新政的实施,近代城市市政制度逐步建立,水会的生存开始发生危机。随着警察系统的建立,城市当局开始不再利用水会,而是重新建立由政府控制的民间消防组织。1905年5月,负责南段巡警探访局的杨以德,重新按街建立由巡警控制的民间消防组织,各街铺商每铺十人中选出两人,身穿号衣,编成号数,各街号数颜色或样

① (清)储仁逊:《闻见录》第1册,稿本,第43页。

② (清)王定安:《求阙斋弟子记》卷17。

③ 天津市档案馆等:《天津商会档案汇编(1903—1911)》(下),天津人民出版社1989年版,第2113页。

式不同，以示区别。每铺置买洋铁筒一两副，名为太平筒。一条街的铺户组成会，自备水桶和水枪。但是，他的计划马上遭到普遍的反对。一遇火警，前往参与救火的水会成员常常遭到维护现场的巡警的阻挠，发生争执。仅仅过了一年，巡警探访局就不得不承认水会的力量，与商会协商重新制定火会救火章程。[①] 章程规定，遇有火灾时，巡警不准阻挠火会成员进入火场。甚至还不得不让由鞋行组成的"口袋会"参与。"口袋会"由各鞋铺的铺伙组成，遇有火灾，他们各持口袋，夜间还高举竹竿挑着灯笼，帮助受灾商家从火场中抢运货物。章程还规定，水会成员要穿统一的号衣，由商会统一备制，盖戳编号。火会以北门外马路为界限，按东西南北四隅分为四大段，各保各段。遇到大火警的时候，才可以打破界限全城水会前往救助。救火时，水会要听从消防队官员的指挥。水会的首董也要到场指挥，白天用旗子，夜间用灯笼。水会传递信息用令子，不得再使用信锣。水会章程制定后，商会"传集阖郡各水会首董事"，将 53 家水会，按照章程的规定，分成"众、志、成、城"四个区，水会成员各穿分别标有众、志、成、城字样的号坎，以示区别。"倘遇火警，各按界限往救"。[②] 1910 年再次修订的水会章程又恢复使用信锣指挥，只是租界的水会除外。

进入民国以后，随着城市社会的演变，水会的组织和行为方式也逐渐发生了变化。早期水会首董每年春秋两季要摆会酬善，由各会首董自行筹办。遇有火灾水会组织前去救火时，为参加救火的水会成员准

① 天津市档案馆等:《天津商会档案汇编(1903—1911)》(下)，天津人民出版社 1989 年版，第 2094 页。

② 天津市档案馆等:《天津商会档案汇编(1903—1911)》(下)，天津人民出版社 1989 年版，第 2097 页。

备的点心、茶水、蜡烛等,也是由首董垫办。19 世纪末期,遇有摆会、救火时,已改由首董向商民敛收钱财。而到了 1908 年,水会摆会酬善,一切费用都要由居民、铺户均摊。火灾扑灭后,往往有水会"昼留一会旗,夜留一会灯",以便向被灾之户索要点心。春秋两季则靠摆会敛钱。1911 年,由于武昌起义的爆发引起政局动荡,水会组织巡更。此时的水会,不论伍善还是首董,都不再是完全的义务性服务了。伍善巡更每日每名支付"工食"铜圆 20 枚,如还要参加操练,增加到 35 枚。首董每日铜圆 50 枚。每个水会每日 800 枚。当时,天津所有的水会每月共需要铜圆 129.6 万枚,约合洋 1 万元。这一年的 10 月,阖津水局从长芦盐运使署领取了该月的经费 2500 两。①

就城市社会而言,清末民初的天津,近代化的进程很快。新的事物不断出现,冲击着传统社会。建于康熙年间的河东水会同善北局,一直占用关帝庙为局所。20 世纪初期,庙内设立织布厂,水会只能腾让。另外两处设在庙宇的水会,也因办学堂需要而挪至他处。此时正值新政时期,兴办工厂、学校与水会争夺庙宇,水会只能腾让。庙宇作为传统城市几乎唯一的公共空间,其占用情况反映了社会对公共空间需求的变化,也反映出传统组织的逐渐衰落。然而,由于此时已经成立的新式消防组织,无论人力还是物力都还受到限制,许多街区自来水管道还没有铺设,近代救火设备无法施展,只能仍然依靠传统的水会系统。这是民国年间水会一直得以生存的主要原因。直至 1937 年中日战争爆发,水会组织才陆续解体。

① 天津市档案馆等:《天津商会档案汇编(1903—1911)》(下),天津人民出版社 1989 年版,第 2117 页。

新式的近代消防组织是从20世纪初开始在老城区出现的。1900年底,统治天津的"都统衙门"开始组建专职消防队,由意大利海军机械师负责机械的维修和技术指导。当时,在都统衙门前和城西北角各竖起旗杆式瞭望杆,有"火捕"(即消防队员)站在杆上监视,一旦发现有火险发生,"以便遇灾施救"。① 这种监视火情的方式一直到民国以后在老城区还有存在。这一时期消防队使用的工具仍然是水筲、梯子、挠钩等,直到1902年才从上海购置了一台蒸汽消防泵。与此同时,在都统衙门与济安自来水公司订立的协议中,明确规定公司在沿街铺设自来水管时,每隔225米要建造一个储备消防用水的水池。②

袁世凯接管天津后,在组建巡警的同时也成立了消防队,附属于南段巡警总局,其成员多为原都统衙门消防队的队员。他们开始制订了《救火章程》并取缔了水会。然而,他们很快发现,新式消防队无法应对频繁发生的火灾,于是水会又得以恢复,被要求在消防队的指挥下参与救火。恢复后的水会组织发生了变化,除了按照街区划分组织外,职能分工更加细致,出现了激子会、水筲会、助水会、挠钩会等。尽管新的消防技术和自来水已经出现,但是水会拒绝做任何变革,依然保留着传统的组织和救火方式,直到1911年,水会仍然要"安放水缸若干存水"以备救火使用。无论组织形式还是行为方式都很保守的水会,显然越来越不能适应近代城市的需要,每当发生火灾前往救火时,人数众多的水会常常会与消防队发生矛盾,甚至成为消防队救火的障碍。

消防队是按照西方城市的模式组建的,他们不是公益性组织,而是

① (清)储仁逊:《闻见录》卷8,稿本。

② 刘海岩等:《八国联军占领实录——天津临时政府会议纪要》(下),天津社会科学院出版社2004年版,第216页。

隶属于警察系统的市政组织,具有维护城市安全的权力和职责,并积极采用近代消防设备和技术。1903 年,消防队增加了新的消防设备“双激管水龙”以及“机器水龙”[①],开始有了机器动力的救火设备。1908 年,巡警总局再次购置了两台救火机器。1920 年,又从法国巴黎专门订购了一辆最新型的汽车消防车,“车上装有各种救火机器,车中能容救火警察十余人”。[②]

由于救火需要大量用水,消防队经常与自来水公司打交道,也时常会发生利害冲突。1906 年天津南段巡警总局与济安自来水公司签订的协议中规定,公司免费为老城区提供消防用水,“倘天津城厢内外遇有火患,供备应用自来水,该公司情愿免价不取分文”。[③] 但是,仅仅过了几年,当警察厅长杨以德要求济安公司在街道上增设消防栓时,却遭到拒绝。杨无可奈何,只能以日本东京作例子,要求公司更多考虑公共利益,不能只想到在能售水赢利的地方安设水管,“亦应帮助百姓预防火灾,而不能只想到赚钱”。[④] 这些无力的批评当然无法触动商业利益至上的自来水公司,警察厅只能用类似商业谈判的互利方式与自来水公司打交道。1920 年,警察厅与济安公司订立合同,以同意该公司在西河增设抽水口和帮助购地为条件,换取济安公司沿街安装水龙头并免费增供消防用水。

在英租界,虽然公共用水的供给没有发生过商业利益与公共利益

---

① 《大公报》1903 年 6 月 1 日。

② 《大公报》1920 年 4 月 27 日。

③ 《天津南段巡警总局与端记洋行天津城厢内外自来水公司订立合同》,1906 年 11 月 23 日,FO678/1623, Tientsin Native City Water Works。

④ 《天津警务道致天津济安自来水公司函》(1910 年 2 月 22 日),济安档案第 23 卷,天津市档案馆藏。

之间的冲突，但是早期的消防却相对发展迟缓。直到 1902 年，英租界救火依然使用水桶，以及插在水桶中靠手上下抽动喷水的喷嘴等简陋的器具。也是在这一年，英、法租界成立了志愿消防队。

到 1903 年，英租界消防队有了一台小型蒸汽消防泵，1905 年增加了一台大型机动消防泵，但是这些设备无法应对大型火灾，尤其是仓库发生的火灾。而且，直至民国初期，自来水水压不足，缺乏运输设备，一直是消防面临的大问题。消防器具要靠人力运往火场，直到 1914 年才改由畜力车运输消防泵，其他器具仍靠人力运输。[①] 因此，英租界的消防一直为社会所诟病，人们挖苦说如同蜗牛般的消防队赶到火场，常常火已经自行烧灭了。

民国时期，英租界发展很快，到 1916 年老界和扩展界已经建满了各类建筑。这一年，火灾发生的次数显著增多。与此同时，扩展界所有的水坑已经填平，墙外推广界的水坑也正在逐渐填垫。作为消防用水水源，这些水坑正在逐渐消失。另一方面，随着城区的扩展，更多新开发的街区已经远离河道，无法再直接从河中抽水救火，使得消防用水不得不越来越依赖自来水。可是，不论是已经很拥挤的街区还是新的建成区，却都没有埋设足够的自来水干管和安设消防龙头，自来水的供给不足更使得救火时无法获得足够的水量。[②]

显然，水的供给与消防队的救火能力都已经无法适应租界的发展，租界工部局董事会决定改变这种状况。1915 年，租界街头安装了 20

① *Report of British Municipal Council of Tientsin for the Year ended*, 31*st*, *December*, 1914, Tientsin Press, 1915, p. 54.

② *Report of British Municipal Council of Tientsin for the Year ending* 31*st December*, 1916, Tientsin Press, 1917, p. 64.

处火灾警报器,设置了火警站,改变了以前由巡捕代报火警的方式。同时,消防员家中也安装了电话报警系统。1917 年,英租界消防队有了第一辆装备有水龙带的消防汽车;1920 年又增加了一辆涡轮式抽水消防汽车。新式的机械动力水泵,使得抽水量达到每分钟 950 加仑,在有效高度 120 英尺的范围内每分钟至少送水 600 加仑。

1918 年,英租界成立了职业消防队,以取代志愿消防队。新组建的消防队除了外国消防队长和负责机械的外国消防工程师外,从华人巡捕中招募了 12 名消防队员,并由上海雇用了一名有经验的华人消防队长。①

1923 年工部局接管自来水厂之后,随即开始铺设消防专用供水管道,加大消防供水的水量。至此,英租界的消防组织才逐渐适应了租界的发展。

① *Report of British Municipal Council of Tientsin for the Year ending* 31*st December*, 1918, Tientsin Press,1919, p131.

结　语

把城市空间与城市社会结合起来,寻找一个新的研究点,这是想通过这项研究做的尝试。书稿完成后回溯研究的全过程,感到目的只达到了几分,不少地方留下了缺憾,出版之际备感汗颜。

城市史的研究,20 世纪 90 年代在国内学术界兴旺一时,近些年来似乎有些冷了。但是,各地不少学者仍在默默地做着各自的努力,不断可以看到佳作问世。我的这本书忝列其中,希望能达到彼此交流,共同促进城市史研究进步之目的,也就备感欣慰了。

做完这项研究的一个最大感受,就是城市史有很大的研究空间。且不说我们的研究距离建构理论体系还相差甚远,就是实证性的研究成果,也只能说还是太少了。许多的研究还停留在泛泛之论上。尽管从事了多年的天津城市史的研究,但是翻检史料之时,常常感到所看到的历史记录,与我们总是挂在嘴边上的理论或结论相差甚远,甚至大相径庭。在研究商人的过程中,我利用档案资料对一千多名商人做了一次统计分析,希望说明从清末到 20 世纪 20、30 年代城市商人构成所发生的变化。这项统计着实费了不少时间,统计的结果却有些令人失望,历史上的商人们并没有按照我头脑中已有的思维定式发生着“近代化”

的转型，而是呈现出更为复杂的状况。这给我提出了一个警告，研究必须从史料出发，处处小心不要掉入现成结论的陷阱。从另外一个方面，我还发现历史与现实又是具有那么令人吃惊的相关性。不论政府行为对城市生态环境的影响、商人与政府之间的关系、疫病流行时政府与社会的反应，还是小商贩与警察和城市管理之间的冲突、新移民或进城谋生者在城市中的境遇等等，都能从历史的场景中找到现实的影子。这不仅会引发研究兴趣，而且还告诉我们秉笔直书不仅需要学识，也要有勇气。

本书在总体上没有做更多理论构架的阐述，而是选择了若干具有典型性的层面进行略有深度的探讨。之所以如此，并非在研究上有所偏颇，而是我认为现在还没有可能建立什么理论框架，我们在许多方面还存在研究的不足或者空白。例如，对在近代天津生活过的外国人的研究至今几乎还是空白。作为近代中国很早就对外开放的商埠，也是外国租界最多的城市，天津的外国人口最多曾达到将近 8 万人，国籍达到 16 国。对这些曾经与我们的先辈生活在同一个城市中的外国居民，我们却所知甚少。为什么形成如此局面，除了历史的原因，我们还缺乏从基础资料做起的努力。还有大量的研究课题在等待着我们。

这本书是天津市社会科学“九五”规划重点研究项目的最终成果，并获得天津社会科学院学术出版基金的资助。这里要特别感谢天津社会科学院学术委员会和天津社会科学院出版社的诸位先生，是他们的大力帮助，才使得本书得以出版问世。另外。本书出版也得到了天津市社会科学联合会等单位的大力支持，在此一并致以谢意。

同时，也要特别感谢南开大学陈振江教授、李喜所教授，天津社会科学院罗澍伟研究员。他们不仅拨冗审阅书稿，也为我的研究和书稿的修改提出了许多宝贵的意见和建议。陈振江和罗澍伟两位先生还欣然为本书作序。还要感谢天津历史博物馆的陈雍先生，他在项目立项的过程中提供了非常有价值的见解和帮助。也要感谢天津社会科学院图书馆和天津市图书馆古籍部的诸位先生、女士，没有他们的热情相助，我的研究是无法完成的。

对文献史料尤其第一手资料掌握的局限，以及理论素养上的不足，都会使这本书存在许多谬误和不足，真诚地希望学界专家和读者不吝赐正。

作者

2002 年 12 月 10 日

参考文献

地方志

(清)薛柱斗纂修:(康熙)《天津卫志》,康熙十四年(1675 年)。

(清)李梅宾等修:(乾隆)《天津府志》,乾隆四年(1739 年)。

(清)沈家本等修:(光绪)《重修天津府志》,光绪二十五年(1899 年)。

(清)吴廷华等修:(乾隆)《天津县志》,乾隆四年(1739 年)刻本。

(清)吴惠元:(同治)《续天津县志》,同治九年(1870 年)刻本。

高凌雯:《天津县新志》,1931 年刻本。

高凌雯:《志余随笔》,1936 年刻本。

王守恂:《天津政俗沿革记》,1938 年刻本。

(道光)《津门保甲图说》,不著作者,道光二十六年(1846 年)刻本。

(明)郜相:(嘉靖)《河间府志》,嘉靖二十二年(1543 年)刻本,上海古籍出版社 1965 年影印版。

傅振伦:《新河县志》,1929 年刻本。

(清)黄掌纶:《长芦盐法志》,嘉庆十年(1805)刻本。

史料

(明)毕自严:《督饷疏草》,明天启年刻本。

(明)毕自严:《抚津疏草》,明天启年刻本。

(明)李邦华:《文水李忠肃先生集》,清乾隆七年(1742年)刻本。

(清)张焘:《津门杂记》,光绪十年(1884年)刻本。

(清)王定安:《求阙斋弟子记》,刻本。

(清)李兴锐:《李兴锐日记》,中华书局,1987年。

(清)储仁逊:《闻见录》,稿本。

(清)望云居士等:《天津皇会考纪》,天津古籍出版社,1988年。

(请)羊城旧客:《津门纪略》,天津古籍出版社,1988年。

(清)华鼎元:《梓里联珠集》,天津古籍出版社,1986年。

(清)赵尔巽:《清史稿》,中华书局1976年版。

(清)李慈铭:《越缦堂日记》,文海出版社,1963年。

《光绪朝筹办夷务始末》,(台北)故宫博物院影印。

《襄理军务纪略》(雪堂丛刻本),《第二次鸦片战争》(1),上海人民出版社,1978年。

(清)甘厚慈:《北洋公牍类纂》,清光緒三十三年(1907)鉛印本。

《袁世凯奏议》,天津古籍出版社,1987年。

徐珂:《清稗类钞》,中华书局,1986年。

张瀚:《松窗梦语》,中华书局,1985年。

戴愚庵:《沽水旧闻》,天津古籍出版社,1986年。

吴趼人:《恨海》,南昌豫章书社,1981年。

[俄]德米特里·扬契维茨基:《八国联军目击记》,福建人民出版

社,1983 年。

[英]雷穆森:《天津租界史(插图本)》,天津人民出版社,2009 年。

[日]中国驻屯军司令部:《二十世纪初的天津概况》,天津地方史志编修委员会,1986 年。

天津居留民团:《天津居留民团二十周年纪念志》,天津居留民团,1930 年。

天津海关译编委员会:《津海关史要览》,中国海关出版社,2004 年。

吴弘明编译:《津海关贸易报告(1865—1946)》,天津社会科学院出版社,2006 年。

许逸凡译:《天津海关 1892—1901 年十年报告书》,《天津历史资料》第 4 期,天津市历史研究所编。

刘海岩编译:《天津租界市政章程法规选》,《近代史资料》第 93 号。

刘海岩等:《八国联军占领实录——天津临时政府会议纪要》,天津社会科学院出版社,2004 年。

刘海岩主编:《近代外国人记述的天津》,天津人民出版社,2018 年版。

《天津法租界章程》(未刊稿),1920 年代。

《天津意国租界章程》(未刊稿),1924 年。

《驻津英国工部局一九一八年章程暨修正条文》,《天津英国工部局 1929 年董事会报告》(中英文本),天津印字馆,1930 年。

天津特别市社会局:《天津特别市社会局 周年工作总报告(1928.8—1929.7)》,1929 年。

《天津市周刊》,1947 年。

王铁崖:《中外旧约章汇编》,生活·读书·新知三联书店,1959年。

吴霭宸:《天津电车电灯公司问题》,《华北国际五大问题》,商务印书馆,1929年。

勒费窝:《怡和洋行——1842—1895年在华活动概述》,上海社会科学院出版社,1986年。

连阔如:《江湖丛谈》,当代中国出版社,2005年。

王镜铭:《天津造胰工业状况》,河北工学院经济学会,1935年。

熊希龄编:《京畿水灾善后纪实》,1919年。

姚贤镐:《中国近代对外贸易史资料(1840—1895)》,中华书局,1962年。

Arnold Write ed., *Twentieth Century Impressions of Hong-Kong*, Shanghai, and Other Treaty Ports of China: Their History, People, Commerce, Industries and Resources, London, 1908.

Burton St. John, *Guide to Tientsin and Neighbourhood*, the China Times, Ltd., 1908.

Land Regulations of the British Municipal Extension, Tientsin, 1899.

Report of the British Municipal Council for the Year ended, 31st December, 1906, Tientsin Press, 1907.

Report of the British Municipal Council for the Year ended, 31st December, 1910, Tientsin Press, 1911.

Report of the British Municipal Council of Tientsin for the Year ended, 31*st*, *December*, 1914, Tientsin Press, 1915.

Report of British Municipal Council of Tientsin for the Year ended, 31*st December*, 1915, Tientsin Press, 1916.

Report of British Municipal Council of Tientsin for the Year ending, 31*st December*, 1916, Tientsin Press, 1917.

British Municipal Council of Tientsin, *Report of the Council for the Year* 1917 *and Budget for the Year* 1918, Tientsin Press, 1918.

Report of British Municipal Council of Tientsin for the Year ending 31*st December*, 1918, Tientsin Press, 1919.

Report of British Municipal Council of Tientsin for the Year ending 31*st December*, 1919, Tientsin Press, 1920.

Report of the British Municipal Council for the Year ended, 31*st December*, 1920, Tientsin Press, 1921.

British Municipal Council of Tientsin, *Report of the Council for the Year* 1922 *and Budget for the Year* 1923, Tientsin Press, 1923.

Report of the British Municipal Council for the Year ended, 31*st December*, 1922, Tientsin Press, 1923.

档案

天津档案馆等:《天津租界档案选编》,天津人民出版社,1992年。

天津市档案馆:《北洋军阀天津档案史料选编》,天津古籍出版社,1990年。

天津市档案馆等:《天津商会档案汇编(1903—1911)》(上、下),天津人民出版社,1989 年。

天津市档案馆等:《天津商会档案汇编(1912—1928)》(1～4),天津人民出版社,1992 年。

郭廷以主编:《四国新档 · 英国档》,研究院近代史研究所,1966 年版。

水利水电科学研究院:《清代海河滦河洪涝档案史料》,中华书局,1981 年。

《解放初期天津市政府收容处理乞丐的一组史料》,《天津档案史料》1999 年第 1 期。

FO678/1621, Tientsin Water Works－B. M. C. (Concession), Tientsin, 1902,藏于英国国家档案馆(The National Archives)。

FO678/1623, Tientsin Native City Water Works, Letter to British Consul General at Tientsin by P. Holmberg, Engineer in Chief & Secretary, Tientsin Native Water Works Co., Ltd., November15, 1915,藏于英国国家档案馆(The National Archives)。

FO678/1624, The Contract between the Japanese Municipal Council and the Tientsin Native City Water Works Co. Ltd., 4th December, 1915,藏于英国国家档案馆(The National Archives)。

FO678/1623,Tientsin Native City Water Works,《天津南段巡警总局与瑞记洋行天津城厢内外自来水公司订立合同》,1906 年 11 月 23 日,藏于英国国家档案馆(The National Archives)。

FO678/1623,Tientsin Native City Water Works,《照抄天津济安自来水有限公司商人芮玉堃、马玉清、陈济易禀》,藏于英国国家档案馆(The National Archives)。

FO678/1623,Tientsin Native City Water Works,(中文文件无标题),藏于英国国家档案馆(The National Archives)。

FO678/1625,Tientsin Public Works—Tientsin Native City Water Works,《(天津警察厅与济安自来水公司签订)合同》,1920 年 2 月 7 日,藏于英国国家档案馆(The National Archives)。

《济安公司总工程师致法租界工部局秘书函》(1926 年 4 月 7 日),济安档案第 28 卷,藏于天津市档案馆。

《天津警务道致天津济安自来水公司函》(1910 年 2 月 22 日),济安档案第 23 卷,藏于天津市档案馆。

总工程师汉森给董事会的报告,1931 年 1 月 27 日,济安档案第 36 卷,藏于天津市档案馆。

华北基督教水灾救济委员会:《灾情》,1918 年 4 月 2 日,《美国国务院关于 1910—1929 年中国国内事务的档案》附件。

报刊

《大公报》。

《直报》。

《益世报》。(本书所引《益世报》均转自天津地方志编修办公室和天津市图书馆合编《〈益世报〉天津资料点校汇编》,天津社会科学院出版社 1999 年版。)

《北华捷报》。

《字林西报》。

《申报》。

《星期五画报》。

著作

郭蕴静主编:《天津古代城市发展史》,天津古籍出版社,1989年。

罗澍伟主编:《近代天津城市史》,中国社会科学出版社,1993年。

尚克强、刘海岩:《天津租界社会研究》,天津人民出版社,1996年。

关文斌:《文明初曙:近代天津盐商与社会》,天津人民出版社,1999年。

李竞能主编:《天津人口史》,南开大学出版社,1990年。

高艳林:《天津人口研究(1404—1949)》,天津人民出版社,2002年。

韩根东主编:《天津方言》,北京燕山出版社,1993年。

方显廷:《天津地毯工业》,南开大学社会经济研究委员会,1930年。

方显廷:《天津之粮食业及磨房业》,南开大学经济学院,1934年。

乔虹:《天津城市建设志略》,中国科技出版社,1994年。

林希:《老天津:津门旧事》,江苏美术出版社,1998年。

孙学谦:《天津指南》,中华书局,1924年。

甘眠羊:《新天津指南》,绛雪斋书局,1927年。

天津地委洼地改造办公室:《天津专区洼地改造经验》,科学普及出版社,1958年。

天津市历史博物馆等编:《近代天津图志》,天津古籍出版社,1992年。

天津市政协文史资料委员会编:《天津的洋行与买办》,天津人民出版社,1987 年。

冯骥才:《旧城遗韵:天津老房子》,杨柳青画社,1995 年。

张仲:《天津卫掌故》,天津人民出版社,1999 年。

许杏林主编:《天津摇篮三岔河口》,1995 年。

徐华鑫:《天津自然地理》,天津地方志总编室,1988 年。

邹逸麟主编:《黄淮海平原历史地理》,安徽教育出版社,1997 年。

陈正祥:《中国文化地理》,生活·读书·新知三联书店,1983 年。

傅崇兰:《中国运河城市发展史》,四川人民出版,1985 年。

行龙:《人口问题与近世社会》,人民出版社,1992 年。

池子华:《中国近代流民》,浙江人民出版社,1996 年。

邓拓:《中国救荒史》,北京出版社,1998 年。

李文海:《近代中国灾荒纪年》,湖南教育出版社,1990 年。

李文海等:《中国近代十大灾荒》,上海人民出版社,1994 年。

冯尔康:《清人生活漫步》,中国社会出版社,1999 年。

马敏:《官绅之间:社会剧变中的近代绅商》,天津人民出版社,1995 年。

聂宝璋:《中国买办资产阶级的发生》,中国社会科学出版社,1979 年。

汪敬虞:《唐廷枢研究》,中国社会科学出版社,1983 年。

史明正:《走向近代化的北京城——城市建设与社会变革》,北京大学出版社,1995 年。

卢汉超:《霓虹灯外——20 世纪初日常生活中的上海》,上海古籍出版社,2004 年。

张仲礼:《中国绅士——关于其在 19 世纪中国社会中作用的研

究》,上海社会科学院出版社,1991 年。

赵世瑜:《狂欢与日常——明清以来的庙会与民间社会》,生活·读书·新知三联书店,2002 年。

[美]施坚雅主编:《中华帝国晚期的城市》,中华书局,2000 年。

[美]珀金斯:《中国农业的发展(1368—1968)》,上海译文出版社,1984 年。

[美]孔飞力:《叫魂:1768 年中国妖术大恐慌》,上海三联书店,1999 年。

[美]何炳棣:《明初以降人口及其相关问题(1368—1958)》,生活·读书·新知三联书店,2000 年。

[美]郝延平:《十九世纪的中国买办:东西间桥梁》,上海社会科学院出版社,1988 年。

[美]罗芙芸:《卫生的现代性:中国通商口岸卫生与疾病的含义》,江苏人民出版社,2007 年。

[美]贺萧(Gail Hershatter):《天津工人,1900—1949》(The Works of Tianjin,1900—1949),天津人民出版社,2016 年。

[美]史谦德(David Strand):《北京的人力车夫:20 世纪 20 年代的城市、居民与政治》(Richshaw Beijing: City People and Politics in the 1920s),美国加州大学出版社,1993 年。

[美]爱丽诺·麦考利·库珀、刘维汉:《格蕾丝:一个美国女人在中国,1934—1974 年》,生活·读书·新知三联书店,2006 年。

[美]丹尼尔·布尔斯廷:《美国人——南北战争以来的经历》,上海译文出版社,1988 年。

[法]费尔南·布罗代尔(Fernand Braudel):《15 至 18 世纪的物质

文明、经济和资本主义》第 1 卷,生活 · 读书 · 新知三联书店,1992 年。

[法]魏丕信:《18 世纪中国的官僚制度与荒政》,江苏人民出版社,2003 年。

[法]乔治 · 维伽雷罗:《洗浴的历史》,广西师范大学出版社,2005 年。

[日]斯波义信:《宋代江南经济史研究》,江苏人民出版社,2001 年。

[日]吉泽诚一郎:《天津の近代:清末都市におげる政治文化と社会统合》,名古屋大学出版会,2002 年。

文章

毕鸣岐:《天津的洋行与买办》,载天津市政协文史委员会《天津的洋行与买办》,天津人民出版社 1987 年版。

蔡欣如:《我所知道的天津兴隆洋行》,《天津文史资料选辑》第 37 辑。

常仲荃:《记本市金家窑清真寺》,《文史丛刊》第 8 期。

陈金淼:《天津之买办制度》,《经济学报》第 1 期。

陈克:《19 世纪末天津民间组织与城市控制管理系统》,《中国社会科学》1989 年第 6 期。

陈克:《一九三七年以前天津工业人口之推算》,《天津史志》1986 年第 1 期。

陈连生:《天津早年的水会》,《天津文史丛刊》第 2 期。

陈铁英:《南市的居民房》,《南市文化风情》,天津人民出版社,2003 年。

陈雍:《明清天津城市结构的初步考察》,《城市史研究》第 10 辑。

董师贤等:《回忆老城东的东浮桥菜市》,《天津老城忆旧》,天津人民出版社,1997 年。

凤蔚:《贫民与社会》,《社会月刊》第 1 卷第 1 期,1929 年 7 月。

高幼珊:《天津兴隆洋行》,《天津文史资料选辑》第 37 辑。

龚尚祖:《天津"鱼锅伙"兴衰小史》,《天津文史资料选辑》第 11 辑。

顾炳权:《关于上海风俗的研究》。

胡国琇、徐新之:《天津森记稻香村》,《天津文史资料选辑》第 93 辑。

华泽咸:《天津华世奎其人其事》,《天津文史资料选辑》第 60 辑。

津文:《"负疚实深"魏氏父子》,天津市政协文史资料委员会:《近代天津十大买办》,天津人民出版社,2001 年。

李然犀:《旧天津的混混儿》,《文史资料选辑》第 47 辑。

李绍泌、倪晋均:《天津自来水事业简史》,《天津文史资料选辑》第 21 辑。

李世瑜:《青帮在天津的流传》,《天津文史资料选辑》第 45 辑。

李相心:《津门菊坛轶话》,天津市政协文史资料委员会:《京剧艺术在天津》,天津人民出版社,1995 年。

刘海岩:《历史的尴尬:天津美租界的划分、形成与消失》,《天津师范大学学报(社会科学版)》2018 年第 6 期。

刘海岩:《有关天津教案的几个问题》,《近代天津教案研究》,四川省社会科学院出版社,1987 年。

刘家狳:《旧天津的乞丐种种》,《天津文史资料选辑》第 62 辑。

刘炎臣:《天津金家窑清真寺及其碑记》,《天津文史丛刊》第 6 期。

卢汉超:《城市人:近代上海的乞丐和游民》,《城市史研究》第19—20辑。

培根:《谈谈天津特别市乞丐问题》,《津声旬刊》第2卷第2期,1930年。

乔虹:《明清以来天津水患的发生及其原因》,《北国春秋》第3辑。

曲振明:《官商合一吴调卿》,《近代天津十大买办》,天津人民出版社2002年版,第71页。

孙璧如《负笈求学记》,《天津文史资料选辑》第61辑。

孙寿荫:《海河水系形成谈》,《天津文史丛刊》第8期。

谭其骧:《海河水系的形成与发展》,《长水集》(续集),人民出版社,1994年。

天津市历史研究所资料室:《天津的脚行》,《天津历史资料》第4辑。

天津市蔬菜公司私方工作组:《东浮桥菜市场史略》,《天津工商史料选辑》第5辑。

天津市政府秘书处编译室:《天津脚行简介》,《天津市周刊》第2卷第3期,1947年。

汪敬虞:《十九世纪外国侵华事业中的华商附股活动》,《历史研究》1965年第4期。

王斗瞻:《天津桥梁纪略》,《天津文史资料选辑》第21辑。

王芷洲:《我家三代买办纪实》,《天津的洋行与买办》,天津人民出版社,1987年。

魏伯刚:《天津横滨正金银行与魏家两代买办》,《天津的洋行与买办》,天津人民出版社,1987年。

魏晓明:《北洋政府官僚与天津经济》,《积沙集》,中国档案出版社,2001 年。

吴焕之:《天津汇丰银行买办吴调卿》,《天津的洋行与买办》,天津人民出版社,1987 年。

萧祝文:《天津比商电车电灯公司》,《天津的洋行与买办》,天津人民出版社,1987 年。

谢鹤声、刘嘉琛:《记早年的天津竹竿巷》,《天津文史资料选辑》第 41 辑。

许敏《试论清代前期铺商户籍问题》,《中国史研究》2000 年第 3 期。

杨大辛:《天津"八大家"》,《天津老城忆旧》,天津人民出版社,1997 年。

杨联陞:《传统中国政府对城市商人的统制》,于宗先等:《中国经济发展史论文选集》(下),台北联经出版社,1980 年。

雍鼎臣:《军火买办雍剑秋》,《天津的洋行与买办》,天津人民出版社,1987 年。

于邦彦:《天津桥梁建设的今昔》,《天津文史资料选辑》第 21 辑。

翟乾祥:《历史时期海河下游环境的演变》,《天津市历史博物馆建馆四十周年纪念论文集》,天津古籍出版社,1992 年。

张高峰:《劝业场一带是怎样发展为繁华区的》,《天津租界谈往》,天津人民出版社,1997 年。

张国良、步丰基:《山东会馆》,《天津文史资料选辑》第 56 辑。

张章翔:《在天津的"宁波帮"》,《天津文史资料选辑》第 27 辑。

张仲:《天津卫城和天津人》,冯骥才主编《旧城遗韵 · 天津老房子》,天津杨柳青画社 1995 年版,第 10 页。

郑立水:《天津老城的戏园》,《天津老城忆旧》,天津人民出版社 1997 年版,第 328 页。

郑志璋:《天津太古洋行与买办郑翼之》,《天津的洋行与买办》,天津人民出版社 1987 年版,第 62 页。

周恩玉:《解放前的天津南市概况》,《天津文史资料选辑》第 33 辑。

周恩玉:《南市"三不管"的饭庄》,《南市文化风情》,天津人民出版社,2003 年。

朱鹏:《天津的近代初等学堂与绅商》,《城市史研究》第 19—20 辑。

朱寿钧:《天津的混混儿琐闻》,《天津文史资料选辑》第 31 辑。

[美]李明珠:《1917 年的大水灾:天津与它的腹地》,《城市史研究》第 21 辑。

[美]罗芙芸:《卫生与城市现代性:1900—1928 年的天津》,《城市史研究》第 15—16 辑。

[美]章生道(Sen—dou Chang):《中国城市化的历史趋向》(The Historical Trend of Chinese Urbanization),《美国地理学家协会年鉴》(Annals of the Association of American Geographers),第 53 卷第 2 期,1963 年。

[美]周锡瑞:《华北城市的近代化——对近年来国外研究的思考》,《城市史研究》第 21 辑。

[日]贵志俊彦:《北洋新政体制下地方自治制度的形成——天津县各级议事会的成立及其权限》,《城市史研究》第 11—12 辑。

《关注天津水灾受害者》(Caring for the Tientsin Flood Sufferers),《远东评论》(The Far Eastern Review)第 13 卷 19 期(1917 年 12

月）。

程恺礼:《19 世纪上海城市基础设施的发展》,《上海研究论丛》第 9 辑。

再版后记

本书是十六年前由天津社会科学院出版社出版。承蒙此次贵出版社纳入天津社会科学院建院四十周年优秀成果出版计划,谨此诚表谢忱。此次再版,在内容上做了少量修改和补充,错漏之处做了纠正;全书引文、注释以及参考文献目录均做了补充和校正。修订过程中,每每为当年研究和表述的浅陋之处感到汗颜,但此次再版没有做很多修改,将当年的研究成果原原本本摆在读者面前,希望获得更多的批评指正。

刘海岩

2019 年 4 月 12 日